Wolfgang Schieder

Ein faschistischer Diktator

Wolfgang Schieder

Ein faschistischer Diktator

Adolf Hitler – Biografie

wbg Theiss

Die Deutsche Nationalbibliothek verzeichnet diese Publikation
in der Deutschen Nationalbibliografie;
detaillierte bibliografische Daten sind im Internet über
www.dnb.de abrufbar.

wbg Theiss ist ein Imprint der wbg.

Die Herausgabe des Werkes wurde durch die Vereinsmitglieder der wbg ermöglicht.
Lektorat: Sophie Dahmen, Karlsruhe
Satz: Arnold & Domnick, Leipzig
Umschlagabbildung: Adolf Hitler, Porträt © akg-images
Umschlaggestaltung: Andreas Heilmann, Hamburg
Gedruckt auf säurefreiem und alterungsbeständigem Papier
Printed in Europe

Besuchen Sie uns im Internet: www.wbg-wissenverbindet.de

ISBN 978-3-8062-4569-1

Elektronisch sind folgende Ausgaben erhältlich:
eBook (PDF): ISBN 978-3-8062-4599-8
eBook (epub): ISBN 978-3-8062-4600-1

Inhalt

Zur Einführung: Probleme einer Biografie Adolf Hitlers[1]

Über Adolf Hitler sind schon viele Biografien geschrieben worden, und das wird wahrscheinlich auch weiterhin der Fall sein.[2] Zu rätselhaft ist es nach wie vor, dass ein intellektuell mittelmäßig begabter Mann, der die Schule nicht zu Ende gebracht hatte und zweimal an der Aufnahmeprüfung einer Kunsthochschule gescheitert war, einen solchen politischen Aufstieg erleben konnte. Wie war es möglich, dass er, als Ausländer in Deutschland ohne einflussreichen familiären oder institutionellen Hintergrund und ohne politische Beziehungen, die alleinige politische Führung des Landes übernehmen und Millionen Menschen zur Zerstörung einer demokratischen Republik und zum Errichten einer faschistischen Diktatur bringen konnte? War er aufgrund einer massenwirksamen Ideologie erfolgreich, oder lag seine Stärke mehr in der Umsetzung seiner Ideen in praktische Politik? Oder kam er nur zum Zuge, weil andere glaubten, ihn für ihre politischen Zwecke benutzen zu können, von ihm aber ausgespielt werden konnten? Und schließlich: Lag es an den Deutschen, die den Weg in die Demokratie im Vergleich zu großen Teilen Europas verspätet angetreten hatten, dass sie sich vorschnell wieder von dieser verabschiedeten?

Alle diese Fragen lassen sich nicht allein mit einer Biografie Hitlers beantworten, aber mit Sicherheit auch nicht ohne eine solche. Ohne Hitler ist die deutsche Geschichte im 20. Jahrhundert nicht zu begreifen, jedenfalls nicht in ihren Untiefen. Jede Hitlerbiografie trägt daher nicht nur dazu bei, Hitlers Lebensweg, sondern die Geschichte Deutschlands im 20. Jahrhundert als Ganze besser zu verstehen. Das bedeutet nicht, dass dieser Lebensweg neuerlich in allen Einzelheiten nachverfolgt werden muss, auch wenn dies lange Zeit nur selten in wissenschaftlich anspruchsvollen Biografien wie denen von Alan Bullock und Joachim C. Fest geschehen ist.[3] Erst seit der Wende zum 21. Jahrhundert sind die großen Biografien von Ian Kershaw, Peter Longerich, Wolfram Pyta und Volker Ullrich erschienen, denen sich der Verfasser verpflichtet fühlt.[4] Weiter führen aber auch problemorientierte Interpretationen der Biografie Hitlers, wie sie von Sebastian Haffner, Hans-Ulrich Thamer oder Thomas Sandkühler vorgelegt worden sind.[5] Ähnlich wie diese analytisch geschriebenen Biografien soll sich auch die vorliegende besonders auf bestimmte Problemstellungen im Leben Hitlers konzentrieren und darauf Antworten zu geben versuchen.

So gehört es seit jeher zu den zentralen Fragen der Hitlerbiografik, ob und inwieweit Hitlers Politik einem festen ›Programm‹ gefolgt ist. In frühen Darstellungen wurde dies grundsätzlich bestritten und Hitlers Politik als rein opportunistisch, wenn nicht gar nihilistisch angesehen.[6] Diese Interpretationen beruhten freilich noch auf einer unzureichenden Quellenkenntnis. Seit der Entdeckung von Hitlers sogenanntem *Zweiten Buch*[7] und der Erschließung zahlreicher Quellen aus seiner frühen Lebenszeit ist dagegen die Auffassung vorherrschend,[8] dass er seit seinem Einstieg in die Politik nach einem politischen ›Programm‹ vorgegangen sei.[9] Dabei wird häufig vergessen, dass es sich bei Hitlers autobiografischen Äußerungen, angefangen bei *Mein Kampf*, mehr oder weniger um Ausführungen handelt, die von Hitler absichtlich so geschrieben wurden, dass sie im Grunde mehr verbergen als über ihn aussagen sollten. Das zeigt sich schon daran, dass es über wichtige Ereignisse in seinem Leben überhaupt keine Informationen von Hitler selbst gibt, andere dagegen bewusst falsch dargestellt werden. Das bedeutet aber natürlich nicht, dass *Mein Kampf* nicht kritisch benutzt werden kann, zumal nicht, wenn es kaum andere autobiografische Quellen von ihm gibt.

Auch wenn man berücksichtigt, dass Hitler keinen Wert auf »begriffliche Präzision« legte,[10] besteht kein Zweifel, dass er den Begriff eines ›Programms‹ für sein politisches Denken ablehnte.[11] Der Terminus war für ihn wegen der Parteiprogramme demokratischer Parteien negativ konnotiert. Er machte sich mit hämischen Bemerkungen darüber lustig, dass diese ständig verändert würden, weil sie dadurch in seinen Augen nie eine verbindliche Gültigkeit gewinnen könnten.[12] Für seine politische Programmatik nahm er den Begriff der »Weltanschauung« in Anspruch. Statt von »Weltanschauung« sprach er auch von »Weltauffassung«, »politischem Glauben«, »Politischem Glaubensbekenntnis« oder von »Parteigrundsätzen«.[13] Er wollte damit zum Ausdruck bringen, dass seine ›Weltanschauung‹ im Unterschied zu demokratischen ›Programmen‹ eine Art von Ewigkeitscharakter habe. Das muss man ihm selbstverständlich so nicht abnehmen. Was er mit dieser Behauptung erreichen wollte, war eine persönliche Verfügungsgewalt in ideologischen Fragen.

In dieser Biografie wird deshalb nicht davon ausgegangen, dass Hitler einer umfassenden politischen Ideologie gefolgt ist. Er ist nicht mit Lenin oder gar Stalin zu vergleichen, die, orientiert an der Geschichtsphilosophie von Karl Marx, in ihrem politischen Handeln einer systematisch explizierten Ideologie gefolgt sind. In gewissem Sinne war es bei ihm umgekehrt: Ungeachtet aller ideologischen Festlegungen stand bei ihm immer die Umsetzung bestimmter Grundsätze in die politische Praxis im Vordergrund. Ihm kam es nicht nur auf die Inhalte, sondern vielmehr auch auf die »organisatorische Erfassung einer Weltanschauung« an.[14] Nur »in der begrenzten und damit zusammenfassenden Form einer politischen Organisation« könne »eine Weltanschauung kämpfen und siegen«.[15] Eine politische ›Weltanschauung‹ als abstrakte Ideologie war ihm fremd, er sah sie immer zugleich in Verbindung mit politischer Praxis. Nicht zufällig war das erste Kapitel des zweiten Bandes von *Mein Kampf* mit »Weltanschauung und Partei« überschrieben.[16]

Sein ideologischer Gewährsmann dafür war Benito Mussolini, der Begründer des italienischen Faschismus, dessen ›Marsch auf Rom‹ vom 28. Oktober 1922 er immer wieder als »Wendepunkt in der Geschichte« bezeichnet hat.[17] Mussolini fühlte sich in erster Linie als Mann der Tat, die Ideologie war für ihn nur nachgelagert.[18] So eindeutig kann das für Hitler zwar nicht behauptet werden, aber es steht fest, dass er, wie zu zeigen ist, seine ideologischen Anschauungen durchaus realpolitischem Handeln unterordnen konnte, wenn ihm das opportun erschien. Man sollte hier nicht von bloßer Taktik oder absichtlicher Verschleierung sprechen, denn für Hitler waren kurzfristig getroffene politische Entscheidungen kein Widerspruch zu langfristig angelegten ideologischen Zukunftsvorstellungen.

Es ist deshalb von folgenden Überlegungen auszugehen:

Zum Ersten ist festzustellen, dass Hitler nicht nur ein dogmatischer Ideologe, sondern in vielerlei Hinsicht durchaus ein pragmatischer Politiker war. Er fühlte sich seit seinem Eintritt in die Politik zweifellos einer hochideologisierten ›Weltanschauung‹ verpflichtet, gleichzeitig war er jedoch zu einem realpolitischen Handeln fähig, das durchaus nicht mit dieser übereinstimmen musste. Nur so ist zu erklären, dass er nach dem Scheitern seines Putsches von 1923 eine Doppelstrategie der politischen Praxis entwickelte, bei der er einen realpolitischen Legalitätskurs mit einer potenziell revolutionären Praxis verband, welche die Existenz der Weimarer Republik infrage stellte. Mit dieser Doppelstrategie ist er, wie zu zeigen ist, 1933 an die Macht gekommen, ohne dass dabei seine ideologischen Fernziele eine größere Rolle spielten. Er verfolgte vielmehr eine politische Praxis, bei der die Anpassung an das parlamentarische System der Weimarer Republik mit der unterschwelligen Drohung verbunden war, mithilfe der antiparlamentarischen Massenbewegung des Nationalsozialismus auch einen revolutionären Umsturz vollziehen zu können.

Das politisch eigentümliche Diktaturregime, das von ihm nach seiner Machtübernahme unter dem Siegel der ›Gleichschaltung‹ mehr oder weniger zwangsweise durchgesetzt wurde, kann zum Zweiten als ›faschistisch‹ bezeichnet werden.[19] Hitler orientierte sich dabei an dem von Benito Mussolini in Italien erfundenen politischen System. Wie das faschistische Regime des ›Duce‹ beruhte auch das NS-Regime bei seiner Entstehung 1933 auf einem Herrschaftskompromiss, in Hitlers Fall zwischen der nationalsozialistischen Bewegung und dem nationalkonservativen Establishment Deutschlands. Hitler konnte nach faschistischem Vorbild eine persönliche Führerherrschaft aufbauen, bei der er von beiden Machtzentren politisch getragen wurde. Diese genuin faschistische Phase der Diktatur Hitlers endete im Prinzip schon mit dem Tod des Reichspräsidenten Hindenburg am 2. August 1934, endgültig aber 1937 mit der Unterwerfung der Wehrmacht unter seine Führerherrschaft. Während Mussolini stets mit König Viktor Emanuel III. rechnen musste, der ihn 1943 auch abgesetzt hat, hatte Hitler nach dem Tod des Reichspräsidenten freie Bahn, seine faschistische Diktatur zu einem totalitären Regime auszubauen. Man kann deshalb ab diesem Zeitpunkt von einem totalitären Faschismus sprechen.

Wie Mussolini beanspruchte Hitler drittens, mit seiner Bewegung nicht nur einem einzigen sozialen Milieu verpflichtet, sondern gesamtgesellschaftlich orientiert zu sein. Er benutzte dafür den im völkischen Milieu schon lange bekannten Begriff der »Volksgemeinschaft«, dem er jedoch einen doppelten Sinn gab. Der Begriff sollte einerseits eine solidarische Einheit aller ›Volksgenossen‹ simulieren, die alle Klassen- und Standesschranken überwinden würde.[20] Zu zeigen ist jedoch, dass er für Hitler auch ein politischer Kampfbegriff war, auf dessen Grundlage vorgeblich ›Gemeinschaftsfremde‹ gewaltsam von der Mehrheitsgesellschaft ausgeschlossen und erbarmungslos verfolgt wurden.[21] Mit der Schaffung der ersten Konzentrationslager entstand schon früh eine Institution, mit deren Hilfe die Ausgrenzung aus der ›Volksgemeinschaft‹ vollzogen werden konnte.[22] Heinrich Himmler fand hier für seine SS seit 1934 und nochmals verstärkt seit 1938 die makabre Aufgabe, als Wachverband sowie schließlich als Handlanger des Massenmordes in den nationalsozialistischen Vernichtungslagern im besetzten Polen tätig zu werden.

Besonders hervorzuheben ist viertens, dass Hitlers persönliche Diktatur von Anfang an kriegsorientiert war. Die Wehrmacht wurde, neben der Partei, von Hitler zielbewusst zur zweiten Säule seiner Diktatur ausgebaut. Nicht zufällig wurde der Eingang zu Hitlers Neuer Reichskanzlei von zwei überlebensgroßen Plastiken des nationalsozialistischen Hofkünstlers Arno Breker eingefasst, welche die NSDAP und die Wehrmacht symbolisierten. Die von Hitler wahrscheinlich im August 1936 verfasste »Denkschrift zum Vierjahresplan«, in welcher er praktische wirtschaftspolitische und militärpolitische Anweisungen für einen kommenden Krieg gab, muss als zentraler politischer Text des Diktators Hitler angesehen werden.[23] Er sah seine persönliche Diktatur dadurch als gesichert an, dass er in geradezu bonapartistischer Manier durch ständige militärische Siege die Zustimmung der Bevölkerung aufrechtzuerhalten suchte. Um seine Kriege zu führen, brauchte er andererseits die Mitwirkung der Bevölkerung. Die Deutschen kriegsbereit zu machen, war deshalb für ihn ein zentrales politisches Anliegen.

Wie fünftens zu zeigen ist, war die Entfaltung seiner Diktatur nicht allein Hitlers Werk. Als faschistischer Diktator hatte er seit seiner Machtübernahme in allen zentralen politischen Fragen zweifellos die alleinige Gewalt über endgültige Entscheidungen. Die Durchsetzung seiner persönlichen Diktatur war ihm jedoch nur möglich, weil er mit Göring, Goebbels, Himmler, Heß, Bormann, Ribbentrop und einigen anderen Komplizen einen ihm vollständig ergebenen Clan von engen Gefolgsleuten um sich scharen konnte, der ihm selbsttätig ›zuarbeitete‹.[24] Diese Gefolgsleute setzten sein oberstes Führerprinzip nach unten fort, indem sie ihrerseits loyale Vertrauensleute rekrutierten. Das gilt etwa für Himmlers Satrap Reinhard Heydrich, Görings Adlatus Paul Körner, Goebbels' obersten Kulturfunktionär Hans Hinkel oder Ribbentrops Vertrauensmann beim ›Führer‹ Walther Hewel. Diese NS-Führer der dritten Reihe waren untereinander, aber auch mit Wirtschaftsführern, Militärs, Wissenschaftlern und Beamten vernetzt und ermöglichten so die Funktionsfähigkeit des NS-Regimes. Man hat deshalb auch von einer »Neuen Staatlichkeit« gesprochen.[25] Zu den Gauleitern und Reichsführern der NSDAP standen sie in politischer Konkurrenz, die sie aber aufgrund der Protektion ihrer Chefs für sich zu entscheiden wussten. Ohne diesen personellen Unterbau hätte der notorisch arbeitsunwillige Hitler seine Diktaturherrschaft nicht ausüben können.

Von besonderer Bedeutung ist zum Sechsten, dass ein großer Teil der konservativen und nationalliberalen Eliten in Politik, Wirtschaft, Wissenschaft und Kultur sich mit erstaunlichem Tempo dem faschistischen System des Führerstaates angepasst hat. Bei der Darstellung der Biografie Hitlers ist daher davon auszugehen, dass das ›Dritte Reich‹ sich zu einer Gesellschaft des vorauseilenden Gehorsams entwickelte. So wie Hitler in den Zwanzigerjahren von seinen damaligen Trabanten zum ›Führer‹ der nationalsozialistischen Bewegung gemacht worden war, war seine Entwicklung zum persönlichen Diktator in den Dreißigerjahren das politische Gemeinschaftsprodukt einer nationalsozialistischen Führungsschicht, die mit der nationalkonservativen Elite erstaunlich schnell verschmolz. Das bedeutet nicht, dass Hitler deswegen ein ›schwacher Diktator‹ gewesen ist.[26] Aber er war, wie gezeigt werden soll, durchaus ein entscheidungsschwacher Diktator. Zwar hatte er extreme Zukunftspläne, neigte aber im politischen Alltag häufig dazu, die Dinge eher schleifen zu lassen. Im Grunde scheute er es, seinen Regierungsaufgaben nachzukommen. Bis zum Kriegsbeginn zog er sich, so oft er nur konnte, in seinen ›Berghof‹ bei Berchtesgaden zurück, wo er einen ›Hofstaat‹ um sich scharte, in dessen Kreis er sich vollkommen entspannen konnte.[27] Im Krieg mutierte er auch deshalb zum Feldherrn, weil er sich in seinen militärischen Hauptquartieren weniger um routinemäßige politische Entscheidungen kümmern musste und sich daher ganz seiner angemaßten militärischen Führungsrolle hingeben konnte.[28] Hitlers gelegentliche Entscheidungsschwäche verhinderte jedoch nicht, dass er mit ungeheurer Brutalität zuschlagen konnte, wenn er sich einmal zu etwas durchgerungen hatte. Fast scheint es so, als ob er seine Entscheidungsschwäche oftmals durch eine übersteigerte Härte kompensieren wollte. Die Feststellung seines gelegentlichen Zögerns bei wichtigen Entscheidungen darf also nicht so interpretiert werden, dass er deshalb am Ende je zu milden Entschlüssen gekommen wäre. Das Gegenteil war der Fall. Es ist allerdings bezeichnend, dass er sich scheute, die Folgen zentraler Entscheidungen persönlich zur Kenntnis zu nehmen. So hat Hitler, anders als Himmler, nie eines der Vernichtungslager im besetzten Polen besucht, in denen er die europäischen Juden ermorden ließ, ja, er war noch nicht einmal in Dachau, Buchenwald oder einem anderen der Konzentrationslager in Deutschland. Die Drecksarbeit, die anzuordnen der Diktator jedoch nie Probleme hatte, ließ er stets andere machen.

Zu fragen ist schließlich siebtens, ob Hitler nicht eine Reihe von für ihn glücklichen Zufällen dabei geholfen hat, nach seiner Machtübernahme in kurzer Zeit eine faschistische Diktatur herstellen zu können. Ein glücklicher

Zufall war es schon für ihn, dass nicht er, sondern sein Mitstreiter Scheubner-Richter, bei dem er sich eingehängt hatte, am 9. November 1923 vor der Münchner Feldherrnhalle von einer Kugel tödlich getroffen worden ist. Nicht nur die deutsche, auch die europäische und vielleicht sogar die globale Geschichte hätte anders verlaufen können, wenn er damals gestorben wäre. Dass er 1939 kurz vor seiner Entfesselung des Weltkriegs dem Attentat des einsamen Widerstandskämpfers Georg Elser entgangen ist, war für ihn zweifellos ein ähnlicher Glücksfall, den er blasphemisch einer imaginären »Vorsehung« zuschrieb. Dass er diesen Begriff ständig benutzt hat, beweist nicht, wie häufig behauptet wird, dass es sich bei seiner Ideologie um eine politische Religion handelte. Es zeigt im Gegenteil, dass er sich damit gerade von religiösen Begriffen wie ›Dogma‹ oder ›Glauben‹ absetzen wollte.

Dass er nach seiner Machtübernahme einige politische Zufälle entschlossen ausnutzte, erlaubte es ihm, wie zu zeigen ist, seine diktatorische Herrschaft beschleunigt auszubauen. Das galt als Erstes für den Reichstagsbrand vom 27. Februar 1933, der von ihm zu einer gesetzlichen Verordnung ausgenutzt werden konnte, die das Ende der Demokratie einleitete.[29] Der Tod Hindenburgs, obwohl absehbar, lieferte Hitler am 2. August 1934 die Möglichkeit, das Amt des Reichspräsidenten auf verfassungswidrigem Wege zu usurpieren. Nicht vorhersehbar war dagegen, dass sich die Heirat des Kriegsministers Werner v. Blomberg 1937, bei der Hitler Trauzeuge gewesen war, als standeswidrig herausstellte.[30] Hitler konnte das aber dazu nutzen, nicht nur Blomberg, sondern unter einem Vorwand auch gleich noch den Oberbefehlshaber des Heeres, Generalleutnant Werner Freiherr von Fritsch, zu entlassen und selbst die Führung der Truppe zu übernehmen. Auch das überraschende Attentat auf einen deutschen Diplomaten in Paris durch einen jungen jüdischen Attentäter konnte schließlich von Hitler propagandistisch für das zuvor nicht geplante barbarische Pogrom gegen die deutschen Juden am 9. November 1938 ausgenutzt werden.[31]

Selbstverständlich soll damit nicht behauptet werden, dass Hitler die repressiven Maßnahmen nicht getroffen hätte, wenn das diese zufälligen Ereignisse nicht ermöglicht hätten. Wohl aber lassen Hitlers gewalttätige Reaktionen erkennen, dass sein Weg in die Diktatur nicht Schritt für Schritt planmäßig, sondern durchaus aufgrund situativer Entscheidungen erfolgt ist.

I. Unstete frühe Jahre 1889–1918

Verkorkste Kindheit

Seiner Herkunft nach war in keiner Weise zu erwarten, dass Hitler einmal in die Politik gehen und zu einem der gefürchtetsten Politiker seiner Zeit werden könnte. Alle Versuche, seinen erstaunlichen Lebensweg aus seiner regionalen Herkunft, seiner familiären Prägung oder seiner mangelnden schulischen Ausbildung zu erklären, sind gescheitert. Es waren eher zufällige Umstände, die ihn in die Politik führten, die er freilich entschlossen wahrzunehmen wusste.

Am 20. April 1889 in Braunau am Inn an der unmittelbaren Grenze von Österreich-Ungarn zum Deutschen Reich geboren, fühlte Adolf Hitler sich früh als Großdeutscher.[1] Er unterschied sich darin nicht von anderen führenden Nationalsozialisten, die im Ausland geboren worden sind, so etwa von Alfred Rosenberg, Rudolf Heß, Ernst Wilhelm Bohle oder Walter Darré und, aufgrund des kolonialen Berufswegs seines Vaters, auch Hermann Göring. Der Geburtsort als solcher war für Hitler jedoch nicht prägend, da er mit seinen Eltern schon bald nach seiner Geburt mehrmals umziehen musste – zunächst nach Passau und schließlich in die Nähe von Linz. Dass sein Geburtsort zu einer nationalsozialistischen Gedenkstätte wurde, wie Predappio in Italien für Mussolini, hat er deshalb bezeichnenderweise verhindert.

Soweit dies mangels einer zweifelsfreien Überlieferung überhaupt aufzuklären ist, geht aus seiner verworrenen, im Grunde aber in der Zeit nicht ganz ungewöhnlichen Familiengeschichte hervor, dass Hitlers Vater Alois in dritter Ehe mit seiner Cousine Klara Pölzl verheiratet war.[2] Der Vater scheint, wenn man Hitlers Abrechnung in *Mein Kampf* Glauben schenken kann, ein autoritärer Familientyrann gewesen zu sein, womit er sich freilich seinerzeit entgegen Hitlers Darstellung kaum von anderen Vätern seiner sozialen Schicht unterschieden haben dürfte. Alois Hitler war als »Zollamts-Oberoffizial« ein mittlerer österreichischer Beamter, der es sich aber immerhin leisten konnte, sich 1895 bei seiner Pensionierung als Alterssitz einen Bauernhof und drei

Jahre später in Leonding, einem Dorf in der Nähe von Linz, ein Haus zu kaufen. Verbürgt ist, dass Hitler, offenkundig wegen dieses Vaters, als Kind ausgesprochen mutterfixiert war, eine Beziehung, die nach dem Tod seines Vaters 1903 noch intensiver wurde.[3]

Hitlers schulische Leistungen waren insgesamt mäßig, was sicherlich auch durch die ständigen Umzüge bedingt war, die er als Jugendlicher mitmachen musste. In der Volksschule in Leonding fiel ihm das Lernen noch leicht. In *Mein Kampf* sprach er später davon, dort »glückselige Jahre« verbracht zu haben.[4] Als er im September 1900 in die staatliche Realschule in Linz kam, war es mit der Leichtigkeit des Lernens jedoch vorbei. Er entwickelte sich zu einem ausgesprochen aufsässigen Schüler, der es ablehnte, die von ihm geforderten Leistungen zu erbringen. Schon nach dem ersten Realschuljahr blieb er sitzen und musste die Klasse wiederholen. In *Mein Kampf* hat er seinen Leistungsabfall auf die Konflikte mit seinem Vater zurückgeführt,[5] doch scheint seine Renitenz eher pubertär bedingt gewesen zu sein. Das wird dadurch belegt, dass seine schulischen Leistungen nach dem Tod des Vaters keineswegs besser wurden. 1903 / 04 wurde er nur noch unter der Bedingung versetzt, dass er in eine andere Schule wechseln würde. Er musste deshalb als Pensionsschüler auf die 80 Kilometer entfernte Internatsschule in Steyr gehen, in der er, von Heimweh geplagt, erneut nur schlechte Leistungen erbrachte und 1905 wiederum vom Sitzenbleiben bedroht war. Seine Mutter nahm ihn daraufhin unter einem Vorwand von der Schule. Beginnend mit dem sechzehnten Lebensjahr verbrachte Hitler daraufhin bis 1907 zwei Jahre in Linz als dandyhafter Schulabbrecher. Diese Zeit bezeichnete er selbst in *Mein Kampf* rückblickend als »Hohlheit des gemächlichen Lebens«.[6] Erstmals konnte er seine vermeintliche Begabung als Künstler ausleben, die darin bestand, Berge von Architekturzeichnungen zu produzieren, welche den städtebaulichen Umbau von Linz zum Thema, mit künstlerischer Produktivität jedoch wenig zu tun hatten.[7]

Wie wir von August Kubizek wissen, mit dem sich Hitler in Linz angefreundet hatte, entdeckte Hitler in Linz die Musik Richard Wagners, dessen Opern er im provinziellen Landestheater begeistert besuchte.[8] Ursprünglich scheint er sich tatsächlich nur an der Musik Wagners berauscht zu haben. Wegen seines notorischen Antisemitismus konnte der Meister für ihn jedoch später zum deutschen Vorzeigekünstler werden. Dass er tatsächlich auch alles las, »was an biographischer Literatur über Wagner zu bekommen war«, ist eher zu bezweifeln.[9] Hitler hatte es nicht gelernt, Bücher genau zu lesen. Er pickte sich jeweils einzelne Informationen heraus, wobei er die Bücher nur kursorisch und von hinten her las.[10]

Eingebildeter Künstler. Wien 1908–1913

Der Schulabbruch hatte zur Folge, dass Hitler wegen des fehlenden Abiturs kein Universitätsstudium und keinen akademischen Beruf ergreifen konnte. Von seiner Begabung überzeugt, strebte er aber eine künstlerische Ausbildung an der Wiener Akademie für Bildende Künste an. Nachdem er jedoch Anfang 1907 nach Wien übergesiedelt war, erkrankte seine Mutter schwer an Brustkrebs, einer damals besonders qualvollen Erkrankung, an der sie Ende des Jahres mit erst 47 Jahren verstarb. Hitler übernahm aufopferungsvoll ihre Pflege, angeleitet von dem Hausarzt Dr. Eduard Bloch. Dass dieser ein bekennender Jude war, störte ihn nicht, er brachte ihm vielmehr großes Vertrauen entgegen und ließ ihn noch 1940 mit seiner Frau emigrieren.[11] Da die Aufnahmeprüfungen an der Akademie in dieser Zeit stattfanden, unterbrach Hitler im September 1907 die Pflege seiner Mutter, um sich zu bewerben. Er war felsenfest davon überzeugt, die Prüfungen zu bestehen, zumal nachdem er aufgrund der mitgebrachten Zeichnungen zu einem Probezeichnen zugelassen worden war. In dem strengen Prüfungsverfahren wurden jedoch nur 28 von 112 Kandidaten zum Studium zugelassen. Hitler gehörte nicht zu ihnen. Die Prüfer stellten zweifellos zu Recht fest, dass er nur für Architekturzeichnungen ein gewisses Talent habe. In ihrer ablehnenden Bewertung hieß es lapidar: »Probez(eichnung) ungenügend, wenig Köpfe«.[12] Für Hitler war dies ein »jäher Schlag aus heiterem Himmel«.[13] Dass der Rektor der Akademie ihn auf seine Fähigkeiten in der Architektur hinwies, war für ihn ein geringer Trost, da er für diesen Berufsweg nicht die schulischen Voraussetzungen besaß. Wenn er noch in *Mein Kampf* behauptete, seitdem gleichwohl gewusst zu haben, »dass ich einst Baumeister werden würde«,[14] so war das reiner Selbstbetrug. Tatsächlich ging er daran, sich erneut auf eine Aufnahme in die Malerklasse der Akademie vorzubereiten. Wie sich allerdings zeigen sollte, hat der Akademiedirektor recht behalten. Obwohl Hitler später selbst auf Parteitagen ständig über Kunst schwadronierte, beschränkte sich seine eigene künstlerische Produktion auf simple Architekturzeichnungen von gigantischen Fantasiebauten.

Obwohl Hitler im Grunde keine Chance mehr hatte, seine vagen künstlerischen Berufsziele zu verwirklichen, übersiedelte er im Februar 1908 endgültig nach Wien, wohl in der Hoffnung, sich dort doch noch als Kunstmaler betätigen zu können, jedenfalls eher als im provinziellen Linz. Seine hochfliegenden Pläne ließen sich jedoch auch dort nicht verwirklichen. Beschönigend hat er die fünf Jahre, die er von 1908 bis 1913 in Wien verbrachte, als »die schwerste, wenn auch gründlichste Schule meines Lebens« bezeichnet: »Ich hatte die Stadt einst betreten als halber Junge noch und verließ sie als still und ernst gewordener Mensch.«[15] Den Tiefpunkt seiner Wiener Zeit erreichte er ohne Frage, als sein zweiter Versuch, die Aufnahmeprüfung an der Akademie zu bestehen, im September 1908 schon im Vorfeld abgelehnt wurde. Nach der Erinnerung seines Freundes Kubizek reagierte er darauf mit wüsten Beschimpfungen: »Diese Akademie, lauter alte, verkrampfte, verzopfte Staatsdiener, verständnislose Bürokraten, stupide Beamtenkreaturen! Die ganze Akademie gehört in die Luft gesprengt!«[16] Tatsächlich war er ganz unten angelangt. Ohne jede Berufsausbildung und ohne Zukunftsperspektive, stand er mehr oder weniger mittellos da. Das mütterliche Erbe von 2000 Kronen, das er sich mit seiner Schwester Paula teilen musste, dürfte aufgebraucht gewesen sein. Auch mehrere kleine Darlehen, die er von einer Tante erhielt, halfen ihm nicht lange weiter.[17] Sein väterliches Erbe von 652 Kronen war bis zu seinem 24. Geburtstag gesperrt. Es blieb ihm nicht einmal die vollständige Waisenrente von 50 Kronen, da er diese zur Hälfte zu Unrecht bezogen hatte. Wovon er zwischen 1909 und 1913 eigentlich gelebt hat, ist deshalb unklar. Er beklagte sich in *Mein Kampf* zwar später wortreich über sein elendes Leben in diesen Jahren, konkrete Angaben dazu machte er jedoch nicht. Allem Anschein nach hat er aber Einrichtungen der Armenfürsorge wie Suppenküchen, Wärmestuben und Obdachlosenasyle nutzen müssen.[18] Später erwähnte er lediglich, dass er zeitweise als Hilfsarbeiter auf dem Bau gearbeitet habe, was aufgrund seiner schmächtigen Statur jedoch von der Forschung, vielleicht zu Unrecht, angezweifelt wird.[19]

Verbürgt ist aber, dass Hitler im Herbst 1909 in einem riesigen, für etwa 1000 Personen eingerichteten Obdachlosenasyl im Wiener Stadtteil Meidling die Bekanntschaft mit Reinhold Hanisch, einem vorbestraften Stadtstreicher, gemacht hat.[20] Dieser kam offenbar auf die Idee, dass Hitler Ansichtskarten mit Wiener Motiven abmalen und an öffentlichen Orten als originale Bilder verkaufen könnte. Von dem Erlös scheinen die beiden Geschäftspartner so gut gelebt zu haben, dass sie aus dem Obdachlosenasyl in ein vergleichsweise komfortables Männerheim im Stadtteil Brigittenau umziehen konnten, wo Hitler über drei Jahre bis Mai 1913 bleiben sollte. Über diese Lebenszeit Hitlers ist wenig bekannt, bemerkenswert ist jedoch, dass er mit den Postkarten erstmals in seinem Leben seinen Lebensunterhalt bestreiten konnte. Als es nach einiger Zeit zum Streit mit Hanisch kam, ging Hitler sogar dazu über, seine Bilder selbst zu verkaufen, wobei er sich offenbar vorwiegend jüdischer Kunsthändler bediente, darunter eines mit ihm befreundeten Kumpanen aus dem Männerheim.

Es ist eine zentrale Frage in der Biografie des jungen Hitler, welche politischen Anschauungen der bei Kriegsbeginn 1914 gerade einmal 25 Jahre alte, gescheiterte Künstler ohne Beruf hatte und vor allem, ob bei ihm in dieser Zeit schon antisemitisches Gedankengut nachzuweisen ist. Geht man davon aus, dass Hitler sich seine ›Weltanschauung‹ stufenweise zurechtgelegt hat, wird man ohne Frage feststellen müssen, dass er sich bis 1914 noch in einer politischen Formationsphase befand und keinesfalls schon eine feste ›Weltanschauung‹ hatte. Bemerkenswert ist jedoch, dass er sich ungeachtet seiner prekären persönlichen Lage, in welcher der tägliche Kampf um das bloße Überleben ihn schon viel Zeit kostete, schon in Wien für Politik zu interessieren begann. Zur Verwunderung seines Freundes Kubizek verbrachte er viele Stunden auf der Zuschauertribüne des Reichsrates, des Parlamentes der österreichischen Reichshälfte der K.-u.-k.-Monarchie. Dort faszinierte ihn vor allem das vielstimmige Chaos, weil es in seinen Augen das Ende des Parlamentarismus anzeigte. Aufgrund seiner Erlebnisse im Wiener Parlament glaubte er später, den Parlamentarismus zu den »Verfallserscheinungen der Menschheit« rechnen zu können.[21]

Wichtiger als dieser verzerrte Einblick in die politische Praxis war für Hitler in Wien zweifellos seine geradezu hektische Lektüre von politischen Zeitungen und Zeitschriften. Bücher hat er wohl weniger gelesen, da er es sich nicht leisten konnte, diese zu kaufen, und auch die Gebühren für die Ausleihe in Bibliotheken kaum aufbringen konnte.[22] Er eignete sich dadurch in der Wiener Zeit, unterstützt durch sein bemerkenswert gutes Gedächtnis, ein großes Faktenwissen vor allem über Politik, Geschichte, Musik und Architektur an, mit dem er später immer wieder zu verblüffen wusste. Wie bei Autodidakten üblich, wurde dieses Wissen von ihm jedoch nicht systematisch geordnet, sondern höchst unkritisch verarbeitet. Hitler war unfähig, sein angelesenes Wissen zu überprüfen, erst recht vertrug er keine Kritik von Zuhörern. Das führte schon in seiner Wiener Zeit dazu, dass er im Gespräch zu einem endlosen Monologisieren neigte und seine Gesprächspartner entweder überschrie oder zum bloßen Zuhören zwang.

Schon im Wiener Männerheim gehörte es zu Hitlers Konversationsstil, die Quellen seines angelesenen Wissens nie zu nennen, sondern stets den Anschein zu erwecken, er entwickele seine eigenen Gedanken. Das war nicht reiner Dilettantismus, sondern wahrscheinlich auch seinem Bemühen geschuldet, nicht erkennen zu lassen, dass seine vermeintlich originären Aussagen im Wesentlichen aus zweiter Hand stammten. Wie sein Freund Hanisch berichtet, geriet er im Männerheim damit einmal in eine peinliche Situation. Als er über seinen vorgeblichen Lieblingsphilosophen Schopenhauer schwadronierte, wurde er von einem Mitbewohner gefragt, ob er diesen denn jemals gelesen habe. Hitler sei daraufhin rot angelaufen und habe zugegeben, von ihm nur etwas aus zweiter Hand zu kennen. Der offenkundig kenntnisreiche Frager habe daraufhin gesagt, dass man nur über Dinge sprechen solle, die man kenne.[23]

Es ist daher schwierig, im Grunde aber auch überflüssig, Hitlers entstehende politische ›Weltanschauung‹ auf bestimmte Vorbilder oder nachweisbare Einflüsse zurückzuführen. Hitler nahm zwar bestimmte Autoren zur Kenntnis, dürfte jedoch kaum ein Buch von ihnen wirklich gelesen haben, jedenfalls ist das nicht nachweisbar. Er begnügte sich mit den Berichten, die er in Zeitungen oder Zeitschriften über die von ihm geschätzten Autoren und ihre Veröffentlichungen lesen konnte. Bei diesen Autoren handelte es sich um mehr oder weniger politische Sektierer wie Guido von List, dessen Schüler Jörg Lanz von Liebenfels, um Viktor Lischka oder Hans Goldzier. Ihnen war gemeinsam, dass es sich um Wiener handelte.[24] Ihre Herkunft hing aber nicht nur damit zusammen, dass über sie in den lokalen Zeitungen, die von Hitler hauptsächlich gelesen wurden, selbstverständlich besonders viel berichtet wurde. Sie ist auch damit zu erklären, dass im Wien der Jahrhundertwende, wie in kaum einer anderen Stadt Europas, eine ethnische Vielfalt bestand, welche das deutschsprachige Bürgertum zutiefst beunruhigte. Schriften, die scheinbar schlüssige Welterklärungsmodelle enthielten – mochten sie noch so abstrus sein –, hatten daher besondere Konjunktur. Die Autoren dieses Schrifttums standen mit der seriösen Wissenschaft auf Kriegsfuß und versteiften sich als ›Privatgelehrte‹ auf obskure Theorien, die keinerlei Realitätsgehalt hatten. Sie versprachen jedoch die Rettung des gefährdeten Deutschtums, indem sie zu einem konsequenten deutschen Nationalismus aufriefen. Zentral war für sie durchweg ein kruder Rassismus, bei dem es Herren- und Sklavenvölker, Starke und Schwache oder Über- und Untermenschen gab. Alle diese Theorien beruhten auf der naiven Übertragung des naturwissenschaftlichen Systems von Charles Darwin auf die Gesellschaft. Dieser Sozialdarwinismus verband sich bei ihnen mit einem neuartigen Antisemitismus, der nicht mehr religiös-kulturell, sondern biologistisch geprägt war. Es ist nicht sicher, ob sich Hitler in seiner Wiener Zeit schon mit diesem radikaleren Antisemitismus identifiziert hat, gegenüber anderen vertreten hat er ihn allem Anschein nach jedoch noch nicht. Dagegen spricht auch sein zu dieser Zeit bemerkenswert problemloser persönlicher Umgang mit Juden.

In *Mein Kampf* hat Hitler später in der Beschäftigung mit Georg Ritter von Schönerer, dem Führer der Alldeutschen Bewegung, und Karl Lueger, dem Wiener Oberbürgermeister und Gründer der Christlich-Sozialen Partei, so getan, als ob er in Wien schon Anhänger eines rassenideologischen Antisemitismus gewesen wäre. Lueger kritisierte er, weil sein Antisemitismus »statt auf rassischer Erkenntnis auf religiöser Vorstellung aufgebaut« sei. Er bezeichnete ihn deshalb als »Scheinantisemitismus«.[25] Schönerers Antisemitismus bescheinigte er zwar, »auf der richtigen Erkenntnis der Bedeutung des Rassenproblems und nicht auf religiösen Vorstellungen« zu beruhen.[26] Die von dem Alldeutschen betriebene antikatholische Los-von-Rom-Bewegung hielt er jedoch wegen ihrer antireligiösen Ausrichtung für falsch. Er scheint also in seiner Wiener Zeit zwar vom persönlichen Auftreten Schönerers und Luegers fasziniert gewesen zu sein, ohne jedoch deren Ansichten wirklich übernommen zu haben.

Glaubwürdiger dürfte sein Bekenntnis in *Mein Kampf* sein, dass ihn in Wien »eine beklemmende Unzufriedenheit« erfasst habe. Er habe sich deshalb auch später nicht entschließen können, »in eine der bestehenden Organisationen einzutreten oder gar mitzukämpfen«.[27] Der junge Hitler interessierte sich fraglos für die Wiener Politik, dieses Interesse war jedoch ein rein passives und führte nicht zu einem aktiven politischen Engagement.

Verbummelte Jahre. München 1913 / 14

Im Mai 1913 verließ Hitler Wien und zog mit einem weiteren Bekannten aus dem Männerheim, dem Drogerielehrling Rudolf Häusler, nach München. Er hatte noch seinen 24. Geburtstag am 20. April 1913 abgewartet, weil er mit diesem Tag Anspruch auf sein väterliches Erbe erhielt.[28] Fragt man sich, weshalb er überhaupt nach München gegangen ist, so bleibt nur eine Erklärung: Hitler wollte sich dem Militärdienst in Österreich entziehen. Jedenfalls erreichte ihn im Januar 1914 über die Münchner Kriminalpolizei ein Schreiben des Linzer Magistrats, dass er sich einer Musterung unterziehen müsse, die eigentlich schon im Frühjahr 1910 fällig gewesen wäre. Auf seine Bitte hin fand die Musterung anstatt in Linz im näher gelegenen Salzburg statt.[29] Hitler zog sich bei der Musterung mit einem Auftritt aus der Affäre, wie er von Thomas Mann in seinem *Felix Krull* literarisch kaum besser dargestellt worden ist. In einem ausführlichen Schreiben an die österreichische Behörde betonte er, sich nur nicht gemeldet zu haben, weil er von dieser Verpflichtung nichts gewusst habe. Er bat deshalb um eine »bescheidene Geldstrafe«, die zu leisten er sich nicht weigern werde. Bei der Musterung am 5. Februar 1914 wurde ihm dann, wie er es zweifellos erhofft hatte, bescheinigt, »zum Waffen- und Hilfsdienst untauglich, zu schwach«, mithin »waffenunfähig« zu sein. Dass er wenig später im Ersten Weltkrieg drei Jahre lang unter harten Bedingungen Kriegsdienst leisten sollte, entlarvt diese Beurteilung nachträglich freilich als Farce.

In München setzte Hitler nach seiner Ausmusterung seinen Wiener Lebensstil weitgehend fort, schlief in den Tag hinein, saß in der Öffentlichkeit herum und lebte weiterhin vom Verkauf abgemalter Bilder. Im Milieu der Schwabinger Bohème fand er offenbar genügend Absatz.

Jahre im Krieg 1914–1918

Es war die Nachricht von der Ermordung des österreichischen Thronfolgers Ferdinand in Sarajewo am 28. Juni 1914, die Hitlers Leben eine neue Richtung gab. In *Mein Kampf* behauptete er später, dass für ihn mit dem Ausbruch des Weltkrieges am 1. August 1914 »die unvergesslichste und größte Zeit meines irdischen Lebens« begonnen habe.[30] Von einer Fotografie seines späteren Hoffotografen Heinrich Hoffmann wissen wir auch, dass er am 2. August an einer großen Kriegsdemonstration auf dem Münchner Odeonsplatz teilnahm.[31] Schon am 5. August meldete er sich begeistert zum Kriegsdienst im bayerischen Heer und wurde am 16. August als Rekrut in das 2. Bayerische Infanterie-Regiment aufgenommen. Da er eine Münchner Wohnadresse angeben konnte, bemerkte man offenkundig nicht, dass er österreichischer Staatsangehöriger war. Am 3. November zum Gefreiten befördert, kämpfte er bis zum Ende des Krieges an der Westfront.

Hitler war zweifelsohne ein engagierter Soldat, was sich daran zeigt, dass er mit dem Eisernen Kreuz erster und zweiter Klasse ausgezeichnet wurde. Allerdings wurde er als Gefreiter nicht mehr weiter befördert. Als Meldegänger hatte er Nachrichten und Befehle vom Stabsquartier seines Regimentes an die vorderste Front zu bringen. Wie gefährlich das war, zeigt sich daran, dass Hitler zweimal nur ganz knapp dem Tode entging. Nach einer schweren Verwundung im Herbst 1916 in der Schlacht an der Somme wurde er im Oktober 1918 auch noch Opfer eines britischen Gasangriffs, sodass er das Kriegsende, die Abdankung des Kaisers und die Novemberrevolution von 1918 im Lazarett in Pasewalk bei Stettin erlebte.

Wann er hier von dem großen Umsturz in Deutschland erfahren hat, ist nicht genau bekannt. Seine dramatisierende Schilderung in *Mein Kampf* lässt jedoch erkennen, dass für ihn ganz persönlich eine Welt zusammenbrach, als er am 10. November in Pasewalk von einem Pfarrer erfuhr, dass das Deutsche Reich kapituliert und der Kaiser abgedankt habe.[32] Der Krieg hatte seinem Leben, so groß auch die Gefahren waren, denen er ausgesetzt war, erstmals einen Sinn gegeben, nachdem er zuvor überall nur gescheitert war. Das war nun jedoch mit einem Mal wieder vorbei. Auch die Kriegskameradschaft mit anderen Soldaten, welche ihm nach den verbummelten Münchner Jahren persönlichen Halt gegeben hatte, war zu Ende. Ian Kershaw fasst den Zustand, in dem er sich 1918 befand, mit einem knappen Satz zusammen: »Er war ein Niemand.«[33]

Nur zu gern glaubte Hitler deshalb daran, dass Sozialdemokraten und letzten Endes Juden das deutsche Heer bewusst geschwächt und durch eine defätistische Propaganda um den militärischen Sieg gebracht hätten. Dass diese ›Dolchstoßlegende‹ von der Obersten Heeresleitung erfunden und von der politischen Rechten willig aufgenommen worden ist, hat Hitler, wie freilich auch Millionen anderer Soldaten, nicht durchschaut. Sie kam ihm vielmehr wie gerufen, um seine persönliche Lebenskrise zu erklären. Voller Hass polemisiert er in *Mein Kampf* gegen die »Verbrecher«, welche Deutschland ins Unglück geführt hätten. Sein »persönliches Leid« sah er »gegenüber dem Unglück des Vaterlandes« sogar angeblich nichtig werden.[34]

Nach seiner Entlassung aus dem Lazarett kehrte Hitler am 21. November 1918 wieder nach München zurück und meldete sich bei seiner militärischen Einheit aus dem Weltkrieg, da er nur so (bis zu seiner Entlassung am 31. März 1920) als Reservist mit einem gesicherten Einkommen rechnen konnte.

Adolf Hitlers Mutter Klara …

… und sein Vater Alois Hitler, geboren als Aloys Schicklgruber.

2. August 1914: Pro-Kriegs-Demonstration auf dem Münchner Odeonsplatz. Historiker glauben, dass Hitler aus Propagandagründen nachträglich hineinretuschiert wurde.

»Wien – Das Rathaus«. Aquarellierte Zeichnung von Adolf Hitler.

Hitler (ganz rechts) als Soldat des 2. Bayerischen Reserve-Infanterie-Regiments. Nr. 16

II. Einstieg in die Politik 1918–1924

Politische Anfänge

Hitler schloss das 7. Kapitel von *Mein Kampf* über »Die Revolution« mit dem dubiosen Satz »Ich aber beschloss, Politiker zu werden« ab.[1] Tatsächlich konnte bei ihm 1918 jedoch noch keine Rede davon sein, in die Politik einzutreten. Hitler war dies auch durchaus bewusst, was daran ersichtlich ist, dass der Satz ganz unvermittelt fällt und in dem Kapitel überhaupt keine Wende zur aktiven Politik dargestellt wird. Es ging Hitler bei seiner politischen Selbststilisierung offensichtlich nur darum, sein Klagelied über die Folgen der Revolution mit einem Kontrapunkt zu versehen, der ihn als künftigen Retter des unglücklichen Vaterlandes erscheinen lassen sollte.

Hitlers Politisierung vollzog sich in mehreren voneinander abgrenzbaren Stufen. Auf einer ersten wurden von ihm in Wien politische Ideen und handelnde Politiker nur indirekt zur Kenntnis genommen, vor allem durch mediale Vermittlung über Zeitungen und Zeitschriften. Die zweite Stufe seiner Politisierung bestand darin, dass er aus der Distanz die Begegnung mit Politikern suchte. Er ging deshalb in Sitzungen des österreichischen Reichsrats sowie später zu politischen Versammlungen und Demonstrationen, um dort Politiker zu sehen und reden zu hören, ohne dort jedoch schon selbst aktiv zu werden. Man kann diese Stufe als Übergang von der passiven zur aktiven Politisierung ansehen. Die dritte Stufe bestand schließlich darin, dass von ihm der Schritt in die aktive Politik getan wurde. Dies erfolgte, entgegen seiner späteren Behauptung, nicht von einem Tag auf den anderen; Hitlers Weg in die Politik war vielmehr ein allmählicher Prozess.

Als Hitler nach seiner Entlassung aus dem Lazarett im pommerschen Pasewalk nach München zurückkehrte, herrschten dort seit der Regierungsübernahme des linken Sozialisten Kurt Eisner bürgerkriegsähnliche Zustände. Hitler hätte damit reichlich Möglichkeiten gehabt, sich, wenn schon nicht auf der Seite der Regierung, in einem der nationalistischen Freikorps oder gar in der antisemitischen Thule-Gesellschaft politisch zu engagieren. Davon konnte jedoch keine Rede sein. Aus gutem Grund blieb er, solange es nur irgend ging, bei der Bayerischen Reichswehr, in die er 1919 übernommen wurde. Da er ohne jegliche Einkünfte war und auch sein Erbe inzwischen längst aufgebraucht hatte, blieb ihm gar nichts anderes übrig, als seinen Lebensunterhalt so lange wie möglich beim Militär zu verdienen. Dass er am Trauerzug für den ermordeten Kurt Eisner teilnahm, sollte man nicht als politische Parteinahme ansehen – als Soldat musste er ihm wahrscheinlich befehlsgemäß folgen. Bis zu seiner förmlichen Entlassung aus dem Heeresdienst 1920 erhielt er in der (Bayerischen) Reichswehr weiter seinen Sold als Gefreiter der 7. Kompanie des 1. Ersatzbataillons des 2. Bayerischen Infanterie-Regiments. Eine Zukunft als Berufssoldat konnte er in der Reichswehr als österreichischer Staatsangehöriger jedoch nicht haben. Welchen Anteil er an den dramatischen Ereignissen in München zwischen dem Mord an Kurt Eisner und der blutigen Niederschlagung der zweiten Räterepublik hatte, wissen wir nicht. Weder in *Mein Kampf* noch später hat er sich dazu direkt geäußert. Es scheint jedoch so, als habe er sich in die Kaserne zurückgezogen, um nicht in politische Auseinandersetzungen hineingezogen und eventuell ausgewiesen zu werden. Dass er dem revolutionären Umsturz ursprünglich positiv gegenübergestanden hätte, bleibt bloße Spekulation.

Den Weg in die aktive Politik fand Hitler aber nicht aufgrund einer eigenen Entscheidung, er wurde ihm vielmehr von seiner militärischen Umgebung vorgegeben. Es war der umtriebige Nachrichtenoffizier der Bayerischen Reichswehr, Kurt Mayr, der ihn als politischer Mentor unversehens in die Nähe der Politik bringen sollte.[2] Mayr setzte Hitler als eine Art V-Mann für die Aufklärung über die propagandistische Tätigkeit sowie die Beobachtung rechtsradikaler Gruppierungen ein, deren Mitglieder in seinen Augen für den Aufbau der Reichswehr geeignet waren.[3] Hitler erhielt eine anspruchsvolle propagandistische Schulung, an der neben anderen Professoren auch der Münchner Historiker Karl Alexander Müller beteiligt war. In kurzer Zeit eignete er sich die, freilich wenig komplexen, ideologischen Voraussetzungen an, welche dafür von Mayr gewünscht wurden. Als Schlüsseldokument wird dafür allgemein ein Briefentwurf angesehen, den Hitler im Auftrag Mayrs am 16. September 1919 als Antwort auf die Anfrage eines gewissen Adolf Gemlich aus Ulm verfasst hat.[4] Es handelt sich um den ersten schriftlichen Text aus Hitlers Hand, in dem er sich zu seiner Haltung gegenüber ›den‹ Juden ausführlich äußert. Er forderte scheinbar gemäßigt einen »Antisemitismus der Vernunft«, der zur »planmäßigen Bekämpfung und Beseitigung des Vorrechts der Juden« führen müsse. Die Juden wurden von ihm jedoch biologisch als Angehörige einer »Rasse, nicht als Religionsgenossenschaft« angesehen, welche eine »Rassentuberkulose der Völker« herbeigeführt hätte. Darum müsse »unverrückbar die Entfernung der Juden überhaupt« das Ziel der Politik sein.[5] Auch wenn Hitler damit nur Stereotype eines rassenbiologischen Antisemitismus aufgriff, wie sie Anfang der Zwanzigerjahre nicht nur in Deutschland stark verbreitet waren, ist festzuhalten, dass er sich damit erstmals als radikaler Antisemit zu erkennen gab.

Nicht weniger wichtig als seine ideologische Selbstfindung war aber zweifellos, dass Hitler erstmals in der aktiven Politik Fuß fasste. Zusammen mit anderen Kameraden nahm er am 12. September 1919 im Auftrag Mayrs an einer Versammlung der rechtsradikalen Deutschen Arbeiterpartei (DAP) teil. Es handelte sich um eine der zahlreichen völkischen Splittergruppen, welche in Bayern mehr oder weniger ein Schattendasein führte und die ohne den Eintritt von Hitler bedeutungslos geblieben wäre. Von dem Journalisten Karl Harrer und dem Schlosser Anton Drexler gegründet, stand die Minipartei in der politischen Tradition der österreichischen Alldeutschen. Nach dem in *Mein Kampf* von Hitler verbreiteten Mythos von seiner Erweckung als Politiker habe er auf der ersten Versammlung, an der er teilnahm, einen Gymnasiallehrer in Grund und Boden geredet, woraufhin ihn der Parteivorsitzende Drexler zum Eintritt in die Partei aufgefordert habe.[6] Auch wenn das so nicht stimmen muss, trat Hitler der Partei nach kurzer Zeit tatsächlich bei und engagierte sich damit erstmals aktiv in der Politik. Es scheint allerdings so, als habe er diese Entscheidung mit der Zustimmung, vielleicht sogar nach Aufforderung von Mayr getroffen, der auch dafür sorgte, dass die DAP nach dem Eintritt Hitlers politische und finanzielle Unterstützung aus dem rechtsradikalen Milieu erhielt. Hitler lernte über die DAP überdies die Rechtsintellektuellen Gottfried Feder und Dietrich Eckart kennen, die zu seiner ideologischen Orientierung nachweislich beigetragen haben.[7] Über Mayr fand er auch wieder Kontakt zu Ernst Röhm, mit dem er gemeinsam an der Front gewesen war. Er wurde wegen seiner organisatorischen Fähigkeiten zu einem seiner wichtigsten Unterstützer, ehe Hitler ihn 1934 als vermeintlichen Konkurrenten beseitigen ließ.[8]

Hitler hat seinen Eintritt in die DAP in *Mein Kampf* stark aufgebauscht und als einen »entscheidenden Entschluss« in seinem Leben bezeichnet.[9] Nach dem angeblichen Beschluss, Politiker zu werden, sollte der Eintritt in die rechtsradikale Splitterpartei ein weiterer wegweisender politischer Schritt in seinem Leben gewesen sein. Es gehört auch zu Hitlers autobiografischer Legende, dass er als siebtes Mitglied in die DAP aufgenommen worden sei. Allenfalls war er das jedoch im als »Arbeitsausschuss« bezeichneten Vorstand der DAP, in den ihn Drexler hineingebeten hatte. Mitgliederlisten wurden in der DAP erst seit Februar 1920 geführt, wobei man, um eine größere Mitgliederzahl vorzutäuschen, mit der Mitgliedsnummer 500 begann. Hitler erhielt dadurch die Nummer 555.[10] Im Vorstand der DAP wurde Hitler die Propaganda für die Partei als Ressort zugeteilt. Wie er, tatsächlich zu seinem eigenen Erstaunen, feststellte, entsprach dies genau seinem politischen Talent. Nachdem er mehrmals in Parteiversammlungen als Propagandaredner aufgetreten war und sich die Zahl der Zuhörer von Mal zu Mal vergrößert hatte, war für ihn »durch die Wirklichkeit bewiesen: ich kann reden«.[11] Hitler sorgte daraufhin dafür, dass die bis dahin sich eher in Hinterzimmern versammelnde DAP am 24. Februar 1920 im Festsaal des Münchner Hofbräuhauses erstmals in die Öffentlichkeit ging. Gemeinsam mit dem Parteivorsitzenden Drexler stellte er bei dieser Gelegenheit das aus 25 Punkten bestehende Parteiprogramm der in Nationalsozialistische Deutsche Arbeiterpartei (NSDAP) umbenannten Partei vor.[12] Dass Hitler bei der Abfassung des Programms beteiligt war, ist ziemlich unwahrscheinlich. Falls doch, wird sein Einfluss in Anbetracht seiner nach wie vor wenig ausdifferenzierten politischen Anschauungen auf jeden Fall gering gewesen sein. Als inzwischen bester Redner der Partei durfte er das Programm aber vorstellen. Die ziemlich abstrusen wirtschaftspolitischen Ideen der ›25 Punkte‹ dürften auf Gottfried Feders Programm einer »Brechung der Zinsherrschaft« zurückzuführen sein, das die Verstaatlichung von großen Unternehmen, eine Gewinnbeteiligung der Arbeiter und die Kommunalisierung großer Warenhäuser vorsah.[13] Die außenpolitischen Forderungen nach einem ›Großdeutschland‹ und der Revision des Versailler Vertrages (einschließlich einer Rückgabe der Kolonien) entsprachen allgemeinen völkischen Vorstellungen. Zentral waren antisemitische Forderungen, die vermutlich auf Hitlers Mentor Dietrich Eckart zurückgingen, sich aber ebenfalls nicht von im rechtsextremen Milieu verbreiteten Vorstellungen unterschieden. Die Juden wurden als fremdes Volk angesehen, dessen weitere Einwanderung verhindert werden sollte. Für sie sollte in dem anstelle der Weimarer Republik zu schaffenden autoritären Staat kein Platz mehr sein.

Bemerkenswert ist jedoch, dass Hitler den Anstoß für die Einführung eines Parteisymbols gab. Auf seine Initiative hin einigte sich die Partei auf das aus der völkischen Tradition kommende, antisemitisch aufgeladene Hakenkreuz.[14] Hitler hat das Symbol seiner Behauptung nach selbst entworfen. Auch wenn das nicht stimmen dürfte, war ihm zweifellos die schwarz-weiß-rote Farbkombination wichtig, weil sie optisch an die alten Reichsfarben erinnerte: Das schwarze Hakenkreuz befand sich auf einem weißen Kreis, der wiederum von einem roten Hintergrund umgeben war. Das entsprach dem auch später sich immer wieder zeigenden Bestreben Hitlers, mit der NSDAP an die vordemokratischen Traditionen Deutschlands anzuknüpfen und die Partei als deren legitime Erbin erscheinen zu lassen.

Die Kundgebungen der NSDAP, bei denen Hitler seit dem ersten öffentlichen Auftritt regelmäßig, oft sogar mehrmals am Abend, als Hauptredner auftrat, fanden in immer größeren Münchner Bierlokalen statt. Auf dem Höhepunkt sollen im Zirkus Krone, dem größten geschlossenen Versammlungsraum Münchens, am 21. Februar 1921 sogar 6000 Menschen zusammengekommen sein. Gleichzeitig stiegen auch die Mitgliederzahlen der NSDAP an. Waren es im Januar 1921 erst etwa 2000, konnte sich die Partei im Herbst 1922 etwa 20 000 Mitglieder zurechnen, wobei entscheidend war, dass sie sich in Franken hatte ausdehnen können.[15] Die NSDAP übertraf damit inzwischen zweifellos alle anderen völkischen Gruppierungen Bayerns.

Der politische Massenredner

In *Mein Kampf* betonte Hitler, dass er beim Aufstieg der NSDAP »das Hauptgewicht auf das gesprochene Wort« gelegt habe.[16] Nur mit der »Rede« könne man die Masse der Menschen erreichen, da diese zu faul zum Lesen und daher nur durch direkte mündliche Ansprache zu gewinnen sei. Er sprach von der »Nationalisierung der Massen«,[17] worunter er die nationale Wiedergewinnung der an die angeblich internationalistische Linke verloren gegangenen Menschen verstand. Es versteht sich, dass er damit seine eigene Rolle als Redner bei politischen Massenversammlungen herausstreichen wollte, auch wenn es etwas widersinnig erscheint, ein Buch zu schreiben, um sich darin als Redner zu feiern. Auch wenn nicht nachgewiesen werden kann, dass Hitler Gustave Le Bons Buch *Psychologie der Massen* je in der Hand gehabt hat, scheint er dessen Thesen, wie bei ihm üblich, indirekt aufgenommen zu haben.[18]

Als Redner entwickelte Hitler einen eigenen, stark körperbetonten Stil, der seine Auftritte aufregender erscheinen ließ als die anderer Redner der Weimarer Republik.[19] Je nachdem, welches Publikum er erwartete, bereitete er sich genau darauf vor und inszenierte sich entsprechend. Er hatte bei seinen oft mehrstündigen Reden zwar nie ein fertiges Manuskript, wohl aber notierte er sich Stichworte wie »Versailles«, »Weltkrieg«, »Novemberverbrecher«, »Volksgemeinschaft« oder »Judenfrage«, welche den Verlauf seiner Rede jeweils markierten.[20] Diese zentralen Schlagworte memorierte er vor Beginn der Veranstaltung, sodass er jederzeit auf sie zurückgreifen konnte. Dass er sich während seiner Reden ständig wiederholte, gehörte zu seiner Rhetorik. Nur dadurch, dass er der ›Masse‹ seine Parolen immer wieder einhämmerte, glaubte er, wie er behauptete, ihre politische Bekehrung erreichen zu können.

Es gehörte zu seinem Auftreten als Redner, dass Hitler sein Publikum zu Beginn der Veranstaltungen bewusst länger warten ließ, ehe er, häufig fast unbemerkt, in den Saal kam und an das Rednerpult trat. Marschmusik und Fahnenumzüge steigerten die Erwartungen des Publikums. Wie Filmaufnahmen zeigen, begann er mit seiner Rede fast beiläufig, um auf diese Weise das anhaltende Stimmengewirr zur Ruhe zu bringen. Bis 1928 war dies auch deshalb nötig, weil Hitler ohne Mikrofon und entsprechende Lautsprecherübertragung reden musste. Wenn einigermaßen Ruhe im Saal herrschte, begann er immer lauter zu reden und steigerte sich, heftig gestikulierend, allmählich in ein Schreien hinein, das ihm auch physisch alles abverlangte. Es ist fotografisch dokumentiert, dass er diesen Redestil vor dem Spiegel eingeübt hat. Dass allein schon seine Stimme besondere Wirkung hatte, ist eher unwahrscheinlich,[21] weil seine gutturale Dialektfärbung selbst in Bayern nicht unbedingt gut zu verstehen war. Hitler zerhackte deshalb seine Sätze, wiederholte sie mehrfach und unterstrich einzelne Worte mit theatralischen Gesten. Am Ende der oft stundenlangen Auftritte war er regelmäßig physisch nahezu am Ende und stürzte schweißüberströmt vom Rednerpult fort.

Seine rhetorischen Erfolge verhalfen Hitler innerhalb der Partei zu einem steilen Aufstieg. Auch wenn er offiziell nicht Parteiführer war, wurde die NSDAP in der Öffentlichkeit zunehmend über seine Auftritte wahrgenommen. Man darf die Erfolge der NSDAP aber selbstverständlich nicht allein Hitler zuschreiben. Vielmehr muss man berücksichtigen, dass in Bayern seit dem Sturz der sozialdemokratischen Regierung von Johannes Hoffmann und der Regierungsübernahme durch Gustav Ritter von Kahr im März 1921 bis in die Polizei und die Reichswehr hinein eine völkisch-nationalistische Stimmung vorherrschte.[22] Nicht zufällig dankte Hitler in *Mein Kampf* überschwänglich dem Münchner Polizeipräsidenten Ernst Pöhner und dessen Oberamtmann Wilhelm Frick, seinem späteren Innenminister, als »Mithersteller[n] eines nationalen Bayerns«.[23] Gegner der Weimarer Republik aus dem ganzen Reich fanden in Bayern Zuflucht. Selbst eine terroristische Organisation wie der von dem steckbrieflich gesuchten Hermann Ehrhardt geleitete Geheimbund »Consul« konnte von Bayern aus die Mordaktionen planen, welchen der Zentrumspolitiker Matthias Erzberger und der Reichsaußenminister Walther Rathenau zum Opfer fielen. Der ungewöhnliche Aufstieg Hitlers und die Erfolge der NSDAP sind nur vor diesem politischen Hintergrund zu verstehen.

Im Kreis von Bewunderern

Seitdem Hitler in die Politik gegangen war, umgab er sich mit einem Kreis von politisch Vertrauten, in dem er mehr oder weniger kritiklos bewundert wurde. Ein Teil dieser Getreuen der ersten Stunde, mit denen er sich regelmäßig in einem Münchner Café zu treffen pflegte, gehörte auch noch im ›Dritten Reich‹ zu seinen wichtigsten Komplizen. Die Mehrheit bestand aus ehemaligen Frontkämpfern des Ersten Weltkrieges. Außer Ernst Röhm ist auch Max Amann mit ihm gemeinsam an der Front gewesen, Hermann Esser war mit ihm zusammen nach Kriegsende in der Propagandaabteilung der Bayerischen Reichswehr aktiv. Hermann Göring, Rudolf Heß und Wilhelm Brückner hatten als Offiziere ebenfalls im Krieg gekämpft, Göring war als Kampfflieger sogar mit dem Orden Pour le Mérite ausgezeichnet worden. Wichtig war für Hitler auch, dass er mit Alfred Rosenberg und Rudolf Heß in der Partei frühzeitig auch einige politisch gleichgesinnte Intellektuelle um sich scharte, welche die Parteizeitung *Völkischer Beobachter* und die Publizistik der NSDAP betreuen konnten. Mit Ernst Hanfstaengl und Kurt Lüdecke gehörten schließlich auch noch zwei dubiose Geschäftsleute zu seinen ersten Getreuen. Durch sie erhielt Hitler Zugang zu bestimmten Kreisen der Münchner Wirtschaft. Er nutzte ihre Kontakte, wenn auch letzten Endes vergeblich, in Italien und in den USA zur Geldbeschaffung für die NSDAP. Beide überwarfen sich jedoch mit ihm und emigrierten in die USA.[24]

Über den engeren Kreis von Parteigenossen hinaus fand Hitler in München auch eine Reihe von Mentoren, die für ihn in seiner politischen Anfangszeit unentbehrlich wurden. In diesem Förderkreis war in den frühen Zwanzigerjahren zweifelsohne der 21 Jahre ältere völkische Schriftsteller Dietrich Eckart sein wichtigster intellektueller Mentor.[25] Er brachte Hitler das Schreiben politischer Texte bei und führte ihn in die rechtsintellektuelle Bohème Münchens ein. Eckardt vertiefte die diffusen antisemitischen Vorstellungen Hitlers, er entzweite sich jedoch aufgrund seiner kulturell geprägten Judenfeindschaft, der Hitlers rassenideologisch geprägter Antisemitismus gegenüberstand, von ihm. In seiner Schrift *Der Bolschewismus von Moses bis Lenin. Zwiegespräche zwischen Adolf Hitler und mir* rechnete er enttäuscht mit seinem ehemaligen Intimus ab, was Hitler jedoch nicht daran hinderte, am Ende des zweiten Bandes von *Mein Kampf* seiner besonders zu gedenken.[26] In intellektueller Hinsicht waren zweifellos auch die Baltendeutschen Alfred Rosenberg und Max Erwin von Scheubner-Richter für ihn wichtig, die nicht nur den Kontakt zu Erich Ludendorff herstellten, sondern Hitler wohl auch in seinem Lebensraumdenken stark beeinflussten. Der ehemalige Kampfflieger und Freikorpskämpfer Rudolf Heß vermittelte Hitler als Student der Staatswissenschaften auch Kontakte in das universitäre Milieu Münchens, zum Beispiel zu seinem Lehrer, dem Geopolitiker Professor Karl Haushofer.[27] Von Rosenberg übernahm Hitler wahrscheinlich die Fiktion vom jüdischen Bolschewismus, durch die er Antibolschewismus und Antisemitismus miteinander verband.[28] Schließlich stießen auch Max Amann und Heinrich Hoffmann schon früh zum inneren Kreis Hitlers. Hoffmann sollte Hitlers Hoffotograf werden, Amann den Eher-Verlag, bei dem der *Völkischen Beobachter* erschien, zum Parteiverlag der NSDAP ausbauen.

Dass Hitler bürgerliche, freilich politisch eher rechts stehende Intellektuelle für die eigentlich eher kleinbürgerliche, sogar proletarische NSDAP gewinnen konnte, hatte weniger ideologische Gründe. Es hing vielmehr vor allem mit der Fama zusammen, die Hitler als Massenredner in Bayern allmählich umgab. Hitlers Auftritte waren spätestens 1922 in München eine politische Sensation. Auch wenn man von der NSDAP sonst noch nichts gehört hatte, kannte man inzwischen seinen Namen. Neugierig geworden, besuchte mancher die nationalsozialistischen Massenversammlungen Münchens – und zahlreiche Besucher traten der NSDAP bei, nachdem sie einmal Hitler erlebt hatten.

Es ist kein Zufall, dass der Kreis seiner politischen Gefolgsleute ausschließlich aus Männern bestand. Abgesehen von der, jedoch wenig geachteten, Reichsfrauenführerin Gertrud Scholtz-Klink, förderte Hitler auch nach seiner Machtübernehme politisch keine Frauen. Alle wichtigen Ämter in der Partei und im nationalsozialistischen Staat wurden mit Männern besetzt.

Hitler privat: die Frauen

Der Personenkult, der den ›Führer‹ umgab, galt nur dem öffentlichen Hitler. Daneben gab es jedoch einen privaten Hitler, welcher der Bevölkerung weitgehend unbekannt geblieben ist. Dazu gehörten seine Beziehungen zu Frauen, über die nach dem Ende des ›Dritten Reiches‹ besonders viel gerätselt worden ist. Tatsächlich war für ihn eine »undurchsichtige Erotik« charakteristisch, wie schon Konrad Heiden, sein erster kritischer Biograf, bemerkt hat.[29] Inwieweit seine mehrfach geäußerte Auffassung, dass er mit dem deutschen Volk verheiratet sei und deshalb keine lebenslange Beziehung zu einer Frau eingehen könne, eine Schutzbehauptung war, um seine notorische Beziehungsschwäche zu kaschieren, ist unklar. Jedoch ist festzustellen, dass er auf zweierlei Typen von Frauen besonders reagiert hat.

Auffallend ist einerseits, dass Hitler in den Zwanzigerjahren gerne mit älteren Frauen der großbürgerlichen Gesellschaft Umgang pflegte, aber auch bei diesen Anklang fand. Von ihnen fühlte er sich verstanden, weil sie ihn bestenfalls als Genie, auf jeden Fall als Künstler ansahen.[30] Sie verstanden seine Reden vor einem Massenpublikum weniger als politische Veranstaltungen, denn als Inszenierung eines maskulinen Ego. Sein außerhalb des Rednerpultes eher linkisches Auftreten, seine alles andere als elegante Kleidung und sein insgesamt exzentrischer Habitus weckten in ihnen so etwas wie mütterliche Gefühle und ließen sie ihm gegenüber fürsorglich tätig werden.

Als erste von diesen Frauen wandte sich Elsa Bruckmann, die Ehefrau des Münchner Kunstverlegers Hugo Bruckmann, Hitler zu, nachdem sie ihn im Februar 1921 im Zirkus Krone erlebt hatte. Hitler wurde in ihrem Salon in die Münchner Gesellschaft eingeführt und lernte hier, sich im bürgerlichen Konversationsstil zu unterhalten. Als Hitler 1924 in Landsberg in Haft war, besuchte Bruckmann ihn zweimal und stattete ihn vor allem mit Büchern aus. Außerdem hat sie ihn dort wohl, so banal das klingen mag, reichlich mit dem Schreibpapier versorgt, das er für die Niederschrift von

Mein Kampf benötigte und schließlich wohl auch zur Finanzierung des ersten Bandes beigetragen.

In einer gewissen Konkurrenz zu Elsa Bruckmann stehend, bemühte sich auch Helene Bechstein, die Ehefrau des Berliner Klavierfabrikanten Edwin Bechstein, um Hitler. Er wurde von ihr bei ihren zahlreichen Besuchen in München regelmäßig zum Essen in das Hotel Vier Jahreszeiten eingeladen. Auch sie scheint mitgeholfen zu haben, ihm gesellschaftliche Umgangsformen beizubringen. Über sie ergab sich aber vor allem der Kontakt nach Bayreuth, wo Hitler innerhalb der Familie Wagner seine größte Bewunderin finden sollte. Es war dies die Engländerin Winifred Wagner, die Frau von Richard Wagners Sohn Siegfried, die Hitler im Herbst 1923 zum ersten Mal empfing. Seit seiner Jugend in Linz von den Opern von Richard Wagner begeistert, war Hitler überwältigt von der unmittelbaren Erinnerung an den großen Meister, die ihn auf der Villa Wahnfried umgab. Es entwickelte sich zwischen ihm und Winifred eine eigenartig intensive Freundschaft, die in den ersten Jahren des ›Dritten Reiches‹ und bis 1939 anlässlich der Reichsparteitage der NSDAP zu jährlichen Besuchen Hitlers im Hause Wagner führen sollte.

Dass Hitler die sehr persönliche Gängelung durch diese Bewunderinnen über sich ergehen ließ, ist bemerkenswert. Es scheint ihm aber besonders geschmeichelt zu haben, von den weltläufigen und attraktiven Frauen umgarnt zu werden. Dahinter steckte bei ihm jedoch auch politisches Kalkül. Die NSDAP war in den ersten Jahren ihres Bestehens eine Partei des unteren Mittelstandes, der Handwerker und kleinen Angestellten, im bayerischen Franken auch der Bauern. Sie sollte nach Hitlers Vorstellungen jedoch eine klassenübergreifende Volkspartei mit antidemokratischer und antisemitischer Ausrichtung werden.[31] Er bemühte sich deshalb zum einen auch um die Arbeiter, wenn auch ohne großen Erfolg, da diese den linken Parteien wie SPD und KPD weitgehend treu blieben. Erst recht hatte er zum anderen mit seiner Parteistrategie in der wirtschaftlichen und kulturellen Oberschicht des Bürgertums anfangs wenig Erfolg, da deren Repräsentanten von dem gewalttätigen Habitus der NS-Bewegung abgestoßen wurden. Die weiblichen Bewunderinnen ebneten ihm daher, beginnend bei ihren prominenten Ehemännern, erste Wege in das Bürgertum.

Während Hitler den älteren Damen der Gesellschaft eher unterwürfig gegenübertrat, fühlte er sich andererseits von sehr jungen Frauen angezogen, denen gegenüber er eine dominante Rolle spielen konnte. Solch machohafte

Überlegenheit empfand er wahrscheinlich schon in seiner Wiener Zeit gegenüber der siebzehnjährigen Schwester Stefanie seines damaligen Freundes Rudolf Häusler. Sicher verbürgt ist seine Vorliebe für junge Frauen sodann für die sechzehnjährige blonde und blauäugige Maria Reiter, mit der Hitler 1926 in Berchtesgaden bekannt wurde, sowie besonders für seine attraktive Nichte Geli Raubal.[32] Letztere hatte er als Siebzehnjährige kennengelernt, als sie ihn mit ihrem Bruder in der Landsberger Gefängnishaft besuchte. Als sie zum Studium nach München kam, nahm er sie in seine Wohnung auf. Sie war bald der Schwarm von Hitlers Männerclique und verliebte sich zu seinem Ärger in seinen Fahrer Maurice. In Hitlers Wohnung fühlte sie sich zunehmend eingesperrt und unter zu großer Kontrolle ihres dominanten Onkels. Dies war wahrscheinlich der Grund für ihren Selbstmord im Jahr 1931, von dem Hitler tief getroffen wurde.

Letzten Endes passte auch die über zwanzig Jahre jüngere Eva Braun, die für Hitler vierzehn Jahre lang eine privilegierte, aber der Öffentlichkeit nicht bekannte Rolle als faktische Hausherrin gespielt hat, in dieses Muster.[33] Auch bei ihr scheute Hitler aber davor zurück, sich fest an sie zu binden – vielleicht ein Beleg dafür, dass er auch im Privaten Schwierigkeiten hatte, sich zu einem folgenschweren Entschluss durchzuringen, wie das noch für sein öffentliches Verhalten zu zeigen sein wird. Erst kurz vor ihrem gemeinsamen Selbstmord heiratete Hitler Eva Braun am 30. April 1945 in einer gespenstischen Zeremonie in seinem Berliner Bunker.[34]

Dass die Neigung zu jungen Frauen jedoch auch etwas mit einer ausgeprägten Frauenverachtung zu tun hatte, lässt einer seiner Monologe im Führerhauptquartier erkennen, in dem er Folgendes von sich gab: »Es gibt doch nichts Schöneres, als sich ein junges Ding zu erziehen, ein Mädel mit 18, 20 Jahren ist biegsam wie Wachs. Einem Mann muss es möglich sein, jedem Mädchen einen Stempel aufzudrücken. Die Frau will auch nichts anderes.«[35]

Für Hitlers Biografie als ›Führer‹ und faschistischer Diktator ist sein Verhältnis zu Frauen freilich weniger wichtig, als es außerhalb der wissenschaftlichen Literatur häufig erscheint. Es gibt keine Hinweise darauf, dass die jungen Frauen, zu denen Hitler eine gewisse Beziehung hatte, in irgendeiner Weise seine Aktivitäten als Politiker beeinflusst haben. Nur Eva Braun könnte eine Ausnahme dargestellt haben: Entgegen früherer Annahmen scheint sie durchaus mit eigenen Urteilen einen gewissen Einfluss auf Hitler ausgeübt zu haben, was voraussetzt, dass sie seinen finsteren Antisemitismus und seine Rassenideologie teilte.[36]

Führer einer völkischen Splitterpartei: die DAP

Auch wenn Hitler dem Parteivorstand der NSDAP angehörte, spielte er zunächst im Leben der Partei keine große Rolle, da er wenig präsent war. Das hatte zur Folge, dass die Parteiführung eigene Wege ging und die Zusammenarbeit mit anderen völkischen Gruppierungen anstrebte. Als es während einer Reise Hitlers nach Berlin in seiner Abwesenheit zu konkreten Fusionsverhandlungen mit einer dieser Gruppen kam, trat Hitler nach seiner Rückkehr im März 1921 demonstrativ aus der Partei aus, weil er diesen Zusammenschluss entschieden ablehnte. Es gilt als sicher, dass er damit der Partei nicht auf Dauer den Rücken kehren wollte, doch war dies auch kein überlegter Schachzug, sondern eine für Hitler durchaus typische, spontane Reaktion. Er setzte aber den Parteivorstand massiv dadurch unter Druck, dass er seine Rückkehr in die Partei davon abhängig machte, die Parteiführung übernehmen zu können.[37] Der Vorstand wurde von ihm gezwungen, bei seinem Wiedereintritt sechs Bedingungen zu akzeptieren. Zentraler Punkt war seine Forderung, eine außerordentliche Mitgliederversammlung einzuberufen, auf der er zum »Ersten Vorsitzenden mit diktatorischer Machtbefugnis« gewählt werden sollte. Des Weiteren verlangte er eine »rücksichtslose Reinigung der Partei«, worunter eine Säuberung von allen Mitgliedern zu verstehen war, die nicht bedingungslos seiner persönlichen Führung folgen wollten. Und schließlich eine Absage an alle Fusionsbestrebungen mit völkischen Parteien sowie das Verbot der Änderung des Namens und des Programms der Partei. Alle von Hitler gestellten Bedingungen wurden von der eingeschüchterten Parteiführung erfüllt. Am 29. Juli 1921 wurde er nach seinem förmlichen Wiedereintritt zum Vorsitzenden der Partei gewählt – mit Vollmachten, die, wie er es gefordert hatte, einer innerparteilichen Diktatur nahekamen.[38]

Obwohl Hitler nunmehr auf seinem langen Weg in die Politik erstmals, wenn auch zunächst nur in einer winzigen Splitterpartei, direkte politische Verantwortung übernommen hatte, war er keineswegs bereit, sich mit dieser politischen Rolle zufriedenzugeben. Er verstand sich vielmehr weit über seine Partei hinaus als »Trommler« einer nationalen Freiheitsbewegung, welche ganz Deutschland revolutionieren sollte.[39] Ihm ging es nicht nur um den organisatorischen Aufbau einer einzelnen Partei, sondern um die Gewinnung der Massen durch einen zukünftigen ›Führer‹. Wie das in der Praxis aussehen sollte, wusste er im Grunde vermutlich selbst nicht genau. Klar war ihm wohl nur, dass er nicht ein kleiner Parteiführer sein wollte, sondern gewissermaßen der Johannes für den zukünftigen politischen Erlöser des gesamten Volkes. Seine rhetorische Propaganda hatte radikale, aber damals durchaus verbreitete antiparlamentarische und antibolschewistische Ziele. Er verstand es auch, durch seinen klar rassenbiologisch motivierten Antisemitismus, die erklärte Feindschaft gegenüber dem demokratisch-parlamentarischen Regierungssystem und die Absage an eine bloß revisionistische Außenpolitik Massen zu begeistern. Jeweils für sich genommen, waren seine radikalen Zielsetzungen nicht originell, neu daran war jedoch ihre Kombination. Die scheinbare Schlüssigkeit ihrer Verbindung rief viele Emotionen hervor, weckte aber auch politische Erwartungen, auf die Hitler zunächst keine Antwort wusste.

Das änderte sich erst mit der faschistischen Machtergreifung Benito Mussolinis durch den ›Marsch auf Rom‹ am 28. Oktober 1922. Mehrfach hat Hitler diesen später als »Wendepunkt der Geschichte« bezeichnet.[40] Tatsächlich war es mehr ein ›Wendepunkt‹ in seiner politischen Biografie. So größenwahnsinnig das zu diesem Zeitpunkt auch sein mochte, so glaubte er doch mit einem Mal, ein Konzept zu haben, das ihn in Deutschland auf nationaler Ebene politisch an die Macht bringen könnte. Das hatte nichts mit einer Übernahme der faschistischen Ideologie zu tun. Eine geschlossene faschistische Theorie, die er hätte übernehmen können, gab es zu diesem Zeitpunkt im italienischen Faschismus nämlich gar nicht, auch später war sie zweitrangig. Mussolini erklärte dezidiert, ein »Mann der Tat« zu sein, dem politische Programme gleichgültig seien.[41] Hitler sah den ›Marsch auf Rom‹ denn auch als praktisches Vorbild dafür an, wie man auf nationaler Ebene an die Macht kommen könnte. Ausdrücklich betonte er später: »Die Tatsache allein, dass man das machen kann, hat uns Auftrieb gegeben.«[42] So beeindruckt war er davon, dass er den italienischen Diplomaten Adolfo Tebaldi unmittelbar danach bat, »so bald wie möglich in Kontakt zu den italienischen Faschisten zu kommen«, um von diesen »Direktiven und Hinweise für die Methode des Vorgehens zu erhalten«.[43] Er scheint also geglaubt zu haben, dass man auch in Deutschland ohne Schwierigkeit einen Putsch organisieren könne, wenn man diesen mit einer militärisch organisierten Parteimiliz betreibe. Zugang zu den

Faschisten, vor allem zu Mussolini, wurde ihm zwar bis 1933 nicht gewährt, sein Drängen zeigte jedoch, wie leicht er es sich ursprünglich vorgestellt hat, die politische Macht zu erobern.

Zwei Umstände scheinen Hitler in seinen übersteigerten Erwartungen bestärkt zu haben. Zum einen erlebte die NSDAP bis zum Herbst 1923, allerdings von einem niedrigen Niveau aus, weiterhin einen steilen Aufstieg, sodass sie schließlich etwa 55 000 Mitglieder zählte, die sich auch schon auf Ortsgruppen über Bayern hinaus verteilten. Wichtiger noch war, dass die ›Sturmabteilung‹ (SA) der Bewegung, die ursprünglich nur als Saalschutz bei Hitlers Auftritten gegründet worden war (»Stoßtrupp Hitler«), sich zu einem im wahrsten Sinne des Wortes schlagkräftigen militärischen Flügel der Partei zu entwickeln begann.[44] Als eine potenzielle Bürgerkriegsarmee begingen sie in Bayern Gewalttaten, die sich vor allem gegen die politische Linke, aber auch gegen ganz unpolitische Bürger richteten, besonders, wenn diese Juden waren. Der nationalsozialistische Wehrverband war hierarchisch gegliedert und teilweise bewaffnet. Er entwickelte schon unter der Führung des Weltkriegshelden Hermann Göring ein Eigenleben, wobei er mit einer gewissen Protektion der Reichswehr rechnen konnte. Auf Betreiben von Görings Nachfolger Ernst Röhm wurde die SA in die »Arbeitsgemeinschaft der Vaterländischen Kampfverbände« aufgenommen, wodurch sich ihre Schlagkraft, aber auch ihre Distanz zur Partei vergrößerte.

Hitler sah sich daher genötigt, weitreichende Bedingungen für eine weitere Zusammenarbeit mit der ›Arbeitsgemeinschaft‹ zu stellen. In aller Offenheit verlangte er Folgendes: »1. Erringung der politischen Macht. 2. Brutale Säuberung des Vaterlandes von seinen inneren Feinden. 3. Erziehung der Nation, geistig dem Willen nach, technisch durch Ausbildung für den Tag, der dem Vaterlande die Freiheit gibt, die Periode des Novemberverrats beendet und unseren Söhnen und Enkeln wieder ein deutsches Reich überlässt.«[45] Auf dem sogenannten Deutschen Tag der Vaterländischen Verbände in Nürnberg verbündete er sich schließlich im September 1923 mit dem politisierenden Weltkriegsgeneral Erich Ludendorff, der Galionsfigur der politischen Rechten, den er damit von den ›Verbänden‹ abzog. Ohne Ludendorffs Rückendeckung, die Hitler Zustimmung in nationalkonservativ gestimmten Bevölkerungskreisen verschaffte, hätte er aller Wahrscheinlichkeit nach mit seiner immer noch vergleichsweise kleinen Partei keinen so schnellen politischen Aufstieg erlebt.

Zum anderen profitierte Hitler davon, dass sich das Jahr 1923 zum Krisenjahr der jungen Republik entwickelte. Den Einmarsch französischer und belgischer Truppen in das Ruhrgebiet infolge ausgebliebener deutscher Reparationsleistungen hatte die Reichsregierung mit der Ausrufung eines passiven Widerstandes aller Beschäftigten beantwortet. Die Übernahme aller Löhne und Gehälter in den aufgrund des Generalstreiks stillgelegten rheinischen Behörden und Betrieben belastete den Reichshaushalt aber so stark, dass sich die Reichsregierung nur noch mit einer ungehemmten Geldvermehrung zu helfen wusste. Die sich schon seit 1921 abzeichnende Geldentwertung verstärkte sich dadurch erheblich, sodass es in Deutschland zu einer Hyperinflation kam, die Millionen Menschen um ihre Ersparnisse oder ihre Altersvorsorge brachte und verarmen ließ. Das war die Stunde rechtsradikaler Parteien, die sich die fundamentale Währungskrise, die sich zu einer Wirtschaftskrise ausweitete, politisch zunutze machten und großmäulig Abhilfe zu schaffen versprachen. Der Hauptprofiteur der weitverbreiteten Untergangsstimmung war Hitler. Mit seinen Tiraden gegen »internationale Bank- und Börsenjuden«, eine »überstaatliche jüdische Finanzmacht« oder eine »jüdische Börsendiktatur«, mit denen er die Juden für die wirtschaftliche Misere verantwortlich machte, hatte er durchschlagenden Erfolg.[46] In deutlicher Nachahmung der faschistischen Gewaltorgien in Italien, dem sogenannten Squadrismo, ließ er die SA aufmarschieren, um durch gezielte Provokationen Straßenschlachten mit linken Demonstranten herbeizuführen. Erstmals geschah dies schon im Oktober 1922 bei einem Treffen völkischer Gruppierungen in Coburg, zu dem Hitler mit angeblich 800 SA-Männern angereist war.[47] Der ›Marsch durch Coburg‹ endete in einer vorab geplanten Straßenschlacht und demonstrierte erstmals, wozu die SA fähig war.

Ein weiterer Großaufmarsch Tausender SA-Männer konnte am 1. Mai 1923 in München von der Reichswehr gestoppt werden. Hitler hätte daraus lernen können, dass eine bloße Gewaltstrategie ihn nicht an die politische Macht bringen würde. Auch wenn er in Bayern mit einigen Sympathien rechnen konnte, standen die von Berlin aus befehligte Reichswehr, aber auch, wie sich zeigen sollte, die bayerische Polizei im Ernstfall gegen ihn. In Überschätzung der paramilitärischen Stärke seiner Bewegung glaubte er jedoch allem Anschein nach daran, in Bayern gewaltsam die Regierung übernehmen zu können, um dann mit einem ›Marsch auf Berlin‹ im Reich an die Macht zu kommen. Diese Überzeugung hatte sich bei ihm festgesetzt, seitdem er von Mussolinis ›Marsch auf

Rom‹ erfahren hatte.[48] Er glaubte, dass es sich dabei um einen regelrechten Putsch gehandelt habe, hatte jedoch Mussolinis politische Strategie missverstanden: Der ›Marsch auf Rom‹ war kein gewaltsamer Umsturz des konstitutionellen politischen Italiens, sondern drohte diesen nur an.[49]

Zu Hitlers Putschgläubigkeit trug sicherlich bei, dass 1923 in Deutschland allenthalben geputscht wurde, so etwa in Sachsen, Thüringen und Hamburg.[50] Dass es sich, abgesehen von dem separatistischen Aufstand im Rheinland, überall um linke Putschversuche handelte, die zudem alle niedergeschlagen wurden, scheint Hitler nicht zu denken gegeben zu haben. Er vertraute auf die Macht der Straße, wenn diese nur groß genug und gut organisiert war.

Der Hitler-Ludendorff-Putsch vom 9. November 1923

Seit dem frühen Herbst 1923 gab es in Bayern schon Gerüchte über einen bevorstehenden Putsch der NSDAP. Mit Massenversammlungen und mehrfachen Reden im Zirkus Krone heizte Hitler die Stimmung an. Er versäumte es jedoch, seinen Putsch logistisch vorzubereiten – wenn er ihn denn ursprünglich überhaupt riskieren wollte. Es war nicht das erste und es sollte nicht das letzte Mal sein, dass Hitler zögerlich handelte, auch wenn in der nationalsozialistischen Parteilegende später der konservativen Konkurrenz die Schuld an der vermeintlich vertanen Chance zugeschoben wurde. Am 26. September verhängte nämlich die bayerische Staatsregierung unter Eugen von Knilling überraschend den Ausnahmezustand und setzte den früheren Ministerpräsidenten Gustav Ritter von Kahr als Generalkommissar mit diktatorischen Vollmachten ein.[51] Kahr verbot alle öffentlichen Kundgebungen der NSDAP und riss damit das Ruder an sich. Für den 8. November setzte er eine Versammlung im Münchner Bürgerbräukeller an, zu der alle republikfeindlichen Kräfte Bayerns eingeladen wurden – außer der NSDAP. Auch wenn diese Organisationen sich im Kampf gegen Kommunisten und Sozialdemokraten mit Hitler einig waren und auch gemeinsam die demokratischen Reichsregierungen ablehnten, musste Hitler feststellen, dass sich die Versammlung in erster Linie gegen ihn richtete. Hitlers Bewegung stand mit einem Mal in Konkurrenz zu den konservativen Gruppierungen Bayerns. Er wurde dadurch unvorbereitet zum Handeln gezwungen. Um Kahr zuvorzukommen, improvisierte er und zog den Termin für einen Putsch, den er ursprünglich für den 6. Dezember vorgesehen hatte, auf den 8. November vor.

Nach Beginn der Versammlung ließ Hitler den Bürgerbräukeller durch die SA abriegeln und drang unangemeldet mit einigen Getreuen in den überfüllten Saal ein. Er stieg auf einen Stuhl und schoss, als der Lärm sich nicht legen wollte, mit einer Pistole in die Decke. Dann brüllte er martialisch: »Die nationale Revolution ist ausgebrochen. Der Saal ist von 600 Schwerbewaffneten besetzt. Niemand darf den Saal verlassen. Wenn nicht sofort Ruhe ist, werde ich ein Maschinengewehr auf die Galerie stellen lassen. Die bayerische Regierung ist abgesetzt. Die Reichsregierung ist abgesetzt. Eine provisorische Regierung ist gebildet.«[52] Nichts davon traf zu, die Ausrufung einer ›nationalen Revolution‹ war nicht mehr als eine Farce. Es gelang Hitler zwar, die drei wichtigsten Führer der bayerischen Konservativen, den Generalkommissar von Kahr, den Befehlshaber der Reichswehr in Bayern, Otto von Lossow, und den Chef der bayerischen Landespolizei, Hans Ritter von Seißer, zur Zustimmung zu seinen nationalrevolutionären Absichten zu zwingen. Selbst das scheint ihm aber erst gelungen zu sein, nachdem auch General Ludendorff im Bürgerbräukeller auf den Plan getreten war und Hitlers nationale Revolutionspläne gebilligt hatte. Kaum war das bayerische Politikertrio dem Bürgerbräukeller jedoch entkommen, widerrief es alle Zusagen und beschloss, sich gegen Hitlers und Ludendorffs Putschpläne zu stellen. Es zeigte sich, dass Hitler zwar als Massenredner ungeahnte Erfolge, bei der praktischen Umsetzung seiner Ideologie jedoch große Schwierigkeiten hatte.

In der Nacht vom 8. auf den 9. November wurde den Putschisten klar, dass ihre Pläne gescheitert waren. Für Hitler war das eine Katastrophe, zu deren Überwindung er keine Idee hatte. Es war Ludendorff, der mit der apodiktischen Formel »Wir marschieren« einen Ausweg wusste.[53] Auf seinen – nicht Hitlers – Vorschlag hin beschlossen die Putschisten am Morgen des 9. November einen Marsch durch die Innenstadt, möglicherweise, um das bayerische Kriegsministerium zu besetzen. Hitler stimmte dem notgedrungen zu, da er keine andere Idee hatte. Der Demonstrationszug von etwa 2000 Mann formierte sich gegen Mittag mit Ludendorff, Hitler, seinem Intimus Scheubner-Richter, seinem Leibwächter Graf, Hermann Göring sowie Friedrich Weber, dem nationalsozialistischen Führer des rechtsradikalen »Bundes Oberland«, an der Spitze. An der Feldherrnhalle, dem bayerischen Gedenkort früherer monarchischer Siege, stießen die Putschisten auf eine bewaffnete Einheit der Landespolizei, welche allem Anschein nach ohne Vorwarnung sofort das Feuer gegen sie eröffnete. Einige Putschisten schossen zurück. In wenigen Minuten lagen vierzehn Putschisten sowie vier Polizisten tot am Boden. Hitler wurde nicht getroffen, jedoch Scheubner-Richter, bei dem er sich eingehakt hatte. Im Tode riss dieser fallend Hitler mit sich und kugelte ihm den linken Arm aus. Nur fünfzig Zentimeter weiter in seine Richtung und Hitler wäre wahrscheinlich von der Kugel tödlich getroffen worden – ein Ereignis, welches nicht nur der deutschen Geschichte einen anderen Verlauf gegeben hätte! Der hilflose Hitler wurde von SA-Leuten in das Haus seines Anhängers Ernst Hanfstaengl am Staffelsee gebracht. Nachdem von dort aus eine Flucht nach Österreich misslungen war, wurde er am 11. November verhaftet und in Untersuchungshaft genommen.

Am 26. Februar 1924 begann vor dem Volksgericht München der Prozess wegen Hochverrats gegen Hitler, Ludendorff und acht weitere Angeklagte.[54] Es handelte sich um einen durch und durch politischen Prozess, bei dem die Anklagepunkte zuvor zwischen Verteidigung und Staatsanwaltschaft weitgehend ausgehandelt worden waren. Wesentliche Vorwürfe bis hin zu Tötungsdelikten wurden von der Staatsanwaltschaft fallen gelassen, sodass sich die Anklage auf Hochverrat beschränkte. Damit konnten die Angeklagten, zumal Hitler, gut leben, auch deshalb, weil die bayerische Justiz den Prozess an sich gezogen hatte anstatt ihn an das Reichsgericht in Leipzig abzugeben, wo er wegen des Delikts des Hochverrats eigentlich hätte stattfinden müssen.

Das überaus wohlwollende bayerische Gericht bot Hitler an 24 Verhandlungstagen die Möglichkeit, sich über Stunden hinweg zu verteidigen und auch seine Aussagen als Zeuge mit weitschweifigen politischen Erklärungen zu verbinden. Seine durchsichtige Strategie bestand darin, dass er sich einerseits mit dem Argument verteidigte, er habe, was so nicht zutraf, in voller politischer Übereinstimmung mit Kahr, Lossow und Seißer, also mit Billigung höchster staatlicher Repräsentanten Bayerns, gehandelt. Unwidersprochen konnte er andererseits erklären, dass es sich bei dem von ihm ausgeübten Putschversuch überhaupt nicht um Hochverrat gehandelt habe. Dieser sei vielmehr gerechtfertigt gewesen, weil er sich gegen ›Juden‹, ›Marxisten‹ und ›Novemberverbrecher‹ gerichtet habe. Nicht er und seine Mitstreiter hätten Hochverrat begangen, sondern »Ebert, Scheidemann und Genossen« 1918.[55]

Das Urteil in dem Prozess erging am 1. April 1924. Hitler sowie drei weitere Angeklagte erhielten eine Strafe von fünf Jahren Festungshaft, fünf weitere erhielten kürzere Freiheitsstrafen, Erich Ludendorff wurde freigesprochen.

Obwohl Hitler im Januar 1922 schon einmal wegen Landfriedensbruchs zu einer Bewährungsstrafe verurteilt worden war, wurde ihm und seinen Mitstreitern darüber hinaus zugesagt, dass ihre Strafe nach sechs Monaten zur Bewährung ausgesetzt werden könne. Das ersparte ihm als Ausländer sogar noch eine mögliche Ausweisung nach Österreich. Hitler konnte triumphieren, nachdem er durch das Scheitern des Putsches zunächst in tiefe Depressionen verfallen und sogar 14 Tage lang in einen Hungerstreik getreten war. Er sah seine historische Sendung, an die er schon nicht mehr ganz geglaubt hatte, als bestätigt an. Aus dem ›Trommler‹ war durch den glimpflichen Ausgang des auf den Novemberputsch folgenden Prozesses endgültig der ›Führer‹ geworden, der sich nicht mehr nur einer kleinen Partei, sondern dem ganzen deutschen Volk politisch verpflichtet fühlte.

Nach dem Ende des Prozesses wurde Hitler in die Festung Landsberg zurückgebracht, wo er schon in Untersuchungshaft gesessen hatte. Die historische Forschung hat seinen Festungsaufenthalt lange Zeit nur deshalb als wichtig angesehen, weil er dort den ersten Band von *Mein Kampf* geschrieben hat. Mit der Niederschrift dieses Bandes hat er dort zweifelsohne auch die meiste Zeit verbracht. Wie man neuerdings erkannt hat, war die Festungszeit für Hitler jedoch auch darüber hinaus in zweifacher Hinsicht von besonderer Bedeutung.[56] Zum einen fand er dort die Zeit, seine politischen Strategien zu überdenken und diese aufgrund der Erfahrungen mit dem missglückten Putsch neu auszurichten. Zum anderen bewirkte sein plötzliches Verschwinden aus der Öffentlichkeit, dass sich der um ihn rankende politische Mythos verfestigte und zahlreiche Menschen anzog, die sich von ihm persönlichen Rat und Hilfe erwarteten. Hitler galt in rechten, nicht unbedingt nur nationalsozialistischen Kreisen als politischer Märtyrer, der völlig zu Unrecht verurteilt worden war. Man pilgerte zu ihm in die Landsberger Haftanstalt geradezu wie zu einem Orakel. Er wurde in der Haft nicht nur von Parteimitgliedern, sondern auch von gläubigen Anhängern, Sympathisanten und gänzlich Unbekannten aufgesucht. Insgesamt hat Hitler in der Landsberger Haft wahrscheinlich mehr als 500 Besucher empfangen, oft ein halbes Dutzend am Tag, vor allem seine engsten Anhänger, die einer Verhaftung und Verurteilung entgangen waren, aber auch unbedeutendere Parteigenossen.[57] Sehr wichtig war für Hitler auch der bereits angesprochene häufige Besuch weiblicher Sympathisantinnen, die ihn mit Lebensmitteln, aber auch mit Büchern und Zeitschriften versorgten.

Hitler nutzte die Audienzen, um im Gespräch zu bleiben, aber auch, um seine Beliebtheit zu testen. Dafür setzte er regelrechte Besuchszeiten an. Erst als ihm das wegen seiner Arbeit an *Mein Kampf* zu viel wurde, schränkte er den Besucherstrom ein. Weiterhin erreichte ihn jedoch regelmäßig eine enorme Menge von Zuschriften. Um diese zu bewältigen, konnte er mit dem Göttinger Jurastudenten Hermann Fobke und mit seinem Fahrer Emil Maurice ungehindert zwei ebenfalls inhaftierte Parteigenossen als Sekretäre nutzen.

Die Gefängnisleitung ließ nicht nur die ständigen Besuche zu und kontrollierte sie nicht einmal, sondern gewährte dem inhaftierten Hitler auch sonst ganz ungewöhnliche Privilegien, wie sie in der deutschen Kriminalgeschichte erst wieder dem Führungskader der Rote Armee Fraktion in Stuttgart-Stammheim zugestanden werden sollten. Hitler konnte sich in der Festung Landsberg ziemlich frei bewegen. Er durfte die Gefängnisbibliothek benutzen und sich von außerhalb alle Bücher beschaffen, die er haben wollte. Damit er seine Lektüre betreiben konnte, wurde ihm in seiner Zelle bei Dunkelheit eigens das elektrische Licht zugeschaltet. Mehrere ebenfalls verurteilte Parteigenossen erhielten ihre Zellen direkt neben ihm auf demselben Stockwerk. Sie hatten jeden Tag Freigang und konnten sich tagsüber fast ständig mit Hitler treffen.

Hitler hat seine Haftzeit in der Festung Landsberg rückblickend als »Hochschule auf Staatskosten« bezeichnet.[58] Man sollte die Intensität der Studien des Autodidakten jedoch nicht überschätzen. Welche und wie viele Bücher er tatsächlich benutzt hat, ist nicht feststellbar, aber sicher ist, dass er die ihm zugänglichen Bücher keineswegs wirklich gelesen hat. Er hat selbst eingeräumt, dass er Bücher nur kursorisch gelesen habe,[59] wohl nur, um herauszufinden, ob sich darin Informationen finden ließen, die seine Ansichten bestätigten. In *Mein Kampf* beruft er sich denn auch auf nur ganz wenige Bücher und zitiert aus kaum einem wörtlich – dies allerdings wohl auch, um originales Wissen vorzutäuschen.

Mein Kampf – autobiografische Propaganda

Der erste Band von *Mein Kampf*, den Hitler fast vollständig in der Landsberger Haft geschrieben hat, kann deshalb auch nur als das Buch eines politisch schriftstellernden Dilettanten angesehen werden. Es ist in demselben monologisierenden Stil geschrieben, mit dem Hitler seine Erfolge als Massenredner erzielte. Als Autobiografie geplant, sollte ihm das Buch zugleich als politische Bekenntnisschrift dienen. Das führte zu einem völlig konfusen Aufbau, bei dem erzählende und systematische Abschnitte ziemlich willkürlich wechseln. Das Ergebnis war ein nur schwer lesbares Buch, das zwar im ›Dritten Reich‹ eine hohe Verbreitung erhalten, aber auch da wahrscheinlich kaum vollständig gelesen werden sollte. Bis zu seiner Machtergreifung hingegen verlief der Absatz des Buches nur schleppend und hat ihm daher mit Sicherheit nicht, wie manchmal angenommen wurde, zum politischen Durchbruch verholfen.

Auch wenn er das nicht ausdrücklich zugab, sollte das Buch seine Niederlage bei dem Putsch vom 9. November 1923 vergessen machen. Wohl deshalb wird der Marsch zur Feldherrnhalle in *Mein Kampf* überhaupt nicht dargestellt. Das hatte zwar sicherlich auch taktische Gründe, da Hitler, nur auf Bewährung freigelassen, keine nachträgliche Schuldanerkennung riskieren wollte. Alles spricht jedoch dafür, dass er mit der für ihn traumatischen Niederlage beim ›Marsch auf München‹ nicht umgehen konnte. Andere Episoden seines Lebens wurden außerdem von ihm in seiner Darstellung ebenfalls weggelassen, sodass man zu Recht von einer »planvollen Lückenhaftigkeit« gesprochen hat.[60] Andererseits erfand er von sich eine Biografie, die ihn als frühzeitig politischen Menschen darstellen sollte. Seine Wiener Jahre, in denen er sich gerade einmal aus der Ferne für Politik zu interessieren begann, wurden von ihm zur »gründlichsten Schule meines Lebens« erhoben.[61] Dem »Beginn« seiner »politischen Tätigkeit« in München wurde ein ganzes Kapitel gewidmet.[62] Es gipfelte in der Behauptung, dass er nach dem Eintritt in das Ersatzbataillon seines Kriegsregimentes entdeckt habe, »reden« zu können.[63] Dies galt ihm als Nachweis dafür, dass er eigentlich schon immer zum Politiker prädestiniert gewesen sei und dies nur erst festgestellt habe, als er seine Rednergabe ausnutzen konnte.

Um zu zeigen, dass er inzwischen auch zu theoretischen Diskursen fähig sei, unterbrach er seine autobiografische Konstruktion mit Einschüben über »Weltkrieg«, »Kriegspropaganda«, »Revolution« sowie einem Kapitel über »Volk und Rasse«. Es handelt sich bei Letzterem um eine Art von rassenantisemitischem Grundkurs, in dem Hitler den rassereinen ›Arier‹ dem rassisch gemischten ›Juden‹ gegenüberstellte und eine globale jüdische Gefahr an die Wand malte.[64] Überall sah er ›den‹ Juden mit einer zerstörerischen Zersetzungsarbeit am Werk, welche die Rassereinheit der Völker von innen her bedrohe. In der Lösung der sogenannten Judenfrage sah er daher den Schlüssel zur Rettung der Welt. Daran war wenig originell. Hitler hat das Kapitel vielmehr aus der zeitgenössischen antisemitischen Literatur, wahrscheinlich vor allem aus Büchern von Houston Chamberlain, Henry Ford und Hans F. K. Günther, die er nachweislich benutzt hat, zusammengeschrieben.[65] Besonders hervorgehoben hat Hitler das aus dem 19. Jahrhundert stammende Machwerk *Protokolle der Weisen von Zion*, an das alle radikalen Antisemiten geglaubt haben.[66] Es suggerierte eine Weltverschwörung der Juden, die Hitler nur zu gerne für wahr hielt. Wie tief sich in ihm bei der Niederschrift von *Mein Kampf* der Rassenhass gegenüber ›den‹ Juden festgesetzt hatte, zeigt die viel zitierte Stelle, in der er diesem auf die abscheulichste Weise Ausdruck verleiht: »Der schwarzhaarige Judenjunge lauert stundenlang, satanische Freude in seinem Gesicht, auf das ahnungslose Mädchen, das er mit seinem Blute schändet und damit seinem, des Mädchens Volke raubt. Mit allen Mitteln versucht er die rassischen Grundlagen des zu unterjochenden Volkes zu verderben.«[67]

Der erste Band von *Mein Kampf* erschien im Juli 1925. Trotz der stockenden Entwicklung der NSDAP, die eigentlich seine volle Präsenz erfordert hätte, fand Hitler 1925/26 die Zeit, sich nach Berchtesgaden zurückzuziehen und den zweiten Band zu schreiben. Dank des Lektorats u. a. von Rudolf Heß konnte dieser rasch druckfertig gemacht werden, sodass er Ende 1926 dem ersten Band folgen konnte. Es war 1930 die Idee von Max Amann, die beiden Bände in einer »Volksausgabe« zusammenzufassen, was den zuvor nur schleppenden Absatz deutlich verbesserte.[68] Eine Millionenauflage erreichte *Mein Kampf* aber erst nach Hitlers Machtübernahme im Januar 1933, wozu nicht zuletzt der Erlass des Reichsinnenministeriums beitrug, dass allen Paaren bei der Eheschließung ein Exemplar des Machwerks ausgehändigt werden musste. *Mein Kampf* war in erster Linie ein Buch des NS-Regimes, nicht von Hitlers politischer Kampfzeit vor 1933, und kann daher nur sehr bedingt als Quelle für Hitlers Weg zur Macht herangezogen werden.

Während der erste Band einen rassenbiologisch begründeten Antisemitismus als ersten Grundpfeiler von Hitlers ›Weltanschauung‹ enthielt, so stand im zweiten Band seine Doktrin des ›Lebensraums‹ im Mittelpunkt. Hitler glaubte daran, dass die Geschichte von einem ständigen Überlebenskampf der Völker um ›Lebensraum‹ geprägt sei. In klarer Absetzung von den völkischen Zielen einer Wiedergewinnung der durch den Versailler Vertrag verlorenen deutschen Staatsgebiete vertrat er die imperialistische Ideologie, dass das deutsche Volk nur überleben könne, wenn es sich gewaltsam einen ›Lebensraum‹ verschaffe, der weit über die Grenzen des Kaiserreiches hinausging. In außenpolitischer Hinsicht war Hitler also kein Revisionist, sondern ein Imperialist. Sein berüchtigter Ausspruch vom 23. Mai 1939, »Danzig ist nicht das Objekt, um das es geht. Es handelt sich für uns um die Erweiterung des Lebensraums im Osten und Sicherstellung der Ernährung«, macht das unmissverständlich deutlich.[69] Der Zuwachs an ›Lebensraum‹ konnte nach seiner Auffassung nur im Osten Europas gefunden werden. Was der ›Osten‹ sein und wie weit er sich ausdehnen sollte, das hat er nie genau präzisiert, es handelte sich im Grunde um eine objektlose Utopie. Sie war aber für ihn eng mit der Vernichtung des ›Bolschewismus‹ verbunden, in dem er die radikalste Inkarnation des Judentums zu erkennen glaubte. Seine antijüdische Obsession verband er dadurch mit einer antibolschewistischen, womit er seine beiden zentralen ideologischen Feindbegriffe zusammenführte, ohne den Widerspruch aufzuheben, dass ›die‹ Juden für ihn zugleich führende Bolschewisten und eine Inkarnation des modernen Kapitalismus waren.

In *Mein Kampf* ist noch nicht direkt zu erkennen, dass dahinter ein physischer Vernichtungswille stand, wie er Hitler nach der Entfesselung des Krieges im ›Osten‹ seit 1939 antreiben sollte. Es gehörte jedoch von Anfang an zu seiner ›Weltanschauung‹, dass sie nicht rein theoretischer Überbau sein, sondern der praktischen Realisierung dienen sollte. Man kann seine hasserfüllten Tiraden gegen die Juden deshalb durchaus so verstehen, dass nach der ideologischen Fixierung auf sie zwangsläufig gewaltsame Taten folgen mussten. Einen konkreten Plan hatte Hitler freilich noch nicht.

Mit Kniestrümpfen und Lederhose: Fotografie von Heinrich Hoffmann (1923).

Mein Kampf

Eine Abrechnung
von
Adolf Hitler

1. Band

1 9 2 5

Verlag Franz Eher Nachfolger G. m. b. H.
München NO 2

Erstausgabe von »Mein Kampf« (1925) mit dem Titelporträt von Heinrich Hoffmann.

Porträtfotografien Hitlers von 1923 und 1934 aus einem Propagandabuch von 1936.

»Stoßtrupp Hitler«: am 8. November 1923.

Putschisten am 9. November 1923 auf dem Münchner Marienplatz.

Hochverratsprozess Februar 1924: Hitler und Ludendorff vor der ehemaligen Kriegsschule in der Münchener Blutenburgstraße, in der der Prozess stattfand; vgl. S. 43 f.

Hitler 1924 in der Haft in Landsberg mit (v. l. n. r.) Emil Maurice, Oberstleutnant Hermann Kriebel, Rudolf Heß und Friedrich Weber; vgl. S. 44f.

Hitler in seiner Zelle in Landsberg.

20. Dez. 1924: Hitler nach seiner Entlassung aus der Festungshaft vor dem Stadttor von Landsberg.

III. Weg an die politische Macht 1925–1933

Politischer Neuanfang nach der Haft in Landsberg

Wichtiger als außenpolitische Spekulationen war für Hitler nach seiner Entlassung aus dem Landsberger Gefängnis zweierlei, nämlich einerseits der Wiederaufbau der NSDAP sowie andererseits die Festlegung einer innenpolitischen Strategie, welche er mit seiner Partei künftig verfolgen wollte. Die Partei war in seiner Haftzeit infolge ihres Verbotes in mehrere, miteinander konkurrierende politische Organisationen zerfallen: die Großdeutsche Volksgemeinschaft Alfred Rosenbergs, die Nationalsozialistische Freiheitsbewegung von Erich Ludendorff und Gregor Straßer, den Völkischen Block von Wilhelm Frick und Gottfried Feder sowie den von Ernst Röhm gegründeten Frontbann, einen militärischen Wehrverband, in den er die SA integrieren wollte.

Hitler war sich daher schon vor seiner Entlassung darüber im Klaren, dass er die NSDAP ganz neu würde aufbauen müssen, wenn er sie nach seinen Vorstellungen von einer charismatischen Führerpartei, in der er kraft seiner Persönlichkeit allein das Sagen hatte, führen wollte. Er sah die Zersplitterung der Partei jedoch auch als eine Chance, sich mit seinem Führungsanspruch durchzusetzen, indem er potenzielle Konkurrenten gegeneinander ausspielte. Tatsächlich gelang es ihm, sowohl Ludendorff als zunächst auch Röhm auf diese Weise zu entmachten.

Als besonders wichtig sollte sich für Hitler langfristig erweisen, dass er im November 1925 im Zuge des Wiederaufbaus der nationalsozialistischen Bewegung mit der »Schutzstaffel« (SS) eine weitere Parteiorganisation gründen konnte.[1] Während die SA sich zu einer militanten Massenorganisation entwickeln sollte, erhielt die SS einen ausgesprochen elitären Charakter. Als persönliche Leibwache Hitlers ersetzte sie zunächst die SA, der sie aber organisatorisch unterstellt wurde. Nachdem Heinrich Himmler ihre Führung übernommen hatte, strebte sie zunehmend nach Selbstständigkeit, was im Zusammenhang mit ihrer mörderischen Rolle in der Röhmkrise 1934 zu ihrer Eigenständigkeit führte.[2]

Hitlers Problem bei der Neugründung der NSDAP bestand allerdings darin, dass in fast allen deutschen Ländern ein öffentliches Redeverbot für ihn bestand. Das bot seinem wichtigsten Unterführer Gregor Straßer, den er selbst für die Propagandaarbeit außerhalb Bayerns bestimmt hatte, die Möglichkeit, in Norddeutschland mit der »Arbeitsgemeinschaft der nord- und westdeutschen Gaue der NSDAP« eine eigene Organisationsform durchzusetzen.[3] Während Hitler die Unterführer in der neuen NSDAP in faschistischer Manier personell an sich binden wollte, vertrat Straßer ein traditionelles Organisationsprinzip, nach dem die Partei bürokratisch von oben nach unten geführt werden sollte. Hitler wurde von den norddeutschen Nationalsozialisten zwar weiterhin als oberster Führer anerkannt, aber anders als dieser sich das vorstellte, nahmen sie eigene Zuständigkeiten für sich in Anspruch, welche den von Hitler beanspruchten charismatischen Zugriff auf die Basis der Parteimitglieder verhinderten. Außerdem vertraten sie unter dem Einfluss von Gregor Straßers Bruder Otto auch einen vagen ›Sozialismus‹, den Hitler trotz des Parteinamens nur als störend ansah. Daraus entwickelte sich ein politischer Grundsatzkonflikt, der sich verschärfte, je weiter sich die NSDAP außerhalb Bayerns ausdehnte.

Hitler musste befürchten, dass der Richtungsstreit mit den Straßer-Anhängern zu einer Spaltung der NSDAP führen könnte. Er entschloss sich daher, eine sogenannte Führertagung einzuberufen, auf der eine Einigung der Partei herbeigeführt werden sollte. Das für die Zukunft der NSDAP entscheidende Treffen, das wichtigste überhaupt in ihrer Entstehungsgeschichte, fand am 14. Februar 1926 in Bamberg statt. Es handelte sich nicht um einen planmäßigen Parteitag, sondern um ein außergewöhnliches Treffen. Es wurde von Hitler auch nicht anberaumt, um in der Partei einen Kompromiss zu finden, sein Ziel war es vielmehr, wieder als alleiniger ›Führer‹ der Partei anerkannt zu werden. Er sorgte deshalb dafür, dass seine Anhänger bei der Tagung von vornherein in der Mehrheit waren. Er kam den Norddeutschen zwar mit dem Tagungsort entgegen – der zwar noch in Bayern, aber doch am nördlichen Rand des Freistaates lag –, konnte jedoch sicher sein, dass die aus Bayern kommenden, ihm treuen Parteifunktionäre unter den etwa 60 Teilnehmern deutlich in der Überzahl sein würden. Vor allem aber konnte er darauf vertrauen, sich wie gewohnt mit seiner rhetorischen Überzeugungskraft gegen seine Parteigenossen durchzusetzen. In einer mehrstündigen Rede verwarf er in Bamberg die bürokratischen Organisationsvorstellungen Straßers und schwor die Versammlung auf seine Rolle als oberster Führer ein. Zugleich wies er alle sozialistischen Ideen bis hin zu einer Verständigung mit der kommunistischen Sowjetunion entschieden zurück und insistierte darauf, dass die Schaffung neuen »Lebensraums« für das deutsche Volk nur durch die Beseitigung des angeblich von den Juden beherrschten Bolschewismus zu erreichen sei. Erneut beharrte er darauf, auf Südtirol zu verzichten, und warb für ein außenpolitisches Bündnis mit dem faschistischen Italien sowie der Seemacht Großbritannien. Hitler hatte mit dieser Rede schon gewonnen. Wie wir aus dem Tagebuch von Joseph Goebbels wissen, hat Straßer, als dessen Anhänger er nach Bamberg gekommen war, zu seiner Enttäuschung nur »stockend, zitternd, ungeschickt« auf Hitler geantwortet.[4]

Hitler hat jedoch offensichtlich verstanden, dass er in der Partei nur einen fragilen Erfolg errungen hatte. Er griff nach seinem Sieg jedenfalls nicht hart durch, sondern suchte vielmehr geschickt, seine Gegner unter seine Führerherrschaft einzubinden. Am wichtigsten war, dass es ihm gelang, mit Gregor Straßer seinen einflussreichsten Widersacher für sich zu gewinnen. Er machte ihn zum Propagandaleiter der Partei und holte ihn nach München in die Reichsleitung der NSDAP, womit er ihn zugleich auch unter direkter Kontrolle hatte. Karl Kaufmann, einen einflussreichen rheinischen Anhänger Straßers, ernannte er zum Gauleiter des wichtigen NS-Gaus Ruhr, dessen Leitung bis dahin umstritten war. Für die Zukunft von größter Bedeutung war es schließlich, dass es Hitler verstand, den genauso ehrgeizigen wie eitlen jungen Rheinländer Joseph Goebbels durch eine gezielte Vorzugsbehandlung politisch umzudrehen und von der Seite Straßers auf seine zu ziehen. Goebbels wurde von Hitler im Oktober 1926 zum nationalsozialistischen Gauleiter von Großberlin ernannt und erhielt damit im ›roten Berlin‹ eine zentrale, allerdings auch besonders schwierige politische Aufgabe, in der er sich für Hitler erst bewähren musste.

Um diese personalpolitischen Entscheidungen auf Dauer zu festigen, sicherte Hitler seine Führungsposition in der Partei nach dem Sieg über den Straßer-Flügel satzungsgemäß ab. Er tat dies auf seine Weise, indem er den neuen Satzungsbeschlüssen eine Art Ewigkeitscharakter zu verleihen suchte. Wie er in *Mein Kampf* zum Ausdruck brachte, hielt er Parteisatzungen mit ihren Vorschriften zu regelmäßigen Wahlen für typisch demokratische Erfindungen, denen er keinen Wert zubilligte. Sein Umgang mit Satzungsfragen beschränkte sich daher darauf, Diskussionen über ihre Auslegung zu vermeiden und Festlegungen ein für alle Mal zu treffen. Auf einer Mitgliederversammlung der NSDAP in München am 22. Mai 1926 ließ er sich per Akklamation zwar nicht auf Dauer, aber für einen bewusst unklar gelassenen Zeitraum zum Parteivorsitzenden der NSDAP wählen.[5]

Genauso folgenreich war der Beschluss, die Münchner Ortsgruppe faktisch zum Vorstand der gesamten NSDAP zu erheben. Das entsprach zwar gerade noch dem deutschen Vereinsgesetz, nach dem sich auch die NSDAP zu richten hatte. Obwohl die west- und norddeutschen Gaue in der Partei inzwischen ihrer Mitgliederzahl nach das Übergewicht hatten, sicherte sich Hitler jedoch auf diese Weise über die von ihm beherrschte Ortsgruppe die oberste Führung in der Partei. In der neuen Satzung der NSDAP von 1926 wurde das Parteiprogramm von 1920 für »unabänderlich« erklärt und dem Parteivorsitzenden überdies »freiester Spielraum« für seine Entscheidungen gewährt.[6] Hitler erhielt damit als Parteiführer diktatorische Vollmachten, welche die NSDAP zu einer faschistischen Führerpartei machten.

Welche Konsequenzen das hatte, zeigte sich erstmals auf dem Parteitag der NSDAP in Weimar am 3./4. Juli 1926, auf dem nichts beraten oder beschlossen, sondern nur noch dem ›Führer‹ ausdauernd akklamiert wurde. Reichsparteitage der NSDAP, wenn sie denn überhaupt abgehalten wurden, dienten seitdem nur noch der Propaganda, nicht einer Vorschrift der Parteisatzung oder Bestimmungen des deutschen Vereinsgesetzes. 1926 wurde damit vorweggenommen, was zur totalitären Praxis der faschistischen Führerdiktatur werden sollte.

Während das Parteiprogramm der NSDAP in allen Organisationen bisher das noch halbwegs demokratische Prinzip einer angeblichen »Germanischen Demokratie« mit der »Wahl des Führers, aber unbedingter Autorität desselben« vorgesehen hatte, wurde das demokratische Wahlprinzip jetzt ausdrücklich abgeschafft. Wie wichtig Hitler das war, zeigt sich daran, dass er in der dritten Auflage von *Mein Kampf* die Strukturveränderung ausdrücklich mit dem Satz vermerkte: »Immer wird der Führer von oben eingesetzt.«[7] Alle Parteiführer sollten seitdem in der neuen NSDAP nicht mehr gewählt, sondern von dem nächsthöheren Funktionär ernannt werden. Die autoritäre Führungsstruktur setzte sich zwar nur allmählich durch, die NSDAP hörte damit jedoch auf, eine – wenn auch nur halbwegs – demokratische Partei zu sein. Auch eine Wahl Hitlers zum obersten Parteiführer fand selbstverständlich nicht mehr statt. Da er aber nicht von oben eingesetzt werden konnte, wurde seine oberste Führungsrolle ausdrücklich in der Parteisatzung von 1926 verankert und die gesamte Organisation der Partei auf ihn ausgerichtet. Die neue NSDAP stand seitdem als Führerpartei unabänderlich unter der persönlichen Herrschaft Hitlers. Obwohl das dem für Parteien gültigen Vereinsrecht der Weimarer Republik widersprach, ist dieser ungeheuerliche Vorgang von den Zeitgenossen kaum beachtet worden. Die NSDAP wurde im parlamentarischen Betrieb weiterhin wie eine demokratische Partei behandelt.

Die Festschreibung seiner Führerrolle war die Grundlage für Hitlers Allmacht in der Partei. Während er zuvor nur die Gauleiter einsetzen, aber nicht ohne Weiteres in deren Zuständigkeiten eingreifen konnte, war er nunmehr ermächtigt, über die Gauleiter hinweg bis zur Basis der Partei durchzugreifen. Die ›Reichsführer‹ der sich schon am Ende der Weimarer Republik ständig vermehrenden professionellen (z. B. Lehrer, Ärzte), generationellen (z. B. Jugendliche, Studenten) oder paramilitärischen (SA, SS) Sonderorganisationen wurden ihm ohnehin direkt unterstellt, sodass den Gauleitern in ihren Parteibezirken die Befehlsgewalt über sie entzogen wurde. In der Praxis lief das auf ein ungeregeltes Nebeneinander von Sonderführern und Gauleitern hinaus, wodurch Hitler die oberste Entscheidungsinstanz war, wenn ein Konflikt an ihn herangetragen wurde.

Nationalsozialistischer Personenkult um den ›Führer‹

Es entsprach der organisatorischen Logik, dass der schon 1922 in der Partei einsetzende, ebenfalls am italienischen Faschismus abgesehene Führerkult in der neuen NSDAP seit 1926 massiv ausgebaut wurde. Schon im November 1922 hatte Hitlers Vertrauter Hermann Esser ihn bei einer Rede im Münchner Löwenbräukeller zum deutschen ›Duce‹ ausgerufen. »Was eine Schar beherzter Männer in Italien gekonnt hat, das können wir in Bayern auch. Den Mussolini Italiens haben auch wir. Er heißt Adolf Hitler.«[8] Hitler wurde damit in der winzigen Partei zum ›Führer‹ erhoben, der es mit dem ›Duce‹ des Faschismus, der soeben die Macht ergriffen hatte, aufnehmen konnte. Es war dies der Beginn eines überzogenen Führerkultes, der Hitler am Ende geradezu zum Übermenschen machte.

Ein wesentliches Element des Hitlerkultes war die Einführung kollektiver Rituale. Zentral war dabei die Verpflichtung zum Hitlergruß. Die nationalsozialistischen Parteigenossen mussten sich seit 1926 bei jeder

Begegnung – sowohl unter Einzelpersonen als auch kollektiv in jeder Parteiversammlung – mit ausgestrecktem rechtem Arm und dem Ausruf »Heil« grüßen. Der Gruß wurde im Zuge der Verstärkung des Hitlerkultes 1928 auf »Heil Hitler« erweitert. Bei jeder Begrüßung sollte so an Hitler erinnert werden, der auf diese Weise als politischer Heilsbringer allgegenwärtig war. Der Gruß wurde anfangs von den Nationalsozialisten als »Römischer Gruß« bezeichnet, ehe Heß anordnete, die allzu offensichtliche Übernahme des faschistischen ›Saluto Romano‹ durch Umbenennung in »Deutscher Gruß« zum Verschwinden zu bringen.[9]

Besonders wichtig war der von Hitler schon am 4. November 1925 persönlich angeordnete, aber erst allmählich sich durchsetzende Totenkult, durch den in allen Ortsgruppen der NSDAP den ›gefallenen Kämpfern‹ der Bewegung vom 9. November 1923 gedacht werden musste.[10] Durch die zentrale Gedenkveranstaltung, die im ›Dritten Reich‹ von Hitler jährlich an der pompösen Grabstätte auf dem Münchner Königsplatz theatralisch zelebriert wurde, wurden die verstorbenen Putschisten gezielt mit den Gefallenen des Weltkrieges gleichgesetzt. Seit 1933 verschmolz der nationalsozialistische Totenkult dadurch mit dem für die gefallenen Helden des Krieges. Dies entsprach der erinnerungspolitischen Taktik Hitlers, die Traditionen des Deutschen Kaiserreiches für den Nationalsozialismus zu usurpieren. Ein eigener Akzent wurde dadurch gesetzt, dass Hitler auf den Reichsparteitagen neue Fahnen und Feldzeichen durch Berührung mit der blutbefleckten Hakenkreuzfahne weihte, die angeblich von einem gefallenen nationalsozialistischen Märtyrer am 9. November 1923 getragen worden war. Diese sogenannte Blutfahne wurde seit 1926 von der SS verwahrt, die damit eine symbolische Aufwertung erhielt.

Der nationalsozialistische Führerkult stellte ein wichtiges Herrschaftsmittel zur Absicherung der Führungsrolle Hitlers in der Partei dar. Er wurde aber später auch zur Propaganda und als Werbung für die NSDAP außerhalb der Partei genutzt. Schon seit März 1933 überboten sich, tatkräftig unterstützt von dem neuen Propagandaministerium, etwa 4000 deutsche Städte darin, Hitler die Ehrenbürgerwürde anzutragen. In Erinnerung an den Marsch der SA zehn Jahre zuvor beschloss die Stadt Coburg sogar schon 1932, Hitler die Ehrenbürgerschaft anzutragen. Wenn schon nicht die Ehrenbürgerschaft, so dürfte es im ›Dritten Reich‹ zumindest kaum eine größere deutsche Stadt gegeben haben, in der nicht eine Straße oder ein meist zentraler Platz nach Hitler benannt wurde. Zum Hitlerkult gehörte auch, dass der ›Führer‹ medial allgegenwärtig war. Bemerkenswert ist auch, dass schon vor 1933 ein Dutzend hagiografische Lebensbeschreibungen Hitlers publiziert wurden, die ersten schon 1923/24,[11] die meisten 1932.[12] Im ›Dritten Reich‹ häuften sich dann Sammlungen von »Worten Hitlers«, mit denen vor allem auch die Jugend angesprochen werden sollte.[13]

Eine Flut von Hitlerbildern überschwemmte geradezu den öffentlichen Raum. Dazu trug auch die Buchproduktion bei, etwa durch von Hitlers Leibfotograf Heinrich Hoffmann bebilderte Bände mit dem Titel *Hitler wie ihn keiner kennt* oder *Hitler in seinen Bergen*, die in hohen Auflagen verbreitet wurden.[14] Man hat daher treffend von einer regelrechten »Visualisierung des charismatischen Führers« gesprochen.[15] Hitler hatte sich, teils aus Angst, von potenziellen Attentätern leichter erkannt zu werden, teils aus bloßer Unsicherheit, lange dagegen gewehrt, dass mit Fotos von ihm Propaganda gemacht wurde. Hoffmann hat ihn jedoch schließlich davon überzeugt, dass er durch einzelne Fotos oder ganze Fotoserien für sich werben könne. Hitler änderte daraufhin nach seiner Machtübernahme sein Verhalten und gab Fotos von sich für den Führerkult frei.[16]

Seit seiner Machtübernahme nutzte Hitler die Fotografie auch gezielt, um von sich Bilder verbreiten zu lassen, die seine Herrschaft symbolisch repräsentierten. Das gilt besonders für das Foto am sogenannten Tag von Potsdam, auf dem er, im protokollarisch vorgeschriebenen Frack und nicht in Parteiuniform, Reichspräsident Hindenburg mit einer tiefen Verbeugung die Hand gibt,[17] auf diese Weise verfassungsgemäße Normalität vortäuschend. Er folgte auch dem diplomatischen Protokoll, wenn er sich mit ausländischen Besuchern in entsprechender Kleidung ablichten ließ. Umso mehr fiel seine faschistische Uniformierung bei Mussolinis Besuch in Deutschland im September 1937 und dem Gegenbesuch in Italien im Mai 1938 auf. Beide Male traten der ›Führer‹ und der ›Duce‹ fast durchweg in ihren Parteiuniformen auf.[18] Und nicht nur das: In den Bildbänden, die sein Fotograf Hoffmann jeweils nur ganz kurze Zeit nach den Besuchen vorlegte, sind Hitler und Mussolini auf den meisten Fotos nebeneinander – fast wie siamesische Zwillinge – zu sehen. Auch andere Bildbände sollten die besondere Verbundenheit der beiden faschistischen Diktatoren in der ›Achse Berlin-Rom‹ symbolisieren.[19]

Politische Doppelstrategie

Bei seinem Prozess vor dem Münchner Volksgericht behauptete Hitler 1924, dass er am 8./9. November 1923 keinen Putsch angestrebt habe und auch weiterhin keine gewaltsame Revolution herbeiführen, sondern auf verfassungsmäßigem Wege an die Regierung kommen wolle.[20] Das war zu diesem Zeitpunkt schon deshalb wenig glaubhaft, weil er ja gerade wegen seines Putschversuchs vom 9. November 1923 rechtlich belangt wurde. Hitlers Verteidigungsstrategie lief jedoch darauf hinaus, nachzuweisen, dass er im Einvernehmen mit den höchsten Repräsentanten des bayerischen Staates gehandelt habe. Dass er diese konservativen Republikgegner sogar mit Waffengewalt erpresst hatte, weshalb sie alle Zusagen widerriefen, als sie dazu in der Lage waren, verschwieg er.[21] Stattdessen behauptete er: »Diese ganze Zeit hatten Lossow, Kahr und Seißer mit uns ganz das gleiche Ziel gehabt, nämlich die Reichsregierung beseitigen in ihrer heutigen internationalen und parlamentarischen Einstellung und an ihre Stelle eine nationalistische, absolut antiparlamentarische nationale Regierung zu setzen, ein Direktorium.«[22] Statt weiterhin auf einen rein gewaltsamen Umsturz zu setzen, bekannte sich Hitler damit erstmals zur, wenn auch gescheiterten, Zusammenarbeit mit Repräsentanten der nationalkonservativen Republikgegner.

Das bedeutete nicht, dass er sein putschistisches Gewaltdenken aufgegeben hätte. In der politischen Praxis war er noch nicht von seinem reinen Umsturzdenken losgekommen. Noch kurz vor den Reichstagswahlen vom 4. Mai 1924 ließ er durch Rudolf Heß verkünden, »unserem Grundsatz der antiparlamentarischen Einstellung treu bleiben« zu wollen.[23] Neun nationalsozialistische Abgeordnete sind bei diesen Wahlen jedoch ohne seine ausdrückliche Zustimmung über den »Völkischen Block« in den Reichstag gewählt worden. Auch bei mehreren Landtagswahlen sind, ohne dass er das aus der Haft verhindern konnte, einzelne Nationalsozialisten erfolgreich angetreten.

Das hat Hitler zweifellos zu denken gegeben. Aber erst nach seiner Entlassung aus Landsberg änderte er seine politische Strategie. Auch wenn er das zunächst nicht offen erklärte, so ist doch erkennbar, dass er in der politischen Praxis anders verfuhr als zuvor. Er hatte begriffen, dass Mussolini 1922 nicht mit einem Putsch, sondern mit einer politischen Doppelstrategie an die Macht gekommen war. Erst 1935 gestand er jedoch gegenüber dem philofaschistischen britischen Journalisten Ward Price, er sei »Mussolinis Beispiel zu genau« gefolgt: »Ich hatte geglaubt, der Münchner Putsch würde der Anfang eines ›Marsches auf Berlin‹ sein, der uns geradewegs an die Macht bringen müsste.«[24] Es handelte sich bei dem faschistischen ›Marsch auf Rom‹ tatsächlich nur um die Vortäuschung einer gewaltsamen Machtübernahme, durch die König Viktor Emanuel III. unter Druck gesetzt wurde, Mussolini zum Ministerpräsidenten zu ernennen. Dieser kam dadurch scheinbar auf legalem Wege an die Regierung.[25] Hitler begriff offensichtlich auch, dass eine Beteiligung an demokratischen Wahlen und die Präsenz im Reichstag seine antiparlamentarische Bewegung durchaus zum politischen Erfolg führen könnte. 1925 konnte Rudolf Heß in einem Brief berichten, dass Hitler nunmehr »die Betätigung im Parlament als eins von vielen Mitteln zur Bekämpfung des heutigen Systems« anerkannt habe.[26] Hitler betonte seitdem bei jeder passenden Gelegenheit, dass er mit verfassungsmäßigen Mitteln sein Ziel erreichen wolle. In einer nationalsozialistischen Versammlung in München am 9. März 1925 behauptete er etwa: »Zu diesem Zweck werden wir unsere Ziele nunmehr auf legalem Wege, der sogar ein ›sehr legaler‹ Weg sein wird, noch intensiver vertreten.«[27] Nach dem Vorbild Mussolinis ließ er die zunächst nur wenigen nationalsozialistischen Abgeordneten im Reichstag, wenn auch nur scheinbar loyal, mitarbeiten, bekämpfte aber mit seiner Bewegung außerhalb des Parlamentes rigoros die demokratische Verfassungsordnung der Weimarer Republik. Goebbels brachte diese Wende 1928 auf den Punkt: Auch Mussolini sei in Italien ins Parlament gegangen, »trotzdem marschierte er nicht lange Zeit darauf mit seinen Schwarzhemden nach Rom.«[28]

Die als Legalitätspolitik ausgegebene Strategie bedeutete also nicht, dass Hitler seine früheren Umsturzabsichten vollständig aufgegeben hätte. In der innerparteilichen Auseinandersetzung unterband er zwar strikt alle Versuche, die NSDAP auf einen rein revolutionären Kurs festzulegen. Dieser blieb aber zweifellos für ihn immer noch eine mögliche Alternative zur Legalitätspolitik. Nur wenn man beide Elemente seiner Strategie zusammen betrachtet und nicht nur seine konventionellen Verhandlungen mit den nationalkonservativen Führern der DNVP, des Stahlhelms, der DVP und sogar des Zentrums sowie der ostelbischen Agrarlobby und dem Industriellenverband im Auge hat, kann man Hitlers Weg an die Macht richtig verstehen.

Hitler war ohne Frage klar, dass sich das Modell der faschistischen Machtergreifung in Italien schon wegen der fehlenden Monarchie nicht unverändert auf Deutschland übertragen ließ. Aber er erkannte, dass man zur gleichen

Zeit die eigene Bewegung zu legalem Verhalten anhalten und die konservativen Partner mit Revolutionsdrohungen unter Druck setzen konnte. Dass diese Politik in Deutschland nach dem Tod des Reichpräsidenten zu einem sehr viel radikaleren Ergebnis führen sollte als im monarchischen Urfaschismus Italiens, konnte er zwar nicht absehen, sich aber wegen des hohen Alters von Hindenburg doch erhoffen. Am 30. Januar 1933 sollte er deshalb den ersten Schritt zu einer faschistischen Diktatur tun, die anders als in Italien am Ende einen erbarmungslos totalitären Zuschnitt haben würde. Hitler konnte seine politische Doppelstrategie allerdings weder geradlinig verfolgen, noch ist er mit dieser problemlos erfolgreich gewesen. Im Gegenteil, er hatte große Schwierigkeiten, sie sowohl innerhalb seiner Bewegung als auch gegenüber dem politisch rechten Establishment durchzusetzen. Während man aufseiten der Nationalkonservativen ihm gegenüber wegen seiner putschistischen Vergangenheit misstrauisch war, auch wenn man die antikommunistischen Aktivitäten seiner Bewegung schätzte, hielten viele in der nationalsozialistischen Bewegung an der aktionistischen Tradition fest und träumten von einem revolutionären Umsturz.

Auf dem Weg zur politischen Machtübernahme

Hitlers Machtübernahme, die zum katastrophalen Ende der Weimarer Republik führte, ist von der historischen Forschung so detailliert untersucht worden wie kaum ein anderer Vorgang in der deutschen Zeitgeschichte.[29] Meist stehen dabei die staatsrechtlichen, die parteigeschichtlichen sowie die personengeschichtlichen Fragen im Vordergrund. Der Dynamik von Hitlers politischer Strategie wird diese Sichtweise jedoch nicht in vollem Umfang gerecht. Geht man von dem faschistischen Modell in Italien aus, wird man Hitlers verhängnisvollen Erfolg auf eine Kombination von vordergründiger Legalitätspolitik und unmissverständlichen Gewaltdrohungen darstellen können. Dass diese Strategie erfolgreich war, war selbstverständlich nicht nur Hitlers politischem Geschick zuzuschreiben, dies hing vielmehr auch mit den wirtschaftlichen und gesellschaftlichen Rahmenbedingungen zusammen, welche sich in Deutschland aus der Weltwirtschaftskrise von 1929 ergaben. Hitler profitierte insofern entscheidend von dieser, als sie in der von Anfang an labilen Weimarer Republik besonders gravierende wirtschaftliche Folgen hatte, größere jedenfalls als in anderen Ländern Europas. Die Weimarer Republik erwies sich als ein Krisenstaat, der weltpolitischen Herausforderungen infolge innenpolitischer Schwächen nicht dauerhaft gewachsen war.[30] Trotz aller legalistischen Lippenbekenntnisse sorgte Hitler dafür, dass die SA in der zweiten Hälfte der Zwanzigerjahre zu einer regelrechten Bürgerkriegsarmee mit im August 1932 auf dem Höhepunkt etwa 455 000 Mitgliedern ausgebaut wurde.[31] Wie die Mitgliederzahlen der NSDAP stagnierten zwar auch die der SA Ende 1932 bei etwa 427 000. Das war jedoch immer noch eine gewaltige Zahl. Es war nicht die politische Parteiorganisation (PO), sondern in erster Linie die Sturmabteilung (SA) als ihr militärischer Arm, welche das Erscheinungsbild der nationalsozialistischen Bewegung prägte und durch ständige Aufmärsche und permanenten Straßenterror die republikanische Ordnung bedrohte.

Schon auf dem vierten Reichsparteitag der NSDAP Anfang August 1929 ließ Hitler etwa 25 000 SA- sowie auch SS-Einheiten durch die Nürnberger Innenstadt marschieren, um so die Fähigkeit der NSDAP zum Bürgerkrieg sichtbar zur Schau zu stellen. In seiner Eröffnungsrede polemisierte er nicht nur, wie bei ihm üblich, gegen »Juden« und »Marxisten«, sondern demonstrativ auch gegen die »bürgerliche[n] Parteiwelt«.[32]

Wie diese antibürgerliche Polemik zeigt, hatte er seine frühere Putschstrategie nicht vollständig aufgegeben. Seit den für ihn so erfolgreichen Septemberwahlen von 1930 standen die Versuche einer Annäherung an die nationalkonservativen Parteien für ihn zwar ganz im Vordergrund, sie waren für ihn jedoch nicht allein maßgebend. Die Zurschaustellung des paramilitärischen Massenpotenzials der SA zeigt, dass er nicht davor zurückscheute, mit einem revolutionären Umsturz zu drohen. Ihm war zwar klar, dass SA und SS in einem offenen Bürgerkrieg militärisch nicht gegen die Reichswehr gewinnen konnten, sie stellten jedoch im politischen Alltag ein erhebliches Drohpotenzial dar. Hitler ist nicht an die Macht gekommen, weil er von einem revolutionären zu einem parlamentarischen Stil umschwenkte, sondern weil er beides miteinander kombinierte. Nicht umsonst widmete er der SA im zweiten Band von *Mein Kampf* ein ganzes Kapitel.[33] Er leugnete dort zwar noch, dass die SA eine »militärische Wehrorganisation« sein solle, die »in gewaltigen Massenaufzügen« durch die Straßen ziehe,[34] nichts anderes war sie jedoch nach dem enormen Anwachsen der Mitgliederzahl in den letzten Jahren der Weimarer Republik. Von Anfang an hatte Hitler nichts gegen ihre gewaltsamen Aktivitäten, die sich insbesondere in großen Städten wie München, Frankfurt und vor allem Berlin aus Saalschlachten und blutigen Straßenkämpfen mit der »Rotfront« der Kommunisten oder auch mit dem demokratischen »Reichsbanner« ergaben und die sogar meistens von der SA provoziert wurden. Auch für Hitler sollte der Nationalsozialismus »der künftige Herr der Straße« sein.[35] Es entsprach dies seiner Politik der Einschüchterung des von ihm umworbenen nationalen Establishments, dem er sich zugleich als Kämpfer gegen den ›Bolschewismus‹ empfahl. Die Aktivitäten der SA sollten jedoch nicht eigenmächtig erfolgen, sondern nach Hitlers Willen von der politischen Organisation der NSDAP und letzten Endes von ihm selbst gesteuert werden.

Genau dies wurde von den norddeutschen Gauen der SA jedoch seit 1930 zunehmend abgelehnt. Ein erster Wortführer dieses revolutionären Selbstbewusstseins war der Stellvertreter des obersten SA-Führers v. Pfeffer, Walter Stennes, der sich kurz vor den Reichstagswahlen von 1930 und nochmals im Frühjahr 1931 als strikter Gegner des Parlamentarismus profilierte und gegen Hitlers vermeintlichen Legalitätskurs stellte. Er brachte einen Teil der norddeutschen SA hinter sich. Die innerparteiliche Revolte erregte erhebliches, auch internationales Aufsehen, da man Hitler als politisch geschwächt ansah. Stennes hatte die oberste Führerrolle Hitlers jedoch nicht infrage stellen wollen, sondern nur für die Gauleiter eine größere Autonomie angestrebt. Da Hitler ihm diese auf keinen Fall zugestehen wollte, blieb ihm nichts anderes übrig, als Stennes und seine Gefolgschaft aus der NSDAP auszuschließen und selbst vorübergehend die oberste Führung der SA und der SS zu übernehmen.

Dass Hitler von den Nationalkonservativen akzeptiert und zunehmend als möglicher politischer Partner anerkannt wurde, irritierte jedoch auch weiterhin viele Aktivisten in seiner Bewegung, insbesondere in der SA. Besonderes Aufsehen erregte, dass im November 1931 ein abtrünniger nationalsozialistischer Landtagsabgeordneter dem Frankfurter Polizeipräsidenten brisante interne Materialien der Bewegung übergab, die als »Boxheimer Dokumente« bekannt werden sollten.[36] Es ging darin um terroristische Pläne für die Niederschlagung eines möglichen kommunistischen Aufstandes nach der Machtergreifung des Nationalsozialismus. Autor der Dokumente war Werner Best, der als Vorsitzender der nationalsozialistischen Landtagsfraktion in Hessen designiert war und später in der Partei Karriere machte.[37] Nur weil Brüning seine zu diesem Zeitpunkt anlaufenden Sondierungen mit der NSDAP nicht belasten wollte, wurde die im Grunde hochverräterische Planung von der Regierung heruntergespielt.

Sehr viel unangenehmer war für Hitler das Bekanntwerden einer abscheulichen Mordaktion von SA-Männern, die in der Nacht vom 9. auf den 10. August 1932 im schlesischen Dorf Potempa einen örtlichen Kommunisten auf grausame Weise umbrachten. Um nicht bei der SA an Ansehen zu verlieren, sah sich Hitler veranlasst, gewunden seine Solidarität mit den Mördern zu erklären. Das trug dazu bei, dass die Stimmen für die NSDAP bei den Reichstagswahlen vom November deutlich zurückgingen. Nimmt man noch den erwähnten Rückzug des ›Sozialisten‹ Otto Straßer aus der NSDAP im Juli 1930 hinzu, wird deutlich, welche Widerstände Hitler mit seinem legalistischen politischen Kurs in der eigenen Partei vor 1933 zu überwinden hatte.

Die legalistische Wende hatte sich für Hitler politisch zunächst tatsächlich nicht ausgezahlt, da er seine Partei nicht hinter sich zu haben schien. Bei den Reichstagswahlen vom 20. Mai 1928, in die er die Partei zum ersten Mal führte, erhielt die NSDAP gerade einmal 2,6 % der abgegebenen Stimmen, womit sie zwölf Abgeordnete in den Reichstag entsenden konnte. Diese wenigen Abgeordneten machten sich zwar im Reichstag durch allerlei populistischen Klamauk bemerkbar, waren jedoch nicht mehr als die Repräsentanten einer rechtsradikalen Splitterpartei. Niemand konnte sich damals ernsthaft vorstellen, dass die NSDAP einmal die stärkste Fraktion bilden oder gar die Mehrheit der Abgeordneten stellen könnte.

Etwas größere, wenn auch nicht bedeutende Erfolge konnte die NSDAP in den folgenden Jahren in verschiedenen deutschen Ländern erzielen. Sie kam bei Landtags- und Kommunalwahlen in mehreren Ländern immerhin auf etwa 5 % und in Thüringen im Dezember 1929 sogar auf 11,3 % der abgegebenen Stimmen. Es war dies jedoch weniger ein Erfolg von Hitlers Wahlpropaganda, als vielmehr eine Folge der von den USA ausgehenden Weltwirtschaftskrise, welche die demokratischen Parteien im Oktober 1929 unvorbereitet traf. Das labile Wirtschafts- und Finanzsystem Deutschlands, unverhältnismäßig belastet durch die im Versailler Vertrag festgelegten Reparationen, war davon besonders betroffen. Es kam zu einer massiven Talfahrt der deutschen Produktion und in der Folge zu einem sprunghaften Anstieg der Arbeitslosigkeit. Der darauf rein demagogisch reagierenden NSDAP, die sich bis dahin nicht wirklich als Wirtschaftspartei hervorgetan, sondern lediglich obskure Verschwörungstheorien von einer angeblich durch das »jüdische Kapital« gelenkten Wirtschaft vertreten hatte, verhalf das zum Durchbruch als gesamtdeutsche Massenbewegung. Sie konnte die unverhoffte Chance nutzen, sich nicht mehr nur als Fürsprecherin städtischer Kleinbürger und existenzbedrohter Landwirte hervorzutun, sondern auch des verunsicherten Mittelstandes sowie sogar der unter Arbeitslosigkeit leidende Arbeiter.[38] Nicht die industriellen Unternehmer und die selbstständigen Arbeitgeber ermöglichten also die ersten Wahlerfolge der NSDAP, sondern die abhängigen Beschäftigten, welche infolge der Wirtschaftskrise in Existenznot geraten waren. Der sozialdemokratische Soziologe Theodor Geiger hat das damals als »Panik im Mittelstand« bezeichnet.[39]

Hitler konnte das Ergebnis der Landtagswahlen in Thüringen vom Dezember 1929, bei denen sich keine klare Mehrheit für eine Regierung ergab, nutzen, um sich erstmals direkt ins politische Spiel einzubringen.[40] Um eine Regierung bilden zu können, bedurften die bürgerlichen Parteien DNVP und DVP im Thüringer Landtag der sechs Stimmen der NSDAP. Sie waren bereit, mit dieser darüber zu verhandeln, womit der rechtsextremen Partei erstmals die Chance geboten wurde, in eine Landesregierung einzutreten. Wie wichtig es Hitler war, die NSDAP in eine Regierung zu bringen, zeigt sich daran, dass er unverzüglich nach Weimar reiste, um persönlich die Koalitionsverhandlungen zu führen. Mit der taktisch geschickten Drohung, für Neuwahlen zu stimmen, falls seine Forderungen nicht akzeptiert würden, konnte er die DNVP und am Ende auch die DVP dafür gewinnen, den ehemaligen bayerischen Ministerialbeamten Wilhelm Frick, der am Münchner Putsch vom 9. November 1923 teilgenommen hatte, als Minister für Inneres und Volksbildung zu akzeptieren. Frick sollte als Minister mit einer antisemitisch geprägten Kulturpolitik ganz die Erwartungen Hitlers erfüllen, bis hin zur Einrichtung eines Lehrstuhls für »Rassenkunde« an der Universität Jena für den antisemitischen Bestsellerautor Hans F. K. Günther. Er förderte auch Hans Severus Ziegler, der als Intendant des Weimarer Nationaltheaters seinen Aufstieg als nationalsozialistischer Kulturpolitiker begann. Den traditionalistischen Architekten und fanatischen Nationalsozialisten Paul Schultze-Naumburg machte er zum Direktor des Weimarer Bauhauses.[41]

Mit Hitlers Durchsetzung bei den Koalitionsverhandlungen im Thüringer Landtag begann sein Einstieg in die parlamentarische Politik. Er war zwar noch weit von einer politischen Machtposition entfernt, deren Konturen waren jedoch erkennbar, auch wenn sie von den Zeitgenossen noch kaum beachtet wurden. Auf der gemeinsamen Basis der Demokratiefeindlichkeit suggerierte Hitler mit seinem Auftreten, eine junge, dynamische und unverbrauchte ›Bewegung‹ von Politikern an die Regierung zu bringen, für welche die alten konservativen Parteien der Rechten mit ihren antimodernen und teilweise monarchistisch geprägten Programmen nur noch als Steigbügelhalter dienen sollten, auch wenn diese sich das umgekehrt vorstellten.

Hitler konnte bei den Verhandlungen in Thüringen davon profitieren, dass er sich 1929 in die konservative Phalanx der Gegner des von den USA vorgelegten Young-Plans eingereiht hatte, welche schon nach dem vorherigen Dawes-Plan nicht eine weitere Modifikation, sondern die Beseitigung aller Reparationen verlangte, die Deutschland im Versailler Vertrag auferlegt worden waren. Trotz einiger Widerstände in seiner Partei war Hitler mit der NSDAP dem »Reichsausschuss für das deutsche Volksbegehren« beigetreten, dessen Zielsetzung er sogar noch durch den Kampf gegen die sogenannte Kriegsschuldlüge verschärfen konnte.[42] Das Volksbegehren scheiterte zwar deutlich, aber Hitler konnte für sich verbuchen, dass er mit Unterstützung der Presse des Medienmoguls Alfred Hugenberg, der 1928 zum Vorsitzenden der DNVP gewählt worden war, monatelang ungehindert eine maßlose Propaganda gegen das demokratische ›System‹ der Weimarer Republik und insbesondere gegen Reichsaußenminister Gustav Stresemann betreiben konnte. Dass dieser unglücklicherweise während der Kampagne verstarb, wurde von Hitler skrupellos ausgenutzt. Am 25. Oktober 1929 konnte er sogar an der Seite Hugenbergs im Münchner Zirkus Krone auftreten und sich dank seiner rhetorischen Fähigkeiten für eine weitere Zusammenarbeit mit den Deutschnationalen profilieren. Das hinderte ihn jedoch nicht daran, sich von seinen rechten Partnern ständig polemisch abzugrenzen, eine Taktik, die er auch später anwenden sollte.

Die Rolle Hindenburgs

Die letzte parlamentarisch legitimierte Reichsregierung der Weimarer Republik, die von dem Sozialdemokraten Hermann Müller in einer Großen Koalition von SPD, DDP, Zentrum und DVP im Juni 1928 gebildet worden war, zerbrach im März 1930 an dem Problem, wie künftig die Arbeitslosenversicherung finanziert werden sollte. Obwohl infolge des dramatischen Anstiegs der Arbeitslosen massiv unter Druck, konnten sich die Koalitionsparteien nicht über eine Beitragserhöhung einig werden. Zwar lagen am Ende die SPD mit ihren Forderungen für die Arbeitnehmer und die DVP mit denen für die

Unternehmer nahe beieinander, letzten Endes verhandelte man aber gar nicht mehr so sehr in der Sache, sondern glaubte, sich in Grundsatzfragen positionieren zu müssen, vor allem in der Debatte darüber, welche Position die Parteien gegenüber dem Staat künftig einnehmen sollten.

Eine Schlüsselrolle spielte dabei der Fraktionsvorsitzende des Zentrums, Heinrich Brüning. Dieser hatte zwar in letzter Minute versucht, die Regierung Müller noch durch einen Kompromissvorschlag für die Arbeitslosenversicherung zu retten, hielt jedoch die Handlungsschwäche der Reichsregierung für das Zeichen einer Fundamentalkrise des Weimarer Parteienstaates. Er suchte daher den Kontakt zu der ebenso reaktionären wie intriganten Kamarilla um den Reichspräsidenten Hindenburg, deren prägende Figur der Generalmajor Kurt von Schleicher war, seines Zeichens Chef im Reichswehrministerium, vor allem aber Kriegskamerad von Hindenburg. Ferner gehörten dazu Otto Meißner, der Staatssekretär im Büro des Reichspräsidenten, Elard von Oldenburg-Januschau, ein persönlicher Freund Hindenburgs, der den ostelbischen Großgrundbesitz repräsentierte, sowie Oskar, der »in der Verfassung nicht vorgesehene Sohn« Hindenburgs, wie er ironisch von Tucholsky genannt wurde.

In diesem bemerkenswert kleinen, aber einflussreichen Kreis war man sich einig darin, das parlamentarische System aufzuheben und durch eine Regierung zu ersetzen, die nur noch vom Reichspräsidenten abhängig sein sollte. Das geschah anfangs gerade noch im Rahmen der Weimarer Verfassung, deren Art. 48 im Ausnahmefall eine Präsidialregierung vorsah, deren als »Notverordnungen« bezeichnete Erlasse jedoch nachträglich vom Parlament genehmigt werden mussten, um volle Gesetzeskraft zu erhalten. Je seltener solche nachträglichen Beschlüsse jedoch möglich waren, weil sich dafür im Reichstag keine demokratische Mehrheit mehr fand, desto mehr entwickelte sich ein Präsidialsystem, in dem der Reichstag zunehmend seine verfassungsmäßige Bedeutung verlor. Das parlamentarische Regierungssystem wurde schrittweise durch ein präsidiales abgelöst – und es gab keine Rückkehr zum Parlamentarismus, ja nicht einmal mehr Versuche dazu.

Da Brüning zwar mit seiner katholischen Zentrumspartei die Große Koalition des Sozialdemokraten Müller unterstützt, aber auch Kontakte zu der Kamarilla um Hindenburg gesucht hatte, lag es nahe, dass er als Chef einer neuen Regierung von Gnaden des Reichspräsidenten besonders geeignet schien. Bei der von ihm gebildeten Regierung handelte es sich um ein »Kabinett neuen Typs«.[43] Das lag nicht daran, dass sich die Ministerrunde aus nicht weniger als fünf Parteien zusammensetzte und die Regierung im Reichstag nur eine knappe Mehrheit hatte. Entscheidend war, dass Brüning sich von Hindenburg dazu verpflichten ließ, in Fällen ohne gesicherte Mehrheit allein auf die außerordentlichen Befugnisse des Reichspräsidenten nach Art. 48 der Weimarer Verfassung zu vertrauen. Das war zwar auch schon früher vorgekommen – Reichskanzler Friedrich Ebert etwa hatte in der krisenhaften Entstehungszeit der Weimarer Republik häufiger diesen Ausnahmeparagrafen anwenden müssen. Die Gesetzgebung jedoch nicht nur im Ausnahmefall durch Notverordnungen am Laufen zu halten, sondern dieses Verfahren auf Dauer zu stellen, war keinesfalls verfassungskonform. In Übereinstimmung mit Hindenburg regierte Brüning jedoch mit der Rückendeckung von Notverordnungen, wobei er auch noch zu erkennen gab, dass er sich eine andere, autoritäre Regierung, ja möglicherweise sogar eine Rückkehr zur Monarchie wünschte. Er begründete diese Politik mit dem Primat der Außenpolitik, indem er alles der Lösung der Reparationsfrage unterordnete. Dieses Vorgehen verstand er als »sachliche Politik«, wobei der von ihm häufig verwendete Begriff hochgradig ideologisch aufgeladen und gerade nicht im Sinne der Verfassung zu verstehen war. Faktisch öffnete Brüning den Weg zu einem autoritären Präsidialsystem.

Wenn der Reichstag in Deutschland seit 1919 die verfassungsmäßige Mitte des politischen Systems gewesen war, so erlangte der Reichspräsident in der Ära von Brünings Kanzlerschaft über den Artikel 48 der Reichsverfassung eine zentrale Stellung. Dass Hindenburg dieser Vorgang wegen seines hohen Alters politisch überfordert und er deshalb die Konsequenzen nicht gesehen habe, wie häufig angemerkt wird, ist historisch nicht zutreffend.[44] Hindenburg war für das Ende der Weimarer Republik selbstverständlich nicht allein verantwortlich, aber ihm fiel eine entscheidende Rolle zu. Er hat die Republik, beraten von seiner Kamarilla, zwar zögernd, aber schließlich doch mit klarem Bewusstsein in eine autoritäre Richtung geführt. Um unter Ausschluss der SPD im Reichstag zu einer »antiparlamentarischen und antimarxistischen Regierung« zu kommen, dehnte er den Artikel 48 immer weiter aus.[45] Brüning wurde von ihm, zunächst noch verfassungsgemäß, verpflichtet, im Reichstag nachträglich eine Mehrheit zu finden, wenn er sich gezwungen gesehen hatte, ein Gesetz mit einer Notverordnung durchzubringen. Da er im Reichstag noch von der Sozialdemokratie geduldet wurde, war Brüning auch nach 1930 noch in der Lage, von Fall zu Fall nachträgliche Mehrheiten für ein Gesetz zu finden. Er verzichtete jedoch darauf, sich um diese zu bemühen, wenn absehbar war, dass diese aufgrund der nach wie vor bestehenden Spannungen zwischen den demokratischen Fraktionen des Reichstags nicht zu finden waren. Es vollzog sich damit eine Art »stiller Verfassungswandel«[46] hin zu einer Präsidialregierung auf Basis einer reinen Notverordnungsgesetzgebung. Brünings Nachfolger, Papen und Schleicher, regierten mit Hindenburgs Rückendeckung überhaupt nur noch mithilfe von Notverordnungen und ohne eine Beteiligung des Reichstages. Es war dies die zweifelhafte verfassungsrechtliche Schiene, auf der schließlich auch Hitler zum Reichskanzler ernannt werden sollte.

Schon früh zeigte sich jedoch, wie labil die von Hindenburg gewünschte Regierung Brünings war. Bereits bei der Abstimmung über den Haushalt von 1930 kam es zum Schwur: Die DNVP stimmte im April nur noch teilweise der Regierungsvorlage zur Deckung des Haushalts zu, die für dessen Genehmigung notwendig war, sodass diese nur knapp im Reichstag durchkam. Als sich im Juni herausstellte, dass wegen der anschwellenden Arbeitslosenzahlen noch ein Nachtragshaushalt nötig war, fand die Regierungsvorlage schon im Steuerausschuss des Reichstages keine Mehrheit. Brüning erwirkte daraufhin am 16. Juli eine Notverordnung Hindenburgs, um den Haushalt auf diese Weise durchzubringen. Die nach Artikel 48 der Weimarer Verfassung nachträglich für den Reichshaushalt unbedingt notwendige Reichstagsmehrheit ließ sich jedoch nicht mehr herstellen. Brüning nahm dies zum Anlass, um bei Hindenburg eine weitere Notverordnung zu erwirken, durch die der Reichstag am 18. Juli aufgelöst und für den 14. September 1930 Neuwahlen angesetzt wurden. Die dafür gegebene Begründung, dass die Volksvertretung eine den Reichshaushalt betreffende Notverordnung nicht zurückweisen dürfe, war eindeutig nicht mehr verfassungsgemäß, weil sie die Haushaltshoheit des Reichstags infrage stellte.

Wenn auch nicht aus einheitlichen Gründen, so doch darin übereinstimmend, dass man den Art. 48 ohne parlamentarische Sanktionierung dauerhaft anwenden könne, hatten Hindenburg, seine Kamarilla, die DNVP, aber auch Brüning damit den entscheidenden Schritt dazu getan, den Reichstag zu entmachten und eine Präsidialdiktatur an seine Stelle zu setzen. Niemand war über diese Entwicklung so erfreut wie Hitler. Dem parlamentarischen Trauerspiel hatte er bisher nur passiv zusehen bzw. den Niedergang durch ein destruktives Abstimmungsverhalten der allerdings nur kleinen nationalsozialistischen Reichstagsfraktion fördern können. Die Ansetzung von Neuwahlen bot ihm jedoch die Chance, durch einen aggressiven Wahlkampf weit über das magere Ergebnis der NSDAP von 1928 hinauszukommen und im Reichstag, wenn schon keine Mehrheit, so doch eine Sperrminorität zu erlangen. Das Ende der Weimarer Republik in ihrer verfassungsmäßigen Form war damit vorgezeichnet – allerdings noch nicht der Durchbruch Hitlers.

Unter der Leitung von Goebbels zog die NSDAP im Wahlkampf in ganz Deutschland alle Register. Sie bot etwa 1500 Redner auf und führte angeblich 34 000 Wahlversammlungen durch.[47] Selbstverständlich stand Hitler als Massenredner im Mittelpunkt der Parteipropaganda. Raffiniert beschwor er immer wieder die ›Volksgemeinschaft‹ aller Deutschen, die er dem angeblichen egoistischen Interessenklüngel der ›Systemparteien‹ entgegensetzte. Während er im Wahlkampf zu den Reichstagswahlen von 1928 in einer Situation der Schwäche allzu radikale Töne vermieden und sogar die ›Judenfrage‹ weitgehend ausgespart hatte, machte er 1930 aus seinem rassistischen Antisemitismus keinen Hehl mehr.[48] ›Die‹ Juden wurden von ihm als Bindeglied zwischen Marxismus und Kapitalismus hingestellt, ohne dass es ihm wichtig gewesen wäre, den absurden Widerspruch in seiner Argumentation aufzulösen. Das hatte er – wie bereits ausgeführt – auch schon in *Mein Kampf* nicht geschafft, doch war es wichtiger, was er in seinen demagogischen Reden verkündete, als was in seiner nur wenig gelesenen Bekenntnisschrift stand. Der erdrutschartige Erfolg der NSDAP bei den Reichstagswahlen von 1930 beruhte ohne Zweifel auch darauf, dass es der Partei und besonders ihrem ›Führer‹ gelang, ihren notorischen Rassenantisemitismus zu instrumentalisieren und für Millionen von Wählern attraktiv zu machen.

Die Reichstagswahlen vom 14. September 1930

Das Ergebnis der Reichstagswahlen vom 14. September 1930 schuf eine vollkommen neue, alle Seiten, auch Hitler, überraschende politische Lage. Wenn man von dem Italiener Giuseppe Renzetti absieht,[49] der in Berlin als verdeckter politischer Agent Mussolinis tätig war und bei der politischen Rechten, einschließlich den Nationalsozialisten, ein und aus ging, hat niemand auch nur annäherungsweise den fulminanten Wahlsieg der Nationalsozialisten vorausgesehen. Die NSDAP konnte mit 107 anstatt wie bisher zwölf Abgeordneten im Reichstag die zweitstärkste Fraktion nach den Sozialdemokraten bilden.[50] Auch die KPD konnte ihr Ergebnis leicht verbessern, blieb aber weit hinter den Nationalsozialisten zurück. Der Durchbuch der NSDAP fand auf Kosten aller bürgerlichen Parteien statt, während sich das Zentrum halten konnte. Brüning konnte deshalb nur noch eine Minderheitsregierung bilden, der die SPD nicht angehörte, die aber von ihr trotz innerer Kämpfe bis zum Ende der zweiten Regierung Brünings von Fall zu Fall toleriert wurde.

Schon am 5. Oktober hat sich Brüning nach den Wahlen erstmals auch mit Hitler getroffen und ihn »als alten Frontsoldaten« für eine konstruktive Opposition zu gewinnen versucht.[51] Darüber hinaus wollte er auch herausfinden, ob und unter welchen Bedingungen sich Hitler mit der NSDAP auf eine Regierungsbeteiligung einlassen würde. Dieser hatte sich durchaus interessiert gegeben, aber für einen Eintritt in die Regierung drei zentrale Ministerposten für seine Partei gefordert, worauf sich Brüning nun doch nicht einlassen wollte. Allerdings hatte seine unbedachte Sondierung das fatale Ergebnis, dass Hitler nun erstmals in der Reichspolitik salonfähig gemacht wurde und er seitdem, so wie er sich das gewünscht hatte, als ebenbürtiger politischer Partner angesehen wurde. Es war dies ein Schritt von der »Krise des Parteienstaates« hin zu dessen Ende,[52] zumal Brünings Nachfolger als Reichskanzler, Papen und Schleicher, glaubten, Hitler ohne Weiteres politisch einhegen und für ihre Zwecke steuern zu können. Ihre vertrauensselige Politik gegenüber dem ›Führer‹ der Nationalsozialisten sollte sich jedoch als die größte Fehleinschätzung der politischen Dynamik Hitlers erweisen.

Endgültig im politischen Spiel angekommen war Hitler am 10. Oktober 1931, als er erstmals offiziell von Reichspräsident Hindenburg zu Konsultationen empfangen wurde. Einen Tag später durfte er in Bad Harzburg an einem aufsehenerregenden Treffen der sogenannten nationalen Opposition teilnehmen, das von Alfred Hugenberg, dem Führer der DNVP, einberufen worden war. Erstmals konnte Hitler dort mit SA und NSDAP gemeinsam mit Delegationen der DNVP, des Stahlhelms, des Alldeutschen Verbandes und des Reichslandbundes auftreten. Er konnte es sich sogar leisten, seine dort neu gewonnenen Partner durch ein distanziertes Verhalten zu provozieren, indem er nicht nur zu spät kam, sondern sich beim Vorbeimarsch der Einheiten des Stahlhelms entfernte. Er wollte damit in erster Linie die auf eine Revolution hoffenden Teile der NS-Bewegung beruhigen, die seiner Bündnispolitik mit der konservativen Rechten skeptisch gegenüberstanden. Mit der Teilnahme an der ›Harzburger Front‹ folgte er jedoch zugleich seiner politischen Doppelstrategie.

Wenig später konnte Hitler den nächsten Schritt tun, als wichtige Repräsentanten der Industrie zu ihm Kontakt aufnahmen. Entgegen späterer Behauptungen hatte die Großindustrie den Nationalsozialismus bis dahin kaum gefördert.[53] Auch jetzt waren es eigentlich nur zwei prominente Ruhrindustrielle, die entschieden auf Hitler zugingen und ihn auch finanziell zu unterstützen begannen, nämlich Fritz Thyssen und Emil von Kirdorf. Sie waren unzufrieden mit der deflationistischen Sparpolitik Brünings, der die staatliche Wirtschaftspolitik ganz den Reparationszahlungen unterordnete, um auf diese Weise gegenüber den Alliierten die Unmöglichkeit ihrer Erfüllung zu beweisen. Im November 1930 konnte Hitler, vermittelt durch Kirdorf, andere Ruhrindustrielle treffen, die sich über die ›sozialistischen‹ Vorstellungen des Nationalsozialismus informieren wollten.

Noch wichtiger war Hitlers Auftritt im Düsseldorfer Industrieclub am 26. Januar 1932 vor etwa 700 Teilnehmern.[54] Geschickt verstand er es bei dieser Gelegenheit, von wirtschaftspolitischen Plänen radikaler Nationalsozialisten abzulenken und Ängste vor einem nationalsozialistischen ›Sozialismus‹ zu zerstreuen. Weder trug er daher seine kriegsorientieren Ideen zum ›Lebensraum‹ des deutschen Volkes vor, noch äußerte er sich zur ›Judenfrage‹. Dagegen bekannte er sich ausdrücklich zum Privateigentum, eine Botschaft, welche die Zuhörer zweifellos besonders gerne hörten. Auch wenn sich daraus keine dauerhaften Beziehungen ergaben und die finanzielle Förderung der NSDAP weiterhin ausblieb, war das Band, das Hitler damit zur Großindustrie knüpfen konnte, politisch wichtig.

Stärker als die Ablehnung, die Hitler von den Wirtschaftsbossen erfuhr, war die Skepsis, die ihm Hindenburg und seine Kamarilla lange Zeit entgegenbrachten. Hitler hatte zwar seit dem Treffen in Harzburg mit seinem demonstrativen Legalitätskurs an Zustimmung gewonnen. Er wurde seitdem aufseiten der politischen Rechten zunehmend als denkbarer politischer Partner anerkannt. Bis zuletzt konnte er allerdings keineswegs sicher sein, dass ihn Hindenburg zum Reichskanzler ernennen würde, aber ohne dessen Mitwirkung hätte er allein durch einen Staatsstreich an die Macht kommen können. Das aber war eine Option, die er nach den Erfahrungen vom 9. November 1923 zwar ausgeschlossen hatte, die aber aufgrund des gewaltigen Anwachsens der SA durchaus noch als real angesehen werden konnte.

Der Reichspräsident war auch deshalb der härteste Brocken auf seinem Weg zur Reichskanzlerschaft, weil er die ostelbischen Großagrarier, die höhere Beamtenschaft des Reiches, die Veteranenverbände und vor allem die Reichswehr – zumindest mehr oder weniger – hinter sich hatte.

Es war deshalb nicht so, dass Hitlers politische Doppelstrategie problemlos funktioniert hätte und sein Zugriff auf die Macht alternativlos gewesen wäre. Man hat vielmehr treffend davon gesprochen, dass sein Weg an die Macht häufig eher einer »Hängepartie« geglichen habe, die auch anders hätte ausgehen können.[55] Hitler hatte mehrfach erhebliche Widerstände zu überwinden, die auch seine Machtergreifung hätten verhindern können. In der Politik eine Strategie zu haben, heißt ja nicht, sie auch durchsetzen zu können, schon gar nicht, wenn es sich um eine so riskante, in sich widersprüchliche Strategie handelt wie die Hitlers. Für ihn war es von besonderer Brisanz, dass die Widerstände gegen seinen politischen Kurs sowohl aus seiner eigenen faschistischen Bewegung als auch aus dem nationalkonservativen Establishment kamen, mit dem er sich zu arrangieren suchte. Es waren daher die Fehler seiner politischen Partner, die Hitler auf seinem Weg zur Macht geholfen haben: die politische Naivität, ja Blindheit Brünings, der die Nationalsozialisten letzten Endes politisch für weniger gefährlich hielt als die Kommunisten; die politische Unbedarftheit Papens, der sein Amt als Reichskanzler eher repräsentativ als politisch ausübte; die intrigante Drahtzieherei Schleichers, von welcher Hitler mehr profitierte, als dass sie ihn bremsen konnte; die Vorbehalte Hindenburgs gegenüber der parlamentarischen Republik, als deren höchster Repräsentant er sich nur widerwillig verstand.

Über diese personalen Bedingtheiten hinaus spielten, wie erwähnt, die Auswirkungen der Weltwirtschaftskrise in Kombination mit den Reparationen, die Deutschland im Versailler Vertrag auferlegt worden waren, eine besondere Rolle bei Hitlers politischem Aufstieg.[56] Sie führten zu einer Radikalisierung der Wählerschaft, die sich aus wirtschaftlicher Not infolge der Weltwirtschaftskrise, aber auch der verfehlten Deflationspolitik der Regierung Brünings ergab. Trotz einer durchaus ausgewogenen Verfassung nützte Hitler auch das indirekte Wahlsystem, das zu einer Zersplitterung und letzten Endes zur Schwächung des Parteiensystems beitrug. Im Laufe der Jahre waren immer mehr Fraktionen notwendig, um eine mehrheitsfähige Reichsregierung zu bilden. Die NSDAP konnte sich demgegenüber als ›Volkspartei‹ gerieren, welche die Einheit der ›Volksgemeinschaft‹ anstelle der fragilen Vielzahl von Parteien versprach. Hitler nahm für seine Partei propagandistisch wirksam einen politischen Sondercharakter in Anspruch. Im Wahlkampf von 1930 behauptete er etwa, der Nationalsozialismus arbeite nicht, wie »einzelne Interessengruppen«, mit »propagandistischen Schlagwörtern und Versprechungen«, sondern beherzige vielmehr den folgenden »Fundamentalgrundsatz«: »Das Schicksal des einzelnen wird bestimmt durch das Gesamtschicksal der Nation.« Und schließlich kam Hitler zweifellos auch zugute, dass die Deutschen insgesamt die Weimarer Republik nie mehrheitlich als Staat angenommen haben. Hitler nutzte das aus, indem er den demokratischen Verfassungsstaat Weimars permanent als »System« herabsetzte. Die Transition vom monarchisch-konstitutionellen, im Kern autoritär strukturierten Wilhelminischen Kaiserreich über die chaotische Revolution von 1918 / 19 zur Weimarer Republik war zwar formal durchaus gelungen. Wie sich in der Krise der Republik Ende der Zwanzigerjahre herausstellte, wurde sie jedoch von großen Teilen der Bevölkerung politisch nicht angenommen. Nur deshalb konnte Hitlers Faschismus in Deutschland letzten Endes einen solchen Erfolg haben.

Wiederwahl Hindenburgs zum Reichspräsidenten

Die erste große Herausforderung, die Hitler nach den Septemberwahlen von 1930 zu bewältigen hatte, bestand im Frühjahr 1932 in der Neuwahl des Reichspräsidenten, nachdem Hindenburgs erste Amtszeit nach sieben Jahren abgelaufen war. Hindenburg, der 1925 der Kandidat der politischen Rechten gewesen war, stand zu seinem Missfallen vor dem Problem, dass er dieses Mal vor allem von den Anhängern der demokratischen Parteien, einschließlich der Sozialdemokratie, gewählt werden musste, wenn er eine Mehrheit finden wollte. Um ihm eine solche demokratische Volkswahl zu ersparen, kam Reichskanzler Brüning im Januar 1932 auf die Idee, Hindenburgs Amtszeit nur vom Reichstag verlängern zu lassen. Da dazu eine verfassungsändernde Zweidrittelmehrheit notwendig war, ging dies nicht ohne die große nationalsozialistische Fraktion. Brüning scheute sich nicht, darüber mit Hitler verhandeln zu lassen – ein Manöver, das diesen erneut politisch aufwertete. Da Hitler seine Unterstützung jedoch von Neuwahlen abhängig machte, auf die sich Brüning nicht einlassen konnte, zerschlug sich das problematische Vorhaben. Da sich jedoch in der Zwischenzeit ein überparteilicher »Hindenburgausschuss« unter Führung des Berliner Oberbürgermeisters Heinrich Sahm gebildet hatte, dem namhafte Industrielle und Bankiers, aber auch Künstler wie Max Liebermann und Gerhard Hauptmann angehörten, erklärte sich Hindenburg nach längerem Zögern am 4. Februar 1932 bereit, erneut zu kandidieren. Er betrachtete es nicht mehr als Problem, überwiegend von Anhängern der demokratischen Parteien der Republik sowie von den parteipolitisch nicht organisierten Teilen der Gesellschaft im Amt bestätigt zu werden.

Da die Deutschnationale Volkspartei und der Stahlhelm mit Theodor Duesterberg einen eigenen Kandidaten aufstellten, stand Hitler vor einem Problem. Eine Unterstützung Hindenburgs war für ihn keine Option, nachdem dieser zur letzten Hoffnung der demokratischen Parteien geworden war. Sich für Duesterberg einzusetzen, hätte gegenüber seinen Anhängern so ausgesehen, als ob er sich den politisch schwächeren Deutschnationalen unterwerfen würde. Und bei einer eigenen Kandidatur bestand das Risiko, im Falle einer zu erwartenden Niederlage die Siegeszuversicht der Nationalsozialisten zu schwächen. Die Wahl für seine Anhänger freizugeben, war für Hitler selbstverständlich erst recht unmöglich, weil er damit auf seine Führerherrschaft verzichtet hätte, ganz davon abgesehen, dass ein solches Verfahren im Weimarer Parteienstaat unüblich war. Es war das erste Mal bei einer für ihn wichtigen politischen Frage, dass Hitler sich mehrere Wochen lang nicht entscheiden konnte. Ungeduldig vertraute Goebbels an zwei Tagen seinem Tagebuch an: »Hitler wartet zu lange« und »Wann entscheidet sich Hitler? Hat er keinen rechten Mut? Den muß man ihm machen.«[57]

Es ist nicht genau bekannt, aufgrund welcher Überlegungen sich Hitler schließlich für eine Kandidatur entschieden hat. Sicher ist jedoch, dass es am Ende für ihn zwei praktische Probleme bei seiner Kandidatur gab, an die er aber siegesgewiss heranging. Die erste Schwierigkeit bestand darin, dass er überhaupt erst die deutsche Staatsangehörigkeit erhalten musste, ehe er kandidieren konnte. Sie wurde ihm von der Landesregierung in Braunschweig, an der die NSDAP schon beteiligt war, im Eilverfahren verschafft: Er wurde, ziemlich am Rande der Legalität, zum deutschen Staatsbürger ernannt, indem man ihn zum Regierungsrat an der Berliner Botschaft Braunschweigs machte. Man könnte ihn deshalb als eine Art Deutschen zweiter Klasse bezeichnen, auch wenn das Ernennungsverfahren juristisch in Ordnung war.

Eine zweite Schwierigkeit bestand für Hitler darin, dass er den Reichspräsidenten im Wahlkampf nicht – entsprechend seiner Gewohnheit – frontal angreifen konnte, denn ihm war natürlich bewusst, dass er mit ihm im Fall einer Niederlage neuerdings würde zusammenarbeiten müssen, wenn er sein eigentliches Ziel einer Reichskanzlerschaft erreichen wollte. Er beschränkte sich deshalb im Wahlkampf darauf, formale Ergebenheitserklärungen für ihn abzugeben und ihm nur vorzuwerfen, dass er politischen Beifall von der falschen Seite erhielte, wenn er sich von den demokratischen Parteien, vom Zentrum und vor allem von den Sozialdemokraten, wählen lasse. Dieser Vorwurf traf Hindenburg besonders. Aber schon allein die Tatsache, dass Hitler gegen ihn bei der Wahl antrat, hatte ihn nachhaltig verstimmt. Die Kandidatur bei der Wahl zum Reichspräsidenten hat Hitler in seinem politischen Bestreben zurückgeworfen, denn für viele Wähler ist er zweifellos der falsche Kandidat gewesen. Wenn er gegen Hindenburg gewonnen hätte, hätte Hitler nicht nur die demokratischen Parteien, an der Spitze die Sozialdemokratie, weiter gegen sich gehabt, sondern auch viele konservative Politiker, die ihm seinen Sieg über Hindenburg übel genommen hätten. Wenn er dagegen verlor, war es mit der Siegeszuversicht, welche die NSDAP seit 1930 getragen hatte, vorbei und es drohte ein Abstieg bei den bevorstehenden Reichstagswahlen.

Wie sich am 13. März herausstellte, konnte Hindenburg bei der Wahl 49,6 % der gültigen Stimmen auf sich vereinen, es fehlten ihm aber etwa 170 000 Stimmen zur Wahl im ersten Durchgang. Hitler erhielt 20,1 % der abgegebenen Stimmen, der kommunistische Kandidat Thälmann 13,2 % und Duesterberg 6,8 %. Für Hitler war das eine deutliche, in dieser Höhe unerwartete Niederlage, die er auch nicht durch kampfbetonte Parolen für den zweiten Wahlgang und eine überproportionale Steigerung der für ihn im zweiten Wahlgang am 10. April abgegebenen Stimmen von 20,1 % auf 36,8 % gegenüber nur 49,6 % auf 53,0 % für Hindenburg schönreden konnte. Der von Goebbels organisierte, geradezu mit amerikanischen Werbemethoden geführte Wahlkampf, bei dem moderne Medien wie Lautsprecher, Tonfilme und Schallplatten eingesetzt wurden und Hitler mit dem Flugzeug auf eine Wahlkampfreise ging, bei der er auf Massenversammlungen von oben wie ein Heilsbringer einschwebte, hatte sich nicht voll ausgezahlt.

Wie verunsichert Hitler nach dem ersten Wahlgang war, zeigte sich an seinem Verhalten gegenüber dem preußischen Kronprinzen Wilhelm. Dieser bat ihn um Unterstützung bei einer eventuellen Kandidatur im zweiten Wahlgang. Hitler lehnte dieses bizarre Ansinnen nicht rundheraus ab, sondern schob vor, dazu bereit zu sein, wenn auch Hindenburg seine Kandidatur zurückzöge – eine aussichtslose Forderung. Möglicherweise hielt er es aber für denkbar, mit einem Kronprinzen als gewähltem Reichspräsidenten leichter zum Ziel der Machtübernahme zu kommen als mit Hindenburg.[58]

Eine Folge der Wahlniederlage Hitlers bestand darin, dass seine demokratischen Gegner ihre Widerstandskräfte mobilisierten. Das galt vor allem für den größten deutschen Bundesstaat Preußen, der seit 1920 von einer fast durchgehend sozialdemokratisch geführten Koalition regiert wurde. Schon im Sommer 1930, also noch vor den desaströsen Septemberwahlen des Jahres, hatte das Berliner Polizeipräsidium im Auftrag des preußischen Innenministeriums eine Denkschrift für die Reichsregierung verfasst, in der vor dem republikfeindlichen Charakter der NSDAP und der gewalttätigen Praxis der SA gewarnt wurde.[59] So früh und so klar wie in dieser Denkschrift ist der demokratiefeindliche Charakter der Nationalsozialisten von verantwortlichen Beamten sonst nirgendwo im Reich formuliert worden – und sollte es in dieser Klarheit auch danach nicht mehr werden. Dass Brüning als Reichskanzler die Brisanz der Denkschrift nicht wahrhaben wollte und sie deshalb kaum würdigte, belegt nochmals seine geschwundene demokratische Einstellung. Die Reichstagswahl wäre vermutlich anders ausgegangen, wenn der staatsfeindliche Charakter der NSDAP propagandistisch deutlich hervorgehoben und die Partei entsprechend gebrandmarkt worden wäre. Hitler ist deshalb fatalerweise zu einem Zeitpunkt ohne eine Demaskierung davongekommen, zu dem er möglicherweise noch in seinem Aufstieg hätte gebremst werden können.

Brüning hat erst spät begriffen, dass die Nachsicht, die er 1930 gegenüber Hitler walten ließ, ein politischer Fehler war. Erst im Frühjahr 1932 ließ er sich von seinem Innenminister Wilhelm Groener, der selbst lange gezögert hatte, davon überzeugen, dass es notwendig sei, SA und SS als den militärischen Flügel der NSDAP zu verbieten, um Hitler auf diese Weise zu schwächen und seinen Aufstieg zu bremsen. Als das bei der Reichswehr durchsickerte, versuchte Schleicher, über seinen ehemaligen Regimentskameraden Oskar von Hindenburg beim Reichspräsidenten ein Verbot abzuwenden. Groener und Brüning blieben jedoch in einem langen Gespräch mit Hindenburg standhaft und setzten am 13. April 1932 bei ihm die »Notverordnung zur Sicherung der Staatssicherheit« durch, mit der SA und SS mit sofortiger Wirkung verboten wurden.[60] Das schon durch den Zentrumskandidaten bei der Präsidentenwahl beschädigte Verhältnis Hindenburgs zu Brüning verschlechterte sich dadurch weiter.

Bemerkenswert ist, dass Hitler nach dem SA-Verbot seine Parteigenossen nicht zum Widerstand aufrief, sondern sie im Gegenteil vor gewaltsamen Aktionen warnte. Das war zu diesem Zeitpunkt zweifellos Hitlers Absicht geschuldet, auch weiterhin mit dem katholischen Zentrum über eine mögliche Koalitionsbildung im Reichstag zu verhandeln. Wie aus seinem Aufruf an alle Nationalsozialisten vom 13. April hervorgeht, lag ihm jedoch vor allem daran, nicht die unmittelbar anstehenden Landtagswahlen in mehreren Ländern, vor allem in Preußen, zu stören. Er behauptete einfach, dass der »Schlag des Generals Groener« dank nationalsozialistischer Propaganda »tausendfach auf ihn selbst und seine Bundesgenossen« zurückfallen würde.[61] Tatsächlich gelang es den Nationalsozialisten bei den preußischen Landtagswahlen von 1932, ihren Anteil an den abgegebenen gültigen Stimmen ganz ungewöhnlich von 1,8 % auf 36,3 % zu steigern. Hitlers Kalkül ist damit nicht nur aufgegangen, es wurde noch bei Weitem dadurch übertroffen, dass die NSDAP die stärkste Fraktion im Landtag des größten deutschen Landes wurde. Das SA-Verbot erwies sich im Übrigen auch deshalb als Rohrkrepierer, weil Hitler die Hunderttausenden von SA-Männern einfach zu Mitgliedern der Politischen Organisation der Partei erklärte und sie dadurch in der nationalsozialistischen Bewegung hielt. Unter diesen Umständen konnte er schließlich damit rechnen, dass das Verbot bald wieder zurückgenommen werde.

Papen und Schleicher. Die Wegbereiter

Dieses Kalkül ging nicht nur auf, sondern war am Ende sogar mit dem endgültigen Sturz Brünings als Reichskanzler verbunden. Hitler konnte auch deshalb triumphieren, weil der im Hintergrund agierende Schleicher ihn nicht nur vorher über seine Pläne informiert, sondern mit ihm sogar im Geheimen eine Absprache über die Bedingungen von Brünings Sturz getroffen hatte. Hitler hatte dabei nicht nur die Zusage erhalten, dass das SA-Verbot aufgehoben würde, sondern auch die Zustimmung zur Auflösung des Reichstags und zu Neuwahlen bekommen. Noch war er damit zwar nicht ganz am Ziel, dank Schleichers Verhandlungsbereitschaft war er jedoch zum ersten Mal in die bei einer Regierungsbildung üblichen Sondierungen im Hintergrund einbezogen worden. Dies war ein entscheidender Schritt in der politischen Biografie Hitlers, denn so ging in der Endphase der Weimarer Republik nichts mehr an ihm vorbei.

Schleicher betrieb die Aufhebung des SA-Verbots als Chef des Ministeramtes im Reichswehrministerium vordergründig aus militärischen Gründen. Der politisierende General hielt das Verbot für einen Fehler, weil damit die in der NS-Bewegung angeblich vorhandenen »wertvollen Kräfte« nicht für den Ausbau der Reichswehr genutzt werden konnten. Sein eigentliches Ziel war jedoch ein autoritärer Staat, der von der Reichswehr abhängig sein sollte.[62] Deshalb lag ihm nicht nur daran, das SA-Verbot rückgängig zu machen, er arbeitete darüber hinaus auf den Sturz der Regierung Brüning hin. Dabei konnte er auf die Zustimmung Hindenburgs zählen, der unter dem Einfluss seiner ostelbischen Kamarilla eine eindeutige Präsidialregierung zu installieren wünschte. Das SA-Verbot war zwar nicht der Hauptgrund für den Sturz Brünings, jedoch war es eine der Ursachen dafür, dass er bei Hindenburg als Reichskanzler schließlich endgültig in Ungnade fiel und vom Reichspräsidenten im Mai 1932 entlassen wurde. Damit endete die »gemäßigte Phase des Präsidialsystems«.[63] Es folgte die Weimarer Endphase der offenen Präsidialregierungen, die ihre Notverordnungen überhaupt nicht mehr gemäß Art. 48 der Weimarer Verfassung durch den Reichstag legitimieren ließen, sondern sich allein auf präsidiale Erlasse Hindenburgs stützten.

Auf Vorschlag Schleichers ernannte Hindenburg am 1. Juni 1932 Franz von Papen, im Preußischen Landtag bisher eher ein Hinterbänkler der Zentrumsfraktion, zum ersten Reichskanzler einer reinen Präsidialregierung. Papen berief ein ganz nach dem Geschmack Hindenburgs vorwiegend aus ostelbischen Großgrundbesitzern zusammengesetztes Kabinett. Von den Ministern sollten Konstantin Freiherr von Neurath als Außenminister, Lutz Graf Schwerin von Krosigk als Verkehrs- und Postminister und der ehemalige bayerische Justizminister Franz Gürtner, der Hitler schon in Bayern protegiert hatte, als Reichsjustizminister auch noch im ›Dritten Reich‹ eine Rolle spielen. Man hat Papen zutreffend als »Lieblingskanzler« Hindenburgs bezeichnet.[64] Der Reichspräsident behielt ihn sogar weiter als Berater in seiner Umgebung, als er ihn im November 1932 wieder entlassen hatte.

Papen bemühte sich nicht, im Reichstag zu einer Mehrheit zu kommen, stattdessen ließ er Hindenburg am 4. Juni den Reichstag auflösen und für den 31. Juli Reichstagswahlen ansetzen. Er hatte die vage Hoffnung, die demokratischen Parteien und besonders die Sozialdemokratie durch die Wahlen zu schwächen und im Reichstag zu einer Mehrheit der Rechtsparteien einschließlich der Nationalsozialisten zu kommen. Sollte diese Operation nicht gelingen, war er sicher, sich nur noch auf den Reichspräsidenten stützen zu können. In völliger Überschätzung seiner Einflussmöglichkeiten glaubte Schleicher, in ihm einen Mann gefunden zu haben, der als Reichskanzler mehr oder weniger seine politische Marionette sein würde. Der ebenso politisch unfähige wie eitle Papen sollte sich zwar tatsächlich als eine schwache politische Figur erweisen – dies kam jedoch nicht Schleicher, den Papen auf Druck Hindenburgs als Reichswehrminister hatte akzeptieren müssen, sondern Hitler zugute. Papen war es, der am Ende, nicht zuletzt aus Rivalität zu Schleicher, den widerstrebenden Hindenburg dazu brachte, seinen Widerstand gegen eine Ernennung Hitlers zum Reichskanzler aufzugeben. Man muss ihn deshalb in der Endphase der Weimarer Republik wohl als den wichtigsten Brückenbauer zwischen dem konservativen Deutschland und dem Nationalsozialismus bezeichnen.

Zu dieser Rolle trugen schon die beiden folgenschwersten Entscheidungen bei, welche die Regierung Papen kurze Zeit nach ihrer Einsetzung getroffen hat. Mit der ersten hob Papen das Verbot von SA und SS wieder auf und erfüllte so die geheime Abmachung vom 16. Juni 1932 zwischen Schleicher und Hitler. Die Entscheidung hatte verheerende Folgen, da die Nationalsozialisten ihre wiedergewonnene Handlungsfreiheit rücksichtslos ausnutzten. Bei Straßenkämpfen mit den Kommunisten entstanden geradezu bürgerkriegsähnliche Zustände, bei denen schon innerhalb weniger Wochen fast einhundert Menschen getötet wurden. Für Hitler war das eine bewusste Demonstration öffentlicher Gewaltausübung, zu der er mit seiner Bewegung fähig war, wenn man ihn weiterhin davon ausschloss, auf legalem Weg an die Macht zu kommen. Selbstverständlich betonte er weiterhin seine friedlichen Absichten und erklärte die nationalsozialistische Gewalttätigkeit als reine Defensive gegenüber der Brutalität der kommunistischen ›Rotfront‹. Dank dieses antikommunistischen Propagandatricks konnte er auf Zustimmung rechnen, obwohl das konservative Deutschland zunehmend eingeschüchtert wurde.

Die zweite folgenreiche Maßnahme Papens richtete sich gegen den größten deutschen Bundesstaat Preußen, dessen demokratisch legitimierte Regierung schon Brüning ein Ärgernis gewesen war. Die in Preußen regierende Koalition aus SPD, Zentrum und demokratischer Staatspartei hatte bei den Landtagswahlen vom 24. April 1932 eine desaströse Niederlage erlitten.

Die von dem kränklichen Sozialdemokraten Otto Braun geführte Landesregierung war deshalb nur noch geschäftsführend im Amt und kaum noch handlungsfähig. Papen sah hier seine Chance, die ihm unliebsame Preußenregierung auszuschalten. Nachdem Hindenburg dafür eine Blankovollmacht gegeben hatte, wurde sie von Reichskanzler Papen am 20. Juli 1932 auf dem Wege einer Reichsexekution abgesetzt. Anstelle der demokratisch gebildeten Regierung setzte er sich selbst in Preußen in Personalunion als Reichskommissar ein. Der unmittelbare Anlass dafür war der sogenannte Altonaer Blutsonntag, an dem bei einer Schießerei zwischen Kommunisten und Nationalsozialisten achtzehn Menschen, großenteils Unbeteiligte, ums Leben gekommen waren.[65] Die Reichsregierung machte die preußische Regierung dafür und überhaupt für die Unfähigkeit, Ruhe und Ordnung in ihrem Land erhalten zu können, verantwortlich. Aus heutiger Sicht handelte es sich bei der Aktion der Reichsregierung jedoch um einen regelrechten Staatsstreich, auf jeden Fall um einen Verfassungsbruch, da Landesminister aufgrund der Reichsverfassung keinesfalls durch die Reichsregierung abgesetzt werden konnten. Da die preußische Staatsregierung sich jedoch mit der Anrufung des Staatsgerichtshofes nur zaghaft wehrte, verschwand das »Bollwerk Preußen«, wie man sie genannt hat,[66] nahezu widerstandslos von der politischen Szene, auch wenn sie, widersprüchlich genug, aufgrund des vom Staatsgerichtshof gefällten Urteils formal weiterhin im Amt blieb. Papen und seine Regierung haben damit dazu beigetragen, dass eines der wichtigsten Hindernisse für die Machtergreifung Hitlers aus dem Weg geräumt wurde.

Hitler war an diesem Verfassungsbruch selbstverständlich nicht unmittelbar beteiligt. Genau genommen war der ›Preußenschlag‹ für ihn in gewisser Hinsicht sogar ein politischer Rückschlag. Denn wie erwähnt, hatte die NSDAP bei den preußischen Landtagswahlen vom 24. April 1932 einen großen Erfolg errungen und ihren Stimmenanteil von 1,8 auf 36,3 % steigern können. Da die DNVP als möglicher Koalitionspartner nur schwach abgeschnitten hatte, reichte es im Landtag zwar nicht für eine Mehrheit, Hitler hatte jedoch die Hoffnung, die Stimmen des Zentrums zu bekommen und damit in Preußen regulär die Regierung zu übernehmen. Ähnliche Konstellationen ergaben sich bei Landtagswahlen am gleichen Tag in anderen Ländern. Wie Goebbels feststellte, war ohne das Zentrum für die NSDAP aber trotz hoher Wahlsiege »nirgends etwas zu machen«.[67] Auch wenn es alles andere als sicher war, ob sich das Zentrum auf eine Koalition mit der NSDAP einlassen würde, konnte Hitler diese Karte nach dem ›Preußenschlag‹ erst einmal nicht mehr spielen. Er konnte sich allenfalls damit trösten, dass er schon einen Tag vorher über das Vorhaben der Regierung unterrichtet worden war, die Regierung Papen ihn somit als staatstragend anerkannt hatte.

Aufgrund der Rücknahme des SA-Verbots konnte Hitler der SA und der SS beim Wahlkampf für die Reichstagswahlen vom 31. Juli 1932 freien Lauf lassen. Unter dem Vorwand des Kampfes gegen den ›Bolschewismus‹ verfolgte der militärische Flügel der NSDAP in blutigem Straßenkampf nicht nur den kommunistischen Rotkämpferbund, sondern mittels massiver Einschüchterung auch die bürgerlichen Parteien sowie insbesondere deren Milizorganisation, das Reichsbanner Schwarz-Rot-Gold. Der Wahlkampf für die Reichstagswahlen vom Juli 1932 war der blutigste, den die Weimarer Republik erlebt hat. Zwar gab es bei den Nationalsozialisten insgesamt mehr Tote als bei den Kommunisten. Der von Hitler mit der Leitung des Wahlkampfs beauftragte Joseph Goebbels nutzte die höhere Zahl der Opfer aber zynisch dazu, einen verschärften Wahlkampf zu rechtfertigen. Hatte Hitler nach dem SA-Verbot vorrangig die Zusammenarbeit mit der nationalkonservativen Rechten gesucht, so bediente er sich jetzt des Gewaltpotenzials seiner Bewegung und tarierte damit seine faschistische Doppelstrategie aus.

Die Reichstagswahlen vom 31. Juli und 6. November 1932

Bei den Reichstagswahlen vom 31. Juli 1932 kam die NSDAP mit 37,4 % der abgegebenen Stimmen auf 230 Abgeordnete, womit sie im Reichstag erstmals die stärkste Fraktion bildete, da die SPD fast drei Prozent eingebüßt hatte und für 21,6 % der Stimmen nur noch 133 Mandate erhielt. Es war dies der größte Sieg, den die NSDAP bei freien Reichstagswahlen je erreichen sollte. Da die bürgerlichen Rechtsparteien (DNVP und DVP) jedoch stagnierten, reichte es für Hitler nicht für eine Mehrheit im Reichstag. Mit den beiden katholischen Parteien (Zentrum und BVP) hätte sich für die NSDAP noch eine knappe Mehrheit ergeben, die schon vor den Wahlen seit Längerem laufenden Verhandlungen über eine parlamentarische Zusammenarbeit hatten jedoch für Hitler zu keinem Ergebnis geführt. Wie Goebbels beobachtete, war Hitler deshalb ratlos, wie er den Wahlsieg für sich ausnutzen sollte. Am 3. August notierte er in seinem Tagebuch: »Hitler sinnt noch. Vor schweren Entschlüssen. Legal? Mit Zentrum? Zum Kotzen.«[68]

Es war sicherlich eine »gewisse Ratlosigkeit«, die Hitler nach der Juliwahl von 1932 befiel.[69] Seine Enttäuschung war auch insofern verständlich, als seine politische Doppelstrategie einen brutalen Wahlkampf zu führen und so eine verfassungsgerechte parlamentarische Mehrheit zu erreichen, nicht aufgegangen war. Goebbels hatte natürlich gut reden, da er als getreuer Gefolgsmann des ›Führers‹ stets nur dessen Entscheidungen folgen, aber wenige selbst fällen musste. Doch er hatte bei Hitler einen wunden Punkt getroffen: Nicht selten tat dieser sich schwer, wenn er schwierige Entscheidungen treffen musste.[70] Nach außen stilisierte er sich zwar stets als entschlossener Tatmensch, wenn er sich aber als solcher beweisen musste, schreckte er häufig davor zurück, die Initiative zu ergreifen. Sogar die Verschiebung der Angriffstermine beim Überfall auf Polen 1939, auf Frankreich 1940 und auch auf die Sowjetunion 1941 kann hier angeführt werden. Diese Verzögerungen des Kriegsbeginns hatten jeweils auch mit der Wetterlage sowie mit militärischen Unsicherheiten und mit plötzlich anstehenden diplomatischen oder, wie im Fall Frankreichs und der Sowjetunion, ungeplanten militärischen Verwicklungen zu tun. Es entsprach jedoch auch Hitlers Naturell, es sich in letzter Minute noch einmal anders zu überlegen. Vor allem gegenüber der Sowjetunion trieb er die Wehrmacht jedoch, nachdem er sich einmal entschieden hatte, mit außergewöhnlicher Härte an, so als ob er Versäumtes nachholen müsste.

Seine Neigung, Entscheidungen hinauszuschieben, kann man auch daran ablesen, dass Hitler sich häufig in entscheidenden Momenten auf seinen ›Berghof‹ bei Berchtesgaden zurückzog, dort wochenlang blieb und seine Untergebenen ratlos in Berlin zurückließ oder dazu zwang, dem Diktator nachzureisen, um zu einem Entschluss zu kommen. Goebbels war gewissermaßen nur der Seismograf, der solche Ausfälle des ›Führers‹ registrierte.

Nach der Reichstagswahl vom Juli 1932 wurde Hitler die Entscheidung jedoch weitgehend aus der Hand genommen. Nachdem er sich am 5. August – insgeheim, aber ohne Ergebnis – mit Schleicher getroffen hatte, wurde er am Vormittag des 13. August nach einer nochmaligen Beratung mit Schleicher auf dessen Drängen hin von Reichskanzler Papen empfangen. Der bot ihm für den Eintritt der Nationalsozialisten in die Regierung das politisch wertlose Amt des Vizekanzlers an. Hitler forderte daraufhin unter ausdrücklichem Verweis auf Mussolini, dem nach dem ›Marsch auf Rom‹ vom König die »ganze Macht« überantwortet worden sei, das Amt des Reichskanzlers sowie vier Ministerposten für sich.[71] Für Hitler überraschend, kam es am Nachmittag desselben Tages auch noch zu einem Gespräch mit Hindenburg. Auf dessen Frage, ob er bereit sei, in die Regierung Papens einzutreten, erklärte Hitler ebenfalls, dass das für ihn nicht infrage komme: »Bei der Bedeutung der nationalsozialistischen Bewegung müsse er die Führung einer Regierung und die Staatsführung in vollem Umfange für sich und seine Partei verlangen.«[72] Hindenburg wies das kühl zurück und bot ihm ebenfalls nur den Posten des Vizekanzlers an. »Er könne es vor Gott, seinem Gewissen und dem Vaterlande nicht verantworten«, erklärte er Hitler unmissverständlich, »einer Partei die gesamte Regierungsverantwortung zu übertragen, noch dazu einer Partei, die einseitig gegen Andersdenkende eingestellt wäre.«[73] Er fügte hinzu, dass er gegen die Terrorakte der SA »mit aller Schärfe« vorgehen wolle.[74] Das Gespräch war damit nach nicht einmal einer halben Stunde beendet. Hindenburg setzte auch noch eins drauf und stellte Hitler öffentlich bloß, indem er über Papen ein Kommuniqué veröffentlichen ließ, welches seine Abkanzelung Hitlers wörtlich wiedergab.[75]

Für Hitler war das nach seiner eigenen Aussage eine der größten politischen Demütigungen, die ihm zugefügt worden sind. Er sah sich »in die Falle gelockt«, da der Reichspräsident seiner Ansicht nach seine Entscheidung schon längst getroffen hatte, als er ihn zu sich einlud.[76] Seine Machtübernahme, der er sich schon nahe geglaubt hatte, schien plötzlich trotz des großen Wahlsiegs in weite Ferne gerückt zu sein.

Es war ein völlig überraschender Vorgang, der Hitler ohne sein Zutun wieder auf politischen Erfolgskurs brachte. Als der neu gewählte Reichstag am 12. September zu seiner ersten Sitzung zusammentrat, stellte der kommunistische Abgeordnete Ernst Torgler vor dem Eintritt in die Tagesordnung den Antrag, der Regierung Papen das Misstrauen auszusprechen. Der Antrag wurde mit 522 gegen nur 42 Stimmen der DNVP und der DVP angenommen, wobei die Nationalsozialisten ungeniert für den Antrag der Kommunisten stimmten. Der Regierung Papen blieb nach diesem unerwarteten Misstrauensvotum nichts anderes übrig, als zurückzutreten und mithilfe einer Notverordnung den Reichstag aufzulösen sowie für den 6. November zum zweiten Mal im selben Jahr Reichstagswahlen anzusetzen.[77] Hitler nutzte die Chance, seine Demütigung durch Hindenburg dadurch wettzumachen, dass er erneut einen aggressiven Wahlkampf führen ließ. Wie Volker Ullrich nachgewiesen hat, machte er im Unterschied zu den früheren Reichstagswahlkämpfen, bei denen er sich in dieser Hinsicht 1928 und im Frühjahr 1932 bemerkenswert zurückgehalten hatte, erstmals auch keinen Hehl aus seinem extremen Antisemitismus.[78] Goebels mobilisierte für ihn wiederum seinen Propagandaapparat, angefangen bei der Organisation eines erneuten ›Deutschlandflugs‹ Hitlers und endend bei einer flächendeckenden öffentlichen Versammlungsorgie mit insgesamt angeblich Tausenden von nationalsozialistischen Rednern. Er sorgte als Gauleiter der NSDAP in Berlin auch dafür, dass ein kommunistischer Gewerkschaftsstreik bei der Berliner Verkehrs-Gesellschaft von der nationalsozialistischen Betriebszellenorganisation unterstützt wurde. Kommunisten und Nationalsozialisten Arm in Arm im gemeinsamen Arbeitskampf – das hatte es noch nie gegeben.[79] War die nationalsozialistische Wahlpropaganda von ihm zuvor antibolschewistisch eingefärbt worden, so vermengte er sie dieses Mal mit antikapitalistischen Parolen, um bei der Arbeiterschaft gut anzukommen.

Das Ergebnis der Reichstagswahlen vom 6. November 1932 war für die Nationalsozialisten dem äußeren Anschein nach ernüchternd. Sie verloren über zwei Millionen Stimmen und ihr Wähleranteil ging von 37,3 % auf 33,1 % zurück. Statt 230 konnten sie nur noch 196 Abgeordnete in den Reichstag entsenden. Dagegen konnte die KPD ihren Stimmenanteil von 14,5 % auf 16,9 % steigern, was ihr im Reichstag 100 Mandate einbrachte. Die SPD konnte ihre Werte mit leichten Verlusten im Wesentlichen halten, ebenso wie die beiden katholischen Parteien. Viele Zeitgenossen glaubten daher, dass die braune Flut ihren Höhepunkt überschritten hätte. Manche Historiker sind ihnen in diesem Urteil gefolgt, hatten dann aber die Schwierigkeit, zu erklären, weshalb Hitler nur gut drei Monate später an die Macht gekommen ist. Betrachtet man jedoch die Reaktion der Nationalsozialisten genauer, so zeigt sich, dass sie das Wahlergebnis bemerkenswert gelassen hingenommen haben. Sie hatten mit einem weit schlimmeren Einbruch gerechnet und waren froh, noch einmal davongekommen zu sein. Hitler versuchte keineswegs, das Wahlergebnis für die NSDAP »schönzureden«,[80] sondern schaltete sofort wieder in den Angriffsmodus. Im *Völkischen Beobachter* tönte er: »Rücksichtslose Fortsetzung des Kampfes bis zur Niederringung dieser teils offenen, teils vertarnten [sic] Gegner einer wirklichen Wiederauferstehung unseres Volkes! Keinerlei Kompromisse und kein Gedanke an irgendeine Verständigung mit diesen Elementen.«[81]

Der 30. Januar 1933 I: Die Mehrheit im Reichstag

Dass Hitler mit seinem Optimismus richtig lag, zeigte sich schon bald nach dem Wahltag. Eigentlicher Verlierer der Novemberwahlen war Papen. Er geriet als Reichskanzler in kürzester Zeit zwischen alle Fronten. Schleicher hatte sich nach den Wahlen dazu entschlossen, Papen zu stürzen, um selbst Reichskanzler zu werden. Solange dieser das Vertrauen des Reichspräsidenten gehabt hatte, konnte er sich darauf verlassen, nicht gestürzt zu werden. Hindenburg war nach den Novemberwahlen jedoch nicht mehr sicher, ob Papen der richtige Mann sei, um Hitler von der Führung der Regierung fernzuhalten. Sein Ziel war es, eine ›Regierung der nationalen Konzentration‹ vom Zentrum bis zu den Nationalsozialisten herbeizuführen. Hitler sollte nach dieser Vorstellung Hindenburgs eine solche Regierung nicht führen, sondern unter einem anderen Reichskanzler in sie eingebunden werden. Er hatte Papen ursprünglich auch damit beauftragt, sich um die Bildung einer solchen Regierung zu bemühen. Dessen Versuch, Hitler für eine große Koalition der nationalen Einheit zu gewinnen, scheiterte jedoch – wie schon zuvor. Hitler war nicht einmal mehr bereit, sich mit Papen zu treffen, sondern wollte nur noch schriftlich mit ihm verhandeln. Vor allem aber gab er ihm erneut zu verstehen, dass er nur als Reichskanzler in ein nationales Einheitskabinett eintreten würde. Da ein erneuter Rückgriff auf eine Notverordnung Hindenburgs, die zur Auflösung des Reichstags und damit zum dritten Mal in kurzem Abstand zu Neuwahlen geführt hätte, nicht mehr infrage kam, sah Papen sich deshalb am 17. November 1932 gezwungen, den Rücktritt seines Kabinettes anzukündigen. Damit war klar, dass er das Opfer der Novemberwahlen war, während Hitler trotz der Verluste der NSDAP bei den Wahlen weiter im Spiel blieb.

Schon am folgenden Tag sah sich Hitler vom Büro des Reichspräsidenten für den 19. November zu einer neuerlichen persönlichen Unterredung nach Berlin eingeladen. Nicht zu Unrecht feierte die Führungsclique der NSDAP dies wie einen Sieg. Wie Goebbels notierte, saß man bis in die späte Nacht zusammen: »Wir essen, lachen, plaudern, musizieren, machen Schabernack [...] Hitler ist sehr aufgeräumt [...].«[82] Keine Spur von Niedergeschlagenheit über die erst zwei Wochen zurückliegende Reichstagswahl!

Anders als bei dem verstörenden Gespräch vom 13. August gewann Hitler am 19. November 1932 nicht zu Unrecht den Eindruck, dass Hindenburg von der strikten Ablehnung seiner Kanzlerschaft etwas abgekommen sei. Möglicherweise hat er den Reichspräsidenten damit beeindruckt, dass er sich Gedanken über eine staatsrechtlich saubere Lösung der Regierungskrise gemacht hatte und ein in der Verfassung für Notfälle vorgesehenes Ermächtigungsgesetz vorschlug, das den Reichskanzler vom Reichstag unabhängig, aber auch ständige Notverordnungen des Reichspräsidenten überflüssig machen sollte. Es lag auf der Hand, dass Hindenburg dies besonders gefallen musste, weil er von der operativen Politik befreit wurde, indem er dem Reichskanzler langfristig Handlungsfreiheit gab. Jedenfalls gab Hindenburg ihm in einem weiteren Gespräch am 21. November, für das Hitler eigens noch in Berlin geblieben war, den förmlichen Auftrag, sich um eine Regierungsbildung zu bemühen. Wenn der Reichspräsident aber verlangte, dass Hitler dafür im Reichstag eine klare Mehrheit finden müsse, wenn er ihm also, wahrscheinlich beeinflusst von Schleicher, keine reine Präsidialregierung zugestehen wollte, so zeigt das, dass seine Vorbehalte gegen den ›Führer‹ der Nationalsozialisten keineswegs ganz ausgeräumt waren. Hitler nahm den Regierungsauftrag aus taktischen Gründen an, obwohl ihm klar gewesen sein muss, dass er im Reichstag keine Mehrheit für eine von ihm geführte Regierung finden würde. Es war dies der geschickteste, in der historischen Forschung meist wenig beachtete Schachzug, den er in dieser Situation machen konnte, da er damit die Vorbehalte Hindenburgs gegen seine Person entscheidend abbaute. Er konnte es sich sogar leisten, den Regierungsauftrag nach ein paar Tagen als undurchführbar zurückzugeben. Allerdings musste er es ertragen, dass Hindenburg ihm einen Tag später über seinen Staatssekretär Otto Meisner schriftlich und fast im gleichen Wortlaut wie am 13. August mitteilen ließ, ihm aus Sorge vor einer »Parteidiktatur mit allen ihren Folgen« keine freie Hand gegeben zu haben.[83]

Die folgenden, die letzten Wochen der Weimarer Republik sind von der historischen Forschung in ihrer Dramatik in allen Einzelheiten durchleuchtet worden. Dabei ist neuerdings häufig die These vertreten worden, dass Hitlers politischer Durchbruch letzten Endes auf eine ›Machtübertragung‹ zurückging, nicht auf eine ›Machtergreifung‹.[84] In einem weiteren, gesellschaftsgeschichtlichen Sinn kann man in der Tat davon sprechen, dass es die politischen Machteliten Deutschlands – also Militär, Beamtenschaft, Großagrarier und Industriewirtschaft – gewesen seien, die Hitlers Machtübernahme zu verantworten hatten. Hitlers historische Rolle wird damit nicht geleugnet, wohl aber doch redimensioniert. Unmittelbar verursacht wurde sein politischer Durchbruch aber nicht von den führenden Schichten der deutschen Gesellschaft, sondern von einer kleinen Clique nationalkonservativer Politiker, die allerdings diesem sozialen Milieu entstammten. Das politische Schicksal der Weimarer Republik lässt sich am Ende sogar auf wenige politisch verantwortliche Personen reduzieren.

Hitler konnte in diesem Machtspiel eine Chance erhalten, weil sich seine politische Doppelstrategie am Ende auszahlte. Er konnte die politische Macht ergreifen, weil er einen scheinbar legalen, nicht voll verfassungsmäßigen Weg beschritt, der zugleich durch eine sich steigernde Gewaltspirale seiner Parteimiliz gekennzeichnet war. Dieser gewaltsame, geradezu revolutionäre Teil seines Weges an die Macht wird nicht berücksichtigt, wenn man nur annimmt, dass Hitler die Macht passiv von Machteliten der politischen Rechten übertragen worden sei.

Es ist schwer zu sagen, wann der Punkt erreicht wurde, an dem es auf dem Weg in den Untergang der Weimarer Republik kein Zurück mehr gab. Der Countdown fand jedoch zweifellos am 3. Dezember 1932 mit der Berufung Kurt von Schleichers zum Reichskanzler statt. Hindenburg spielte mit der Ernennung des von ihm nicht unbedingt geschätzten Generals, der politisch nicht immer mit seiner Zustimmung agiert hatte, die letzte personalpolitische Karte aus, die ihm noch geblieben war, um einen Regierungsantritt Hitlers zu verhindern. Rein institutionell gesehen hatte Schleicher in der Endphase der Weimarer Republik mit seiner Berufung zum Reichswehrminister im Kabinett Papen erstmals ein wichtiges politisches Amt übernommen. Als informeller Repräsentant der Reichswehr hatte er jedoch schon zuvor erheblichen politischen Einfluss. Es gehörte zu seinem politischen Stil, im Hintergrund persönliche Intrigen zu spinnen und riskante Verbindungen herzustellen. So war es ihm nicht nur gelungen, Hindenburg zur Berufung Papens zu bewegen, er hatte auch bei dessen Abberufung am 17. November 1932 die Hände im Spiel, obwohl er seinem Kabinett angehörte. Da Hindenburg kaum mehr eine andere personelle Alternative hatte, konnte Schleicher nach Papens Abgang sogar erreichen, am 3. Dezember 1932 selbst zum Reichskanzler berufen zu werden.

Es war von Anfang an seine Schwäche als Reichskanzler, dass Hindenburg ihm, anders als seinem Rivalen Papen, nicht die Blankovollmacht gegeben hatte, den Reichstag aufzulösen, falls er keine Mehrheit mehr finden sollte. Schleicher war daher darauf angewiesen, sich im Reichstag ohne Mehrheit um eine Tolerierung seiner Regierung zu bemühen. Ihm war das erst recht nicht mehr ohne die nationalsozialistische Fraktion möglich, wenn er ohne die demokratischen Parteien, vor allem die Sozialdemokratie, regieren wollte. Er bemühte sich daher schon in den ersten Tagen seiner Regierungszeit um eine Tolerierung durch die NSDAP. Dass er versucht hat, in Verhandlungen mit Hitlers Stellvertreter Gregor Straßer die NSDAP zu spalten und zusammen mit Gewerkschaften und Unternehmerverbänden zu einer politischen »Querfront« zu kommen, auf die sich seine Regierung stützen konnte, ist wohl nicht zutreffend, auch wenn es diese Idee gegeben hat.[85] Schleicher konnte aber davon ausgehen, dass Straßer eher bereit gewesen wäre, sich einer Tolerierung seiner Regierung zu öffnen als Hitler, ja dass er eventuell sogar bereit wäre, als Vizekanzler in diese einzutreten. Möglicherweise hoffte er sogar, über Straßer auch den ›Führer‹ für eine Zusammenarbeit zu gewinnen.

Hitler sah jedoch durch Straßers eigenmächtige Verhandlungen mit Schleicher die Einheit der NSDAP und vor allem seine unbedingte Führerrolle gefährdet. Es kam, wie schon einmal, zu einem offenen Konflikt mit Straßer, der am 8. Dezember mit dessen Rücktritt von allen Parteiämtern und der Niederlegung seines Reichstagsmandats endete.[86] Gleichwohl konnte Hitler sich in der Partei nur mühsam durchsetzen. Als wie ernst er die Lage einschätzte, zeigt sich daran, dass er sich, wie schon nach dem Scheitern des Putsches vom 9. November 1923, allem Anschein nach mit Selbstmordgedanken trug. Diese wurden von ihm in der Parteikrise zweifellos politisch instrumentalisiert. Wenn er sich aber gegenüber Goebbels intern äußerte, »in 3 Minuten Schluß« machen zu wollen, falls »die Partei zerfällt«, so lässt das doch erkennen, dass er sich in einer sehr depressiven Stimmung befand.[87]

Am Ende gelang es ihm jedoch erneut, die Organisationsstruktur der NSDAP zu seinem Vorteil zu ändern und dadurch seine Führerposition zu stärken, womit die aufkeimende Parteikrise beendet war. Schleicher hatte den Einfluss Hitlers in der NSDAP unterschätzt, so wie er den Straßers überschätzt hatte. Wie wenig er das begriffen hatte, zeigte sich daran, dass er Straßer noch am 6. Januar 1933 eine Audienz bei Hindenburg vermittelte, als dieser politisch längst mit leeren Händen dastand.

Nach dem Scheitern seiner verschiedenen politischen Bündnisbemühungen wurde Schleichers Stellung als Reichskanzler um die Jahreswende 1932/33 auch dadurch geschwächt, dass ihn der reaktionäre Reichslandbund, die Repräsentation des ostelbischen Großgrundbesitzes, beschuldigte, Landwirten durch seine Politik erheblich geschadet, ja zur »Verelendung der deutschen

Landwirtschaft« beigetragen zu haben.[88] Damit rückte auch Oscar von Hindenburg als Repräsentant des ostelbischen Adels, der sein Fürsprecher beim Reichspräsidenten gewesen war, von ihm ab. Schließlich schwand auch das ursprünglich durchaus vorhandene Wohlwollen der Freien Gewerkschaften, weil Schleicher nicht zu Unrecht eine Mitschuld an Papens ›Preußenschlag‹ vorgeworfen werden konnte.

Entscheidend war freilich, dass es dem zuvor von Schleicher zum Rücktritt gezwungenen Papen gelang, hinter dessen Rücken eine politische Handlungsvollmacht Hindenburgs zu erhalten: Papen wurde vom Reichspräsidenten förmlich damit beauftragt, eine nationale Koalitionsregierung unter Einschluss der Nationalsozialisten zu bilden. Er hoffte, auf diese Weise wieder Regierungschef zu werden, und Hindenburg glaubte, an Hitler halbwegs vorbeizukommen, wenn dieser nur in eine Regierung Papens eintrat.

Schleicher konnte seine zunehmende politische Isolierung nicht verborgen bleiben. Sein Versuch, Hindenburg zu einer Notverordnung zu bewegen, mit welcher er den Reichstag hätte auflösen und, wenn auch mit ungewissem Ausgang, Neuwahlen ausschreiben können, scheiterte jedoch. Er trat deshalb am 28. Januar 1933 als Reichskanzler zurück, einer drohenden Entlassung durch den Reichspräsidenten zuvorkommend. An den letzten Manövern, die am 30. Januar zur Ernennung Hitlers zum Reichskanzler führten, war er daher nicht mehr beteiligt. Dass Hitler ihn in der Endphase der Weimarer Republik jedoch für seinen gefährlichsten politischen Gegner gehalten hat, ist daran zu erkennen, dass er ihn am 30. Juni 1934 im Zuge der Röhmaffäre zusammen mit seiner Frau ermorden ließ. Papen ließ er dagegen am Leben und versorgte ihn sogar bis zum Ende des ›Dritten Reiches‹ mit diplomatischen Posten in Österreich und der Türkei, obwohl er sich 1934 offen gegen ihn erklärt hatte.[89]

Hindenburg konnte für sich in Anspruch nehmen, dass er nach dem 21. November 1932 nicht mehr mit Hitler persönlich gesprochen hat. Auf diese Weise konnte er sich vormachen, für die Ernennung Hitlers zum Reichskanzler am 30. Januar 1933 letzten Endes nicht voll verantwortlich gewesen zu sein, sondern diese nur formal vollzogen zu haben. Alle Verhandlungen mit Hitler über dessen Beteiligung an der Reichsregierung wurden tatsächlich, zunächst informell und dann offiziell, in Hindenburgs Auftrag von Papen geführt. Die Initiative zu Papens geheimen Gesprächen mit Hitler ging allerdings indirekt von diesem aus. Hitler hatte im Frühjahr den mittelständischen

Unternehmer Wilhelm Keppler zu seinem wirtschaftspolitischen Berater gemacht. Keppler hatte einen Kreis von Unternehmern und Bankern um sich gesammelt, darunter neben Thyssen etwa auch Hjalmar Schacht, der schon am 19. November 1932 bei Hindenburg eine Eingabe mit der Aufforderung gemacht hatte, Hitler als den Führer der größten nationalen Partei mit der Leitung eines Präsidialkabinettes zu beauftragen. Das hatte zwar zu keinem Erfolg geführt, da Hindenburg auf Schleicher zurückgriff. Hitler sah jedoch Anfang 1933 die Chance, sich über diesen Kreis, aus dem er bis dahin weitgehend ausgeschlossen war, direkt ins politische Spiel zu bringen. Über ein Mitglied des Kepplerkreises, den Bankier Kurt Freiherr von Schröder, gelang es ihm, für den 4. Januar 1933 in dessen Kölner Wohnung ein Gespräch mit Papen zu vereinbaren. Das Gespräch ist pointiert als die »Geburtsstunde des Dritten Reiches« bezeichnet worden, was insofern zutrifft, als seitdem ohne Hitlers Beteiligung politisch immer weniger möglich war.[90]

Hitler und Papen trafen in Schröders Haus und unter vier Augen die schwerwiegende Übereinkunft, zusammen den Sturz Schleichers als Reichskanzler herbeizuführen und ihn durch eine gemeinsame Regierung zu ersetzen. In weiteren Gesprächen, die im Berliner Haus des Spirituosenhändlers Joachim von Ribbentrop stattfanden, stimmten sich Hitler und Papen am 10. Januar, 18. Januar und 22. Januar immer konkreter miteinander ab, sodass Papen schließlich auch im Auftrag Hitlers bei Hindenburg verhandeln konnte. Man hat ihn deshalb treffend als »Machtmakler« bezeichnet.[91] Von Hitler wurde er in dieser Rolle spätestens am 22. Januar voll akzeptiert, als er zu erkennen gab, dass er sich mit dem Posten eines Vizekanzlers zufriedengeben und Hitler den Posten des Reichskanzlers überlassen würde.

Nach dem Rücktritt Schleichers am 28. Januar wurde Papen von Hindenburg noch am selben Tag offiziell mit Sondierungen für die Bildung eines neuen Kabinetts beauftragt. Es handelte sich dabei nicht um einen regelrechten Auftrag zur Regierungsbildung, sondern um die Weisung, »durch Verhandlungen mit den Parteien die politische Lage zu klären und die vorhandenen Möglichkeiten festzustellen«.[92] Nach Hindenburgs Vorstellung ging es erneut darum, eine ›Regierung der nationalen Konzentration‹ zu bilden. Das bedeutete, dass sich die Regierung nach dem Vorbild der ›Harzburger Front‹ aus Nationalsozialisten, Deutschnationalen und Stahlhelmern zusammensetzen sollte. Wenn darunter aber früher die Einbindung Hitlers in ein präsidiales Kabinett zu verstehen gewesen war, so stand jetzt seine Kanzlerschaft zur Diskussion. Es ist nicht ganz gesichert, ob sich Hindenburg zum Zeitpunkt der Beauftragung Papens, die Möglichkeit einer solchen Kabinettsbildung zu eruieren, schon mit einer Reichskanzlerschaft Hitlers abgefunden hatte. Dafür spricht jedoch, dass er nicht nur von Papen verlangte, die Regierungsbildung »im Rahmen der Verfassung und im Einverständnis mit dem Reichstage« vorzubereiten,[93] sondern seinerseits auch den General der Reichswehr, Werner von Blomberg, als Reichswehrminister vereidigte. Da er dies nicht gemäß der Reichsverfassung auf Vorschlag eines Reichskanzlers, sondern noch vor der Regierungsbildung tat, handelte es sich um einen »glatten Verfassungsbruch«.[94] Hindenburg nahm diesen jedoch in Kauf, um in einem möglichen Kabinett Hitler auf jeden Fall einen persönlichen Vertrauensmann zu haben, der zudem auch noch die Reichswehr hinter sich hatte. Vollends war er mit der Reichskanzlerschaft Hitlers einverstanden, als Papen ihm garantieren konnte, dass die Mehrzahl der deutschnationalen Minister, die schon in seiner und in Schleichers Regierung aktiv gewesen waren, im Amt bleiben würde.

Weder Papen noch Hindenburg erkannten jedoch, dass Hitler in Zusammenarbeit mit Wilhelm Frick und Hermann Göring die eigentlich zentralen Machtpositionen im Reich und in Preußen für die NSDAP beanspruchte. Hitler verlangte für Frick das Reichsinnenministerium und für Göring das preußische Innenministerium. Dafür war er bereit, Papen als letzten Endes machtlosen Vizekanzler und als Reichskommissar in Preußen zu akzeptieren, zweifellos in der Erkenntnis, dass dieser in Preußen gegen einen Innenminister Göring, der über die Polizei verfügte, nichts werde ausrichten können. Papen hatte auch nichts gegen die Forderung Hitlers einzuwenden, den Reichstag aufzulösen und dadurch Neuwahlen zu erzwingen, obwohl er dies gegenüber Hindenburg zu verheimlichen suchte. Dass Hitler einen Reichstag haben wollte, in dem er im Unterschied zu dem bestehenden ein Ermächtigungsgesetz durchbringen konnte, das ihm zu einer persönlichen Diktatur verhelfen sollte, hat Papen mit Sicherheit nicht erkannt. Es waren nur der Führer der Deutschnationalen, Hugenberg, sowie in seinem Schlepptau der Stahlhelmführer Franz Seldte, die sich anfangs gegen die Überlassung beider Innenministerien an die Nationalsozialisten auflehnten und gegen Hitlers Verlangen nach Neuwahlen opponierten. Papen konnte sie jedoch damit hinter sich bringen, dass er Hugenberg ein Superministerium für Wirtschaft und Landwirtschaft und Seldte das Arbeitsministerium offerierte.

Am Abend des 29. Januar besprach auch wieder Papen, und nicht wie üblich der kommende Reichskanzler, mit dem Reichspräsidenten die Ministerliste des neuen Kabinetts. Nachdem Hindenburgs Widerstand gegen eine Kanzlerschaft Hitlers gebrochen war, wurde damit noch ein letztes Mal vermieden, dass er mit diesem direkt verhandeln musste. Aber auch Hitler war zufrieden, es nicht nochmals mit dem ›Alten‹ zu tun gehabt zu haben, der ihn wenige Monate zuvor so bloßgestellt hatte.

Die verhängnisvolle Rolle, die Papen in der letzten Phase der Weimarer Republik als Steigbügelhalter Hitlers gespielt hat, ist in hohem Maße mit seinem persönlichen Ehrgeiz zu erklären, sich an Schleicher zu rächen und nochmals Reichskanzler zu werden. Einen Durchbruch erzielte er allerdings erst, als er auf die Kanzlerschaft verzichtete und sich damit begnügte, in einer Regierung Hitler Vizekanzler zu werden.[95] Er und seine deutschnationalen Hintermänner von Alfred Hugenberg bis Franz Seldte, aber auch Hindenburg, irrten sich gewaltig darin, Hitlers Dynamik in einem ›nationalen‹ Koalitionskabinett bändigen zu können. Den skeptischen Rittergutsbesitzer Ewald von Kleist ließ Papen mit der Bemerkung abblitzen: »Was wollen Sie denn! Ich habe das Vertrauen Hindenburgs. In zwei Monaten haben wir Hitler in die Ecke gedrückt, dass es quietscht.«[96] Und von einem anderen Bekannten vor Hitler gewarnt, antwortete er diesem: »Sie irren sich, wir haben ihn uns engagiert.«[97] Diese zu Recht häufig zitierten Äußerungen sind der Beweis dafür, dass Papen und seine konservativen Gesinnungsgenossen mit ihrer Vorstellung, ihn politisch ›einrahmen‹ zu können, die Dynamik von Hitlers Vorgehen auf verhängnisvolle Weise unterschätzt haben.

Der 30. Januar 1933 II: Die Drohung mit Gewalt

Dank der »Verhandlungsakrobatik« Papens hatte Hitler damit am 29. Januar 1933 – nur einen Tag nach dem Rücktritt Schleichers – alles durchgesetzt, was er als Reichskanzler formal erreichen wollte und wodurch sich seine Regierung von der seiner Vorgänger unterscheiden sollte.[98] Wenn man bedenkt, dass eigentlich nicht er Bedingungen stellen konnte, sondern dies eher Sache des Reichspräsidenten gewesen wäre, muss man Hitlers Machtergreifung als einen Überraschungscoup ansehen. Obwohl Hitler entschlossen war, sich keinesfalls wie seine Vorgänger auf eine wie auch immer konstruierte Präsidialregierung einzulassen, ist es ihm am Ende gelungen, den ihm gegenüber misstrauischen Hindenburg davon zu überzeugen, dass er kein politisches Risiko einginge, wenn er ihn zum Reichskanzler ernennen würde. Entscheidend war dabei allem Anschein nach, dass er einen Weg fand, Hindenburg klarzumachen, dass er mit ihm eine Regierung bekäme, für die er nicht politisch geradezustehen bräuchte und um deren Existenz er sich nicht ständig kümmern müsste. Es war dies genau die politische Lösung, die sich der inzwischen aufgrund seines Alters physisch stark überforderte Hindenburg wünschte, um nicht weiter in vorderster Linie der Tagespolitik des Reiches zu stehen: Er wollte eine autoritäre Regierung, die ohne den Reichstag handelte, zugleich jedoch auch ohne ihn als Reichspräsidenten lebensfähig war.[99] Da er seine verfassungsmäßigen Kompetenzen, vor allem das Ernennungs- und Entlassungsrecht gegenüber dem Reichskanzler, jedoch nicht aufgab, konnte Hindenburg glauben, jederzeit eingreifen zu können, wenn Hitler seine Kompetenzen überschritt.

Der politische Ausweg, den Hitler dem Reichspräsidenten bot und mit dem er ihn am Ende gewonnen hat, bestand darin, dass er, anders als seine Vorgänger, von ihm nicht mehr nur die Auflösung des Reichstags und Neuwahlen mit ungewissem Ausgang verlangen würde, wenn er politisch nicht mehr weiterwusste. Hitler versprach vielmehr Neuwahlen mit dem ausdrücklichen Zweck, in dem neuen Reichstag eine Mehrheit für ein zeitlich begrenztes Ermächtigungsgesetz zu finden. Mithilfe eines solchen Ermächtigungsgesetzes wollte er wie seine präsidial abhängigen Vorgänger ebenfalls ohne den Reichstag regieren, im Unterschied zu diesen jedoch nicht durch Notverordnungen Hindenburgs. Er konnte Hindenburg vielmehr damit ködern, dass er sich politisch sozusagen nicht an seinem Rockzipfel festhalten würde. Das Ermächtigungsgesetz sollte ihn verfassungsmäßig nicht nur vom Reichstag frei machen, sondern de facto auch dem Reichspräsidenten Eingriffsmöglichkeiten in seine Regierungstätigkeit nehmen.

Dass Hindenburg sich auf diesen Handel eingelassen und seine Kamarilla ihn nicht davon abgebracht hat, hing aller Wahrscheinlichkeit nach nicht nur mit dem Überdruss gegenüber seiner präsidialen Rolle zusammen. Man muss vielmehr annehmen, dass Hindenburg bei seiner Entscheidung, den ihm unsympathischen Hitler am Ende doch zum Reichskanzler zu ernennen, auch von dessen Stellung als ›Führer‹ der nationalsozialistischen Bewegung beeindruckt war. Auch wenn die Zustimmung der Wähler für die NSDAP bei den Novemberwahlen von 1932 zurückgegangen war, war die SA im Straßenkampf mit der Linken, aber auch dem demokratischen Reichsbanner nach wie vor präsent, seit der Aufhebung des SA-Verbots sogar mehr als zuvor.

Zu erwähnen ist auch, dass schon im August 1932 Zehntausende SA-Männer unter dem Vorwand von Manövern um Berlin herum zusammengezogen worden waren, was Goebbels folgendermaßen kommentierte: »Macht die Herren sehr nervös. Das ist der Zweck der Übung.«[100] Dieser Versuch, Hindenburg dazu zu zwingen, Hitler zum Reichskanzler zu ernennen, scheiterte jedoch, da der Reichspräsident noch standhaft blieb und an der Regierung Papen festhielt. Er soll bei dieser Gelegenheit den häufig zitierten Ausspruch getan haben: »Ich kann doch nicht das Reich Kaiser Wilhelms und Bismarcks einem österreichischen Gefreiten anvertrauen.«[101] Auch während der letzten Verhandlungen im Januar 1933 ließ Goebbels in Berlin wieder SA-Männer mobilisieren, wenn auch nur insgeheim. Der Berliner SA-Führer Graf Helldorf wurde veranlasst, die SA der Hauptstadt in Alarmbereitschaft zu setzen. Ein nationalsozialistischer Polizeimajor wurde damit beauftragt, die Besetzung des Reichspräsidentenpalais durch die Polizei vorzubereiten.[102] Ob diese Befehle ausgeführt worden sind und ob es noch mehr davon gab, ist nicht bekannt. Es zeigt jedoch, dass Hitler sich zumindest offenhielt, mit seiner Bewegung eine Drohkulisse aufzubauen, falls er nochmals nicht als Reichskanzler zum Zuge kommen sollte.

Auch wenn er von der Mobilisierung von SA-Einheiten nichts bemerkt haben kann, dürfte deren gesteigerte Präsenz im Straßenkampf Hindenburg ohne Frage beunruhigt haben, auch wenn er im Falle eines Aufstandes über die Reichswehr verfügen konnte. Inwieweit das zu seiner Entscheidung beitrug, Hitler schließlich doch zum Reichskanzler zu ernennen, kann nicht gesagt werden. Man kann aber aufgrund seines militärischen Befehlsdenkens annehmen, dass er erwartete, Hitler würde die revolutionäre Dynamik seiner Bürgerkriegstruppe mäßigen, sobald er an der Regierung wäre. Mit Sicherheit spielte bei Hindenburg am Ende die Überzeugung mit, dass der in eine mehrheitlich deutschnationale Regierung eingebundene Hitler sich in die Weimarer Verfassungsordnung einordnen werde, die entscheidende Rolle. Diese grandiose Fehleinschätzung veranlasste ihn am 30. Januar 1933 dazu, Hitler zum Reichskanzler zu ernennen.

Hitler demonstrierte noch am Tag seiner Ernennung, dass er nicht daran dachte, die Kohorten der SA sofort zu bändigen. Er benutzte sie vielmehr, um seine Fähigkeit zur Gewaltanwendung zu demonstrieren. Am Abend des 30. Januar zogen etwa 70 000 SA- und SS-Männer sowie Stahlhelmer mit Fackeln und Marschmusik durch die Straßen Berlins. Diese nächtliche Drohkulisse, die es bei einem Regierungsantritt in der Weimarer Republik noch nie gegeben hatte, wurde in den nächsten Wochen zu einer gewalttätigen Praxis ausgeweitet, als sich die Basis der nationalsozialistischen Bewegung im ganzen Land ungebremst an politischen Gegnern austoben durfte und Tausende von Oppositionellen misshandelt, manche auch in provisorisch eingerichtete Konzentrationslager eingesperrt wurden.

Es reicht somit nicht aus, nur die konventionelle Seite von Hitlers Weg an die Macht zu betrachten, die revolutionäre Wirkung des organisierten Massenaufmarsches muss mitberücksichtigt werden, wenn man seinen Erfolg erklären will. Auch zwischen der gewaltlosen, wenn auch nur scheinbar verfassungskonformen Bildung der Regierung Hitlers, dem einschüchternden Fackelmarsch und den Gewaltorgien der SA nach der Machtübernahme bestand ein innerer Zusammenhang. Hitler ging als frischgebackener Reichskanzler nicht nur nicht gegen die Gewaltorgien der SA vor, schon dem von Goebbels inszenierten gespenstischen Fackelzug hat er vielmehr von einem Balkon der Reichskanzlei aus bis in die späte Nacht hinein begeistert zugesehen. Es war zweifellos in seinem Interesse, auch die terroristische Seite seiner Machtergreifungsstrategie sichtbar zu machen. Ihr sollte die Zukunft des ›Dritten Reiches‹ gehören.

Um den nach wie vor misstrauischen Hindenburg zu beruhigen, stimmte Hitler einer ›Regierung der nationalen Konzentration‹ zu, die ihrer politischen Ausrichtung nach weitgehend der Zusammensetzung der ›Harzburger Front‹ entsprach, de facto jedoch der NSDAP entscheidende Schlüsselstellungen sicherte. Außer Vizekanzler Papen kamen sieben weitere Minister aus dem Lager der Nationalkonservativen, von denen vier parteilos waren. Drei von ihnen (Neurath, Schwerin von Krosigk und Eltz-Rübenach) hatten schon den präsidialen Regierungen von Papen und von Schleicher angehört. Sie sollten die personelle Garantie für eine politische Kontinuität der Exekutive geben, die Hindenburg so wichtig war. Dies galt auch für den neuen Reichswehrminister von Blomberg, der von Hindenburg selbst ausgewählt worden war. Neu hinzu kamen mit Hugenberg (Wirtschaft und Landwirtschaft) und Seldte (Arbeit) die Spitzenpolitiker von DNVP und Stahlhelm. Der Posten des Justizministers wurde frei gehalten, um Hindenburg vorzutäuschen, er sei für das Zentrum reserviert. Die Nationalsozialisten besetzten gegenüber dieser deutsch-nationalen Phalanx, abgesehen von Reichskanzler Hitler, nur zwei Ministerien: mit Wilhelm Frick das Innenministerium und mit Hermann Göring ein Ministerium ohne Geschäftsbereich. Da Göring jedoch zum Preußischen Innenminister und schon im April zusätzlich zum Preußischen Ministerpräsidenten ernannt worden ist, hatte die NSDAP in Deutschland gemeinsam mit dem Reichsinnenminister bald die gesamte Polizei in der Hand. Er konnte damit Hitler aus einer entscheidenden exekutiven Position heraus zuarbeiten, was wesentlich dazu beitrug, aus der demokratischen Republik in nur kurzer Zeit einen faschistischen Polizeistaat zu machen.

Es ist nicht direkt nachzuweisen, dass sich Hitler bei der Kabinettsbildung an Mussolini orientiert hat. Jedoch ist auffällig, dass sein Vorgehen ganz offensichtlich der Strategie entsprach, die Mussolini nach dem ›Marsch auf Rom‹ vom 28. Oktober angewendet hatte. Dazu gehörte neben der Berufung einer Regierung, in der die nationalsozialistischen Minister in der Minderheit waren, aber Schlüsselpositionen einnahmen, die Durchsetzung eines Ermächtigungsgesetzes und die Ansetzung von baldigen Neuwahlen für den Reichstag, welche den Nationalsozialisten eine Mehrheit verschaffen sollten.[103] Hitlers Regierungsbildung kann deshalb zweifellos als genuin faschistisch angesehen werden, in dem Sinne jedenfalls, dass sie sich an das Vorbild von Mussolinis Regime nach dessen Machtergreifung hielt. Auch dass sich daraus mit großer Geschwindigkeit eine Führerdiktatur entwickelte, entsprach dem faschistischen Modell. Anders als zeitgenössische Königs-, Präsidial- oder Militärdiktaturen, wie sie in großen Teilen Europas an der Tagesordnung waren, war für die faschistische Herrschaft Mussolinis charakteristisch, dass sie auf einem dualen Diktatursystem beruhte. Er stützte sich als Diktator auf seine Bewegung, blieb aber von König Viktor Emanuel III. insofern abhängig, als diesem das Militär und die hohe Beamtenschaft unterstanden. Dem König verblieb sogar so viel Macht, dass er Mussolini im Juli 1943 absetzen konnte. Die Etablierung eines monarchischen Faschismus war in Deutschland selbstverständlich nicht möglich. Bis zum Tod Hindenburgs am 2. August 1934 übte jedoch auch Hitler eine ähnliche politische Doppelherrschaft aus, wie sie Mussolini in Italien dauerhaft band. Er konnte sein ursprünglich faschistisches Regime aber ab diesem Zeitpunkt im Gegensatz zu Mussolini zu einem totalitären Faschismus weiterentwickeln.

Hitler als Redner vor dem Spiegel; vgl. S. 30 f.

19. bis 21. August 1927: Hitler auf dem ersten Reichsparteitag der NSDAP in Nürnberg.

Oktober 1931: Hitler bei seiner Rede während der Tagung der »nationalen Opposition« in Bad Harzburg; vgl. S. 73.

30. Januar 1933: Das Kabinett der ›Nationalen Konzentration‹ (v. l. n. r.): Seldte, Gereke, Schwerin v. Krosigk, Frick, v. Blomberg, Hugenberg; sitzend: Göring, Hitler und v. Papen; vgl. S. 98 f.

21. März 1933: Der ›Tag von Potsdam‹, die Inszenierung des neu gewählten Reichstags; vgl. S. 110.

IV. Durchsetzung der Diktaturherrschaft 1933–1939

Hitlers politischer Stil

Der Prozess der Totalitarisierung von Hitlers Führerdiktatur ist schon vor Jahren meisterhaft von Karl Dietrich Bracher beschrieben worden.[1] Seine Darstellung ist in ihrer Tendenz noch weitgehend gültig. Man muss das Vorgehen Hitlers jedoch heute als weniger planmäßig ansehen und stärker betonen, dass auch bestimmte Zufälle eine beträchtliche Rolle gespielt und den Prozess seiner totalitären Herrschaftsbildung erheblich beschleunigt haben. Unbestritten bleibt jedoch, dass Hitler eine Diktatur anstrebte, obwohl er dies nur selten zu erkennen gab. Unverblümt hatte er jedoch im September 1930 als Zeuge im Ulmer Hochverratsprozess erklärt: »Wenn unsere Bewegung in ihrem legalen Kampfe siegt, wird ein deutscher Staatsgerichtshof kommen, und der November 1918 wird seine Sühne finden, und es werden auch Köpfe rollen.«[2]

Dass Hitler eine andere Republik haben wollte, war nach seiner Machtübernahme auch daran zu erkennen, wie er sein Amt als Reichskanzler wahrnahm und die Regierungsgeschäfte führte. Als ›Führer‹ der nationalsozialistischen Bewegung zeigte er kein Interesse an regelmäßigen Kabinettssitzungen. Das lag nicht daran, dass er es in der Regierung anfangs mehrheitlich mit deutschnationalen Ministern zu tun hatte. Hitler scheute sich vielmehr überhaupt, regelmäßige Termine einhalten zu müssen. »Von innerer Unrast erfüllt«,[3] nahm er jede Gelegenheit wahr, um in Deutschland unterwegs zu sein, auf diese Weise die angebliche Gemeinschaft von ›Führer‹ und ›Volk‹ zelebrierend. In gewisser Hinsicht erweiterte er damit die Rolle, die er vor 1933 als unumschränkter ›Führer‹ in der NSDAP gespielt hatte. Anstatt die durch die Verfassung vorgeschriebenen Regeln repräsentativer Demokratie für die Regierung zu akzeptieren, verstand er seine Aufgabe im Grunde populistisch. Er suchte die Nähe zum gesamten ›Volk‹, als dessen charismatischer Führer er sich durch unmittelbare Begegnungen zu gerieren suchte.

Seine Abneigung gegen Sitzungen der Reichsregierung hatte auch damit zu tun, dass es sich bei ihr um ein Gremium des demokratischen Verfassungsstaates handelte. Das Reichskabinett wurde von ihm immer seltener zusammengerufen, weil er darin zwar die Richtlinien festsetzte, aber doch demokratische Abstimmungen zulassen musste, wenn er sich nicht auf Anhieb durchgesetzt hatte. Schon vor Beginn des Krieges hat das Reichskabinett deshalb überhaupt nicht mehr getagt. Hitler rief es nur so lange zusammen, wie er es formal zur Beschlussfassung über Gesetzesmaßnahmen benötigte, die ihm den Weg in die Diktatur bahnten. Auf diese Weise konnte er noch den Anschein gesetzmäßigen Regierens erwecken, obwohl die allmähliche Aussetzung von Sitzungen des Reichskabinetts keineswegs mehr verfassungsmäßig war. Als Ministerpräsident versuchte Hermann Göring noch einige Zeit, durch Sitzungen des preußischen Kabinetts anstelle des Reichskabinetts eine normale Regierungsarbeit zu simulieren, musste dies aber auf Weisung Hitlers schließlich aufgeben.

Statt in Form von parlamentarisch beschlossenen Gesetzen oder Verordnungen der Regierung wurden immer mehr politische Entscheidungen im ›Dritten Reich‹ aufgrund von sogenannten Führererlassen durchgesetzt. Sie wurden von Hitler häufig nur mündlich formuliert und dann, je nachdem, ob sie mehr innerparteilich oder mehr allgemeinstaatlich gültig sein sollten, von Martin Bormann in der Parteikanzlei oder Hans Heinrich Lammers in der Reichskanzlei mithilfe ihres Apparates in eine gesetzesförmige Fassung gebracht. Die ›Führererlasse‹ waren häufig auch in sich widersprüchlich oder schlossen sich gegenseitig aus, was von Hitler nicht unbedingt, wie manchmal behauptet, beabsichtigt war. Er traf vielmehr spontane Entscheidungen, ohne zuvor prüfen zu lassen, ob und wie sie sich mit der bestehenden Rechtslage vertrugen. Es war für die politische Willensbildung im ›Dritten Reich‹ deshalb charakteristisch, dass viele Entscheidungsträger damit beschäftigt waren, für sich ›Führererlasse‹ zu erwirken oder schon vorhandene zu ihren Gunsten zu interpretieren. Entscheidend war häufig nicht, dass es einen ›Führererlass‹ gab, sondern, wer ihn bei Hitler erwirkt hatte. Entgegen einer früher verbreiteten Annahme führte dies jedoch nicht zu einer »institutionellen Anarchie«.[4] Wir wissen heute vielmehr, dass auf der Ebene gleichrangiger Funktionäre über einzelne Institutionen hinweg personelle Netzwerke entstanden, deren Mitglieder sich nicht nur gegenseitig informierten, sondern auch informelle Entscheidungsgremien bildeten. Man hat deswegen sogar von einer

»neuen Staatlichkeit« gesprochen, die an die Stelle der demokratischen Willensbildung getreten sei.[5]

Weder wollte Hitler sich jedoch mit einer Präsidialdiktatur begnügen, wie sie seit 1930 in Deutschland vorgegeben war, noch strebte er mit der NSDAP eine Parteidiktatur des Nationalsozialismus an, wie sie von Führungskadern der SA erträumt wurde. Hitler steuerte vielmehr nach seiner Regierungsübernahme ohne Frage auf eine persönliche Führerdiktatur zu. Für diese sollte charakteristisch sein, dass sie auf der Beseitigung des Rechtsstaates beruhte, sich aber mithilfe von Verordnungen und Gesetzen um eine scheinbare Rechtsförmigkeit bemühte.

Wie wenig Hitler an einer geregelten Amtsführung als Reichskanzler interessiert war, zeigte sich auch daran, dass er in Berlin so wenig wie möglich präsent war. Schon in den Zwanzigerjahren hatte er sich häufig auf den Obersalzberg in der Nähe von Berchtesgaden zurückgezogen, um sich dort, fern der Münchner und der Berliner Verpflichtungen, regelrechte Auszeiten zu nehmen. Dort hatte er schon den zweiten Band von *Mein Kampf* geschrieben. Später formulierte er dort zum Beispiel auch die Ermächtigung zu den Euthanasie genannten Morden an behinderten Menschen und verfasste vor dem Überfall auf die Sowjetunion am 6. Juni 1941 auch die Vorlage für den berüchtigten ›Kommissarbefehl‹[6]. Zunächst wohnte Hitler dort zur Miete, kaufte sich aber Ende der Zwanzigerjahre aus den ersten Einnahmen von *Mein Kampf* ein kleines Haus. Diesen ›Berghof‹ ließ er seit seiner Machtübernahme ganz erheblich zu einer weitläufigen Residenz ausbauen. Er war für ihn der Ort, zu dem er so oft wie möglich aus dem von ihm ungeliebten Berlin entfloh. Während seiner Regierungszeit von 1933 bis 1945 hat er dort offensichtlich nicht sehr viel weniger Zeit verbracht als in Berlin.[7] Ehe er sich in den Berliner Bunker begab, befand er sich sogar fast die ganze erste Hälfte des Jahres 1944 auf dem ›Berghof‹. Hier empfing er auch häufig ausländische Politiker wie Chamberlain oder Mussolinis Außenminister Ciano. Hier wurde auch der österreichische Bundeskanzler Kurt Schuschnigg von ihm am 12. Februar 1938 so massiv unter Druck gesetzt, dass er politisch resignierte. Und hier durfte ihn im Januar 1941 auch Mussolini besuchen, was Hitler als ein Zeichen seiner besonderen Freundschaft zum ›Duce‹ ausgab. Neben der Berliner Reichskanzlei war der Obersalzberg tatsächlich Hitlers »zweite Machtzentrale«, welche die Berliner Reichskanzlei zeitweise sogar zweitrangig erscheinen ließ.[8]

Für seine engsten politischen Gefolgsleute ergab sich daraus das Problem, dass sie sich auch auf den Obersalzberg begeben mussten, wenn sie von Hitler gerufen wurden. Sie kamen aber auch von sich aus dorthin, um nicht seine Gunst zu verlieren oder wenn sie etwas bei ihm erreichen wollten. Ribbentrop, Göring und Himmler mieteten sich daher in der Nähe ein. Bormann, Speer und Goebbels sowie der Arzt Karl Brandt erhielten sogar das Privileg, dauerhaft auf dem Obersalzberg wohnen zu dürfen, und zogen deshalb auch mit ihren Familien dorthin. Sie gehörten, ebenso wie ihre Frauen und die Frauen anderer politischer Hitlervertrauter sowie Hitlers Sekretärinnen, zu dem inneren Kreis eines ›Hofstaates‹. In diesem spielte Hitlers ›heimliche Geliebte‹ Eva Braun die von allen anerkannte Hausherrin.[9] Alles drehte sich aber um Hitler, der sich in diesem Kreis mit Spaziergängen, Gesprächsrunden, Filmabenden und ausgiebigen Essen die Zeit vertreiben ließ. Der private ›Hofstaat‹ diente ihm auch als Gesprächskulisse für seine endlosen Monologe. Politik scheint nach den Erkenntnissen von Heike Görtemaker in dem inneren Kreis keine besondere Rolle gespielt zu haben, als mehr oder weniger fanatische Nationalsozialisten waren aber alle Angehörigen des ›Hofstaates‹ von Hitlers politischem Genie fest überzeugt und wohl auch weitgehend über seine verbrecherischen Planungen informiert. Hitler gab sich gegenüber dem ihn auf dem Obersalzberg umgebenden Kreis von seiner liebenswürdigen Seite, auf die er bei Bedarf auch sonst umschalten konnte. So hat er 1935 etwa Susanne Renzetti, die mit dem Italiener Giuseppe Renzetti, seinem Mittelsmann zu Mussolini, verheiratete deutsche Ehefrau, von der er genau wusste, dass sie Jüdin war, zu ihrem Abschied von Berlin in einer Privataudienz empfangen und mit ihr eine Stunde lang charmant geplaudert.[10]

Gelenkte Reichstagswahlen am 5. März 1933

Bei seinem ersten Auftritt als Reichskanzler wandte sich Hitler auf einer Kundgebung im Berliner Sportpalast am 10. Februar 1933 mit einem verlogenen Appell an die deutsche Bevölkerung: »Deutsches Volk, gib uns vier Jahre Zeit, dann richte und urteile über uns. Deutsches Volk, gib uns vier Jahre und ich schwöre, so wie wir und so wie ich in dieses Amt eintrete, so will ich dann auch gehen.«[11] Um seinem geheuchelten Versprechen besonderen Nachdruck zu verleihen, schloss er seine Rede sogar noch mit einer pseudoreligiösen Apotheose des »neuen deutschen Reiches der Größe und der Ehre und der

Kraft und der Herrlichkeit und der Gerechtigkeit. Amen«.[12] Er wollte damit den Eindruck erwecken, als ob er sich nach getaner politischer Arbeit wieder zurückziehen würde. Dabei hatte er in den 14 Tagen seit seinem Machtantritt schon einige wichtige Schritte getan, um dauerhaft eine politische Unterdrückungsherrschaft einzurichten. Schon in der ersten Kabinettssitzung am 30. Januar hatte er, wie dem Reichspräsidenten zugesagt, für den 5. März Neuwahlen beschließen lassen, in der Erwartung, damit seiner Partei im Reichstag eine sichere Mehrheit zu verschaffen. Für den Wahlkampf erhielten die Regierungsparteien durch eine »Verordnung zum Schutz des deutschen Volkes« einseitig Vorteile zugesprochen. Der beginnende Wahlkampf wurde von der NSDAP mit einem bisher unbekannten Aufwand an Propaganda, aber vor allem unter gewalttätiger Behinderung der Aktivitäten der linken, aber auch der bürgerlichen und katholischen Parteien geführt. Es war trotz allem nicht sicher, ob Hitler mit der NSDAP im Reichstag die erwünschte Mehrheit erreichen würde. Es kam ihm jedoch ein unerwartetes Ereignis zu Hilfe: Wenige Tage vor der Wahl brannte in der Nacht vom 27. auf den 28. Februar das Gebäude des Reichstags. Wie man heute weiß, wurde der Brand, entgegen mancher späterer Behauptungen und einem langen Historikerstreit über die Täterschaft, allein von dem einzelgängerischen Holländer Marinus van der Lubbe gelegt.[13] In dem Historikerstreit ging es jedoch eigentlich um die Frage, ob die Nationalsozialisten die Brandstifter waren, womit die Planmäßigkeit ihres Handelns erwiesen gewesen wäre, oder ob es sich nur um eine für das Regime günstige, aber nicht geplante Aktion handelte. Im Grunde ist die Frage der Täterschaft jedoch unerheblich, da in jedem Falle feststeht, dass die NS-Regierung auf Betreiben vor allem Görings den Brand massiv für sich ausgenutzt hat. Sie verabschiedete noch am 28. Februar eine »Notverordnung zum Schutz von Volk und Staat«.[14] In dieser ›Reichstagsbrandverordnung‹ wurden die meisten Grundrechte bis auf Weiteres außer Kraft gesetzt und die Reichsregierung ermächtigt, politische Gegner rücksichtslos zu verfolgen. Das ermöglichte es der Regierung, so gut wie alle Spitzenfunktionäre der KPD, aber auch Sozialdemokraten und linke Intellektuelle wie z. B. den Pazifisten Carl von Ossietzky willkürlich in sogenannte Schutzhaft zu nehmen. Der wilde Terror der SA, der seit der Machtergreifung durch das Land getobt hatte, wurde damit durch gezielten Staatsterror ersetzt. Die bis zum Ende des ›Dritten Reiches‹ gültige Verordnung erwies sich als wichtigster gesetzgeberischer Hebel für die Herstellung der Diktatur in Deutschland.

Die Nationalsozialisten nutzten die letzten Tage vor den Reichstagswahlen, um den Reichstagsbrand mit hohem propagandistischem Aufwand den Kommunisten in die Schuhe zu schieben. Wie schwach ihre Beweise waren, sollte sich jedoch in dem folgenden Prozess vor dem noch unabhängig urteilenden Leipziger Reichsgericht zeigen, das van der Lubbe als Alleintäter verurteilte und mitangeklagte kommunistische Funktionäre freisprach. Schon bei den Wahlen vom 5. März hatte sich die antikommunistische Propaganda der Nationalsozialisten wenig ausgezahlt, da die Linke trotz aller Behinderungen den Verdacht streuen konnte, dass es die Nationalsozialisten selbst gewesen seien, die den Brand gelegt hatten. Die NSDAP erreichte bei der Wahl nicht die absolute Mehrheit der abgegebenen Stimmen: Obwohl Hitler sich im Wahlkampf voll engagierte und sich den Anschein gab, der Kanzler aller Deutschen sein zu wollen, erhielt die NSDAP nur 43,9 % der abgegebenen Stimmen. Sie blieb daher, was Hitler unbedingt hatte vermeiden wollen, im Reichstag auf die Unterstützung des deutschnationalen Blocks angewiesen. Auch mit den 8 % der Stimmen, die dieser erreichte, kam die nationale Einheitsregierung nur gerade so über die Marke von 50 % der gültigen Stimmen hinaus, da sich die SPD und die katholischen Parteien trotz aller Behinderungen im Wahlkampf gegenüber den Novemberwahlen von 1932 einigermaßen gehalten hatten. Ungeachtet aller propagandistischer Beeinflussung und beginnender Verfolgungen haben sich die Deutschen daher in der einzigen halbwegs freien Wahl im ›Dritten Reich‹ nur knapp für Hitler entschieden – nicht mit großer Mehrheit.

Hitler reagierte sofort auf das für ihn unerwartet magere Ergebnis, indem er am 11. März im Kabinett die Einrichtung eines »Reichsministeriums für Propaganda und Volksaufklärung« durchsetzte, das er Joseph Goebbels übertrug.[15] In dem neuartigen, in dieser Form bisher nirgendwo bestehenden Ministerium wurden kultur- und medienpolitische Kompetenzen aus verschiedenen Ministerien zentralistisch zusammengezogen. Der Reichspropagandaminister sollte vor allem dafür sorgen, dass die Nationalsozialisten nicht nochmals irgendwo ins Hintertreffen gerieten, sondern in der Öffentlichkeit die Meinungsführerschaft behielten. Dem demagogischen Geschick Goebbels' war es zu verdanken, dass sich Hitlers Erwartung nicht nur erfüllte, sondern das Propagandaministerium unter ständiger Erweiterung seiner Kompetenzen neben dem ebenso zentralisierten Polizeiministerium Himmlers bald zu einem der zentralen Ministerien des NS-Regimes werden sollte.

Der Tag von Potsdam

Sein propagandistisches Gesellenstück lieferte Goebbels schon bei der Eröffnung des am 5. März neu gewählten Reichstags. Um die Vereinigung des konservativen mit dem ›neuen‹ Deutschland zu feiern, setzte er durch, die Reichstagseröffnung am 21. März als feierlichen Staatsakt zu begehen. Papen schlug dafür die Potsdamer Garnisonskirche vor, die weniger als religiöser Treffpunkt denn als Gedächtnisort preußischer Geschichte diente, an deren Tradition die Propagandaveranstaltung anknüpfte. Hindenburg begrüßte in der Kirche demonstrativ den preußischen Kronprinzen Wilhelm und erhob so dessen Anwesenheit bei dem Staatsakt zum Symbol der Kontinuität zwischen Kaiserreich und neuem Reich. Die Kirche und die Straßen in der Umgebung wurden mit schwarz-weiß-roten Fahnen dekoriert. Viele Teilnehmer kamen in den militärischen Uniformen des Kaiserreiches. Vor allem aber trat der Reichspräsident in der Uniform eines preußischen Generalfeldmarschalls auf. Hitler dagegen erschien nicht in nationalsozialistischer Parteiuniform, sondern im Frack und neigte sich, wie ein als Postkarte weitverbreitetes Foto erkennen ließ, ehrfurchtsvoll vor dem Reichspräsidenten. In seiner Rede erhob er ihn zum »Schirmherrn ... über die neue Erhebung unseres Volkes« und huldigte ihm als »ein[em] Symbol der unzerstörbaren Lebenskraft der deutschen Nation«.[16] Im Anschluss an die Zeremonie in der Kirche nahm Hindenburg in Potsdam eine mehrstündige Parade ›Nationaler Verbände‹ ab, wobei Hitler bewusst in der zweiten Reihe hinter ihm stand. Auch wenn SA, SS und HJ mitmarschieren durften, stand der ›Tag von Potsdam‹ somit äußerlich ganz im Zeichen des konservativen Deutschlands. Dies war für Hitler auch durchaus der Sinn der aufwendigen Inszenierung: Er wollte den Eindruck erwecken, dass er sich mit seiner Bewegung ganz in die preußisch-deutsche Tradition stelle und an keinen politischen Sonderweg denke. Mit dieser von Goebbels erdachten, ausgeklügelten politischen Taktik blieb verborgen, dass er, bildlich gesprochen, eigentlich ein politischer Wolf im Schafspelz war.

Die Diktaturgesetze

Die entstehende Diktatur war dadurch gekennzeichnet, dass Hitler ihr den Anschein verfassungsmäßiger Legalität zu geben trachtete. Er setzte nach den Märzwahlen von 1933 im Reichstag eine Reihe von Gesetzen durch, die zur Zerstörung der demokratischen Strukturen des Weimarer Verfassungsstaates führten, tat dies aber auf einem rechtsförmigen Wege. Sie können als Diktaturgesetze bezeichnet werden. Solange Hindenburg noch als Reichspräsident amtierte, kam Hitler auch kaum daran vorbei, sich scheinbar gesetzestreu zu verhalten. Der Reichspräsident hätte ihn als Reichskanzler theoretisch noch jederzeit entlassen können, wenn er sich einen eindeutigen Verfassungsbruch angemaßt hätte. Nach Hindenburgs Tod ging Hitler jedoch offen zu einem Diktaturkurs über und verzichtete auf die pseudolegale Verschleierungsstrategie.

Man kann davon absehen, sämtliche Reichsgesetze aufzuführen, die auf diese Weise den Weg zur Diktatur gebahnt haben, es reicht, nur einige, jedoch zentrale Diktaturgesetze zu nennen. Festzuhalten ist insgesamt, dass ihre Verabschiedung nicht auf einem fertigen Konzept beruhte, sondern sie von Hitler durchaus spontan durchgesetzt worden sind.

Der Umbau des Weimarer Rechtsstaats zu einer Führerdiktatur wurde nur zwei Tage nach dem ›Tag von Potsdam‹ am 23. März 1933 im Reichstag durch die Verabschiedung eines Ermächtigungsgesetzes auf den Weg gebracht. Es war dies das Gesetz, mit dem Hitler Hindenburg wahrscheinlich für sich gewonnen hatte, ohne dass dieser allerdings begriffen hatte, welche machtpolitischen Konsequenzen ein solches Gesetz haben würde. Wie sich herausstellte, konnte das Gesetz allerdings auch vom neu gewählten Reichstag wegen seines verfassungsändernden Charakters nicht so leicht verabschiedet werden, wie Hitler sich das vorgestellt hatte. Es musste nämlich mit doppelter Zweidrittelmehrheit, d. h. nach der Gesamtzahl der Abgeordneten und nach der Zahl der anwesenden Abgeordneten, verabschiedet werden. Göring hatte als Reichstagspräsident jedoch keine Bedenken, mit skrupellosen Methoden dafür zu sorgen, dass die nötige Zahl von Zustimmungen erreicht wurde. Mit unbegreiflicher Zustimmung der bürgerlichen und katholischen Fraktionen wurde vor allem die Geschäftsordnung so geändert, dass alle kommunistischen und sozialdemokratischen Abgeordneten, die verhaftet worden oder geflohen waren, als ›unentschuldigt‹ zu den Anwesenden gezählt wurden. Auf diese geradezu zynische Weise wurden die von der Verfassung vorgesehenen zwei Drittel der anwesenden Abgeordneten erreicht.

Entscheidend war schließlich die Zustimmung der Zentrumsfraktion, die mit falschen Versprechungen gewonnen werden konnte, auch weil sie möglicherweise die laufenden Konkordatsverhandlungen mit dem Vatikan nicht gefährden wollte, deren Fortführung allerdings nicht in einen direkten Zusammenhang zum Ermächtigungsgesetz gestellt wurde. Am Ende stimmte nur die auf 94 Mitglieder dezimierte SPD-Fraktion mit »Nein«, was der Fraktionsvorsitzende Otto Wels in der letzten freien Rede, die im Deutschen Reichstag noch gehalten werden konnte, unerschrocken begründete.

Das zunächst nur für vier Jahre beschlossene Gesetz ermächtigte die Reichsregierung dazu, nicht nur Verordnungen ohne Mitwirkung des Reichstags zu erlassen, sondern auch Gesetze beschließen zu dürfen, die von der Verfassung abweichen konnten. Sie brauchten auch nicht mehr durch den Reichspräsidenten ausgefertigt zu werden; es genügte die Unterschrift des Reichskanzlers. Ihre Aufhebung durch den von den Ländern gebildeten Reichsrat wurde ausgeschlossen.[17] Das Ermächtigungsgesetz wurde 1937 und 1941 jeweils um vier Jahre verlängert, es kann somit als das eigentliche Grundgesetz von Hitlers Diktatur angesehen werden. Spätere Versuche des Innenministers Frick, es durch eine regelrechte nationalsozialistische Verfassung zu ersetzen, wurden von Hitler durchkreuzt. Der ›Führer‹ wollte auch im NS-Staat nicht an eine Verfassung gebunden werden, die ihm seine willkürlichen Entscheidungsbefugnisse genommen hätte. Seine Führerdiktatur beruhte darauf, einen omnipotenten, aber nicht justifizierten Charakter zu haben, der es ihm erlaubte, seine Entscheidungen willkürlich zu treffen, ohne gesetzlich infrage gestellt werden zu können.

Eine besondere Infamie stellte, schon wegen seiner Benennung, das »Gesetz zur Wiederherstellung des Berufsbeamtentums« vom 7. April 1933 dar. Der Zweck des Gesetzes war nämlich nicht die Wiederherstellung, sondern vielmehr die Beseitigung zentraler Vorrechte des deutschen Berufsbeamtentums. Es handelte sich dabei um die erste gesetzliche Maßnahme gegen die deutschen Juden, der noch im selben Monat eine Serie weiterer, sie immer mehr diskriminierender Gesetze folgten. Alle Beamten und Angestellten im öffentlichen Dienst, »die nicht arischer Abstammung« waren, wurden mit dem Gesetz zwangsweise in den Ruhestand versetzt.[18] Dass aufgrund einer Intervention Hindenburgs jüdische Beamte einschließlich ihrer Familienangehörigen, die im Weltkrieg an der Front gekämpft hatten oder schon im Kaiserreich im Amt gewesen waren, von der Entlassung ausgenommen wurden, milderte das Gesetz zwar etwas ab, sorgte aber dadurch erst dafür, dass es vom deutschnationalen Koalitionspartner der NSDAP kritiklos akzeptiert wurde. In der Praxis wurde das Gesetz nicht nur gegen jüdische Beamte oder Angestellte im Staatsdienst, sondern sofort auch gegen missliebige sozialdemokratische, katholische und liberale Beamte angewandt. Ohne weitere rechtliche Grundlage wurde es auch von Berufsverbänden, von den Ländern und der Reichswehr übernommen, was zu allgemeinen »Überprüfungsaktionen« führte.[19] Das drei Mal verlängerte Gesetz legte somit nicht nur die rechtliche Grundlage für weitreichende personelle Säuberungen, es schuf auch eine Atmosphäre der allgemeinen Verunsicherung, die durch willkürliche Handhabung noch gesteigert wurde. Am stärksten betroffen wurden neben jüdischen Verwaltungsbeamten auch jüdische Ärzte im Staatsdienst.[20] Da die Stellen der Ausgeschlossenen weitgehend von Parteigängern des Regimes übernommen wurden, handelte es sich im Ergebnis um eine Form des zwangsweisen Elitenaustauschs. Dass dadurch Tausende von Stellen frei wurden, war ein weiterer Grund dafür, dass das verheerende Gesetz weitgehend widerstandslos hingenommen wurde.

Ein wichtiger Schritt zur gesetzlichen Festschreibung der nationalsozialistischen Transformation war im Reichskabinett schon am 24. März mit einem besonders raffinierten Schachzug getan worden: Der traditionelle Aktionstag der Arbeiterbewegung am 1. Mai wurde zum gesetzlichen Feiertag der »nationalen Arbeit« erklärt.[21] Die Freien Gewerkschaften durften die sozialdemokratisch organisierte Arbeiterschaft wie bisher aufmarschieren lassen, die Arbeiter mussten jedoch gemeinsam mit nationalsozialistischen Einheiten auftreten, eine Konzession, welche der eingeschüchterte, aber auch politisch naive Allgemeine Deutsche Gewerkschaftsbund ohne Bedenken eingeräumt hatte.[22] Auf einer riesigen Volksversammlung auf dem Tempelhofer Feld in Berlin verschmolz Hitler in einer mehrstündigen Rede rhetorisch die ›Solidarität‹ in der sozialistischen Arbeiterschaft mit der Vorstellung einer nationalsozialistischen ›Volksgemeinschaft‹, propagandistisch geschickt auf eine scheinbare proletarische Gemeinsamkeit pochend. Wie es mit der Anknüpfung an die bisherige sozialistische Gewerkschaftsarbeit wirklich aussah, zeigte sich jedoch am nächsten Tag. In einer vorab geplanten deutschlandweiten Aktion wurden am 2. Mai sämtliche Gewerkschaftshäuser durch die SA besetzt und das beträchtliche Vermögen der Freien Gewerkschaften beschlagnahmt. Das Geld- und Immobilienvermögen kam in die Hand der »Deutschen Arbeitsfront« (DAF), die von Robert Ley nach faschistischem Vorbild gegründet worden war.[23]

Um auch im akademischen Bereich, und sei es nur durch Einschüchterung, nicht durch ein Gesetz Fuß zu fassen, gestattete Hitler dem Nationalsozialistischen Deutschen Studentenbund in 21 Universitätsstädten eine »Aktion wider den undeutschen Geist« zu starten, deren Höhepunkt am 10. Mai 1933 eine Bücherverbrennung auf dem damaligen Berliner Opernplatz war. Die aufsehenerregende Aktion wurde zwar nicht gesetzlich abgestützt, sie hatte jedoch eine dauerhaft einschüchternde Wirkung auf das akademische Leben an den deutschen Universitäten und half auf diese Weise dabei, die Diktatur auf alle Lebensbereiche auszuweiten. So wurden in der Folge zum Beispiel politisch unliebsame Bücher erst gar nicht mehr angeschafft. Die Bücherverbrennung wurde von Goebbels, der in Berlin beim Verbrennen der Bücher die sogenannte Feuerrede hielt, massiv unterstützt, in der Hoffnung, sich dadurch als Promotor einer nationalsozialistischen Kultur profilieren zu können. Mit der Einrichtung einer Reichskulturkammer, der alle Künstler zwangsweise angehören mussten, gelang ihm dies im November 1933 auch tatsächlich. Die studentischen Wortführer der Bücherverbrennung bezeichneten sich als »geistige SA«; sie fanden für ihre Aktion die Unterstützung der meisten Hochschulleitungen sowie mancher mit dem Nationalsozialismus sympathisierender Professoren.[24] Verbrannt wurden vor allem die Bücher von jüdischen Autoren wie Karl Marx, Sigmund Freud, Kurt Tucholsky und Emil Ludwig, aber auch von pazifistischen Schriftstellern wie Carl von Ossietzky und Erich Maria Remarque sowie entschieden demokratischen Romanciers wie Heinrich Mann. Ihrer Verleumdung ging die der Maler und Bildhauer der Klassischen Moderne voraus, die wenig später in einer Münchner Ausstellung als ›entartete Künstler‹ denunziert wurden. An die Stelle der deutschen Kulturtradition trat das ›gesunde Volksempfinden‹, welches von dem promovierten Literaturwissenschaftler Goebbels definiert und kulturkämpferisch definiert wurde.

Eine zentrale Rolle spielte das Gesetz vom 14. Juli 1934 zur »Bereinigung« der Parteienlandschaft, das die NSDAP zur einzigen Partei im Staate erklärte.[25] Ihm war eine Welle der Parteienverbote vorausgegangen, durch welche nach und nach alle mit der NSDAP politisch konkurrierenden Parteien aufgelöst und ihre Neugründung verboten worden war. Als erste war die KPD ausgeschaltet worden, der man wahrheitswidrig den Reichstagsbrand in die Schuhe schob. Ihre Mitglieder wurden erbarmungslos verfolgt und in die ersten Konzentrationslager verbracht oder ermordet, wenn es ihnen nicht gelang, in den Untergrund oder die Emigration zu gehen. Am 22. Juni 1933 wurde auch die SPD durch einen Erlass des Innenministers Wilhelm Frick zur »staats- und volksfeindlichen Partei« erklärt und mit einem vollständigen Betätigungsverbot belegt.[26] Nur einem Teil der Parteiführung gelang es, über das noch bis 1935 selbstständige Saarland bzw. über Österreich nach Prag auszuweichen, von wo aus noch bis 1939 ein gewisser Widerstand geleistet werden konnte. Die kleineren demokratischen Parteien wurden nach und nach zur Selbstauflösung gezwungen. Mit den beiden katholischen Parteien, dem Zentrum und der Bayerischen Volkspartei, tat sich das Hitlerregime schwerer, solange diese noch im Vatikan Unterstützung fanden. Nachdem Papst Pius XI. im Konkordat mit Hitlerdeutschland im Juli 1933 jedoch darin einwilligte, dass sich katholische Priester künftig nicht mehr politisch betätigen dürften, verloren sie diesen politischen Rückhalt und lösten sich daher im Juli 1933 auf.

Die konservative Deutschnationale Volkspartei und der ihr zugeordnete Stahlhelm, mit denen Hitler die Koalition für seine Machtergreifung gebildet hatte, konnten nicht so leicht unterdrückt werden. Die DNVP wurde jedoch so lange öffentlich unter Druck gesetzt, bis sich ihr Vorsitzender, Alfred Hugenberg, von seinem Posten als Reichsminister für Wirtschaft, Ernährung und Landwirtschaft in Hitlers Kabinett zurückzog und die Partei sich daraufhin selbst auflöste. Der Stahlhelmführer Franz Seldte hatte seine Organisation schon im April in einer Art persönlicher Gleichschaltung der SA unterstellt, um seinen Posten als Arbeitsminister, den er das ganze ›Dritte Reich‹ über behalten sollte, nicht zu verlieren.

Nach der Ausschaltung aller anderen Parteien war es für Hitler fast nur noch eine Formsache, die NSDAP auch gesetzlich zur alleinigen Partei im Staate zu erklären. An die Stelle der demokratischen Parteienvielfalt der Weimarer Republik trat damit die Monopolpartei NSDAP mit ihren zahlreichen Unterorganisationen. Als oberster, nicht absetzbarer ›Führer‹ der Partei schuf sich Hitler damit das organisatorische Fundament für seine persönliche Diktatur. Das Parteigesetz hatte deshalb unter seinen Diktaturgesetzen besondere Bedeutung.

Als letztes Gesetz, das noch zu den zentralen Diktaturgesetzen gerechnet werden muss, hat das »Gesetz über das Oberhaupt des deutschen Reiches«

vom 1. August 1934 zu gelten.[27] Mit dem Gesetz usurpierte Hitler als Reichskanzler zusätzlich das Amt des Reichspräsidenten. Er hatte zwar ursprünglich auch die Restauration der Hohenzollern für eine Option bei der Nachfolge Hindenburgs gehalten, kam jedoch wahrscheinlich schon im Herbst 1933 aus Misstrauen gegenüber der Kaiserfamilie davon ab.[28] Stattdessen kam er auf die alles andere als verfassungsgemäße Idee, selbst das Amt des Reichspräsidenten zu übernehmen, ohne das des Reichskanzlers aufzugeben.

Da Hindenburg als ziviler Oberbefehlshaber über die Reichswehr verfügte, hatte Hitler es auch beim Ermächtigungsgesetz zunächst nicht gewagt, ihn durch eine entsprechende Verfassungsänderung zu provozieren. Erst als Hindenburgs Tod mit Sicherheit bevorstand, wurde das verfassungsändernde Gesetz auf Hitlers Vorschlag hin von der dazu durch das Ermächtigungsgesetz berechtigten Reichsregierung genehmigt.

Bis zum Tod Hindenburgs am 2. August 1934 bestand in Deutschland, auch wenn das verfassungsrechtlich in der Schwebe blieb, eine Art von politischer Doppelherrschaft, die dem faschistischen Regime in Italien ähnelte. Mit Recht hat man von »einer Art Kondominium« von Reichspräsident und Reichskanzler gesprochen.[29] Während jedoch Mussolini damit rechnen musste, seine Herrschaft dauerhaft mit dem König zu teilen, konnte Hitler davon ausgehen, dass seine Konkurrenz mit dem Reichspräsidenten endlich sein und er zu einer monokratischen Herrschaft gelangen könnte. Er hat deshalb absolute Loyalität gegenüber dem Reichspräsidenten vorgetäuscht, ihn häufig aufgesucht und ihm vor allem die Personalpolitik in der Reichswehr vollständig überlassen. Ein besonders kluger Schachzug bestand darin, dass er Göring dazu veranlasste, Hindenburg am 27. August 1933, dem Jahrestag der Schlacht von Tannenberg, aus preußischem Domanialbesitz ein großes Stück Grundbesitz zu schenken, das der Reichspräsident mit seinem bescheidenen Gut Neudeck zu einem steuerfreien Rittergut vereinen durfte.

Mit dem Gesetz vom 1. August machte sich Hitler zum Nachfolger Hindenburgs als Reichspräsident. In der politischen Praxis wurde das Amt des Reichspräsidenten damit jedoch faktisch aufgelöst. Hitler erklärte ausdrücklich, nicht als Reichspräsident angesprochen werden zu wollen, sondern wie bisher als »Führer und Reichskanzler«, Parteiamt und Staatsamt somit bedenkenlos vermengend.[30] Als ›Reichspräsident‹ durfte von ihm »für alle Zukunft« ausdrücklich keine Rede sein,[31] obwohl er sich die Kompetenzen des Amtes, vor allem des zivilen Oberbefehlshabers der Reichswehr, ohne Weiteres anmaßte. Soldaten und Offiziere der Reichswehr wurden unverzüglich auf ihn als »Führer des Deutschen Reiches und Volkes« vereidigt.

Hitler entschied seitdem als nomineller Reichspräsident über die Ernennung und Entlassung von Ministern und höheren Beamten, war oberster ›Führer‹ der NSDAP, einschließlich aller ihrer Nebenorganisationen, sowie oberster Dienstherr der Reichswehr. Er hatte somit eine kumulierte Machtstellung gewonnen, die fern aller Gewaltenteilung seine persönliche Diktatur formal begründete.

Hitler verstand sich nicht nur als ›Führer‹ seiner nationalsozialistischen Bewegung, sondern aller ›Volksgenossen‹ und konzentrierte so die Macht im Staate in seinen Händen. Er erhob damit für sich einen politischen Anspruch, der seiner faschistischen Diktatur einen totalitären Charakter gab. Um seine diktatorische Machtfülle nicht als reine Willkürherrschaft erscheinen zu lassen, ließ er diese am 19. August durch eine »ausdrückliche Sanktion des deutschen Volkes« in einer Volksabstimmung bestätigen.[32] Nach offiziellen Angaben lauteten 89,9 % der Stimmen auf ›Ja‹. Da man mit keiner freien Entscheidung der Abstimmungsberechtigten, sondern mit erheblicher Manipulation rechnen muss, dürfte die Zustimmung noch niedriger ausgefallen sein, immerhin ein Indiz dafür, dass der Übergang zur totalitären Diktatur wahrscheinlich nicht so einhellig akzeptiert wurde, wie sich Hitler das zweifellos gewünscht hatte. Doch reichte das Abstimmungsergebnis aus, um die nationalsozialistische Propaganda behaupten zu lassen, dass ›Führer und Volk‹ eins geworden seien.

Ein Problem stellte zunächst nur noch dar, wie man den Übergang zur Führerdiktatur im Ausland darstellen sollte. Hitler ließ daher am 12. September 1933 für das Diplomatische Korps, dessen Angehörige größtenteils noch von Hindenburg akkreditiert worden waren, einen Staatsempfang ausrichten, bei dem er sich als Reichspräsident gerierte.[33] Das wurde von den Diplomaten ausnahmslos hingenommen, obwohl es sich um eine Art von politischer Mimikry handelte. Ausschlaggebend war dafür wahrscheinlich, dass Cesare Orsenigo, der Botschafter des Vatikans und Doyen des Diplomatischen Korps, in seiner Ansprache Hitler als Staatsoberhaupt angesprochen hat. Hitlers problematische Usurpation des verfassungsgemäßen Reichspräsidentenamtes und dessen Ersetzung durch eine Führerdiktatur wurde damit de facto international anerkannt.

Die Methode der ›Gleichschaltung‹

Während die eigentlichen Diktaturgesetze im Wesentlichen darauf abzielten, demokratische Institutionen der Weimarer Republik zu zerschlagen und durch autoritäre zu ersetzen, wurde von Hitlers Regierung parallel dazu in zahlreichen staatlichen und gesellschaftlichen Bereichen die zwangsweise Umgestaltung und personelle Neubesetzung von Institutionen betrieben, ohne dass diese aufgelöst worden wären. Für diesen Vorgang der erzwungenen organisatorischen und personellen Anpassung an das Regime wurde von den Nationalsozialisten der Begriff der »Gleichschaltung« geprägt. Auch die ›Gleichschaltung‹ wurde von ihnen häufig durch gesetzliche Maßnahmen betrieben, sodass der Begriff in erweiterter Form auch für die eigentlichen Diktaturgesetze verwendet wurde. Ihr besonderer Charakter bestand jedoch darin, durch massiven Druck der nationalsozialistischen Exekutive administrative Veränderungen und personellen Wechsel herbeizuführen, ohne die Institutionen vollständig abzuschaffen, jedenfalls nicht sogleich. Zweifellos war es, zumindest solange er noch auf seine konservativen Koalitionspartner und auf Hindenburg Rücksicht nehmen musste, auch im Sinne Hitlers, mit diesem rechtlich unbestimmten Begriff das revolutionäre Vorgehen seiner Regierung zu verschleiern. Jedenfalls war schon bei dem ersten großen Eingriff in die Verfassungsstruktur des Reiches kurz nach der Machtübernahme von einer ›Gleichschaltung‹ die Rede: Es handelte sich um das »Vorläufige Gesetz zur Gleichschaltung der Länder mit dem Reich« vom 31.3.1933.[34] Mit diesem ersten Gesetz wurde das Gesetzgebungsrecht in den Ländern von den Parlamenten auf die Regierungen übertragen. Mit einem Ergänzungsgesetz traten dann in den Ländern an die Stelle der demokratisch gewählten Regierungen von der Reichsregierung von oben eingesetzte Reichsstatthalter mit diktatorischen Vollmachten. Hitler übernahm als Reichskanzler selbst das Amt des Reichsstatthalters in Preußen. Im Januar 1934 wurden den Ländern endgültig ihre Hoheitsrechte entzogen, sie blieben jedoch als Verwaltungseinheit noch bestehen. Erst 1938 gingen die Nationalsozialisten so weit, die Länder abzuschaffen und durch ein völlig zentralistisches System zu ersetzen, das den Gauen der NSDAP entsprach. Nach der obersten Ebene wurde später auch bei der Entdemokratisierung von Universitäten, Berufsverbänden, wirtschaftlichen Vereinigungen, Sportvereinen oder Kultureinrichtungen, letzten Endes im gesamten öffentlichen Verbandswesen die ›Gleichschaltung‹ vollzogen. Organisatorisch war damit stets zweierlei verbunden: zum einen die Einführung des sogenannten Führerprinzips, d. h. die Ernennung der Leiter ›von oben‹ und damit in allen Gremien die Abschaffung demokratischer Wahlstrukturen. Und zum anderen die Einführung eines ›Arierparagrafen‹ in allen Satzungen, womit die deutschen Juden systematisch aus allen öffentlichen Gremien ausgeschlossen wurden. Auch wenn staatliche und gesellschaftliche Institutionen in ihren Funktionen eingeschränkt wurden, war mit der ›Gleichschaltung‹ auf diese Weise eine personelle Machtübernahme durch linientreue Nationalsozialisten oder durch Sympathisanten des Regimes verbunden. Besonders wichtig war für das Gelingen dieses gigantischen, im Grunde revolutionären institutionellen Umbaus öffentlicher Institutionen, dass Hitler mit der Ernennung Hermann Görings zum preußischen Ministerpräsidenten frühzeitig den größten deutschen Staat unter nationalsozialistische Kontrolle gebracht hatte. Göring erfüllte voll Hitlers Erwartungen und machte Preußen zum »Vorreiter der Verfolgung und der Gleichschaltung«.[35]

Kampf gegen die christlichen Kirchen

Nach der Auflösung der demokratischen Parteien konnten im ›Dritten Reich‹, wenn man einmal von der Reichswehr absieht, nur noch die beiden großen christlichen Konfessionskirchen eine gewisse institutionelle Autonomie bewahren. Hitler war das ein Dorn im Auge, nachdem er schon 1933 versucht hatte, die Kirchen unter staatliche Kontrolle zu bringen.[36] Anders als sonst im Zuge der ›Gleichschaltung‹ war er allerdings zunächst wenig entschlossen vorgegangen, aus Sorge, durch ein allzu hartes Vorgehen gegen die Kirchen an Popularität bei der Bevölkerung zu verlieren sowie im Fall der katholischen Kirche gegenüber dem Vatikan auch außenpolitisch Nachteile zu haben. Auffällig ist jedenfalls, dass er in den ersten Jahren seiner Herrschaft mehrmals seine Taktik änderte und bei Kriegsbeginn 1939 endgültig auf durchgreifende Maßnahmen verzichtete, um die kirchentreue katholische Bevölkerung nicht zu vergrätzen. Wenn Hitlers Zögern bei größeren politischen Entscheidungen irgendwo deutlich nachzuweisen ist, dann in der Kirchenpolitik gegenüber dem Katholizismus.

Im Fall des Protestantismus betrieb er einen Zusammenschluss der 28 Landeskirchen zu einer ›Reichskirche‹ in der Erwartung, den Protestantismus damit besser kontrollieren zu können.[37] Er konnte bei dieser Maßnahme mit der Zustimmung der »Glaubensbewegung Deutscher Christen« rechnen, die schon in den letzten Jahren der Weimarer Republik ein sogenanntes positives Christentum mit völkischen und antisemitischen Inhalten vertreten hatte. Bei der von ihm erzwungenen Wahl zu einer evangelischen Nationalsynode, auf welcher ein zentraler Reichsbischof gewählt werden sollte, erhielten die Deutschen Christen tatsächlich etwa 70 % der Stimmen. Der von Hitler ausgesuchte Militärbischof Ludwig Müller, der zuvor schon zum Preußischen Landesbischof ernannt worden war, wurde daher ohne Schwierigkeiten zum ›Reichsbischof‹ gewählt.

Hitler hatte jedoch nicht damit gerechnet, dass sich in der Evangelischen Kirche eine Gegenbewegung zu den Deutschen Christen formieren könnte. Sie wurde von dem Berliner Pfarrer Martin Niemöller ins Leben gerufen. Der durchaus national orientierte ehemalige U-Bootkommandant und Freikorpskämpfer forderte am 21. September 1933 in einem Rundschreiben die evangelischen Pfarrer in ganz Deutschland dazu auf, sich einem »Pfarrernotbund« anzuschließen, der sich in protestantischer Tradition dezidiert an der Bibel orientierte und vor allem auch die »Anwendung des Arier-Paragraphen im Raume der Kirche Christi« ablehnte.[38] Innerhalb weniger Wochen schlossen sich diesem Bund fast die Hälfte der evangelischen Pfarrer in Deutschland an. Auf einer Bekenntnissynode formierte sich die innerkirchliche Opposition im Mai 1934 in Barmen mit einer »Erklärung« zur »Bekennenden Kirche«. Der erste Satz dieser erheblich von dem Schweizer Theologen Karl Barth beeinflussten Erklärung war die schärfste Absage, die öffentlich gegen das ›Dritte Reich‹ formuliert worden ist: »Wir verwerfen die falsche Lehre, als könne und müsse die Kirche als Quelle ihrer Verkündung außer und neben diesem einen Worte Gottes auch noch andere Ereignisse Mächte, Gestalten und Wahrheiten als Gottes Offenbarung anerkennen.«[39] Mit seinem kirchenpolitischen Eingreifen hatte Hitler damit statt einer angepassten Nationalkirche eine gespaltene Kirche geschaffen, deren aktiverer Teil überdies in offener Opposition zum NS-Regime stand. Trotz mehrfacher Kurswechsel und der Einlieferung ihres unerschrockenen Wortführers Niemöller in das KZ Sachsenhausen im Juli 1937 ist es Hitler nicht mehr gelungen, die Evangelische Kirche voll in den Griff zu bekommen.

Die Katholische Kirche in Deutschland glaubte, Hitler nach dem Beispiel der Lateranverträge zwischen dem Vatikan und dem faschistischen Regime Mussolinis in Italien, aber auch dem anderer europäischer Länder, durch den

Abschluss eines Konkordats mit dem Vatikan disziplinieren zu können. Er konnte damit rechnen, bei Papst Pius XI. und seinem Staatssekretär Pacelli auf Zustimmung zu stoßen, da diese Hitlers autoritärer Regimebildung anfangs durchaus mit Sympathie gegenüberstanden, während sie katholische Parteien ablehnten. Schon am 10. April 1933 begann der katholische Vizekanzler von Papen in Hitlers Auftrag in Rom über ein Konkordat zu verhandeln. Nach relativ kurzen Verhandlungen konnte der Vertrag am 20. Juli in Rom unterzeichnet werden. Hitler setzte darin durch, dass katholischen Geistlichen künftig jede politische Betätigung untersagt wurde, was dem Zentrum und der Bayerischen Volkspartei ihre Existenzgrundlage entzog. Außerdem mussten die katholischen Bischöfe bei ihrem Amtsantritt einen Treueid auf den Staat leisten. Hitler musste dafür der Kirche die freie Religionsausübung sowie die Weiterexistenz der katholischen Bekenntnisschulen und des eigenständigen Religionsunterrichts zugestehen. Seine ebenfalls gegebene Existenzzusage für die katholischen Laienorganisationen, sofern diese ihre Tätigkeit auf religiöse und caritative Aktivitäten beschränkten, gedachte er wahrscheinlich von vornherein nicht einzuhalten. Schon bald nach der Unterzeichnung des Konkordats wurde ihnen auf alle mögliche Art das Leben schwer gemacht, ehe sie am Ende ganz verboten wurden.

Auch sonst wurden der Katholischen Kirche auf alle nur erdenkliche Weise Schwierigkeiten gemacht. Auf Drängen des Münchner Kardinals Faulhaber, der Hitlers Machtübernahme zunächst begrüßt hatte, entschloss sich daraufhin Papst Pius XI., die Politik Hitlers gegenüber der Katholischen Kirche am 21. März 1937 mit der Enzyklika »Mit brennender Sorge« zu kritisieren, freilich in erheblich milderer Form, als er die Kirchenpolitik in der Sowjetunion kritisiert hatte. Hitler ließ sich davon auch nicht beeindrucken und ordnete als Antwort die Wiederaufnahme der sogenannten Sittlichkeitsprozesse gegen katholische Priester an, die er im Sommer 1936 gestoppt hatte. Diese Prozesse wurden zentral vor dem Koblenzer Landgericht gegen Priester und Ordensangehörige geführt, die im Verdacht der Homosexualität standen. Vor weiteren Maßnahmen gegen die Kirche wie der intern erwogenen Abschaffung der Kirchensteuer scheute er jedoch zurück, erst recht vor einer Kündigung des Konkordats. Er ließ im Gegenteil die ›Pfaffenprozesse‹ wieder anhalten und schreckte sogar vor der Unterschrift unter ein »Reichsschulgesetz« zurück, sodass die Gemeinschaftsschule 1938 ohne gesetzliche Grundlage eingeführt werden musste.[40] Gegenüber Goebbels rechtfertigte der ›Führer‹ sein Zurückweichen in der Kirchenpolitik im Dezember 1937 damit, dass bei einer weiteren Konfrontation der »Protestantismus ganz zugrunde« gehen würde und die NS-Regierung dann kirchenpolitisch »gegen den Vatikan gar kein Gegengewicht mehr« hätte.[41] Der eigentliche Grund für seine kirchenpolitische Mäßigung war jedoch die Erkenntnis, dass er den katholischen Teil der Bevölkerung bei der Vorbereitung des kommenden Krieges nicht weiter vor den Kopf stoßen konnte. So hart der ›Kirchenkampf‹ mit dem NS-Regime sowohl für die Evangelische als auch die Katholische Kirche auch gewesen sein mag, hat Hitler ihn am Ende weitgehend aufgegeben, weil ihm die Kriegspolitik wichtiger war als die Kirchenpolitik. Die Politik der ›Gleichschaltung‹ fand an den Kirchen eine Grenze.

Terror der SA

Hitler hat seine Machtübernahme durchaus als ›Revolution‹ begriffen. Die Schwierigkeit, sich als nationaler Sozialist von einer sozialistischen Revolution abgrenzen zu müssen, löste er rhetorisch dadurch, dass er die von ihm angestrebte politische Veränderung als ›nationale‹ Revolution verstand. Deren Ziel sollte es sein, »nicht das ganze Gebäude einzureißen«, sondern nur »schlecht Gefügtes oder Unpassendes zu entfernen«.[42] So wenig überzeugend das klingen mochte, nahm er damit doch dem von ihm umworbenen nationalkonservativen Establishment die Angst vor einem totalen Umbruch, ohne jedoch seinen Parteigängern die Hoffnung auf ebendiesen zu nehmen. Treffend hat man formuliert, dass Hitler im Grunde behauptet habe, eine »Revolution gegen die Revolution« anzustreben.[43] Das bedeutet jedoch nicht, dass er den ungezügelten Terror der SA nach seiner Machtübernahme sofort bekämpft hätte. Es war vielmehr durchaus in seinem Interesse, dadurch die terroristische Seite seiner legalistisch verbrämten Machtergreifung sichtbar zu machen.

Der Mitgliederbestand der SA hatte 1932 in ähnlicher Weise stagniert wie derjenige der Partei sowie auch der Wähler für die NSDAP, sodass er bei der Machtübernahme auf unter 500 000 gesunken war. Bis zum Frühjahr 1934 wuchs er aus zweierlei Gründen auf etwa vier Millionen an. Die SA vereinnahmte zum einen eine Reihe von nationalkonservativen Organisationen, vor allem den deutschnationalen »Stahlhelm«. Und zum anderen hatte die SA im Unterschied zur NSDAP 1934 keine Mitgliedersperre verhängt, sondern war für Zugänge offengeblieben. Das hatte zur Folge, dass sie nach der Machtergreifung ungleich stärker anwuchs als die Partei und mit ihrem gewalttätigen Habitus das Gesicht des Nationalsozialismus auch stärker prägte als diese.[44]

Die Masse der häufig berufs- oder arbeitslosen, überwiegend jungen Männer hatte nach dem 30. Januar 1933 ihre Stunde kommen gesehen. Meist frustriert von ihren hoffnungslosen persönlichen Lebensumständen, erwarteten die SA-Leute nach dem Umsturz am 30. Januar 1933 vor allem materielle Besserstellungen. Da diese sich nicht sofort einstellten, reagierten sie ihre Frustration an den politischen und gesellschaftlichen Repräsentanten der Republik ab, die sie für ihre Misere verantwortlich machten. Beginnend mit dem Wahlkampf für die Märzwahlen 1933 gab es eine Welle von willkürlichen Verhaftungen, Folterungen und Morden durch die SA. Die Parteimiliz praktizierte gewissermaßen eine gewalttätige Gleichschaltung von unten, im Zuge derer die demokratisch gewählten politischen Funktionsträger abgesetzt und durch eigene Leute ersetzt wurden. Ein prominentes Beispiel dafür war der Kölner Oberbürgermeister Konrad Adenauer, der persönlich bedrängt und von ›Hilfspolizisten‹ der SA in seinem Haus rund um die Uhr beaufsichtigt wurde. Er wurde schließlich zum Rücktritt gezwungen und musste sich aus der Stadt zurückziehen, um nicht festgesetzt zu werden.[45] Nach Schätzungen wurden damals etwa 100 000 Menschen in sogenannte Schutzhaft genommen, d. h. in eilig eingerichtete Lager eingesperrt, etwa 600 wurden ermordet.

Die von der nationalsozialistischen Bewegung ausgehende Gewalt wurde für Hitler zum Problem, als er seine Regierung nach der Machtübernahme zum Ordnungsfaktor gegenüber dem angeblich allein umstürzlerischen ›Bolschewismus‹ stilisierte. Es war unglaubwürdig zu behaupten, man bekämpfe den Terror der Kommunisten, wenn die eigene Bewegung selbst gewalttätig agierte. Hitler musste fürchten, aufgrund des zerstörerischen Terrors der SA den Rückhalt bei seinen nationalkonservativen Bündnispartnern und vor allem bei der Reichswehr zu verlieren. Obwohl die Reichswehrführung Hitler zuneigte, sah sie allein schon in der nationalsozialistischen Miliz eine Konkurrenz, die ihr militärisches Gewaltmonopol infrage stellte. Hitler sah sich also dringend zum Handeln gezwungen, wenn er nicht ihre Unterstützung verlieren wollte. Er wartete ab, bis im Zuge des Gleichschaltungsprozesses die demokratischen Parteien aufgelöst und die NSDAP zur Monopolpartei geworden war. Propagandistisch geschickt behauptete er danach, dass der Prozess der ›nationalen Revolution‹ sei abgeschlossen und öffentliche Gewaltaktionen daher überflüssig.

In einer eigens einberufenen Versammlung der »Reichsstatthalter«, die nach der Absetzung der demokratisch gewählten Regierungen in den gleichgeschalteten Ländern eingesetzt worden waren, gab Hitler am 5. Juli die folgende Marschroute aus: »Die Revolution ist kein permanenter Zustand, sie darf sich nicht zu einem Dauerzustand ausbilden. Man muss den freigewordenen Strom der Revolution in das sichere Bett der Evolution hinüberleiten.«[46] Wie aus dieser und ähnlichen Erklärungen Hitlers hervorgeht, hatte er jedoch keineswegs vor, von dem im revolutionären Umbruch Erreichten etwas rückgängig zu machen, es ging ihm lediglich darum, Eigenmächtigkeiten der Partei, und vor allem ihres militärischen Flügels, abzustellen. An die Stelle des unkontrollierten Terrors von unten sollte eine von oben gelenkte Gewaltherrschaft treten.

Hitler hütete sich aber, die SA mit einem Schlag zu disziplinieren. Er griff vielmehr in mehreren Schritten in ihre Umtriebe ein, wobei er der unruhigen Basis anfangs durchaus noch Raum für ihren Aktionismus ließ. Ein erster Schritt wurde im März 1933 in Bayern getan, als die der SA angegliederte, von seinem engen Gefolgsmann Heinrich Himmler geführte SS in Dachau ein erstes staatliches Konzentrationslager einrichtete. Die diffuse nationalsozialistische Gewalt wurde damit keineswegs aufgehoben, sie wurde vielmehr institutionalisiert und auf Dauer gestellt. Ohne jedes Gerichtsverfahren oder eine sonstige rechtsstaatlich abgesicherte Maßnahme ›ins KZ‹ zu kommen, wurde im ›Dritten Reich‹ zur allgegenwärtigen Drohung, die nur allzu oft auch Realität wurde. Der makabre Erfolg dieser ersten staatsterroristischen Einrichtung führte dazu, dass sie zum Muster für ein System von Konzentrationslagern wurde, das bis zum Ende des ›Dritten Reiches‹ das brutale Markenzeichen des SS-Terrors darstellte.[47] Im Unterschied zu den nach Kriegsbeginn im eroberten Polen ausschließlich zur systematischen Ermordung der europäischen Juden eingerichteten Vernichtungslagern konnte über die Konzentrationslager auf deutschem Boden, in denen freilich ebenfalls zahllose Menschen ums Leben kamen, ziemlich offen geredet werden. Das diente ebenso zur allgemeinen Einschüchterung der Bevölkerung wie die bewusst geschürte Angst vor der Gestapo. Für beide Lagersysteme war freilich Himmlers SS als Betreiber und Aufseher zuständig, die damit zum Staat im Staate wurde.[48]

Es war eine Folge der staatlichen Verdrängungsmaßnahmen, aber auch einer beginnenden Emigration von politisch und rassisch Verfolgten, dass 1933/34 zahllose Arbeitsplätze in der öffentlichen Verwaltung, in Universitäten und Schulen, aber auch im produzierenden Gewerbe frei wurden. Auch in der zur Monopolpartei erhobenen NSDAP und ihren Nebenorganisationen entstanden bürokratische und berufspolitische Karrieremöglichkeiten. Das verschaffte der Partei, über die kollektive Begeisterung für Hitlers Politik hinaus, aus materiellen Gründen einen enormen Zulauf. Man hat deshalb sogar die allerdings übertriebene These vertreten, dass das ›Dritte Reich‹ eine »Gefälligkeitsdiktatur« gewesen sei.[49] Für Hitler schien mit dem ungehemmten Zustrom nicht indoktrinierter Mitglieder in die NSDAP jedoch seine Führerrolle in Gefahr zu geraten. Er sah sich daher im April 1934 gezwungen, den Zustrom der zynisch als ›Märzgefallene‹ bezeichneten neuen Parteigenossen zu beenden und einen Mitgliederstopp einzuführen, der bis 1937 galt. Die Parteimitgliedschaft in der NSDAP wurde dadurch freilich umso attraktiver, sodass 1937 nach der Wiederöffnung ein erneuter Massenzustrom erfolgte.

Der doppelte Gewaltstreich 1934

Obwohl Hitler seine Diktaturgesetze mit bemerkenswerter Schnelligkeit umsetzen konnte und das Verbot sowie die Gleichschaltung aller Parteien und öffentlichen Institutionen kaum auf Schwierigkeiten stieß, machte das Regime im Frühjahr 1934 eine schwere Krise durch. Hitler musste zwar nicht fürchten, dass er gestürzt werde, denn davor schützte ihn der Führermythos, der von Goebbels systematisch gepflegt wurde und seit der Machtübernahme weit über die Mitglieder der nationalsozialistischen Bewegung hinaus auch in die deutsche Bevölkerung hineinwirkte. Bei aller aufkommenden Kritik wegen der sich nicht verbessernden wirtschaftlichen Lage konnte Hitler damit rechnen, dass dafür die Parteibonzen und Gewalttäter der SA verantwortlich gemacht würden.[50] Schon früh wurde er in der deutschen Bevölkerung mit einem Spruch von aller Kritik ausgenommen, der im Grunde bis zum Ende des ›Dritten Reiches‹ verbreitet war: »Wenn das der Führer wüsste.«[51]

Was Hitler aber beunruhigen musste, war die Tatsache, dass er im eigenen Lager auf Kritik stieß und dadurch die Entfaltung seiner persönlichen Diktatur gefährdet schien. Tatsächlich war sie es nicht, aber Hitler scheint dies angenommen und vor allem befürchtet zu haben, dass sich interner Widerstand wiederholen könnte, wenn er ihn einmal zuließ.

Seine politische Herrschaft wurde im Frühjahr 1934 von zwei, eigentlich einander ausschließenden Entwicklungen her infrage gestellt. Auf der einen Seite schien ihm die unruhige SA zur Gefahr zu werden, weil sich ihr Konflikt mit der Reichswehr zuspitzte, ohne die Hitler jedoch seine gewaltpolitischen Zielsetzungen in der Außenpolitik nicht erreichen konnte. Neben der Partei musste die von ihm 1935 in »Wehrmacht« umbenannte bewaffnete Macht daher die zweite Säule seines Diktaturregimes werden. Die SA hatte für ihn demgegenüber nur noch geringere politische Bedeutung, zumal ihr inzwischen auch in der Partei nicht nur unter vorgehaltener Hand politische Funktionslosigkeit und bloßes Schmarotzertum vorgeworfen wurde. Als paramilitärische Massenorganisation mit mittlerweile mehreren Millionen Mitgliedern sollte sie Hitler nur noch zur politischen Überwachung der Bevölkerung dienen. Dafür musste er sie jedoch unter seiner Kontrolle haben.

Der vom Wachstum seiner Organisation berauschte, aber politisch wenig geschickte Stabschef der SA, Hitlers alter soldatischer Kamerad Ernst Röhm, hatte jedoch schon im Juni 1933 in einem Zeitschriftenartikel mit der Überschrift »S.A. und deutsche Revolution« eine Fortsetzung der »nationalen Erhebung« gefordert, da bisher »nur eine Teilstrecke der deutschen Revolution zurückgelegt« worden sei.[52] Aufgrund des wegen der Mitgliedersperre bei der NSDAP verstärkten Massenzulaufs zur SA nahm er diese Forderung im Frühjahr 1934 mit gestärktem Selbstbewusstsein wieder auf und forderte, die Parteimiliz in eine staatlich alimentierte Volksmiliz umzuwandeln. Die Reichswehrführung konnte das nur als eine klare Herausforderung ihres Waffenmonopols ansehen. Es zahlte sich jedoch für sie aus, dass Hitler schon sofort nach seiner Machtübernahme den Kontakt zu ihr gesucht hatte. Am 3. Februar 1933 hatte er in einer von Kriegsminister Blomberg arrangierten Rede vor allen Generälen die Reichswehr darüber informiert, dass er Deutschland in »sechs bis acht Jahren« wieder wehrhaft machen wolle.[53] Er hatte dabei keinen Zweifel daran gelassen, dass die damit verbundene Aufrüstung nicht mehr heimlich, sondern ganz offen unter Negierung der Bestimmungen des Versailler Vertrages stattfinden solle. Da Hitler bei dem Gespräch auch seine imperialistischen Pläne zur »Eroberung neuen Lebensraums im Osten und dessen rücksichtsloser Germanisierung« preisgegeben hatte, war der Reichswehrführung damit auch klar geworden, dass sie gegenüber der SA am längeren Hebel saß. Ohne sie war Hitler nicht in der Lage, seine gewaltsamen Lebensraumpläne zu verwirklichen.

Um sich Hitler weiter anzunähern, ordnete Blomberg bei einer weiteren Besprechung mit den obersten Befehlshabern unaufgefordert an, den ›Arierparagrafen‹ in der Reichswehr einzuführen sowie das Hakenkreuz als offizielles Reichswehremblem zu übernehmen. Dies zeigt, dass es Hitler mit seinen Versprechungen gelungen war, die durch das Auftreten der SA beunruhigte Reichswehrführung zu ködern. Vollends gelang es ihm, die Reichswehr für sich zu gewinnen, als er sich am 28. Februar 1934 bei einer Zusammenkunft der Reichswehrführung mit den Führern von SA und SS eindeutig hinter die Reichswehr stellte und Röhms Pläne eines Milizheeres abwies. Weil dieses »nicht einmal zur kleinsten Landesverteidigung geeignet« sei und erst recht nicht für einen Krieg um »Lebensraum«, erklärte er die »Wehrmacht« zum »einzigen Waffenträger der Nation«.[54] Röhm akzeptierte das Machtwort des ›Führers‹, wie er auch früher ihm gegenüber im Konfliktfall immer schon loyal gewesen war. Hitler musste jedoch damit rechnen, dass sich die Stimmung in der SA nunmehr erheblich verschlechtern würde. Für die Vorbereitung eines Putsches gab es zwar keinerlei Anzeichen – der angebliche ›Röhmputsch‹ war eine Erfindung der nationalsozialistischen Propaganda –, der ›Führer‹ glaubte aber allem Anschein nach, sich nicht mehr auf seinen alten Kumpanen und dessen Entourage in der SA verlassen zu können. Das bedeutet nicht, dass er allein deshalb den Entschluss gefasst hätte, die SA-Führung mit Röhm an der Spitze zu beseitigen oder zumindest zu entmachten. Was Hitler zum Handeln getrieben hat, war die Tatsache, dass sich parallel zu dem Aufbegehren der SA auch ein Teil seiner konservativen Koalitionspartner gegen ihn stellte. Während er mit der Strategie an die Macht gekommen war, sich zugleich auf nationalkonservative Republikgegner, die legal im Einvernehmen mit Reichspräsident Hindenburg handelten, und seine nationalsozialistische Massenbewegung, welche die Republik revolutionär zerstören wollte, zu stützen, so drohte sich diese widersprüchliche Allianz im Frühjahr 1934 zu seinen Ungunsten zu entzweien: Die beiden Stützen seiner Macht wandten sich gegeneinander und wollten sich gegenseitig entmachten.

Ein Kreis von Hitlers konservativen Koalitionspartnern um den Vizekanzler Papen, der geglaubt hatte, Hitler für seine politischen Zwecke benutzen zu können, begriff, dass er von diesem politisch ausgespielt worden war und die nationalsozialistische Bewegung den Ton angab. Angeregt durch eine Gruppe rechter Intellektueller um Edgar Jung witterte Papen im Frühjahr 1934 die Chance, mit dem Rückhalt Hindenburgs führende Konservative, Teile des politischen Katholizismus sowie vor allem die Reichswehr gegen den Nationalsozialismus, insbesondere die SA, mobilisieren zu können. Diese »Vorhut konservativen Widerstands« gegen Hitler wurde von einer Gruppe jungkonservativer Adeliger gebildet, die unter der Führung des Rechtsanwalts Edgar Jung stand.[55] Jung war 1927 mit seinem Wälzer *Die Herrschaft der Minderwertigen* zu einem der Wortführer der ›Konservativen Revolution‹ geworden.[56] Seine Gegnerschaft zum Nationalsozialismus beruhte darauf, dass er ihn als Massenbewegung für zu ›demokratisch‹ hielt und stattdessen die Herrschaft einer elitären Minderheit herstellen wollte. Für Papen verfasste er die Rede, die dieser am 17. Juni 1934 in der Marburger Universität gehalten und in der er mit für ihn ungewöhnlicher Schärfe den Terror der SA angeprangert hatte. Hitler war durch diese Rede so alarmiert, dass er ihren Abdruck in der Presse höchstpersönlich verbot.[57] Da Papen bei Hindenburg keinen Rückhalt fand, sondern von diesem im Gegenteil wegen seiner Eigenmächtigkeit gerügt wurde, gab er seinen Widerstand auf und unterwarf sich dem ›Führer‹. Das hat ihm das Leben gerettet, nicht jedoch einigen seiner Mitstreiter, die für ihn den Kopf hingehalten hatten.

Um das Gesetz des Handelns in der Hand zu behalten, begann Hitler im Mai 1934 gleichzeitig gegenüber der SA und der konservativen Fronde eine mörderische Gewaltaktion, wie er sie erst wieder nach dem Attentat vom 20. Juli 1944 befehlen ließ – wenn man hier einmal von dem freilich ganz andere Dimensionen erreichenden Holocaust absieht, den er zentral zu verantworten hatte. Er machte sich bei der Niederschlagung des Widerstandes der persönlichen Teilnahme an Kapitalverbrechen schuldig, bei denen vom 30. Juni 1934 an nachweislich fast einhundert, wenn nicht sogar mehr Personen umgebracht worden sind. Deutschland hatte schon von da an bis 1945 eindeutig einen kriminellen Reichskanzler, der sich schon vor dem Massenmord an den europäischen Juden des geplanten Mehrfachmordes schuldig gemacht hatte.

Hitler brauchte selbstverständlich keine Sorge zu haben, in irgendeiner Form strafrechtlich zur Verantwortung gezogen zu werden. Die deutsche Justiz war durch die massenhaften Auftritte der SA, aber auch durch das von Göring und Himmler gelenkte Verhalten der preußischen Polizei, inzwischen so eingeschüchtert, dass von ihr keinerlei Strafverfolgung zu erwarten war.

Immerhin hielt Hitler es aber für notwendig, sich zu rechtfertigen. Er ließ am 3. Juli im Reichskabinett ein Gesetz verabschieden, in dem die Mordtaten »als Staatsnotwehr« und daher als »rechtens« bezeichnet wurden.[58] Als Sprachregelung wurde von ihm dafür die Bezeichnung »Röhmputsch« ausgegeben. Die Unterstellung, dass es einen solchen Putsch gegeben habe, war zwar eine glatte Lüge, ließ ihn aber als mögliches Opfer eines gewaltsamen Umsturzes erscheinen. Da die wahren Umstände der Mordaktion in den medialen Berichten selbstverständlich verschwiegen wurden, ist Hitler mit seinen Lügen davongekommen. Dass er angeblich einen Putsch überlebt und diesen vereitelt hatte, wurde sogar vielfach mit Erleichterung aufgenommen.

In der kollektiven Erinnerung wird manchmal nur Hitlers Gewaltaktion gegen die Führung der SA beachtet. Es handelte sich aber um einen »Doppelschlag gegen Konservative und SA-Spitze«,[59] bei dem auch noch alte Rechnungen mit anderen Personen beglichen wurden. Die Ermordung Röhms, zusammen mit fast der gesamten SA-Führung, stand jedoch im Zentrum der Aktion. Nur an ihrer Verhaftung beteiligte sich Hitler in Bad Wiessee persönlich, nur in ihrem Fall ordnete er auch selbst die Erschießung bestimmter Führungsmitglieder der SA an, aber von ihm ging die gesamte Mordaktion aus.

Der nichtsahnende Röhm hatte seine Leute auf Hitlers Wunsch in dem Hotel in Bad Wiessee, in dem er sich zu einer Kur aufhielt, für den 30. Juni zusammenkommen lassen. Von München aus ließ sich Hitler mit nur wenigen Begleitern am frühen Morgen dorthin fahren. Ohne die Ankunft seiner SS-Leibstandarte abzuwarten, stürzte er sofort, mit einer Peitsche in der Hand, in das Hotel. Nachdem er schon in München bei der Verhaftung von zwei SA-Führern handgreiflich geworden war, steigerte er sich bei dieser Aktion in größte Erregung hinein. Bei der Verhaftung seines Duzfreundes Röhm scheint ihm die Stimme versagt zu haben, als er den noch Schlafenden in seinem Hotelzimmer weckte und ihn gleich mehrmals, mit einer Pistole herumfuchtelnd, anschrie, er sei verhaftet.

Immerhin scheint Hitler, der ständig Gewalt predigte, sich jedoch davor scheute, selbst Hand anzulegen, die Mordaktion ungewöhnlich aufgewühlt zu haben. Völlig außer sich scheint er nach der Rückkehr in München gewesen zu sein, als er sich im ›Braunen Haus‹ mit einer wohl gespielten Aufregung über den angeblichen Verrat Röhms entrüstete und weitere Erschießungsbefehle gab. Seinen alten Weggefährten Röhm ließ er jedoch erst auf

Drängen Görings und Himmlers umbringen. Den ihm hörigen SA-Führer Viktor Lutze, der Röhm zuvor denunziert hatte, ernannte er danach zum neuen Stabschef der SA.

Bei den Politikern der Rechten, die dem Massaker zum Opfer fielen, handelte es sich in erster Linie um Politiker wie den bayerischen Generalstaatskommissar Gustav Ritter von Kahr, den ehemaligen Reichskanzler Kurt von Schleicher (samt seiner Frau) sowie dessen engen Mitarbeiter Ferdinand von Bredow, die Hitler einmal im Weg gestanden hatten. Der ›Führer‹ nutzte aber auch die Stunde, um mit Gregor Straßer seinen alten innerparteilichen Widersacher ermorden zu lassen. Der einzige inzwischen zum Gegner gewordene Kritiker, der das Massaker überlebte, war Franz von Papen. Um Hindenburg nicht zu schockieren, schreckte Hitler offensichtlich davor zurück, den Vizekanzler der Regierung umzubringen, obwohl dieser es ja gewesen war, der durch seine Marburger Rede am 17. Juni 1934 der konservativen Kritik an Hitlers Regime eine Stimme gegeben hatte. Dafür spricht, dass die Mitarbeiter Papens, die seine Auflehnung unterstützt hatten – Edgar Jung, Herbert von Bose und Erich Klausener –, ermordet wurden.

Wie richtig Hitler Hindenburgs mögliche Reaktion eingeschätzt hat, dürfte sich daran gezeigt haben, dass ihm der Reichspräsident ein Glückwunschtelegramm schickte, in welchem er ihm bescheinigte, »das deutsche Volk aus einer schweren Gefahr gerettet« zu haben.[60] Als Hitler dem Reichspräsidenten dann bei einem Besuch auf dessen Gut Neudeck über die Vorgänge nur wenig geschönt berichtete, soll ihm Hindenburg sogar bestätigt haben: »Das ist richtig so, ohne Blutvergießen geht es nicht.«[61]

Auch wenn Hindenburgs Haltung zu den Röhmmorden nicht öffentlich bekannt geworden ist, musste der Bevölkerung auffallen, dass er sie nicht öffentlich kritisierte. Das konnte nur als stillschweigende Zustimmung verstanden werden. So konnte es Hitler ohne Weiteres positiv angerechnet werden, dass er vermeintlich Ordnung geschaffen hatte und dem alltäglichen Terror der SA energisch entgegengetreten war. Zu berücksichtigen ist allerdings auch, dass das Ausmaß und die Hintergründe der Mordaktion verborgen geblieben sind, da die Presse und der Rundfunk nur über angebliche Putschgeschichten und den moralischen Verfall der SA-Führung berichten durften. Jedoch war es ein Höhepunkt intellektueller Gesinnungslosigkeit, dass der Staatsrechtler Carl Schmitt am Tag von Hindenburgs Tod einen Aufsatz mit dem Titel »Der Führer schützt das Recht« veröffentlichte, in dem er Hitlers

Mordaktion folgendermaßen rechtfertigte: »Der wahre Führer ist immer auch Richter. Aus dem Führertum fließt das Richtertum [...] In Wahrheit war die Tat des Führers echte Gerichtsbarkeit. Sie untersteht nicht der Justiz, sondern war selbst höchste Justiz.«[62] Selbst wenn man auch Schmitt unterstellen muss, dass er über die wahren Vorgänge nicht genau Bescheid gewusst hat, beweist sein Aufsatz, mit welchem Opportunismus Hitler auf dem Weg zur Diktatur inzwischen auch bei Teilen der rechts stehenden deutschen Intelligenz rechnen konnte. Auch wenn er später nicht darauf zu sprechen kam, dürfte Hitler hinsichtlich der Reaktionen auf seine Mordaktion aufgeatmet haben. Zweifellos haben sie seine Rücksichtslosigkeit im Umgang mit anderen verstärkt.

Dass die Führung der Reichswehr mit der Schwächung der SA zufrieden war, liegt auf der Hand. Dass dies mithilfe einer willkürlichen Mordaktion erreicht wurde, hätte ihr allerdings zu denken geben müssen. Davon konnte jedoch keine Rede sein. Auf einer Kommandeursbesprechung gab Reichswehrminister Blomberg am 5. Juli 1934 die Parole aus, dass Hitler im Interesse der Reichswehr gehandelt habe. Den Schlag gegen die SA hielt er ebenso für »unumgänglich notwendig« wie den gegen die »Reaktion«.[63] Tatsächlich war die Reichswehr nicht nur über die Planung des ›Putsches‹ informiert worden, sie hatte sich an dessen Niederschlagung sogar selbst aktiv beteiligt. Drei Tage zuvor hatte sich Hitler mit Blomberg und Walter von Reichenau, dem nazifreundlichen Chef des Reichswehrministeramtes, getroffen, um sich ihrer Unterstützung zu versichern. Blomberg sicherte diese nicht nur zu, sondern gab einen Tag vor dem Schlag gegen die SA im *Völkischen Beobachter* für die Reichswehr ein Treuebekenntnis ab, in dem er behauptete: »Reichswehr und Staat sind eins geworden.«[64] Am 30. Juni wurde die Parteizentrale der NSDAP in München außer von der Polizei und der SS auch von der Reichswehr gesichert. Die Wehrkreiskommandos der Reichswehr in Bayern waren zuvor in erhöhte Alarmbereitschaft versetzt worden. Die Reichswehr hat sich somit zwar nicht direkt an den von Hitler angeordneten politischen Morden beteiligt, sie hat ihnen jedoch logistische Rückendeckung gegeben und sich damit weiter in die Hand Hitlers begeben. Das Ergebnis der Röhmmorde war für Hitler also nicht nur, dass die SA sich seiner direkten Befehlsgewalt unterwarf, sondern auch die Anpassung der Reichswehr an seine entstehende Diktaturherrschaft.

Der größte Profiteur der Mordaktion war aber zweifellos die SS mit ihrem Führer Heinrich Himmler. Als Belohnung für die unbedingte Loyalität, mit der seine Leute die Mordbefehle Hitlers erfüllt hatten, wurde die SS als selbstständige Gliederung der NSDAP anerkannt und Himmler damit als »Reichsführer-SS« direkt Hitler unterstellt. Aufgrund seines gleichzeitigen Amtes als Gestapochef gelang es ihm daraufhin in kurzer Zeit, die gesamte Geheimpolizei mit der SS zu verflechten und im Reichsministerium des Innern zu zentralisieren. Seit 1936 war er »Reichsführer-SS und Chef der deutschen Polizei«. Himmler verstand die SS als einen politischen Orden. Die SS repräsentierte für ihn ein elitäres Element innerhalb des Nationalsozialismus, dessen Massencharakter in der SA sichtbar wurde. Es war Hitlers Anspruch, dass er die beiden, eigentlich widersprüchlichen Seiten des Nationalsozialismus in seiner Person vereinigte.

Unterordnung der Reichswehr

Dass die Soldaten der Wehrmacht auf ihn als ›Führer und Reichskanzler‹ vereidigt wurden, bedeutete nicht, dass Hitler schon die militärische Kommandogewalt über sie gehabt hätte. Da er die Wehrmacht für die Durchsetzung seiner wahnwitzigen imperialen Pläne unbedingt brauchte, hütete er sich jedoch, sie ohne Weiteres ›gleichzuschalten‹ und die militärische Führung an sich zu reißen. Man kann auch davon ausgehen, dass er zunächst erheblichen Respekt vor dem Sachverstand der Militärs hatte, auch wenn er ihnen politisch misstraute. Als gleichrangig begann er sich erst nach dem Sieg über Frankreich zu fühlen, den er seiner Führung zuschreiben zu können glaubte. Im Krieg gegen die Sowjetunion fühlte er sich dann als »größter Feldherr aller Zeiten«, dem seine Generäle im Generalstab und an der Front nur noch zuarbeiten sollten.[65]

Neben den beiden großen Kirchen, die freilich unter immensem Druck standen, blieb die Wehrmacht im ›Dritten Reich‹ deshalb die einzige bedeutende Institution, die nicht sofort gleichgeschaltet wurde, sondern zunächst eine professionelle und organisatorische Autonomie bewahren konnte.

Daran änderte auch die Neustrukturierung wenig, die am 21. Mai 1935 mit der Proklamation der Wehrhoheit einherging. Sie umfasste die Einführung der allgemeinen Wehrpflicht für Männer und eine enorme Vergrößerung der nunmehr als ›Wehrmacht‹ bezeichneten Reichswehr. Die militärische Kommandogewalt blieb jedoch bei der Truppe. Sie wurde jetzt durch die neu eingerichteten Oberkommandos des Heeres, der Marine sowie (neu) der Luftwaffe ausgeübt. Diese unterstanden seitdem einem Oberkommando der (gesamten) Wehrmacht, das von General Werner Freiherr von Fritsch geführt wurde. Die administrative Führung hatte der jetzt demonstrativ als Kriegsminister bezeichnete Werner von Blomberg inne. Seine Träume von einer territorialen Gewinnung deutschen Lebensraums im Osten hätte Hitler bei dieser Befehlsstruktur nur mit ausdrücklicher Zustimmung der Wehrmachtsführung durchsetzen können. Über revisionistische militärische Maßnahmen, vor allem gegenüber Polen, gingen die Vorstellungen der Wehrmachtsführung zu diesem Zeitpunkt jedoch nicht hinaus. Hitler musste deshalb klar sein, dass er auch bei der Wehrmacht nicht an einer ›Gleichschaltung‹ vorbeikam, wenn er in seinem Sinne aktiv werden wollte.

Es ist jedoch bemerkenswert, dass er nicht von sich aus zuschlug, sondern vielmehr eine günstige Gelegenheit zur Unterwerfung der Wehrmacht abwartete. Diese kam 1938 in Form eines Zufalls, allerdings bereitete dieser ihm zunächst große Unannehmlichkeiten. Wie sich Anfang des Jahres herausstellte, waren Hitler und Göring Trauzeugen bei der Hochzeit von Reichskriegsminister Blomberg mit einer Frau gewesen, die früher als Prostituierte gearbeitet hatte.[66] Der auch für Hitler peinliche Vorgang führte am 27. Januar 1938 zunächst einmal zum sofortigen Rücktritt Blombergs. Hitler war nach Goebbels Bericht so schockiert, dass er mit weiteren Entscheidungen erst einmal abwartete. Ihm kam zu Hilfe, dass der Oberkommandierende des Heeres, General Werner Freiherr von Fritsch, durch eine auf einer Verwechslung beruhende Intrige, die ihn fälschlich der strafbaren Homosexualität bezichtigte, ebenfalls zum Rücktritt gezwungen wurde. Hitler schaffte daraufhin das Amt des Kriegsministers ab und übernahm am 4. Februar selbst die oberste administrative Befehlsgewalt über die Wehrmacht. General Wilhelm Keitel wurde als Chef des Oberkommandos der Wehrmacht Hitler unterstellt und übernahm die operativen Aufgaben des Kriegsministeriums.

Hitler nutzte darüber hinaus die Gelegenheit zu einem Revirement in der Diplomatie: Sein bisheriger außenpolitischer Berater Joachim von Ribbentrop wurde als Außenminister Nachfolger des Deutschnationalen Konstantin von Neurath. Auch die konservativen Botschafter in Tokio, Wien, London und Rom wurden ausgewechselt. Hitler gelang es also, die Krise nach anfänglicher Unsicherheit zu seinen Gunsten zu nutzen, und nahm die unverhoffte Gelegenheit wahr, um an der Spitze von Wehrmacht und Diplomatie eine Umbesetzung vorzunehmen, die, wie sich zeigen sollte, überwiegend fügsame, wenn nicht hörige Generäle und Diplomaten in Spitzenpositionen brachte.

Beginn der organisierten Judenverfolgung

Es kann angesichts der radikalantisemitischen Ausrichtung des Nationalsozialismus nicht überraschen, dass sich die wilde Gewalttätigkeit der SA nach der Machtergreifung des Nationalsozialismus vor allem gegen jüdische Einrichtungen und Betriebe, aber auch gegen einzelne jüdische Menschen richtete, die zufällig auf der Straße oder etwa in Restaurants, Theatern oder Kinos ihrem Furor ausgesetzt waren, wenn sie als Juden erkannt wurden. Es brach sich hier die elementare Wut der nationalsozialistischen Parteimiliz Bahn, die vor Hitlers Machtübernahme zwar auch schon gewalttätig, aber von ihm politisch instrumentalisiert und an wilden Ausbrüchen gehindert worden war. Wie sich zeigte, wollte Hitler auch nach der ›Machtergreifung‹ keineswegs auf die Demonstration judenfeindlicher Gewalt verzichten, er wollte nur ihre unkontrollierte Ausübung begrenzen.

An die Stelle der ungehemmten Gewalttätigkeit gegen die jüdische Bevölkerung des Landes trat nach dem Willen Hitlers daher schon kurz nach der Machtübernahme eine staatlich legitimierte Judenverfolgung. Schon am 1. April 1933 rief die Regierung auf Veranlassung von Goebbels zu einem gezielten Boykott jüdischer Geschäfte und freiberuflicher Praxen von Ärzten und Rechtsanwälten auf.[67] Der Boykott wurde unter Führung des fränkischen Gauleiters der NSDAP, Julius Streicher, der ein besonders fanatischer Antisemit war, von Aktionskomitees lokaler Partei- und SA-Formationen organisiert. Diese pflanzten sich in Uniform, von der Polizei weitgehend unbehelligt, mit antisemitischen Parolen wie ›Kauft nicht bei Juden‹ vor Läden und Praxen auf und verhinderten so die Durchbrechung der Boykottaktionen durch judenfreundliche Passanten. Zumindest in den Städten wurde damit die antisemitische Gewalttätigkeit des Nationalsozialismus für alle Bürger schon früh sichtbar, was nicht heißt, dass sie überall stillschweigend hingenommen wurde. Hitler musste vielmehr durchaus erleben, dass seine Rechnung, durch eine Reglementierung des spontanen antijüdischen Terrors seiner Bewegung die Bevölkerung zu gewinnen, nicht sofort aufging. Vielmehr musste er das Vorgehen gegen jüdische Deutsche zunächst einstellen.

Im Frühjahr 1935 lebten die antisemitischen Ausschreitungen dann erneut auf, sodass man von einer »zweiten antisemitischen Welle« sprechen kann.[68] Die Aktionen waren auch jetzt wieder weitgehend ungesteuert und wurden von enttäuschten SA-Männern unterer Ränge getragen, die nach einem neuen Betätigungsfeld für ihre gewalttätige Grundstimmung suchten. Ihre Polemik richtete sich in erster Linie gegen die sogenannte ›Rassenschande‹, zu welcher der ältere antisemitische Begriff der ›Mischehe‹ zwischen Juden und Christen hochstilisiert wurde. In vielen Städten, vor allem in Berlin, kam es zu schweren, antisemitisch motivierten Krawallen. Aus wirtschaftlichen bzw. sicherheitspolitischen Gründen drängten Wirtschaftsminister Hjalmar Schacht und der Chef des Sicherheitsdienstes der SS, Reinhard Heydrich, angesichts dieser Zerstörungswut auf eine gesetzliche ›Lösung der Judenfrage‹. Hitler, der lange zögerte, diesem Drängen nachzugeben, sah sich schließlich, auch aufgrund des Stockens der Kirchenpolitik, abrupt zum Handeln veranlasst. Die pogromartige Verfolgung der jüdischen Deutschen durch die SA schien seine Akzeptanz bei der nicht jüdischen Mehrheitsbevölkerung in Gefahr zu bringen, zugleich aber auch sein Prestige in der NS-Bewegung zu schädigen. Auch wenn er selbstverständlich mit der Schikanierung der Juden ganz einverstanden gewesen sein dürfte, war es für ihn opportun, sie scheinbar einzuschränken – er hatte seine radikalantisemitische Einstellung also nicht gemäßigt, sondern musste nur feststellen, dass er die Geister, die er gerufen hatte, nicht mehr loswurde. Ließ er der Gewalttätigkeit der SA weiterhin freien Lauf, musste sein Ansehen, an dem ihm zu diesem Zeitpunkt besonders gelegen war, vor allem auch im Ausland sinken. Bremste er jedoch seine eigene Bewegung mit polizeilichen Mitteln, stellte er seine Stellung als oberster ›Führer‹ infrage. An die Stelle der blindwütigen Terrorisierung der deutschen Juden setzte er daher eine staatlich regulierte. Dies war der zynische Zweck der Gesetze, die im September 1935 in Nürnberg vom politisch gelenkten Reichstag fügsam beschlossen wurden. Tatsächlich scheint er durch die scheinbare Verrechtlichung der ›Judenfrage‹, die in Wahrheit einen großen Schritt hin zu weiterer Diskriminierung der deutschen Juden darstellte, bei der nicht jüdischen Bevölkerung größere Zustimmung gefunden zu haben.

Vor Beginn des Parteitags der NSDAP hatte Hitler am 8. September 1935 den Reichstag zu einer Sondersitzung nach Nürnberg einberufen, um die Hakenkreuzflagge gesetzlich zur alleinigen Nationalflagge erklären zu lassen. Ganz nebenbei sollte der Reichstag dadurch auch zu einem untergeordneten Organ der Partei herabgestuft werden. Hitler hatte dann die wohl spontane Idee, die Zeit bis und auch noch während des Parteitags zu nutzen, um von in aller Eile herbeigerufenen Beamten antijüdische Gesetze formulieren zu lassen, welche ebenfalls durch den Reichstag in Nürnberg beschlossen werden sollten.[69] Das erste der ›Nürnberger Gesetze‹, das »Gesetz zum Schutze des deutschen Blutes und der deutschen Ehre«, das sogenannte Blutschutzgesetz, verbot Eheschließungen und außerehelichen Geschlechtsverkehr zwischen Juden und »Staatsangehörigen deutschen oder artverwandten deutschen Blutes« sowie die Beschäftigung jüdischer Hausangestellter. Außerdem wurde den deutschen Juden, was sie zusätzlich diskriminierte, verboten, die deutsche Reichsflagge zu hissen, zu der die Hakenkreuzfahne soeben erklärt worden war. Das ›Reichsbürgergesetz‹ beendete die staatsbürgerliche Gleichheit der deutschen Juden, indem es sie als bloße »Staatsangehörige« bezeichnete, die von den »Reichsbürgern« »deutschen oder artverwandten Blutes« unterschieden wurden. Sie wurden damit zu Bürgern zweiter Klasse gemacht.

Erstmals standen die Nationalsozialisten dabei vor dem Problem, ihren biologisch verstandenen Rassebegriff in eine juristische Form bringen zu müssen. Zwar ist in den Gesetzen mehrfach von ›Rasse‹ und von ›Blut‹ die Rede, faktisch wurden die Juden jedoch nach ihrer Religion bestimmt. Die Frage war allein, wie weit man sie generationell erfassen solle. In der Praxis spielte dann später zusätzlich noch der Name eine Rolle, durch den im Zuge ihrer Emanzipation im 19. Jahrhundert die Juden in Deutschland stigmatisiert worden waren.[70]

Auch Hitler, dem verschiedene Varianten der Definition von ›Jude‹ vorgelegt wurden, war hier »unschlüssig«, aber auch er keineswegs wegen des Rassenproblems, sondern wegen der Frage, wie weit Juden genealogisch zurückverfolgt werden sollten.[71] Am Ende entschied er sich hier nicht eindeutig und überließ seinen Beamten die Definition. Das Ergebnis war die »Erste Verordnung zum Reichsbürgergesetz«.[72] Darin wurde zwischen »Volljuden« (»mindestens drei der Rasse nach jüdische Großeltern«), »Geltungsjuden« (zwei jüdische Großeltern oder mit einem Juden verheiratet), die den ›Volljuden‹ gleichgestellt wurden, sowie »Mischlingen« (ein jüdischer Elternteil und zwei jüdische Großeltern), die ein vorläufiges Reichsbürgerrecht erhielten, unterschieden. Da es bei der vermeintlichen Rasse juristisch immer um die Religion ging, musste der nationalsozialistische Rassenstaat damit im Grunde vor seiner eigenen Ideologie kapitulieren.

Die ›Nürnberger Gesetze‹ sind von der jüdischen Bevölkerung zwiespältig aufgenommen worden. Auf der einen Seite profilierte sich die »Reichsvertretung der Juden in Deutschland« unter der Führung von Leo Baeck mit der Auffassung, es nunmehr statt mit der unkalkulierbaren Gewalt mit einer rechtlichen Basis zu tun zu haben, die jüdisches Leben im ›Dritten Reich‹ in eingeschränkter Form möglich mache. Ein scharfer Beobachter wie der Romanist jüdischer Herkunft Victor Klemperer notierte andererseits nach dem Beschluss der Gesetze in seinem Tagebuch: »Der Ekel macht einen krank.«[73] Er sollte mit seiner Abscheu recht behalten. Die deutschen Juden konnten zwar einige Jahre in einer Art Apartheid für sich leben, ohne massiven Verfolgungen ausgesetzt zu sein. Schon 1938 wurde jedoch eine neue Stufe der staatlich organisierten Judenverfolgung erreicht. Das verdankte sich erneut nicht Hitlers vorausschauender Planung, er ergriff aber sofort die Gelegenheit, seine antisemitischen Fantasien in die Realität umzusetzen.

Seit Ende 1937 fand neuerlich eine Welle antijüdischer Kampagnen statt, die wiederum von der nationalsozialistischen Basis ausgingen. Sie führten zu verstärkter Auswanderung vor allem vermögender Juden, weil nur sie in der Lage waren, die vom Regime festgelegte ›Reichsfluchtsteuer‹ bei der Emigration zu zahlen. Die Aneignung ihrer mobilen und immobilen Vermögenswerte, die sie unter Wert verkaufen oder aber zurücklassen mussten, wurde zynisch als »Arisierung« bezeichnet. Mit einer Reihe diskriminierender Maßnahmen, die ihren Höhepunkt am 12. November 1938 in der »Verordnung zur Ausschaltung der Juden aus dem deutschen Wirtschaftsleben« erreichte,[74] wurden die deutschen Juden Schritt für Schritt wirtschaftlich ruiniert. Der NS-Staat überließ die Veräußerung jüdischen Eigentums auch nicht mehr der privaten Initiative, sondern begann mit dessen zwangsweiser Konfiszierung.

In scheinbarem Widerspruch zur ›Arisierung‹, durch die sich zahllose Deutsche und schließlich der NS-Staat selbst bereicherten, stand die wüste Zerstörungsaktion von etwa 7000 jüdischen Geschäften und fast 200 Synagogen sowie der Mord an mehr als 90 jüdischen Menschen am 9. November 1938 durch Kommandos der SA.[75] Das von Goebbels initiierte, aber mit Sicherheit von Hitler angeordnete Pogrom wurde mit der Ermordung eines deutschen Diplomaten in Paris durch den jungen polnischen Juden Herschel Grynszpan am 7. November gerechtfertigt. Diese Verzweiflungstat war jedoch nur der Anlass, nicht die Ursache für die reichsweiten Gewalttaten gegen die deutschen Juden. Da sich die einfachen SA-Männer finanziell kaum an den Arisierungen beteiligen konnten, sahen Hitler und Goebbels offensichtlich die Möglichkeit, ihnen stattdessen freie Hand bei dem zu geben, was sie am besten konnten, nämlich zerstören und rauben. Sie entsprachen damit freilich auch einer Obsession Hitlers, die er in seiner Reichstagsrede vom 30. Januar 1939 offen zum Ausdruck bringen sollte: Er unterstellte darin dem angeblichen »internationalen Finanzjudentum«, dass es einen Weltkrieg vorbereite, und drohte, dass dieser die »Vernichtung der jüdischen Rasse in Europa« bringen würde.[76] Das Judenpogrom vom 9. November 1938 war zwar nicht das Ergebnis seiner Vernichtungsfantasien, wohl aber trug es zu diesen erheblich bei. Nicht zufällig sollte Hitler die mörderische Prophezeiung während des Krieges am 30. Januar 1941 nochmals wiederholen, wobei er sich allerdings im Datum irrte: »Und nicht vergessen möchte ich den Hinweis, den ich schon einmal, am 1. September 1939, im deutschen Reichstag gegeben habe. Den Hinweis darauf nämlich, daß, wenn die andere Welt von dem Judentum in einen allgemeinen Krieg gestürzt würde, das gesamte Judentum seine Rolle in Europa ausgespielt haben wird.«[77]

Hitlers politisches Diktatursystem

Aufgrund der Machtfülle, mit der Hitler schon aus den Röhmmorden von 1934 hervorging, haben bereits Zeitgenossen außerhalb Deutschlands von einem »totalitären Regime« gesprochen.[78] Diese Charakterisierung entsprach im Grunde der Vorstellung von einem absoluten ›Führerstaat‹, wie ihn die Nationalsozialisten gerne haben wollten, und wurde in der Wissenschaft mit der kommunistischen Parteidiktatur Josef Stalins in der Sowjetunion gleichgesetzt. Hitler wurde wie Stalin eine unbeschränkte Führerherrschaft von oben nach unten zugeschrieben, die ihm in allen politischen und gesellschaftlichen Bereichen die letzte Entscheidungsmacht gab. Wie wir heute wissen, war das politische System des in Deutschland real existierenden Faschismus jedoch zwar monokratisch aufgebaut, aber polykratisch strukturiert. Die oberste Herrschaft Hitlers war unumstritten, unter seinen engsten Gefolgsleuten fand jedoch ein permanenter Machtkampf um die politische Rangordnung statt. In diesem permanenten Kompetenzkonflikt gab es keine festen institutionellen Regeln, diese mussten vielmehr permanent ausgehandelt werden.

Es war aus Hitlers Sicht nur konsequent, dass er sich in Berlin nicht mit seinen Ministern, sondern mit seinen wichtigsten Paladinen umgab. Diese hatten zwar fast alle hohe parteiliche oder staatliche Ämter (auch die von Ministern) inne, ihre Nähe zum Führer war jedoch nicht in erster Linie ämterbedingt, sondern beruhte vielmehr auf persönlichen Sympathien und besonderem Vertrauen des ›Führers‹.

Am längsten hatte bei Hitlers Machtübernahme Rudolf Heß sein Vertrauen. Er gehörte schon zu den ›Alten Kämpfern‹, hatte 1923 am Novemberputsch teilgenommen, mit Hitler in Landsberg gemeinsam in Haft gesessen und war danach sein Privatsekretär gewesen. Bis 1933 übte er zudem führende Ämter in der NSDAP aus, ehe er im April 1933 von Hitler zum ›Stellvertreter des Führers‹ und 1934 als solcher zum Minister ohne Geschäftsbereich ernannt wurde. Sein Einfluss auf Hitler hat jedoch seit der Machtübernahme deutlich abgenommen. Dennoch war es für Hitler schockierend, als Heß 1941 unvermittelt und ohne Auftrag zu eigenmächtigen Friedensverhandlungen nach Großbritannien flog.

Im Gegensatz zu dem von Heß stieg der Einfluss von Joseph Goebbels auf den ›Führer‹, nachdem er sich in der Endphase der Weimarer Republik als Berliner Gauleiter in Hitlers Augen bewährt hatte, mit seiner Ernennung zum Propagandaminister erheblich an.[79] Sein persönlicher Machtzuwachs hing auch damit zusammen, dass Hitler zu Goebbels' Frau Magda eine besondere Beziehung hatte, aus der sich ein merkwürdiges Dreiecksverhältnis ergab. Letzten Endes blieb aber Goebbels bis in die letzten Tage Hitlers im Berliner Führerbunker immer die Stimme seines Herrn.

Kein anderer von Hitlers Komplizen konnte eine solche Ämterfülle auf sich vereinen wie Hermann Göring.[80] Seit April 1933 Preußischer Ministerpräsident und seit Mai desselben Jahres zugleich Reichsminister ohne Geschäftsbereich, Oberbefehlshaber der neugegründeten Luftwaffe und Reichsjägermeister, wurde er am 13.12.1934 von Hitler heimlich zu seinem potenziellen Nachfolger als Reichskanzler bestellt (Blomberg sollte das Oberkommando über die Wehrmacht übernehmen, Heß die Führung der NSDAP). Diese Bestellung wurde von Hitler am 1. September 1939 in einer Reichstagsrede öffentlich bestätigt, sodass Göring offiziell als zweiter Mann im ›Dritten Reich‹ zu gelten hatte.[81] Mit der Übernahme des Amtes eines ›Beauftragten für den Vierjahresplan‹ hatte er 1937 auch die wichtigste wirtschaftspolitische Position bei der Vorbereitung des Krieges inne. Da er hierbei Hitlers übersteigerte Erwartungen jedoch nicht erfüllen konnte, ging sein Einfluss auf den ›Führer‹ während des Krieges erheblich zurück.

An seiner Stelle erlebte Heinrich Himmler als Führer der SS einen fulminanten Aufstieg, bei dem er ab 1939 den parteiinternen Sicherheitsdienst

(SD), die Geheime Staatspolizei (Gestapo) und die Preußische Kriminalpolizei in einem »Reichssicherheitshauptamt« zusammenführen konnte.[82] Er stand damit mit Hitlers Billigung an der Spitze eines riesigen staatsterroristischen Apparates, der weder von der Partei noch vom Reichsinnenministerium, das Himmler im Übrigen 1943 auch noch übernehmen sollte, kontrolliert werden konnte. Mit diesem »SS-Staat«, wie er treffend genannt worden ist,[83] bildete er das Terrorzentrum von Hitlers Diktatur und war während des Krieges auch unmittelbar für die Organisation und die Durchführung des furchtbaren Mordes an den europäischen Juden verantwortlich. Obwohl er Hitler, auch wegen seiner abstrusen Deutschtümelei, persönlich eher fernstand, war er sein wichtigster Exekutor des Holocausts.

Eine Sonderstellung unter Hitlers Vertrauten nahm Albert Speer ein. Hitler schätzte den viel Jüngeren, weil er in ihm sein Alter Ego zu erkennen glaubte. Er verbrachte viel Zeit mit ihm, um eine gigantomanische Architektur zu planen, welche die Zukunft des Großdeutschen Reiches mit seiner Hauptstadt ›Germania‹ bestimmen sollte. Er machte ihn zum Chefarchitekten des ›Dritten Reiches‹, der vor allem in Berlin, München, Nürnberg und Linz repräsentative nationalsozialistische Bauten planen durfte. 1942 ernannte er ihn schließlich sogar faktisch zum Rüstungsminister. Speer stellte die nationalsozialistische Wirtschaft mithilfe rüder Methoden von Zwangsarbeit auf eine totale Kriegswirtschaft um und trug so erheblich zur Kriegsverlängerung bei.[84]

Als letzter ist von Hitlers engsten politischen Komplizen Martin Bormann zu nennen. Er war, noch ohne ein parteipolitisches Führungsamt zu haben, schon seit 1933 ein wichtiger persönliche Erfüllungsgehilfe Hitlers, weil er sein persönliches Vermögen verwaltete und für den Aufbau seines Berghofs auf dem Obersalzberg verantwortlich war. Seit dem Englandflug von Heß war er dessen Nachfolger als Leiter der Parteikanzlei. Schon bevor er 1943 zum Sekretär des Führers ernannt wurde, verstand er es, sich für Hitler auch dadurch immer unentbehrlicher zu machen, dass er über dessen Terminkalender und damit über den persönlichen Zugang zum Diktator bestimmte. Unter den Bedingungen der totalitär-faschistischen Führerdiktatur verfügte er damit über eine politische Schlüsselstellung. Sich im Hintergrund haltend, war er so etwas wie die graue Eminenz des NS-Regimes.

Es gab für die engen Vertrauten als Gruppe keine regelmäßigen Besprechungen mit Hitler, sie hatten jedoch alle immer zur Verfügung zu stehen, wenn der ›Führer‹ sie rief. Das bedeutete auch, dass sie ihm auf den Obersalzberg folgen mussten, wenn er das verlangte. Anders als sein Vorbild Mussolini, der seine engsten Mitarbeiter aus Angst vor Verschwörungen ständig austauschte, hielt Hitler an seinen fest – wenn man von der Liquidierung Röhms 1934 und seinen panikartigen Distanzierungen von Himmler und Göring in den letzten Monaten des sich auflösenden Regimes einmal absieht. Er kontrollierte seine Entourage eher dadurch, dass er undeutliche oder ähnliche Weisungen an zwei verschiedene Paladine vergab, die dann um deren Erfüllung miteinander ringen mussten. Im Zweifelsfall verblieb so die letzte Entscheidung bei ihm. Auch liebte er es, sich solche Entscheidungen vorzubehalten, um mit einem schriftlichen Führererlass überraschen zu können.

Je nachdem, wie sie sich in seinen Augen bewährten, gab es für die Angehörigen seiner Entourage persönliche Gunsterweise, die etwa in gelegentlichen oder regelmäßigen Einladungen zu Zusammenkünften seines ›Hofstaates‹ auf dem ›Berghof‹ oder zu Abendessen in seiner Münchner Wohnung bestanden. Auch die Teilnahme an Staatsempfängen, die Vergabe von Redezeiten auf den Nürnberger Reichsparteitagen oder anderen wichtigen Parteiveranstaltungen, seine Begleitung zu kulturellen, sportlichen oder gesellschaftlichen Veranstaltungen oder die Entsendung zu politischen Verbündeten im Ausland wusste Hitler zu reglementieren. Letzteres galt besonders für Reisen nach Rom zu Mussolini, die, abgesehen vom Außenminister, vor allem Göring sowie auch Himmler und Hans Frank, zu dessen Ärger aber weniger Goebbels wahrnehmen durften.[85] Persönliche Bereicherung mit der Tendenz zur Korruption, wie besonders bei Göring oder Speer, ließ er zu, auch wenn er sich selbst den Anstrich puritanischer Einfachheit gab.

Der innere Kreis seiner politischen Komplizen zeichnete sich dadurch aus, dass seine Mitglieder unmittelbaren Zugang zu Hitler hatten. Der »Zugang zum Machthaber« war jedoch ein Privileg, das nicht ein für alle Mal feststand, sondern dessen man sich ständig neu würdig erweisen musste.[86] Unangemeldet vorgelassen wurden zu Hitler wohl nur Goebbels und in gewissem Umfang Speer, zeitweise auch Göring und Himmler. Goebbels sowie Bormann waren die Letzten, die ihm noch in seinem Berliner Bunker nahe waren.

Als oberster deutscher Kriegsherr war Hitler in der Sowjetunion seit 1941/42, aber auch schon vorher im Frankreichfeldzug, weniger von seinen politischen Komplizen umgeben. In seinen ›Führerhauptquartieren‹ gaben

Generäle der Wehrmacht den Ton an, an der Spitze vor allem der Chef des Oberkommandos der Wehrmacht, Wilhelm Keitel, und der Chef des Wehrmachtsführungsstabes, Alfred Jodl, beide dem ›Führer‹ gegenüber besonders servile Generäle. Anders als die politischen waren die militärischen Vertrauten spätestens in der Sowjetunion gezwungen, an den täglichen Besprechungen über die Lage an der Front teilzunehmen. Hitler spielte ihnen gegenüber seine ganze Autorität als oberster Befehlshaber der Wehrmacht aus. Bei zentralen Entscheidungen, etwa der, ob die Wehrmacht in Richtung Moskau oder in Richtung der Ölfelder im Süden der Sowjetunion vorstoßen sollte, gab er daher stets den Ton an. Die Wehrmacht konnte den Krieg in den Weiten der winterlichen Sowjetunion ohnehin nicht gewinnen, Hitlers selbstherrliche strategische Weisungen haben die Niederlage aber noch beschleunigt.

Eine dem ›Führer‹ unmittelbar zugeordnete Stellung hatten auch die Gauleiter und die Reichsleiter der NSDAP inne. Anders als der engere Zirkel von Hitlers vertrauten Komplizen hatten sie jedoch eine untergebene Stellung, die ihnen keinen unmittelbaren Zugang zu Hitler verschaffte. Sie hatten sich um Termine zu bemühen, wenn sie Hitler sprechen wollten, und sie hatten sich seit der Krise von 1934 seinen Anweisungen widerspruchslos zu fügen. Hitler liebte es, sie vollzählig zu empfangen, um auf diese Weise bestimmte politische Botschaften flächendeckend zu verbreiten. In Gruppen wurden sie sonst von ihm möglichst nicht empfangen, damit sie sich nicht absprechen konnten, bevor sie zu ihm kamen.

Das große Funktionärskorps der NSDAP von den Kreisleitern über die Ortsgruppenleiter bis zu den Block- und Zellenleitern, die überwiegend ehrenamtlich tätig waren, war in einer abgestuften Hierarchie den Gauleitern unterstellt, die damit in ihren regionalen Parteibezirken erheblichen politischen Einfluss hatten. An größeren politischen Entscheidungen des Regimes war der Parteiapparat nicht beteiligt. Das große Heer der NSDAP diente in erster Linie der politischen Kontrolle sowie der propagandistischen Bearbeitung der Bevölkerung. Ein Machtfaktor war die Monopolpartei für Hitler im ›Dritten Reich‹ weniger durch eine politische Mitsprachemöglichkeit als durch ihre Allgegenwart.

Schon vor der Machtübernahme hatte die NSDAP damit begonnen, die Einbindung ihrer Mitglieder über ihre Politische Organisation (PO) und die Sturmabteilung (SA) hinaus durch nationalsozialistische Berufsverbände (z. B. der Ärzte oder Rechtsanwälte) oder generationelle Verbindungen (HJ,

NS-Studentenbund) auszuweiten. Diese Strategie wurde im ›Dritten Reich‹ fortgesetzt. Das bedeutete aber nicht, dass damit auch automatisch eine Mitgliedschaft in der NSDAP verbunden war. Wer in die Partei eintreten wollte, musste einen förmlichen Antrag stellen, dem nur nach politischer Überprüfung entsprochen wurde. Nur in manchen Berufen war die Mitgliedschaft in der NSDAP obligatorisch – so konnte sich zum Beispiel seit 1935 niemand mehr an einer Universität habilitieren, der nicht dem Nationalsozialistischen Deutschen Dozentenbund angehörte.

Um die Fiktion, eine Elitepartei zu sein, aufrechtzuerhalten, vermied es Hitler, die Mitgliedschaft in der NSDAP für alle Erwachsene vorzuschreiben. Auf dem Höhepunkt hatte die Partei im Mai 1943 daher nicht mehr als etwas über 7 000 000 Mitglieder. Das ist zwar eine riesige Zahl, die jedoch anzeigt, dass nur ein Teil der Deutschen Parteimitglieder waren. Man muss jedoch die Mitglieder der SA dazurechnen, die nicht alle zugleich Mitglieder der PO der NSDAP waren – genaue Zahlen sind jedoch von dieser nicht zu ermitteln. Zu den regulären Parteigenossen kamen außerdem die Mitglieder einer Reihe von nationalsozialistischen Unterorganisationen. Auf diese Weise war schließlich doch die Mehrheit der Menschen in Deutschland zumindest Mitglied in einer der Gliederungen der NSDAP.

Die mitgliederstärksten Unterorganisationen waren, abgesehen von der SA und der SS, die Jugendorganisationen Bund Deutscher Mädel (BDM) und Hitlerjugend (HJ). Dass die männliche Jugendorganisation schon 1929 nach ihm benannt wurde, war programmatisch. Hitler legte schon früh größten Wert auf die politische Indoktrination der Jugend, von der er die Vollendung der ›Volksgemeinschaft‹ erwartete. In zahlreichen politischen Ausleseschulen – zwölf Adolf-Hitler-Schulen, 35 Nationalpolitische Erziehungsanstalten (Napolas) und drei sogenannte Ordensburgen – sollte die künftige Elite des NS-Regimes herangezogen werden.

Der Aufbau der nationalsozialistischen Jugendorganisationen wurde von Baldur von Schirach vorangetrieben, der von Hitler schon im April 1933 zum ›Reichsjugendführer‹ ernannt worden war. Im Dezember 1936 wurden die Jugendorganisationen der NSDAP gesetzlich zu staatlichen Organisationen erklärt, im März 1939 wurde durch eine Verschärfung des Gesetzes eine obligatorische Jugenddienstpflicht für alle männlichen Jugendlichen ab zehn Jahren eingeführt. Wenn die HJ zuvor wegen ihrer aus der Jugendbewegung übernommenen Aktivitäten wie Sport, Ferienlager und Wanderromantik für die deutsche Jugend bemerkenswert attraktiv gewesen war, nahm die Begeisterung der Jungen im Krieg deutlich ab, da bei ihnen fast nur noch paramilitärische Erziehung und Ernteeinsätze in der Landwirtschaft auf dem Programm standen. Die von Hitler auf dem Reichsparteitag der NSDAP von 1938 verkündete Propagandaparole, dass die deutschen Jungen »flink wie Windhunde, zäh wie Leder und hart wie Kruppstahl« sein sollten, konnte nur noch in Bezug auf ihre Verwendungsfähigkeit im Krieg verstanden werden.[87]

Eher ein Schattendasein fristete die NS-Frauenschaft. Frauen waren zwar auch in der Nationalsozialistischen Volkswohlfahrt (NSV) und im Reichsarbeitsdienst (RAD) organisiert, Hitler hatte sich jedoch mehrfach für eine entschieden konservative Rolle der Frauen im NS-Staat ausgesprochen. Die Welt der Frau war für ihn »ihr Mann, ihre Familie, ihre Kinder und ihr Haus«.[88] Mithilfe von Ehestandsdarlehen, Mietzuschüssen und Mutterkreuzen für Vielgebärende wurde die Familienpolitik von Hitler einseitig auf die biologische Reproduktion des Volkes ausgerichtet. An diesem Verdikt kamen auch die nationalsozialistisch organisierten Frauen nicht vorbei. Aus Angst vor einer Wiederholung der Erfahrungen aus dem Ersten Weltkrieg sprach Hitler sich auch gegen Frauenarbeit in der Rüstungsindustrie aus. Wie schon lange erwiesen ist, ließ sich das jedoch, trotz des massenhaften Einsatzes von Zwangsarbeitern, im Krieg immer weniger durchhalten, sodass zunehmend auch Frauen als Arbeitskräfte in der Rüstungsindustrie herangezogen werden mussten.[89] Der ›Führer‹ hat sich daher stillschweigend von seinen ideologischen Vorgaben verabschieden müssen.

Nationalsozialistische Massenorganisationen

Eine Sonderrolle spielten im ›Dritten Reich‹ eine Reihe von nationalsozialistischen Massenorganisationen, die de facto von der Partei getragen, dieser aber nicht direkt zugerechnet wurden. Es handelte sich um eine institutionelle Vermischung von Partei und Staat, wie sie für das ›Dritte Reich‹ typisch war. Die wichtigsten waren die Deutsche Arbeitsfront (DAF), die Nationalsozialistische Volkswohlfahrt (NSV), das Winterhilfswerk des Deutschen Volkes (WHW) und der Reichsarbeitsdienst (RAD). Direkt hatten sie nichts miteinander zu tun, wiesen aber strukturelle Ähnlichkeiten auf. Sie entsprachen alle den Organisationsvorstellungen Hitlers, der dem überkommenen Beamtenapparat des Staates misstraute und diesen durch eine angeblich freiwillige, aber durch die Partei kontrollierte Mitarbeit aller Volkgenossen ersetzen wollte. So wurden sie jeweils von einem Parteiführer geleitet, der sich als hoher nationalsozialistischer Funktionär bewährt hatte und von Hitler persönlich eingesetzt worden war. Erich Hilgenfeld, der 1933 zunächst als Reichsleiter des Amtes für Volkswohlfahrt tätig gewesen war, wurde als Leiter der NSV eingesetzt, ehe er seit November 1933 auch das WHW leitete. Robert Ley, schon seit 1932 Reichsorganisationsleiter der NSDAP, führte seit Mai 1933 die DAF, und Konstantin Hierl, schon 1927 in der Reichsleitung der NSDAP tätig, baute den RAD auf und durfte sich seit 1935 Reichsarbeitsführer nennen. Ihrer ursprünglichen Bestimmung nach sollten alle vier Organisationen sozialpolitische Aufgaben erfüllen. Sie hatten in der Praxis jedoch vor allem den rassenpolitischen Zweck, zur Stärkung der ›Volksgemeinschaft‹ beizutragen, waren also in hohem Maße ideologisch, nicht sozial bestimmt. Dazu trug bei, dass Hitler als ›Führer‹ des Nationalsozialismus sich zwar nicht in die Alltagsgeschäfte der Organisationen einmischte, aber regelmäßig mit symbolischen Handlungen in Erscheinung trat. Das Winterhilfswerk wurde von ihm gemeinsam mit Goebbels am 13. September 1933 mit großem Propagandaaufwand eröffnet. Auch in den Folgejahren eröffnete er jeweils die Saison des WHW und ließ sich während des Krieges demonstrativ bei einem öffentlichen Eintopfessen aus Gulaschkanonen, das vom WHW monatlich organisiert wurde, fotografieren. Bei der Gründung der DAF bezeichnete er sich am 10. Mai 1933 als »ehrlichen Makler«, der zwischen Arbeitern und Unternehmern vermittelte.[90] Im Oktober 1934 beauftragte er die DAF mit der »Bildung einer wirklichen Volks- und Leistungsgemeinschaft der Deutschen«.[91] Die Einführung der Arbeitsdienstpflicht, welche die DAF zur größten Massenorganisation des Regimes machte, bezeichnete er schon am 1. Februar 1933 in seiner ersten Rundfunkrede als »Grundpfeiler« seiner Politik.[92] Das war nicht nur bloße Rhetorik, Hitler engagierte sich vielmehr persönlich in den vier Organisationen, weil er sie für die Bildung einer rassisch einheitlichen ›Volksgemeinschaft‹ für notwendig hielt.

Das Winterhilfswerk war eine riesige Spendenorganisation, deren Einnahmen angeblich auf Freiwilligkeit beruhten, was jedoch allenfalls bei Haus- und Straßensammlungen sowie bei den Einkünften aus Weihnachtsmärkten zutraf. In den Berichten der SPD aus dem Exil wurden die Sammlungen für das WHW treffend als »organisierte Wegelagerei« bezeichnet.[93] Im Kern handelte es sich bei den ›Spenden‹ für das WHW um eine Zwangsabgabe auf

Löhne und Gehälter sowie selbstständige Einkommen. Nur so konnte das Spendenaufkommen von etwa einer halben Million Reichsmark im Winter 1933/34 auf zuletzt 1,6 Milliarden Reichsmark im Winter 1942/43 gesteigert werden. Die Spenden entlasteten den Sozialhaushalt des Reiches beträchtlich und setzten die eingesparten Mittel für die Aufrüstung frei, was für Hitler von besonderer Bedeutung war. Vorrangig war für ihn jedoch, dass sich Angehörige aller nationalsozialistischen Organisationen ehrenamtlich an den winterlichen Sammlungen beteiligten und damit »die nationale Solidarität des deutschen Volkes« unter Beweis stellten. An die Stelle der »internationalen marxistischen Solidarität« würde damit eine Solidarität treten, »die blutsmäßig ewig begründet ist«.[94]

Die NSV galt im ›Dritten Reich‹ fälschlich als am wenigsten dem Regime nahestehend. Sie wurde deshalb häufig gewählt, wenn man den Eintritt in die NSDAP oder eine ihrer direkten Unterorganisationen scheute. Jedoch beschränkte sie sich keineswegs auf die soziale Fürsorge gegenüber Notleidenden. Sie diente vielmehr dem Zweck, für Erbgesundheit zu sorgen, und war insofern ein hoch ideologisches Organ der Rassenpolitik des NS-Regimes.

Im Reichsarbeitsdienst hatten seit Juni 1935 anfangs alle jungen Männer im Alter zwischen 18 und 25 Jahren ein halbes Jahr als »Ehrendienst am deutschen Volk« zu verbringen.[95] Im Krieg wurde die Dienstpflicht entsprechend auch auf Frauen ausgedehnt, die aber vorwiegend Bürodienst zu leisten hatten. Bis 1939 konnte der RAD Hunderttausende von Helfern mobilisieren, die vor allem in der Landwirtschaft, aber etwa auch beim Autobahn- und Bunkerbau eingesetzt wurden. Im Krieg diente er bei den Männern jedoch nur noch zur militärischen Grundausbildung, womit er seine Bedeutung verlor. Die Arbeitspflichtigen wurden zwar mit nur 21 Reichsmark in der Woche entlohnt, da sie aber untergebracht und versorgt werden mussten, war der volkswirtschaftliche Nutzen des RAD insgesamt nur gering.

Die Deutsche Arbeitsfront war von den Organisationen zweifellos die erfolgreichste und für das ›Dritte Reich‹ wichtigste. Das hing damit zusammen, dass sie sich 1933 mit der Zwangsintegration der sozialistischen Gewerkschaften deren gesamtes Vermögen angeeignet hatte. Aus ehemals gewerkschaftlichen Banken, Wohnungsbaugesellschaften, Versicherungen und vor allem Unternehmen hat sich die von Robert Ley als »Reichsorganisationsleiter« nach dem Führerprinzip geleitete DAF ein riesiges Wirtschaftsimperium gezimmert, das die Arbeitswelt des ›Dritten Reiches‹ lange Zeit bestimmte. Schon nach einem Jahr wurde der überwiegende Teil der Berufstätigen von der DAF erfasst, 1939 waren es 22 Millionen und 1942 25 Millionen Menschen.[96] Die DAF war damit die mitgliederstärkste Organisation des Nationalsozialismus, ihr Führer Ley kann als einer der mächtigsten Männer des ›Dritten Reiches‹ angesehen werden.

Es handelte sich bei der DAF um keine Gewerkschaft, sondern um eine korporativistische Zwangsorganisation, der Arbeitnehmer und Arbeitgeber gleichermaßen angehören mussten. Die DAF hatte kein Streikrecht und ihr fehlte das wichtigste gewerkschaftliche Machtinstrument: die Tarifhoheit. Über die Löhne und Gehälter der Arbeitnehmer bestimmten im Nationalsozialismus die dem Reichsarbeitsministerium unterstellten bürokratischen »Treuhänder der Arbeit«. Auch wenn das »Gesetz zur Ordnung der nationalen Arbeit« vom 20. Januar 1934 die Unternehmer wegen ihres nicht angetasteten Eigentumsvorbehalts privilegierte, gab sozialpolitisch jedoch die Arbeitnehmerseite den Ton an, seitdem die DAF im Oktober 1934 der NSDAP offiziell als Unterorganisation angeschlossen worden war.

Die DAF betrieb eine Reihe von Ausgründungen, von denen die NS-Gemeinschaft »Kraft durch Freude« die wichtigste war. Diese stellte eine Kopie der entsprechenden faschistischen Organisation dar, deren Namen »Opera Nazionale Dopolavoro« sie zunächst sogar als »Organisation nach der Arbeit« in wörtlicher Übersetzung übernommen hatte.[97] Sie stellte den Arbeitern umfassende kulturelle und touristische Angebote zur Verfügung, deren wichtigste vor Kriegsbeginn Kreuzfahrten mit eigenen Passagierschiffen waren. Zum »schönen Schein des Dritten Reiches« gehörte es auch,[98] dass die DAF ein Radio, den billigen ›Volksempfänger‹, produzierte, das sich alle Haushalte leisten konnten. Da man mit diesem nur den von Goebbels kontrollierten Großdeutschen Rundfunk empfangen konnte, diente seine Verbreitung gleichzeitig zur Reduktion auf dessen Propaganda. Die Massenproduktion eines ›Volkswagens‹ wurde durch den Krieg verhindert und beschränkte sich auf den Bau von militärisch nutzbaren ›Kübelwagen‹. Doch wies die DAF mit diesen Produkten durchaus den Weg in die moderne Konsumgesellschaft.

Der ›Führer‹ der Volksgemeinschaft

Hatte Hitler sein demagogisches Talent als Redner im Dienste seiner Partei vor 1933 zuletzt vor allem bei Wahlkämpfen bewiesen, änderte sich das nach seiner Machtübernahme, wenn man von der Propaganda bei der Reichstagswahl vom 3. März 1933 und bei mehreren gelenkten Volksabstimmungen einmal absieht. Hitler verzichtete jedoch nicht auf seine Massenauftritte als politischer Redner. Diese folgten seit seiner Machtübernahme im Wesentlichen dem nationalsozialistischen Festkalender, dessen Rhythmus von Hitler festgelegt worden war. Im Mittelpunkt dieser politischen Festtage stand jeweils eine Rede Hitlers. Das begann am 30. Januar, dessen ursprünglicher politischer Charakter von nationalsozialistischer und konservativer Gemeinsamkeit schon bald verloren ging und ab 1933 von Hitler als Geburtsstunde des ›Dritten Reiches‹ angesehen wurde, dessen Herbeiführung er sich allein zuschrieb. Sein Geburtstag am 20. April stand sodann im Zeichen einer Führerverehrung, die mit militärischen Aufmärschen und Marschmusik nicht zufällig an ›Kaisers Geburtstag‹ am 18. Januar erinnern sollte. Der wenig später folgenden 1. Mai wurde von der Partei und besonders von der SA und der SS als »Nationaler Feiertag des deutschen Volkes« volksfestartig gefeiert, die sich vor dem ›Führer‹ als faschistische Avantgarde präsentierten. Das nationalsozialistische Jahr klang schließlich mit dem 9. November aus, an dem Hitler an der pompösen Grablege auf dem Münchner Königsplatz den »Kult der Toten Helden« zelebrierte, zu denen die 1923 an der Feldherrnhalle getöteten nationalsozialistischen Putschisten von ihm stilisierten worden waren.[99]

Abgesehen von dem kultischen Totengedächtnis in München trat Hitler bei den Veranstaltungen des nationalsozialistischen Kalenders in der Regel bei einer zentralen Veranstaltung in Berlin auf. Eine besondere Rolle spielten darüber hinaus jedoch zwei Massenveranstaltungen der Partei, an denen er zwischen 1933/34 und 1938 jährlich persönlich teilnahm: Das »Reichserntedankfest« auf dem Bückeberg in der Nähe von Hameln und vor allem der »Reichsparteitag« der NSDAP in Nürnberg.

Die Veranstaltung des sogenannten Reichserntedankfests war eine Idee von Joseph Goebbels, der sich damit am 1. Oktober 1933 erstmals im großen Stil als Propagandaminister profilierte. Es fand bis 1937 insgesamt fünf Mal statt, mit einer steigenden Teilnehmerzahl von am Ende angeblich über einer Million Menschen. Wie die nationalsozialistische Feier des 1. Mai den Arbeitern, so sollte die des Erntedankfests den Bauern gelten. Delegationen von bäuerlichen, in Trachten gekleideten Landwirten wurden von der Propaganda auch medial in den Vordergrund gestellt. In Wahrheit kamen die Teilnehmer in ihrer großen Mehrheit jedoch nicht vom Land und das auch nicht aus ganz Deutschland, sondern aus Städten in der näheren Umgebung. Der abgelegene Ort war von Goebbels gewählt worden, weil er ziemlich in der Mitte Deutschlands nicht weit von der Weser entfernt liegt, die als einziger der großen deutschen Flüsse von der Quelle bis zur Mündung auf deutschem Gebiet fließt. Die Gestaltung des sich über einen sanften Hügel mitten in der Natur hinziehenden Festplatzes war der erste Großauftrag, den Albert Speer erhielt.[100]

Die ländliche Massenversammlung zeichnete sich durch drei Merkmale aus. Zum Ersten fand sie ohne jede Beteiligung der Kirchen statt, denen man die Festidee des Erntedanks entwendet hatte. Neben dem Festplatz fand zweitens ein jährlich immer größer werdendes Manöver der Wehrmacht statt, die auf diese Weise ihre Integration in die Volksgemeinschaft vorführen konnte. Drittens aber, und das war am wichtigsten, war die Massenveranstaltung eine Demonstration für den ›Führer‹. Das ganze Programm war nicht nur auf ihn zugeschnitten, er trat auch auf keiner anderen Massenveranstaltung so bewusst als ›Führer zum Anfassen‹ auf. Es handelte sich geradezu um eine Inszenierung körperlicher Nähe zu ihm. Auf einem so bezeichneten ›Führerweg‹ schritt Hitler den Hügel, auf dem sich die Massen drängten, hinauf und wieder hinunter, um überall zu grüßen, Hände zu schütteln und sich fotografieren zu lassen. Zahlreiche offizielle Fotos mit jubelnden Menschen, die von der Propaganda verbreitet wurden, sind hier aufgenommen worden.

Parteitage der NSDAP hatte es auch schon in den Zwanzigerjahren gegeben, sie wurden jedoch vor allem aus finanziellen Gründen nur unregelmäßig abgehalten. Nach der Machtübernahme wurden sie von 1933 bis 1938 regelmäßig im Herbst in Nürnberg veranstaltet.[101] 1939 fiel die ausgerechnet als ›Parteitag des Friedens‹ geplante Massenveranstaltung wegen des Überfalls der Wehrmacht auf Polen aus. Auch in Nürnberg drehte sich alles um Hitler. Schon die Wahl der Stadt hing damit zusammen, da Hitler von dort aus im Anschluss die Bayreuther Festspiele besuchen konnte. Seit 1934 gab es zur Eröffnung des Parteitags außerdem noch eine Festaufführung von Richard Wagners bekanntlich in Nürnberg handelnden »Meistersingern«. Als Stadt der alten deutschen Reichstage diente Hitler Nürnberg aber auch dazu, an die Tradition des Heiligen Römischen Reiches anzuknüpfen und das ›Dritte Reich‹ in diese Tradition zu stellen. Um dem aufwendigen Massengeschehen einen propagandistischen Überbau zu geben, wurde jeder Parteitag von Hitler persönlich unter ein Motto gestellt. So wurde der erste Nürnberger Parteitag von 1933 als ›Parteitag des Sieges‹ ausgegeben, womit der Sieg über die Weimarer Republik und Hitlers Machtergreifung vom 30. Januar gemeint war. Der Parteitag von 1935 wurde nach den ersten Schritten zur Wiederaufrüstung und der damit vollzogenen Befreiung vom Versailler Vertrag als ›Reichsparteitag der Freiheit‹ verstanden und der Parteitag von 1936 wegen der Rheinlandbesetzung als ›Reichsparteitag der Ehre‹ begangen. Es folgten 1937 wegen der Beseitigung der Arbeitslosigkeit, aber auch der Ausrufung des wirtschaftlichen Vierjahresplans für den Krieg, der ›Reichsparteitag der Arbeit‹ und 1938 wegen des Anschlusses Österreichs an das Deutsche Reich der ›Reichsparteitag Großdeutschlands‹.

Nicht zufällig waren es jedes Mal politisch Aktionen, die als Anlass für die Namensgebung dienten. Es ging in Nürnberg nie um eine Leistungsschau der Partei, es gab keinerlei Beratungen in Arbeitsgruppen, Rechenschaftsberichte oder Programmdiskussionen, wie sie auf Parteitagen demokratischer Parteien üblich sind. Die Parteitage waren vielmehr durch disziplinierte Massenaufmärsche und Paraden gekennzeichnet, wie der makabre Parteitagsfilm »Triumph des Willens« von Leni Riefenstahl über den Parteitag von 1934 überdeutlich erkennen lässt. Es gab eine Woche lang nur Aufmärsche, Appelle, Fahnenweihen, Totengedenken und Reden. Als Redner trat ständig Hitler auf, oft mit mehreren Reden am Tag. Auch wenn seine Parteitagsreden regelmäßig eine vorgeschobene Friedensrhetorik aufwiesen, war ihr eigentlicher Zweck die Vorbereitung der Massen auf den Krieg. Nicht nur alle Teilorganisationen der NSDAP, sondern auch alle Truppenteile der Wehrmacht mussten mit Einheiten in militärischer Ordnung aufmarschieren. Nach dem Umbau der Wehrmacht mussten ihre Führer (Fritsch, Göring, Raeder) ab 1935 demonstrativ an Hitler vorbeimarschieren.

Die Hauptattraktionen waren jedes Mal die Reden Hitlers, die er von einem riesigen Rednerpult aus oder am Ehrenmal für die ›Märtyrer der Bewegung‹ hielt oder verlesen ließ. Der ›Führer‹ ließ sich zudem durch devote Reden seiner Unterführer sowie durch nationalistische Lieder und kämpferische Sprechchöre der Massen feiern. Im Grunde waren es keine Parteitage, sondern Führertage, die jährlich in Nürnberg abgehalten wurden.

Inhaltlich simulierte Hitler in seinen Reden auf den Parteitagen den Dialog mit den in der Partei organisierten Volksgenossen. Dadurch sollte die ›Gemeinschaft‹ von ›Führer‹ und ›Gefolgschaft‹ hergestellt werden. Insofern kann man Hitlers Auftritte als Demonstration einer charismatischen Führerherrschaft bezeichnen, die in hohem Maße von der Wirkung seiner Aura auf die Menschen abhängig war. Es wäre jedoch verfehlt, allein seine charismatisch gefärbten Propagandaauftritte für den Kern von Hitlers Herrschaft zu halten: Seine Diktatur war terrorgestützt – und sie wurde es umso mehr, als die Zustimmung zu seinem Regime sank. Diese bestand so lange, wie Hitler bis zum militärischen Sieg über Frankreich einen ›Blitzsieg‹ nach dem anderen vorweisen konnte. Seit der kriegsentscheidenden militärischen Niederlage der Wehrmacht in Stalingrad Anfang 1943, dem die deutsch-italienische Niederlage im nordafrikanischen El Alamein vorausging, änderte sich das jedoch radikal. Hitler konnte seitdem in der Öffentlichkeit keine populistischen Auftritte mehr riskieren, nicht nur, weil sie infolge des alliierten Bombenkrieges immer riskanter wurden, sondern weil er sich der rückhaltlosen Zustimmung der Massen nicht mehr unbedingt sicher sein konnte. Hatte er bis zum Kriegsbeginn nicht genug öffentlich auftreten können, so machte er sich im Krieg immer rarer. Da es weder Reichserntefeste noch Reichsparteitage gab und der nationalsozialistische Festkalender immer weniger bedient wurde, konnte er sich immer mehr zunächst in sein ›Führerhauptquartier‹ in Rastenburg und schließlich in seinen Führerbunker in Berlin zurückziehen. Seit der Niederlage von Stalingrad war der ›Führer‹ im nationalsozialistischen Führerstaat zunehmend weniger präsent. »Wo ist der Führer?« war gegen Ende des ›Dritten Reiches‹ daher eine Frage, die hinter vorgehaltener Hand immer häufiger gestellt wurde. Hitler musste schließlich von Goebbels selbst noch zu Radioauftritten überredet werden, damit der Hitlermythos nicht vollständig verblasste. Sein Regime lebte während des Krieges zunehmend nur noch von einer Zustimmung, die durch die Androhung von Gewalt erzwungen wurde, nicht mehr von dem großen Massenkonsens der Dreißigerjahre. Bis zuletzt wirkte allerdings die Propaganda, dass nur durch einen ›Endsieg‹ die Unterjochung Deutschlands durch den ›Bolschewismus‹ verhindert werden könnte.

Hitlers Wirtschaft für den Krieg

Die Nationalsozialisten waren mit den Versprechen an die Macht gekommen, die verheerende Arbeitslosigkeit und die latente Hungersnot zu beseitigen, welche die Weltwirtschaftskrise von 1929 Millionen von Deutschen gebracht hatte. Hitler scheute sogar nicht davor zurück, sich am 1. Februar 1933 in seiner ersten Rundfunkrede als Reichskanzler darauf festzulegen, in vier Jahren die Arbeitslosigkeit »endgültig« überwunden zu haben.[102] Man kann das als reine Demagogie interpretieren, wahrscheinlicher ist jedoch, dass das Versprechen seiner Ahnungslosigkeit in Wirtschaftsfragen entsprang. Während er sich sonst in fast allen politischen Bereichen für kompetent hielt, verließ er sich in der Wirtschaftspolitik auf wechselnde Berater (Gottfried Feder, Otto Wagener, Wilhelm Keppler, Albert Speer). Bezeichnend war auch, dass er den 1930 als Reichsbankpräsidenten zurückgetretenen Hjalmar Schacht, einen Mann der Weimarer Republik, 1933 nicht nur in sein Amt zurückholte, sondern ihn 1934 zusätzlich auch noch zum Reichswirtschaftsminister und 1935 zum Generalbevollmächtigten für die Kriegswirtschaft ernannte. Aufgrund von Kompetenzstreitigkeiten mit Göring, die Schachts finanzpolitischen Warnungen vor einer übereilten Aufrüstung entsprangen, musste er seine Ämter als Minister und Generalbevollmächtigter 1937 zwar aufgeben, er blieb aber bis 1939 Reichsbankpräsident. Ohne Schachts Kompetenz in wirtschafts- und finanzpolitischen Fragen, aber auch ohne seine Verbindungen zur Schwerindustrie hätte Hitler wohl kaum eine Chance gehabt, nach seiner Machtübernahme seine vollmundigen Versprechungen eines wirtschaftlichen Aufschwungs gegenüber der Bevölkerung auch nur halbwegs einzulösen.

Wirtschaftspolitische Erfolge hielt Hitler allerdings letzten Endes nicht für ein Ergebnis fachlicher Kompetenz und rationaler ökonomischer Überlegungen, sondern für eine Frage des Willens. Vor allem aber galt für ihn immer der Primat der Politik gegenüber der Wirtschaft. Das zeigte sich etwa daran, dass er von der Vorstellung ausging, in der Wirtschaftspolitik müssten nicht ökonomische Zyklen und Konjunkturen sowie Steueraufkommen oder Produktionszahlen beachtet, sondern »Schlachten« geschlagen werden. Nacheinander wurde im ›Dritten Reich‹ nach dem Willen Hitlers zu einer »Arbeitsschlacht«, einer »Erzeugerschlacht« und einer »Rüstungsschlacht« aufgerufen. Da diese ›Schlachten‹ nicht von denselben Akteuren geführt wurden, überschnitten sie sich vielfach und trugen damit zu einer Zersplitterung der Wirtschaftspolitik bei.

Das war lediglich noch nicht der Fall, solange nur die ›Arbeitsschlacht‹ ausgerufen war.[103] Die NS-Regierung investierte unter diesem Motto Millionen von Reichsmark in ein staatliches Arbeitsbeschaffungsprogramm zur Förderung des staatlichen Wohnungsbaus. Außerdem begann sie mit der Umsetzung des schon von der Regierung Papen geplanten Autobahnbaus. Wenn dabei der Bau der Autobahnen von Mannheim nach Saarbrücken und (unvollständig) von Koblenz nach Trier in Richtung Frankreich vorgezogen wurde, wies das freilich darauf hin, dass der Autobahnbau für Hitler auch militärische Gründe hatte. Die öffentlichen Investitionen steigerten ganz erheblich die Produktion der Bau- und Wohnungsindustrie. Dadurch und durch sozialpolitische Maßnahmen wie staatliche Ehestandsdarlehen, durch welche entsprechend der Propaganda gegen »Doppelverdiener« die Stellen von etwa 500 000 Frauen gezielt dem Arbeitsmarkt entzogen und mit Männern besetzt wurden, wurde tatsächlich schon in kurzer Zeit ein erheblicher Rückgang bei der (männlichen) Arbeitslosigkeit bewirkt. Gab es beim Regierungsantritt von Hitler etwa sechs Millionen Arbeitslose, so waren es 1934 im Schnitt nur noch 2,7 Millionen. Die Löhne wurden jedoch niedrig gehalten und die Lebenshaltungskosten konnten nicht wesentlich gesenkt werden, sodass der Lebensstandard der Bevölkerung im Vergleich zu anderen Industrieländern niedrig blieb. Es konnte so zwar die ›Arbeitsschlacht‹ in überraschend kurzer Zeit gewonnen und die Arbeitslosigkeit weitgehend beseitigt, der private Konsum jedoch nicht entsprechend befriedigt werden. Vor allem blieb die Ernährungslage unzureichend. Organisiert von dem nationalsozialistischen Reichsbauernführer Richard Walter Darré, wurde deshalb eine landwirtschaftliche »Erzeugerschlacht« proklamiert.[104] Sie stand unter dem Zeichen der von Hitler ausgerufenen Autarkie, die Deutschland unabhängiger von der Einfuhr von Nahrungs- und Futtermitteln, aber auch von Rohstoffen und Energieträgern machen sollte. Abgesehen von einigen, zur Entlastung beitragenden Innovationen, wie der Produktion von künstlichem Kautschuk in den Buna-Werken, blieb die Versorgungslage jedoch angespannt. Dies war eine der Ursachen dafür, dass es nach der ersten Begeisterung schon 1934 in der Bevölkerung zu einer »politischen Katerstimmung« kam und sich gerade auch in der SA Enttäuschung und Unzufriedenheit breitmachten.[105]

Ungeachtet aller wirtschaftspolitischen Versprechen war Hitler allein die dritte Schlacht wichtig, die ›Rüstungsschlacht‹. Parallel zur Wiedereinführung der allgemeinen Wehrpflicht für Männer im Jahre 1935 wurde die Produktion von Rüstungsgütern rücksichtslos gesteigert. Der Anteil der Rüstungsausgaben an den Staatsausgaben stieg von vier Prozent auf deutlich über 50 % im Jahre 1938. Das ließ sich bei Weitem nicht mehr mit dem nur schleppend ansteigenden Steueraufkommen des Reiches finanzieren. Um nicht in eine überproportionale Staatsverschuldung hineinzugeraten, schöpfte das Regime in großem Stil auf zweierlei Weise privates Kapital für die Aufrüstung ab. Die

Rüstungsausgaben wurden einerseits auf dem Umweg über ein System von privat diskontierten Wechseln, den sogenannten Mefo-Wechseln einer »Metallurgischen Forschungsgemeinschaft«, zu der sich führende Rüstungsunternehmen zusammenschließen mussten, finanziert. Der Staat brauchte die Wechsel nur zu garantieren, nicht aber selbst einzulösen, was für das Regime den Vorteil hatte, dass die Rüstungsfinanzierung damit nicht auffiel. Noch weniger fiel diese durch die Abschöpfung von Spar- und Versicherungsguthaben bei Sparkassen und Versicherungen sowie bei von diesen zwangsweise erhobenen Reichsanleihen auf, für welche die Sparguthaben der Bevölkerung verwendet wurden. Ohne es zu merken, wurden auf diesem Wege letzten Endes alle Sparer zur Rüstungsfinanzierung herangezogen.[106]

Diesem problematischen System verdeckter Finanzierung wäre durchaus abzuhelfen gewesen, wenn die forcierte Rüstungsproduktion zurückgefahren worden wäre. Genau dies wollte Hitler jedoch unter allen Umständen verhindern. Im Frühjahr 1936 unterwarf er deshalb die Wirtschaft einem »Vierjahresplan«, durch den die Rüstung in der industriellen Produktion ausdrücklich priorisiert wurde. Es entstand eine überdimensionale staatliche Nebenbehörde, welche die gesamte Wirtschaft zwar nicht lenken, jedoch überwachen und rüstungswirtschaftlich auf Kurs halten sollte.[107] An die Spitze dieser Behörde berief Hitler, Schachts Kompetenzen damit zurückdrängend, Hermann Göring als »Beauftragten für den Vierjahresplan«.

Wie zentral für Hitler in der Wirtschaft die Rüstungsfrage war, lässt sich daran erkennen, dass er 1936 nach längerer Zeit erstmals wieder einen umfangreichen Text als *Denkschrift zum Vierjahresplan* verfasste.[108] Er verkündete darin den Primat der Politik gegenüber der Wirtschaft und orientierte die bis dahin stark verzweigte Wirtschaftspolitik des ›Dritten Reiches‹ ganz auf einen kommenden Krieg hin. Das privatwirtschaftliche Unternehmertum wurde von ihm nicht angetastet. Indem die Wirtschaft jedoch dem Erfordernis der Rüstungsproduktion unterworfen wurde, ergab sich eine Art von »gelenkter Marktwirtschaft«, wie das zeitgenössisch genannt wurde.[109] Demonstrativ endete die Denkschrift mit einem sowohl an die Industrie als auch die Wehrmacht gerichteten Marschbefehl des Diktators: »I. Die deutsche Armee muss in 4 Jahren einsatzfähig sein. II. Die deutsche Wirtschaft muss in 4 Jahren kriegsfähig sein.«[110]

Mit der Priorisierung der Rüstungsschlacht war für Hitler zugleich auch eine Verlagerung der Wirtschaftspolitik auf die Expansion verbunden. Seiner ideologischen Fixierung auf die Gewinnung von ›Lebensraum‹ für die Deutschen im Osten glaubte er dadurch einen konkreten Sinn geben zu können, dass er dort die »Rohstoff- und Ernährungsbasis unseres Volkes« zu finden versprach.[111] Auch wenn er diesen ›Lebensraum‹ stets nur vage lokalisierte, ließ Hitler keinen Zweifel daran, dass eine Expansion dorthin nur durch Gewalt möglich sein würde. Er verkürzte die Wirtschaftspolitik damit letzten Endes auf Kriegspolitik. Alle seine Kriege, mit denen er 1939 beginnen sollte, waren wirtschaftliche Eroberungskriege, die zur rücksichtslosen Ausbeutung der besiegten Länder führten. Anders als er das versprach, dienten sie am Ende weniger der Versorgung der Deutschen als vielmehr, wie in längst vergangenen Zeiten, der Ermöglichung neuer Kriege.

Anfänge einer neuen Außenpolitik

Für Hitler stand bei seiner Machtübernahme fest, dass die Stabilisierung seiner Herrschaft Vorrang vor der Außenpolitik haben müsse. Dennoch ist es bemerkenswert, dass er schon am 3. Februar 1933 bei einer ersten Zusammenkunft mit der Führung von Heer und Marine von der »Eroberung neuen Lebensraums im Osten« als seinem außenpolitischen Fernziel gesprochen hat.[112] Damit ließ er, wenn auch nicht öffentlich, erkennen, dass die imperialistischen Gedankenspiele, die er in *Mein Kampf* und mehr noch in seinem *Zweiten Buch* betrieben hatte, Maßstab seiner Außenpolitik sein sollten. Auch wenn man das immer wieder versucht hat, kann man aus dieser und späteren Aussagen Hitlers jedoch nicht schließen, dass seine gesamte Außenpolitik ideologisch fixiert gewesen sei. Hitler hatte zwar ohne Zweifel vorrangig imperialistische Fernziele, auf die er dogmatisch festgelegt war. Er handelte aber bei Bedarf auch nach realpolitischen Grundsätzen, die nicht ideologisch vorgegeben waren. Dabei handelte es sich nicht um eine nur vorgetäuschte Pragmatik, welche seine dogmatischen Fernziele verbergen sollte. Die Außenpolitik des Diktators war vielmehr sowohl dogmatischen Festlegungen als auch realpolitischem Kalkül verpflichtet. Diese Zweigleisigkeit machte es für die Zeitgenossen, macht es aber auch für die Historiker so schwierig, sie zu durchschauen.

Neu war daran zweierlei: Zum einen ging Hitler bei seiner Außenpolitik geradezu von einem Primat der Innenpolitik aus. Es war ihm ebenso wichtig, welche Konsequenzen sie für die Entfaltung und Erhaltung seiner persönlichen Diktatur, als auch, welche Folgen sie international hatte. Zum Zweiten glaubte er, einen neuen Stil in die internationale Politik bringen zu können, indem er die Kompetenz dafür den professionell damit beschäftigten Diplomaten weitgehend entriss und sie stattdessen auf Beziehungen politischer Sonderorganisationen wie der Auslandsorganisation der NSDAP, dem Außenpolitischen Amt der NSDAP und der Dienststelle Ribbentrop aufbaute. In der Praxis gelang ihm dies freilich nur in der Beziehung zu Mussolini, bei der sich so etwas wie ein eigener faschistischer Stil herausbildete und Sondergesandte an die Stelle von professionellen Diplomaten traten.[113]

Bei seinen ersten außenpolitischen Schritten bewegte sich Hitler als Reichskanzler in Übereinstimmung mit der revisionistischen Linie der Deutschnationalen, wie sie der Außenminister Konstantin von Neurath verkörperte. Es ging auch ihm darum, die ›ungerechten‹ Gebietsverluste und die militärischen Beschränkungen, welche der Versailler Vertrag Deutschland auferlegt hatte, rückgängig zu machen. Im Unterschied zu seinen konservativen Koalitionspartnern war Hitler jedoch bereit, dafür auch höchst unkonventionelle Wege zu gehen. Am 14. Oktober 1933 brachte er die Genfer Abrüstungsverhandlungen zum Scheitern und erklärte Deutschlands Austritt aus dem Völkerbund. Ein von ihm arrangiertes Plebiszit bestätigte ihm, dass die Bevölkerung bei dem riskanten Manöver hinter ihm stand. Am 26. Januar 1934 schloss er mit dem autoritär von Marschall Pilsudsky regierten Polen überraschend einen Nichtangriffspakt. Da dieses Vorgehen Deutschland keinen Schritt näher an die Rückgewinnung der im Versailler Vertrag abgetretenen Gebiete brachte, wich er damit offensichtlich von der Revisionspolitik seiner konservativen Koalitionspartner ab. Der Vertrag war jedoch eine Antwort auf den sowjetisch-polnischen Nichtangriffsvertrag aus dem Jahr 1932. Hitler demonstrierte insofern damit, dass er Polen nicht den Sowjets überlassen wollte. Das entsprach der Ausrichtung der deutschen Außenpolitik gegen den ›Bolschewismus‹, der schon vor 1933 die geheime Zusammenarbeit von Reichswehr und Roter Armee zum Opfer gefallen war. Der Vertrag fand deshalb durchaus auch bei den Konservativen Zustimmung.

Es traf sich für Hitler gut, dass er sich Anfang 1935 bei der im Versailler Vertrag vorgesehenen Volksabstimmung im Saarland voll auf revisionistischem außenpolitischem Kurs bewegen konnte. Dass die Saarländer am 13. Januar mit der überwältigenden Mehrheit von 90,8 % der abgegebenen Stimmen nach 15 Jahren der Vormundschaft des Völkerbundes für eine Rückkehr ins Deutsche Reich stimmten, rechnete er der gewaltigen Propaganda an, welche das NS-Regime dafür betrieben hatte. Goebbels bezeichnete das als »ersten großen außenpolitischen Sieg«.[114] Nachdem er 1934 noch glaubte, sich mit brutaler Gewalt an der Macht halten zu müssen, konnte Hitler ein Jahr später mit dem größten Massenkonsens rechnen, den er bisher erlangt hatte.

Dass er eine andere Außenpolitik anstrebte, hatte er freilich auch schon 1934 gezeigt. Nach seinem eigenwilligen, im Ansatz schon in *Mein Kampf* entwickelten Kalkül sollte Deutschland, wie dargelegt, eine außenpolitische Allianz mit Großbritannien und Italien anstreben. Großbritannien sah er geopolitisch auf ein maritimes Weltreich und Italien auf den Mittelmeerraum hin orientiert, beide konnten deshalb nach seiner Vorstellung nichts gegen eine kontinentale Ausdehnung Deutschlands zur Gewinnung von ›Lebensraum‹ haben.[115] Nachdem er zehn Jahre lang vergeblich um die politische Gunst Mussolinis gerungen hatte, wurde er im Juni 1934 in Venedig erstmals von dem faschistischen Diktator empfangen.[116]

Das Treffen führte zwar zu keinerlei politischer Abmachung, es zeigte jedoch, dass der ›Duce‹ einer faschistischen Sonderbeziehung mit Hitlerdeutschland nicht mehr abgeneigt war. Noch im Juli 1933 hatte der ›Duce‹ versucht, mit dem sogenannten Viermächtepakt zwischen Großbritannien, Frankreich, Deutschland und Italien Hitler in das kollektive Mächtesystem Europas einzubinden. Da der Pakt jedoch von den Mächten nie ratifiziert wurde, hatte er de facto nur zu einer Annäherung des faschistischen Italiens an das nationalsozialistische Deutschland geführt.

Dass es nach der Begegnung in Venedig nicht sofort zu einer weiteren Annäherung zwischen Mussolini und Hitler kam, hing mit der Österreichfrage zusammen, die als Einziges zwischen den beiden faschistischen Diktatoren strittig war. Hitler hatte gehofft, mit seinem ausdrücklichen Verzicht auf eine Rückkehr Südtirols nach Österreich Mussolinis Zustimmung zu einem ›Anschluss‹ Österreichs an das Deutsche Reich zu gewinnen. Durch den Putschversuch österreichischer Nationalsozialisten am 25. Juli 1934, bei dem Bundeskanzler Dollfuß ermordet wurde, ging Mussolini, der sich als dessen politischer Mentor verstanden hatte, jedoch erst einmal auf Distanz zu Hitler. Er ging davon aus, dass der Putsch von Hitler angeordnet worden sei.[117] Erst Anfang 1936 wandte er sich wieder Hitler zu, jetzt notgedrungen, da er im Oktober 1935 durch seinen imperialistischen Überfall auf Abessinien im Völkerbund mit den Westmächten in Konflikt geraten war und ihn Hitler als Einziger vorbehaltlos unterstützt hatte. Mussolinis Zuwendung zu Hitler führte am 1. November 1936 zur Beschwörung einer politischen, zunächst formlosen »Achse Berlin – Rom« durch Mussolini. Sie wurde schließlich am 22. Mai 1939 durch ein militärisches Offensivbündnis, den sogenannten Stahlpakt, verfestigt.[118]

Hitlers Vorstellungen von einem Dreierpakt mit Großbritannien und Italien haben sich jedoch nur mit dem faschistischen Italien realisieren lassen, nicht mit dem Vereinigten Königreich. Auch wenn sich das für Hitler außenpolitisch nicht sofort negativ auswirkte, war seine abwegige Bündnispolitik damit im Grunde schon frühzeitig gescheitert. Zwar konnte er am 18. Juni 1935 mit Großbritannien überraschend ein Flottenabkommen abschließen, das Deutschland den Wiederaufbau einer Kriegsflotte ermöglichte. Hitler gab sich jedoch der Illusion hin, mit dem Abkommen einen Schritt zu einem regelrechten Bündnis mit Großbritannien getan zu haben, während die Regierung des Vereinigten Königreichs lediglich das Ziel verfolgte, Hitlerdeutschland in das System der kollektiven europäischen Sicherheit einzubinden. Doch war das Flottenabkommen in der gegebenen Situation in der Tat ein »Riesenerfolg der Politik des Führers«.[119] Die britische Regierung hatte nämlich zuvor hingenommen, dass Hitler entgegen seinen Friedensbeteuerungen tatsächlich aggressive außenpolitische Ziele verfolgte. Am 16. März hatte er mit dem »Gesetz für den Wiederaufbau der Wehrmacht« nicht nur die allgemeine Wehrpflicht für Männer wieder eingeführt, sondern auch die Zahl der künftig auszurüstenden Divisionen auf 36 festgelegt, was 550 000 Mann entsprach. Die Wehrmacht erhielt dadurch eine fünfeinhalbmal größere Truppenstärke als die im Versailler Vertrag für die Reichswehr festgelegte. Der ›kollektiven Sicherheit‹ verpflichtet, hatten die Westmächte auf diese Provokation nur mit einem lauen Protest reagiert. Sie setzten damit, nicht zuletzt aufgrund ihrer eigenen militärischen Abrüstung, gegenüber Hitler eine Politik des ›Appeasements‹ fort, die sich bis 1939 erst ganz allmählich ändern sollte. Umso mehr wurde Hitler kurz vor seinem Überfall auf Polen von den militärischen Garantieerklärungen der Westmächte für Polen und Rumänien überrascht, die am 3. September 1939 durch die Kriegserklärungen an Deutschland bestätigt wurden.

1936 konnte sich Hitler jedoch erst einmal in seiner Einschätzung der Westmächte als Papiertiger bestätigt fühlen. Obwohl er seine provokative Außenpolitik fortsetzte, ließen die Westmächte dies erneut geschehen und reagierten nicht auf sein Vorgehen. Dies zeigte sich besonders im Frühjahr 1936, als Hitler sich entschloss, deutsche Truppen in das durch den Versailler Vertrag entmilitarisierte Rheinland einmarschieren zu lassen. Es war wieder eine der Gelegenheiten, bei denen Hitler bei seiner Entscheidung erheblich zögerte, sich dann aber doch zum Handeln entschloss.[120] Am 7. März 1936 rückte die Wehrmacht mit 20 000 Mann ins Rheinland vor, von denen aber nur ein Teil auch über den Rhein ins linksrheinische Deutschland gelangte. Die Stunden nach dem Einmarsch hat Hitler später als »die aufregendste Zeitspanne« seines Lebens bezeichnet. »Wären die Franzosen damals ins Rheinland eingerückt, hätten wir uns mit Schimpf und Schande wieder zurückziehen müssen, denn die militärischen Kräfte, über die wir verfügten, hätten keineswegs auch nur zu einem mäßigen Widerstand ausgereicht.«[121] Die rheinische Bevölkerung empfing die deutschen Soldaten mit Jubel, und dieser setzte sich bei der gesamten Bevölkerung Deutschlands fort, nachdem sich herausstellte, dass die Westmächte dem völkerrechtswidrigen Einfall nicht entgegentreten würden. Hitlers riskantes Spiel hat seine persönliche Popularität somit enorm gesteigert.

Es kam Hitler zugute, dass 1936 die Olympischen Winterspiele in Garmisch-Partenkirchen und die Sommerspiele in Berlin stattfanden. Ursprünglich war er, der nie in seinem Leben irgendeinen Sport ausgeübt hatte, an diesen Sportveranstaltungen nicht besonders interessiert gewesen. Die Spiele waren 1931 vom Internationalen Olympischen Komitee, in dem die USA und Großbritannien dominierten, an Deutschland vergeben worden, und hatten deshalb in Hitlers Augen auch einen demokratischen Beigeschmack. Erst Goebbels scheint ihn davon überzeugt zu haben, dass sich diese Sportereignisse politisch für das NS-Regime ausnutzen ließen. Dem stand zwar die antisemitische Rassenpolitik des Nationalsozialismus entgegen, die vor allem in den USA zu Diskussionen darüber führte, ob man die Teilnahme an den Spielen nicht absagen müsse. Goebbels verstand es jedoch, mithilfe von Theodor Lewald, dem Vorsitzenden des Nationalen Olympischen Komitees, alle Bedenken in den Demokratien dadurch zu entkräften, dass Deutschland ein Minimum an Konzessionen machte. So durften etwa in der deutschen Olympiamannschaft zwei Sportler jüdischer Herkunft teilnehmen. Alle Sportler durften gemeinsam in einem Olympischen Dorf wohnen. Am westlichen Rand von Berlin wurde ein riesiges, in der Welt einmaliges »Reichssportfeld« geschaffen, mit einem modernen Stadion in der Mitte, in das 100 000 Zuschauer passten. Durch den Generalsekretär des NOK, Carl Diem, wurde ein aufwendiges, ziemlich kitschiges, aber großenteils bis heute gültiges Zeremoniell entworfen, das die Spiele zu einem Showbusiness machte und die politischen Manipulationen durch das NS-Regime verdeckte. Dazu gehörte etwa die Entzündung der sogenannten olympischen Flamme im Stadion des griechischen Olympia sowie ihre Überbringung nach Berlin durch die Kette eines wochenlangen Staffellaufs. Hitler war in Berlin täglich bei den Spielen anwesend, obwohl er die sportlichen Regeln in den einzelnen Disziplinen kaum durchschaute. Zu seinem Ärger waren Afroamerikaner, wie etwa Jesse Owens mit vier Goldmedaillen, in der Leichtathletik besonders erfolgreich. Dass die deutsche Mannschaft am Ende in der sogenannten Nationenwertung mit 33 Gold-, 26 Silber- und 30 Bronzemedaillen vor den Amerikanern an erster Stelle stand, stellte ihn aber in seinem Rassenwahn zufrieden. Wenn irgendwo der »schöne Schein des Dritten Reiches« die finsteren Abgründe von Hitlers Regime verdeckte, dann bei den Olympischen Spielen in Garmisch-Partenkirchen und vor allem in Berlin.

Hitlers Engagement bei den Olympischen Spielen darf allerdings nicht überschätzt werden. Sowohl während der Winterspiele in Garmisch-Partenkirchen als auch während der Sommerspiele in Berlin war er gleichzeitig mit der Vorbereitung zweier militärischer Aktionen beschäftigt, die mit erheblichen außenpolitischen Risiken verbunden waren. Im ersten Fall ging es um die geschilderte militärische Besetzung des Rheinlandes. Kurz vor Beginn der Berliner Sommerspiele hat er außerdem das Startsignal für eine deutsche Intervention im entstehenden Spanischen Bürgerkrieg gegeben. In Hitlers langfristigem programmatischem Kalkül hatte Spanien bis 1936 eine ganz untergeordnete Rolle gespielt,[122] da er das Land für dazu verurteilt hielt, in einer satellitenhaften Bündnisexistenz zu verharren. Als ihn am Abend des 25. Juli 1936 in Bayreuth, wo er anlässlich der Wagner-Festspiele weilte, zwei Funktionäre der Auslandsorganisation der NSDAP erreichten, die ihm einen Brief General Francos mit der Bitte um militärische Hilfe übergaben, wurde er davon völlig überrascht. Er rief deshalb Luftfahrtminister Hermann Göring und Kriegsminister v. Blomberg, die sich zufällig auch beide in Bayreuth befanden, zu sich. In dieser Runde fiel die Entscheidung, Franco zu unterstützen, wobei man zunächst nur von einer kurzfristigen militärischen Hilfe ausging. Dass sich der Bürgerkrieg in Spanien länger hinziehen könnte, ergab sich erst nach und nach. Es ist daher nicht verwunderlich, dass Hitler seine Bereitschaft, Franco zu unterstützen, zunächst auch nur mit der allgemeinen Floskel einer Bekämpfung des ›Bolschewismus‹ rechtfertigte. Das entsprach zwar seinem politischen Weltbild; wenn er sie jedoch auch noch nach dem Ende des Bürgerkriegs wiederholte, so zeigt das, dass Spanien in diesem nach wie vor keinen Platz hatte, sondern für seine Politik im Bürgerkrieg reale bündnispolitische Erwägungen maßgebend waren. Schon im Herbst 1936 hatte er nämlich im Londoner ›Nichteinmischungsausschuss‹, der von den Westmächten im Völkerbund ins Leben gerufen worden war, die Zusammenarbeit mit dem faschistischen Italien gesucht, die seit 1934 gestört war. Die deutsch-italienische Annäherung über die Spanienpolitik verstärkte sich, nachdem Mussolini am 1. November in Mailand die ›Achse Berlin – Rom‹ ausgerufen hatte. Hitlers Verständigung mit Mussolini im Spanischen Bürgerkrieg gipfelte am 18. November in der gemeinsamen Anerkennung der Regierung Francos, sie bewährte sich in der gegenseitigen propagandistischen Unterstützung nach der Niederlage der italienischen Invasionstruppen bei Guadalajara (18. März 1937) und dem fatalen Bombardement Guernicas durch die deutsche Luftwaffe (26. April 1937).

Die operative Führung hatte bei der nationalsozialistischen Spanienpolitik Hermann Göring übernommen, der wahrscheinlich Hitler schon bei der Bayreuther Besprechung von der Notwendigkeit einer Intervention überzeugt hatte. Selbstverständlich handelte er jedoch nicht völlig selbstständig, sondern in Übereinstimmung mit Hitler. Als Befehlshaber der Luftwaffe waren ihm die deutschen Interventionstruppen der ›Legion Condor‹ unterstellt, und seit dem 18. Oktober 1936 vertrat er in Spanien als Hitlers »Beauftragter für den Vierjahresplan« wirtschaftspolitische, vor allem energiepolitische Interessen. Nur aufgrund dieser Ämterkumulation konnte er in der Außenpolitik vorübergehend so viel Einfluss gewinnen, wie sie Hitler später nie wieder einem seiner Trabanten gegeben hat.

Hitler und Mussolini

Vor dem Hintergrund der erfolgreichen politischen und militärischen Zusammenarbeit im Spanischen Bürgerkrieg haben Hitler und Mussolini ihre bündnispolitische Zusammenarbeit 1937 bzw. 1938 mit zwei gegenseitigen Staatsbesuchen besiegelt. Da bei diesen Begegnungen kaum etwas politisch beraten und schon gar nichts offiziell beschlossen wurde, haben sie in der Hitlerforschung lange Zeit wenig Beachtung gefunden. Sie müssen jedoch als Höhepunkte gemeinsamer faschistischer Achsenpolitik angesehen werden. Beide Diktatoren hielten nichts von der klassischen, auf diplomatische Beziehungen gestützten Außenpolitik. Sie gründeten ihr Verhältnis auf einer politischen ›Freundschaft‹, die besonders von Hitler immer wieder beschworen worden ist. Dazu gehörte, dass für ihre Kommunikation nicht professionelle Diplomaten zuständig sein sollten, sondern vielmehr persönliche Sondergesandte. So wurde die Einladung Hitlers zum Besuch Deutschlands Mussolini am 23. September 1936 auch nicht vom deutschen Botschafter in Italien, von Hassell, sondern von Hitlers Minister Hans Frank überbracht. Mussolini sagte diesem nicht nur sofort zu, sondern gab dem Treffen eine besondere persönliche Bedeutung: »Wir sind nicht nur Staatschefs, sondern Führer von Bewegungen, die heute einen Kampf auf Leben und Tod führen fast gegen die ganze Welt.«[123] Sein Besuch in Deutschland solle deshalb eine Zusammenkunft von Führern in kameradschaftlichem Geist darstellen. Hitler und er sollten als »Führer« und »Duce« zusammenkommen, nicht als Reichskanzler und Regierungschef. Als der Besuch schließlich auf den 25. bis 29. September 1937 festgesetzt wurde, fügte Mussolini noch hinzu, dass seine Reise nach Deutschland »unique in ihrer Art« sei, womit er zum Ausdruck brachte, dass es sich um ein Treffen geistesverwandter faschistischer Diktatoren handelte.[124] Bei seiner Anreise wurde Mussolini an der Grenze bei Kufstein dann auch nicht nach diplomatischen Gepflogenheiten vom deutschen Außenminister, sondern von Heß als Stellvertreter des ›Führers‹ mit einer SS-Einheit begrüßt.

Von Hitler ist der Besuch Mussolinis, wie treffend gesagt worden ist, als ein »mehrere Tage andauerndes Fest, das in der Geschichte des Nationalsozialismus einzigartig blieb«, inszeniert worden.[125] Der Höhepunkt des ersten Tages war am 26. September die Kranzniederlegung an der Grablege für die nationalsozialistischen ›Märtyrer‹ des Novemberputsches von 1923 auf dem Münchner Königsplatz. Hitler und Mussolini zollten hier gemeinsam dem »Kult um die toten Helden« Tribut.[126] Eigentlicher Höhepunkt war dann am 28. September eine von Albert Speer mit sogenannten Lichtdomen inszenierte Kundgebung auf dem Berliner Maifeld mit angeblich 800 000 Teilnehmern, wahrscheinlich eine der größten Massenveranstaltungen des NS-Regimes. Nach den Worten von Hitlers Pressechef Otto Dietrich sollte das Spektakel den neuen Stil faschistischer Politik darstellen, die »heute nicht mehr hinter verschlossenen Türen, sondern vor den Augen, ja unter Mitwirkung der Völker« gemacht werde.[127] Fast wörtlich beschworen Hitler und Mussolini die Kundgebung als Repräsentation der virtuellen Einheit von »115 Millionen Angehörigen zweier Völker«, die sich von einer (demokratischen) Volksversammlung grundlegend unterscheide.[128] Damit wurde ein faschistischer Gegenentwurf zur Idee demokratischer Völkerverbrüderung formuliert.

Hitlers Gegenbesuch in Italien fand vom 3. bis 9. Mai 1938 statt. Während Mussolini nur mit wenigen politischen Begleitern nach Deutschland gereist war, fiel Hitler mit etwa 500 Politikern, Beamten, Geheimdienstlern, Journalisten und Diplomaten, die in drei Sonderzügen transportiert werden mussten, regelrecht in Italien ein. Nie wieder ist er im Ausland mit einer solch gigantischen Equipage aufgetreten. Zweifellos wollte er Mussolini demonstrieren, wie überlegen er ihm inzwischen war. Unter Hitlers engeren Gefolgsleuten führte die Italienreise zu einem Gerangel, wie es sonst im ›Dritten Reich‹ kaum so offen ausgetragen wurde. Am Ende durften Goebbels, Himmler und Hans Frank mitfahren, während Göring in Berlin bleiben musste. Hitler versüßte ihm das zwar damit, dass er sich durch ihn vertreten ließ. Göring hat das jedoch gleichwohl als eine Zurücksetzung empfunden, weil er sich aufgrund seiner Besuche in Italien schon vor 1933 als eigentlicher Italienfachmann des Nationalsozialismus ansah. Hitler wollte jedoch gerade das faschistische Italien keinem seiner Leute als besonderen Zuständigkeitsbereich überlassen, da er die Sonderbeziehungen zu dem Land ganz seiner persönlichen ›Freundschaft‹ zum ›Duce‹ zuschrieb.

Wie Hitler in Deutschland inszenierte Mussolini auch in Italien den Besuch des Diktatorenfreundes als perfekte Show politischer Gemeinsamkeit. Die Harmonie wurde nur dadurch gestört, dass Hitler als nominelles Staatsoberhaupt aus protokollarischen Gründen die Präsenz König Viktor Emanuel III. ertragen musste. Er nahm dies nur unwillig in Kauf, begriff aber, dass sein italienischer ›Freund‹ in Italien eine sehr viel labilere politische Machtstellung hatte als er selbst in Deutschland. Das trug dazu bei, dass er Mussolini künftig sehr viel mehr nachsah, als das bei anderen Verbündeten sonst der Fall war.

In der nationalsozialistischen Bildpropaganda wurde der italienische König nach der Italienreise Hitlers jedoch so wenig wie möglich gezeigt. Wie auch nach Mussolinis Deutschlandbesuch den Band *Mussolini erlebt Deutsch-*

land, veröffentlichte Heinrich Hoffmann schon kurze Zeit nach Hitlers Italienreise einen Bildband mit dem Titel *Hitler in Italien*.[129] Hitler und Mussolini scheinen darin auf fast allen Fotos wie Dioskuren miteinander verbunden zu sein. Sie werden, in ähnliche Parteiuniformen gekleidet, eng nebeneinanderstehend, häufig mit faschistischem Gruß in die Menge grüßend, abgebildet und sollten auf diese Weise gewissermaßen zu einem faschistischen Diktatorenduo verschmelzen.

Wenn Hitler seinem faschistischen Freund nach der Ankunft nur rudimentäre Anfänge eines neuen, nationalsozialistischen Berlins hatte zeigen können, so war Mussolini in der Lage, seinen Gast mit einem rigorosen Stadtumbau zu beeindrucken. Er ließ mit der Stazione Ostiense in Rekordzeit einen schon im Bau befindlichen Bahnhof fertigstellen, um Hitler hier zu empfangen und von da aus sofort durch die wichtigsten Aufmarschstraßen zu fahren, die er durch die Ruinen des kaiserlichen Roms hatte brechen lassen. Auch wenn ihm eigentlich das Verständnis dafür fehlte, ließ sich Hitler von Mussolinis erinnerungspolitischem Programm beeindrucken, mit dem der ›Duce‹ das faschistische Regime als Wiedergeburt des römischen Kaiserreiches ausgab. Es entsprach jedoch seinem abwegigen Selbstverständnis als Künstler, dass er später seine Kunsterlebnisse als Höhepunkte seiner Italienreise bezeichnete. Schon beim Verlassen des Museums in der römischen Villa Borghese hatte er behauptet, »wochenlang hier bleiben« zu können, »wenn er noch Privatmann wäre«. Der ausgiebige Besuch der Florentiner Museen scheint für ihn dann geradezu ein »Schlüsselerlebnis« der Italienreise gewesen zu sein.[130]

Politischer Höhepunkt des Besuchs war jedoch in Wahrheit der gemeinsame Auftritt der beiden faschistischen Diktatoren auf dem Balkon des Palazzo Venezia, den Mussolini bisher noch niemandem zugestanden hatte. Es war dies ein »visueller Vertrag«,[131] der die beiden Diktatoren ohne Frage stärker aneinander band, als ein schriftlich fixiertes Abkommen dies getan hätte.

Zu berücksichtigen ist dabei allerdings, dass zwischen den beiden Staatsbesuchen die Österreichfrage, die einzige politische Frage, die zwischen den beiden faschistischen Diktatoren gestanden hatte, zugunsten Hitlers entschieden worden war. Um die inszenierte Harmonie mit dem ›Duce‹ nicht zu beeinträchtigen, hatte es Hitler bei Mussolinis Besuch in Deutschland bewusst Göring überlassen, das heikle Thema anzuschneiden. Göring hatte den ›Duce‹ bei dessen Besuch in Carinhall unverblümt damit konfrontiert, dass der ›Anschluss‹ nunmehr fällig sei. Da Mussolini darauf keine Einwände erhoben und lediglich von einer Unabhängigkeit des Landes in einem »formalen Sinne« gesprochen habe, glaubte Göring, für Deutschland freie Bahn zu haben.[132] Tatsächlich hatte Mussolini in der Österreichfrage resigniert. Nach seiner Rückkehr nach Rom bekannte er gegenüber König Viktor Emanuel III., dass »das Reich den Anschluss nicht aufgegeben habe, sondern nur noch auf einen geeigneten Zeitpunkt warte«.[133]

Hitler war sich zwar weniger sicher als Göring, ob er die seit Langem gewünschte Zustimmung Mussolinis zum ›Anschluss‹ erhalten würde, es ist jedoch bezeichnend, dass er diesen ebenso wie die Zerschlagung der Tschechoslowakei unmittelbar nach Mussolinis Deutschlandbesuch ins Auge fasste. In einer für den 5. November 1937 angesetzten Besprechung mit den Chefs aller drei militärischen Teilstreitkräfte (Fritsch, Raeder und Göring) sowie Kriegsminister Blomberg und Außenminister Neurath, von der wir durch eine nicht autorisierte, aber unzweifelhaft zutreffende Niederschrift des Gesprächs von Oberst Friedrich Hoßbach, dem Wehrmachtsadjutanten Hitlers, wissen, entwickelte er ein umfassendes Szenario künftiger deutscher Außenpolitik. Im Zentrum seiner mehrstündigen Rede stand dabei wie immer die Gewinnung neuen ›Lebensraums‹ im Osten. So klar wie bisher noch nicht, brachte er dabei aber zum Ausdruck, dass es »zur Lösung der deutschen Frage« nur »den Weg der Gewalt geben« könne.[134] Zur Vorbereitung dieser Lösung bezeichnete er militärische »Angriffe auf die Tschechei und Österreich« zum Schutz der östlichen Flanke Deutschlands als gegebenenfalls schon 1938 notwendig. Die Gewinnung neuen ›Lebensraums‹ wurde also von ihm mit konkreten, sogar zeitlich festgelegten Annexionszielen verknüpft. Mit seinen Annexionsabsichten gegenüber Österreich und der Tschechoslowakei ging er allerdings erstmals über seine Beteuerungen hinaus, ganz auf der politischen Linie seiner deutschnationalen Partner zu liegen und nur die ›ungerechten‹ territorialen Verluste Deutschlands durch den Versailler Vertrag wieder rückgängig machen zu wollen. Da sich das Parlament des Restösterreichs 1919 jedoch für einen Anschluss an das Deutsche Reich ausgesprochen hatte, konnte die gewaltsame Verwirklichung von Hitlers Plänen noch als nationale Revisionspolitik angesehen werden. Ernsthafte Einsprüche dagegen hat es deshalb nicht gegeben. Die anwesenden Militärs beunruhigte im Wesentlichen nur der knappe Zeitplan sowie die Sorge vor einem als möglich erachteten militärischen Eingreifen Großbritanniens und Frankreichs. Nur einige wenige, die, wie der Chef des Generalstabs im Heer, General Ludwig Beck, nicht an der Sitzung teilgenommen hatten, aber Hoßbachs Niederschrift zur Kenntnis bekamen, begannen ernsthaft daran zu zweifeln, dass Hitler eine verantwortungsvolle Außenpolitik betreibe.

Der ›Anschluss‹ Österreichs

Obwohl er sich in der Sitzung vom 5. November 1937 demaskiert hatte, zögerte Hitler zunächst, seine gewaltsamen Annexionspläne zu verwirklichen, da er Mussolini, seinen einzigen wirklichen Verbündeten, nicht verprellen wollte. Mithilfe der österreichischen Nationalsozialisten betrieb er stattdessen eine Politik der »Gleichschaltung von innen«, wie das der österreichische Bundeskanzler Kurt von Schuschnigg genannt hat.[135] Dieser wurde gezwungen, den Nationalsozialisten Arthur Seyß-Inquart zum Innenminister zu ernennen. Schuschnigg versuchte daraufhin, die Souveränität des Landes durch ein Gespräch mit Hitler zu retten. Er wurde jedoch am 10. Februar in Berchtesgaden so massiv eingeschüchtert, dass er nur noch den Ausweg sah, die Unabhängigkeit Österreichs durch eine Volksabstimmung zu erhalten. Deren Ankündigung am 9. März führte jedoch erst recht zur Erhöhung des deutschen Drucks, der schließlich am 11. März zum Rücktritt Schuschniggs und der Ernennung Arthur Seyß-Inquarts zu seinem Nachfolger, somit der faktischen Machtübernahme der österreichischen Nationalsozialisten, führte. Der ›Anschluss‹ war damit im Grunde schon vollzogen, Hitler war jedoch inzwischen in »wunderbarer Kampfstimmung« und wollte keinesfalls mehr auf eine militärische Aktion verzichten.[136] Der deutsche Einmarsch wurde von Hitler daher für den 12. März angeordnet.

Hitler beunruhigte jedoch noch immer die Frage, wie Mussolini auf den Einmarsch in Österreich reagieren würde. In letzter Minute beauftragte er Prinz Philipp von Hessen, einen Schwiegersohn des italienischen Königs, bei Mussolini vorzusprechen und ihm einen handschriftlich verfassten Brief zu übergeben, in dem die Invasion frei erfunden als ein »Akt der nationalen Notwehr« dargestellt wurde.[137] Wie aus Zeugenaussagen hervorgeht, wartete Hitler am 12. März den ganzen Tag über voller Unruhe auf die Antwort des ›Duce‹. Als er am späten Abend von Philipp von Hessen die Nachricht bekam, dass Mussolini die Besetzung Österreichs hinnehmen würde, ließ er ihn in einem Telegramm die theatralische Antwort übermitteln: »Dann sagen Sie

Mussolini bitte, ich werde ihm das nie vergessen, nie, nie, nie, es kann sein, was will.«[138] Er wiederholte dies am 13. August fast wörtlich, nachdem ihm Mussolini einen Tag später auch noch die Zusage gegeben hatte, eine förmliche Annexion Österreichs zu akzeptieren.

Der ›Anschluss‹ war für Hitler zweifellos ein erster Höhepunkt seiner aggressiven Außenpolitik. Bei einer mehrtägigen Fahrt durch Österreich wurde er überall durch begeisterte Massen gefeiert. Auf dem Wiener Heldenplatz verkündete er am 15. März vor einer jubelnden Menge den »Eintritt meiner Heimat in das Deutsche Reich«.[139] In einer von Hitler am 10. April angesetzten, fraglos manipulierten Volksabstimmung erklärten sich sowohl im Reich als auch in Österreich fast 100 % der Wahlberechtigten für den ›Anschluss‹. Damit wenig von der österreichischen Eigenstaatlichkeit übrig blieb, nahm Hitler den ›Anschluss‹ schließlich zum Anlass, das Land in Gaue einzuteilen – eine Maßnahme, die er später in Deutschland wiederholte, indem er die zuvor schon gleichgeschalteten deutschen Länder in der Parteigliederung angepasste Gaue umwandelte. Hitler folgte hier im April 1939 mit einiger Verzögerung dem Drängen von Heß, der die nationalsozialistischen Gauleiter auf diese Weise in die Stellung von Reichsstatthaltern brachte und ihnen damit zu staatlichen Funktionen verhalf, die ihnen die Befehlsgewalt gegenüber der Bürokratie verschafften.

Es war nicht unberechtigt, dass man das befreite Österreich nach dem Krieg als ›erstes besetztes Land‹ bezeichnete. Während Hitler nur die hellen Seiten des ›Anschlusses‹ pries, hatten sich Göring und Himmler in einer makabren Form von Arbeitsteilung mit ihren bürokratischen Apparaten auf denkbar brutale Weise des Landes bemächtigt. Göring leitete als ›Beauftragter für den Vierjahresplan‹ eine beispiellose wirtschaftliche Ausbeutung des Landes ein, vor allem durch die Beschlagnahmung der staatlichen Devisenvorräte und durch rücksichtslose Arisierung jüdischen Eigentums. Himmler war für massenhafte Verfolgungen von Oppositionellen, vor allem Gegnern des ›Anschlusses‹ sowohl auf der Seite der Sozialdemokratie und der Kommunisten als auch der rechten Vaterländischen Front, sowie insbesondere von Juden verantwortlich. Er ging hier noch brutaler vor, als er das bisher in Deutschland gewagt hatte.

Die Zerstörung der Tschechoslowakei

Dass ihm die Annexion Österreichs ohne Blutvergießen, ja sogar ohne ernsthaften Widerspruch der Westmächte gelungen war, verleitete Hitler zu der Einschätzung, bei einer Aggression gegen die Tschechoslowakei sein Ziel genauso leicht erreichen zu können. Gegenüber Goebbels äußerte er sich im März 1938 ungeniert: »... zuerst kommt nun Tschechei dran. Das teilen wir mit den Polen und Ungarn. Und zwar rigoros bei nächster Gelegenheit«.[140] Wie diese und ähnliche Äußerungen zeigen, ging es Hitler nicht mehr um völkische Ziele, sondern um eine rein imperialistische Expansion. Die ›Befreiung‹ der deutschen Minderheit in der Tschechoslowakischen Republik (ČSR), die ihn bis dahin kaum interessiert hatte, wurde von ihm lediglich vorgeschoben, in Wahrheit beabsichtigte er von Anfang an die Vereinnahmung der gesamten ČSR. Da die mehrheitlich von den Sudetendeutschen bewohnten Gebiete nie zum Deutschen Reich gehört hatten, konnten sie auch nicht in dieses zurückgeführt werden.

Hitler startete seine Aktivitäten gegen die ČSR am 28. März mit der Einladung des Parteiführers der Sudetendeutschen Partei, Konrad Henlein, auf seinen Berghof. Henlein wurde von ihm ermuntert, die tschechoslowakische Regierung durch eine Kampagne zu provozieren, in der für die Sudetendeutschen weitgehende Autonomie gefordert wurde. Henlein begann damit alsbald, wobei er sich offen zum Nationalsozialismus bekannte. Hitler nutzte das jedoch nicht sofort aus, sondern schwankte den Sommer 1938 über wieder einmal, wie er seine Aggressionspläne gegen die ČSR realisieren sollte. Das Zögern hing allerdings auch damit zusammen, dass er im Mai seinen ihm besonders wichtigen Staatsbesuch im faschistischen Italien unternahm. Erst nach der Rückkehr veranlasste er am 19. Mai 1938 Goebbels, eine antitschechische Pressekampagne zu starten. Die Prager Regierung reagierte darauf einen Tag später mit der Teilmobilisierung ihrer Streitkräfte.

Hitler sah darin die plötzliche Chance, darauf militärisch zu antworten und die Annexion der ČSR herbeizuführen, sodass er nach dem zuvor entfachten Propagandawirbel zur Tat schreiten konnte. Er musste jedoch erleben, dass er erstmals außenpolitisch gebremst wurde. Diese sogenannte Wochenendkrise ist deshalb zu Recht als »geradezu dramatischer Wendepunkt in Hitlers Politik« bezeichnet worden.[141] Was war geschehen? Die beiden europäischen Westmächte Großbritannien und Frankreich hatten erstmals reagiert und ihre Berliner Botschafter mobilisiert, um die Reichsregierung vor einer möglichen militärischen Intervention in der ČSR zu warnen. Hitler musste zum ersten Mal erkennen, dass er nicht ungestraft weiter die Pariser Friedensordnung in Europa zerstören konnte, wenn er nicht einen großen Krieg riskieren wollte. Während er bis dahin lange gezögert hatte, die ČSR tatsächlich zu überfallen, reagierte er nun – mit dem Rücken zur Wand – plötzlich mit großer Entschlossenheit. Entgegen dem Rat seines Generalstabschefs Beck und anderer militärischer Berater unterzeichnete er am 30. Mai die Führerweisung »Grün«, in der er seinen »unabänderlichen Entschluß« verkündete, »die Tschechoslowakei in absehbarer Zeit durch eine militärische Aktion zu zerschlagen«.[142] Er ordnete darüber hinaus an, die deutschen Rüstungsanstrengungen erheblich zu steigern, und er gab den Befehl zum Bau des ›Westwalls‹ an der Grenze zu Frankreich. Es war offensichtlich, dass er sich nicht nur zum Überfall der ČSR entschlossen hatte, sondern sich auch auf einen großen Krieg gegen deren Schutzmächte vorbereitete.

Mit einer aggressiven Schlussrede auf dem Nürnberger Reichsparteitag gab Hitler am 13. September 1938 das Startsignal zum Überfall auf die ČSR, ohne sich jedoch schon genau auf ein Datum festzulegen. Zu seinem großen, noch später nachwirkenden Ärger konnte er jedoch nicht sogleich militärisch zuschlagen. Der britische Premierminister Neville Chamberlain bot ihm einen Tag später ein persönliches Gespräch über eine friedliche Lösung der Sudetenfrage an, das er nicht ablehnen konnte, wenn er den Anschein der Friedfertigkeit aufrechterhalten und nicht seine vagen Hoffnungen auf eine Verständigung mit dem Vereinigten Königreich aufgeben wollte. Chamberlain kam sogar auf den Obersalzberg, wo er von Hitler jedoch lediglich die Zusage erreichte, seine Invasionspläne zurückzustellen, nicht jedoch, sie aufzugeben. Es blieb auch offen, ob er sich bereit erklären würde, über das Schicksal der Sudetendeutschen in einer demokratischen Volksabstimmung befinden zu lassen. Da Chamberlain jedoch verhängnisvollerweise glaubte, es bei Hitler »mit einem Mann zu tun zu haben, auf dessen Wort man sich verlassen könne«,[143] verständigte er sich mit der französischen Regierung auf eine einvernehmliche Abtretung des Sudetengebiets an das Großdeutsche Reich bei gleichzeitiger Garantie für die ›Resttschechei‹. Hitler reagierte auf Chamberlains friedensorientierte Nachgiebigkeit jedoch nur damit, seine Gebietsforderungen zu steigern und den Premier mit seiner Drohung eines Einmarschs in das Sudetenland weiter unter Druck zu setzen. Auch ein zweites Gespräch mit Hitler, zu dem sich Chamberlain am 22. September in Bad Godesberg bereitfand, führte nur zu einer Zuspitzung der Krise, da Hitler nun von der tschechoslowakischen Regierung ultimativ die Räumung der umstrittenen deutschsprachigen Gebiete verlangte. Die Drohung eines militärischen Einmarsches im Hintergrund, setzte Hitler alles auf eine Karte, seine ursprüngliche Unentschiedenheit durch ein bewusstes Vabanquespiel ersetzend.

Womit Hitler jedoch nicht gerechnet hatte, war die Intervention Mussolinis. Auf Bitten Chamberlains schlug der ›Duce‹ eine politische Konferenz über die Sudetenfrage vor, an der die beiden Westmächte und die beiden faschistischen Regime, nicht aber die betroffene tschechoslowakische Regierung von Eduard Benesch teilnehmen sollten. Dem Vorschlag seines römischen Achsenfreundes, der ihm soeben noch besucht hatte, konnte Hitler sich nicht entziehen. Er musste deshalb dem Konferenzvorschlag, den er Chamberlain wohl niemals zugestanden hätte, zustimmen. An der am 29./30. August in München stattfindenden Konferenz nahmen neben Mussolini und Hitler der britische Premierminister Neville Chamberlain und der französische Ministerpräsident Édouard Daladier teil. Hitler gelang es, die Konferenz mithilfe Mussolinis in seinem Sinne zu manipulieren. Der von Mussolini als Verhandlungsgrundlage vorgelegte Text eines gemeinsamen Münchner Abkommens der vier Mächte wurde ursprünglich von Göring skizziert und anschließend im Auswärtigen Amt genauer formuliert.[144] Der ›Duce‹ legte den Text der Konferenz dann als angeblich seinen Vorschlag vor, so dafür sorgend, dass Hitler bei den Verhandlungen von vornherein im Vorteil war. Der Wehrmacht wurde in dem Münchner Abkommen gestattet, vom 1. Oktober an in Etappen in das Sudetengebiet einzumarschieren. Über die genaue Grenzziehung des Landes sollte in strittigen Gebieten (nur in diesen) von den Bewohnern unter der Aufsicht eines internationalen Ausschusses, in dem sowohl die Achsenmächte als auch die Westmächte vertreten sein sollten, abgestimmt werden. Diese Abstimmungen fanden jedoch nie statt, sodass Deutschland das Sudetenland ohne jede Willensbekundung der Bevölkerung übernehmen konnte. Da die Abstimmung in Anwesenheit der Wehrmacht hätte erfolgen sollen, wäre freilich auch kaum zu erwarten gewesen, dass sie zu Ungunsten Hitlerdeutschlands ausgegangen wäre. Für England und Frankreich war jedoch am wichtigsten, dass sie für den verbleibenden tschechischen Staat eine Bestandsgarantie abgaben, der sich auch Deutschland und Italien anschließen sollten. Hitler schob seine Garantieerklärung jedoch bewusst immer weiter hinaus, sodass auch die der Westmächte am Ende wertlos war. Sie wurde im Grunde schon gebrochen, als die tschechische Regierung im Einvernehmen der Münchner Verhandlungspartner auch noch dazu gezwungen wurde, zusätzlich das Gebiet der Olsa an Polen abzutreten.

Chamberlain verkündete nach der Rückkehr aus München, das dort »Peace for our time« geschlossen worden sei. Von der britischen Öffentlichkeit wurde er auch weitgehend als Friedensstifter gefeiert. Hitler war dagegen verärgert, weil er nicht die ganze ČSR schlucken durfte und das Sudetenland auch nur auf dem Vertragsweg, nicht militärisch an das Reich angliedern konnte. In München gestand er am 10. November in einer geheimen, aber nach außen dringenden Rede vor 400 Pressevertretern ein, dass er nur wegen der gegebenen Umstände »jahrzehntelang fast nur vom Frieden« geredet habe. Das habe aber auch »bedenkliche Seiten« gehabt, weil »in den Gehirnen vieler Menschen« der Eindruck entstanden sei, dass das »heutige Regime« einen »Frieden unter allen Umständen« bewahren wolle. Er rief deshalb die Journalisten dazu auf, das deutsche Volk darauf einzustellen, dass in der Außenpolitik bei bestimmten Vorhaben künftig auch »Gewalt« eine Rolle spielen müsse. Er stimmte damit die gleichgeschaltete Presse offen auf einen kommenden Krieg ein.[145]

Seine Botschaft richtete sich aber auch an die deutsche Bevölkerung insgesamt, von deren offenen Jubel über die Münchner Friedensbotschaft er schwer enttäuscht war. Es war das erste Mal, dass sein populistisches Charisma nicht verfangen hatte. »Mit diesem Volk kann ich noch keinen Krieg führen«, soll er angeblich erklärt haben.[146] Aber statt den Friedenswillen der Deutschen zu beachten, setzte er seitdem erst recht auf Krieg. Es war daher nicht überraschend, dass er schon bald nach ›München‹ die militärische Besetzung der ›Resttschechei‹ in Aussicht stellte. Schon am 21. Oktober gab er dazu an die Wehrmacht eine erste Weisung.

Dass er seinen neuerlichen expansionistischen Vorgaben nicht sofort Aktionen folgen ließ, hatte mit dem staatlich verordneten Pogrom und dessen innenpolitischen Folgen zu tun, das am 9. November 1938 die deutschen Juden traf.[147] Obwohl es improvisiert zustande kam, kann man es in gewisser Hinsicht auch als eine Reaktion Hitlers auf die Friedensbegeisterung der deutschen Bevölkerung nach dem Münchner Abkommen verstehen. Selbstverständlich sollten von der staatlich inszenierten Gewaltorgie ausschließlich die deutschen Juden direkt getroffen werden, das Novemberpogrom kann jedoch daneben auch als eine Aufforderung an die nicht jüdische Mehrheitsbevölkerung interpretiert werden, sich gewalttätigem Verhalten zu öffnen. Es war dies eine Strategie, die über die Aggression gegen die Juden hinaus die deutsche Bevölkerung mental auf Kriegskurs bringen sollte.

Anfang 1939 setzte Hitler mit der Zerschlagung der ›Resttschechei‹ dann bei der slowakischen Staatshälfte an, indem er deren Unabhängigkeitsbestrebungen offen unterstützte. Die slowakische Regierung unter dem Philofaschisten Jozef Tiso wurde massiv dazu gedrängt, ihre Unabhängigkeit von Prag zu erklären. Am selben Tag, an dem die Slowaken wunschgemäß ihre Unabhängigkeit ausriefen und sich unter den Schutz des Deutschen Reiches stellten – dem 14. März 1939 –, traf der tschechische Präsident Emil Hacha mit seinem Außenminister in Berlin ein, um im Gespräch mit Hitler wenigstens noch die Souveränität seines restlichen Landes zu retten. Er wurde jedoch von Hitler, Göring und Ribbentrop so rücksichtslos unter Druck gesetzt, dass er vorübergehend physisch zusammenbrach und die ›Resttschechei‹ am Ende fast willenlos ebenfalls unter den ›Schutz‹ des Deutschen Reiches stellte. Schon am nächsten Tag wurde das Land von der Wehrmacht militärisch besetzt, und Hitler unterzeichnete auf der Prager Burg einen Erlass über die Gründung eines »Protektorats Böhmen und Mähren«. Der seltsam anachronistische Name wurde von Hitler gewählt, um den Anschein zu erwecken, dass mit den ehemaligen Kronländern der Österreichischen Monarchie zwei deutsche Territorien zurückgewonnen worden seien. Dass sie freilich nur unter ein deutsches Protektorat gestellt und nicht voll in das Großdeutsche Reich eingegliedert wurden, zeigte, dass es sich um eine geschichtspolitische Fiktion handelte.

Von Goebbels orchestriert, wurde Hitler bei seiner Rückkehr in Berlin von jubelnden Menschen empfangen. Es war jedoch nicht zu übersehen, dass die Begeisterung lange nicht so groß war wie nach dem Anschluss Österreichs sowie auch noch bei der Eingliederung des Sudetenlandes. Sowohl die gewaltsame Inbesitznahme der ›Resttschechei‹ als auch die Tatsache, dass keine Deutschen mehr ›heim ins Reich‹ geholt worden waren, ließ sich von der nationalsozialistischen Propaganda, die bisher immer noch einen deutschvölkischen Revisionismus vertreten hatte, nur schwer rechtfertigen.

Ein klarer Wendepunkt war Hitlers rücksichtslose, dem Münchner Abkommen widersprechende Zerstörung des restlichen tschechischen Staates für die Regierungen Frankreichs und Großbritanniens. Die Einverleibung nicht deutscher Gebiete öffnete ihnen die Augen, dass es sich bei Hitlers Politik nicht bloß um deutschen Revisionismus handelte, sondern um einen unbegrenzten Expansionismus. Der britische Außenminister Halifax sprach am 18. März im Kabinett davon, dass Deutschland versuche, »die Weltherrschaft zu erringen«. Dagegen Widerstand zu leisten, »liege im Interesse aller Staaten«.[148] Politisch reagierten das Vereinigte Königreich und Frankreich damit, dass sie Polen am 31. März eine staatliche Bestandsgarantie gaben, wie sie die Tschechoslowakei in dieser Form zuvor nicht bekommen hatte. Eine ähnliche Garantie wurde im April auch Rumänien und Griechenland gegeben. Vor allem aber forcierten die Westmächte ihre militärische Aufrüstung, die sie im Zeichen des Appeasements jahrelang vernachlässigt hatten.

Hitler aber wollte nicht wahrhaben, dass es mit der bisherigen Appeasementpolitik der Westmächte vorbei war. Leichtfertig erklärte er nach der eigenmächtigen Besetzung der ›Resttschechei‹ am 15. März 1939, dass in 14 Tagen kein Mensch mehr darüber sprechen werde. Er steuerte weiterhin seinen imperialistischen Expansionskurs, wiegte sich aber gleichwohl noch in den letzten Tagen vor dem Überfall auf Polen in dem Glauben, sich mit Großbritannien verständigen zu können.

1. Mai 1933: Reichspräsident von Hindenburg und Reichskanzler Adolf Hitler im offenen Wagen auf dem Weg zur Kundgebung zum Tag der nationalen Arbeit im Lustgarten in Berlin.

Die Deutsche Arbeitsfront (DAF) in der Neuen Reichskanzlei am Tag der nationalen Arbeit am 1. Mai 1939; vgl. S. 146 f.

Ernst Röhm und Hitler vereint im Berliner Sportpalast am 8. April 1933.

Der ›Führer‹ zum Anfassen: Reichserntedankfest auf dem Bückeberg im Oktober 1937; *vgl. S. 148.*

Mai 1938: Mussolini empfängt Hitler im Palazzo Venezia. Dolch und Fascio-Abzeichen wurden ihm vom ›Duce‹ verliehen; vgl. S. 164.

›Duce‹ und ›Führer‹ beim Staatsbesuch Hitlers 1938 auf dem Balkon des Palazzo Venezia; vgl. S. 164.

15. März 1938: Hitlers Ansprache auf dem Wiener Heldenplatz beim ›Anschluss‹ Österreichs; vgl. S. 167.

V. Auslösung und Scheitern imperialistischer Vernichtungskriege

Utopien der kriegerischen Expansion

Der beste Beleg dafür, dass Hitler weiter auf Krieg setzte, war sein Bestreben, seine Expansionsziele deutlicher erkennen zu lassen als bisher. Zuvor hatte er am 3. Februar 1933 und am 5. November 1937 gegenüber den Spitzen der Wehrmacht seine Zukunftspläne erkennen lassen. Seit 1939 sah er sich zu häufigeren Erklärungen veranlasst, wobei sich allerdings sein konkreter Plan, Polen militärisch zu überfallen, mit seinen fernen Expansionszielen in einer Weise vermischte, die nicht unbedingt darüber Klarheit schuf, was er eigentlich vorhatte. Die »Zwangsläufigkeit« eines künftigen »reinen Weltanschauungskrieges«, die er sich am 10. Februar 1939 in einer Rede gegenüber den Gruppenkommandeuren des Heeres vorzutäuschen bemühte, war für seine Zuhörer jedenfalls nicht unbedingt zu erkennen, da er weder Polen als nächstes Aggressionsziel noch die Sowjetunion als Fernziel nannte.[1]

Als politische Schlüsselrede ist zweifellos die Rede anzusehen, die er am 30. Januar 1939 zum sechsten Jahrestag der Machtübernahme im eigens wieder zusammengerufenen Reichstag gehalten hat. Er ließ darin seiner antisemitischen Obsession freien Lauf und drohte die »Vernichtung der jüdischen Rasse in Europa« an, wenn es dem »internationalen Finanzjudentum in und außerhalb Europas gelingen sollte«, erneut einen »Weltkrieg« anzuzetteln.[2] Das ist vielfach als Beleg dafür gewertet worden, dass Hitler schon zu diesem Zeitpunkt die Judenvernichtung im Sinn gehabt hätte. Daran ist neuerdings jedoch zu Recht gezweifelt worden. Hitler ging es zu diesem Zeitpunkt darum, dem fiktiven ›internationalen Finanzjudentum‹ die Schuld an einem künftigen Weltkrieg zuzuweisen. Wichtiger war ihm offensichtlich der Teil der Rede, in dem er eine »Ausweitung« eines weiterhin im Vagen bleibenden »Lebensraums unseres Volkes« forderte, um dessen Ernährung sicherzustellen.[3] Auch in weiteren Reden insistierte Hitler immer wieder darauf, dass Deutschland zu einer (gewaltsamen) Ausdehnung seines ›Lebensraums‹

gezwungen sei. Er glaubte, damit seine Kriegsabsichten geopolitisch rechtfertigen zu können. Seine Kriegsrhetorik diente aber auch dazu, die deutsche Bevölkerung von ihrer Friedensstimmung abzubringen und kollektiv kriegsbereit zu machen.

In einer geheimen Rede vor der Wehrmachtsführung, die durch seinen Adjutanten Oberstleutnant Rudolf Schmundt überliefert ist, äußerte er sich am 23. Mai 1939 in der Reichskanzlei erstmals auch konkret dazu, dass ein Krieg gegen Polen für ihn kein Selbstzweck sei: »Danzig ist nicht das Objekt, um das es geht. Es handelt sich für uns um die Erweiterung des Lebensraums im Osten und die Sicherstellung der Ernährung, sowie die Lösung des Baltikum-Problems.«[4] Die Kriegspläne gegen Polen sollten also nicht mit seinen ideologischen Fernzielen verwechselt werden, auch wenn sie als revisionistische Nahziele sehr viel realer zu sein schienen als die Utopie des ›Lebensraums‹.

Schließlich betonte Hitler auch am 22. August in zwei Reden vor den obersten Befehlshabern der Wehrmacht, die er dazu eigens auf seinen Berghof zitiert hatte, nochmals, dass es in dem Krieg gegen Polen nicht um Danzig gehe, sondern um die »Vernichtung« des Landes, wobei er »brutales Vorgehen« und »größte Härte« empfahl. »Der Stärkere hat das Recht«, fügte er hinzu.[5] Wie zynisch er den Krieg beginnen wollte, zeigte seine Absicht, »propagandistischen Anlass zur Auslösung des Krieges [zu] geben, gleichgültig, ob glaubhaft, der Sieger wird später nicht danach gefragt, ob er die Wahrheit gesagt hat oder nicht. Bei Beginn und Führung des Krieges kommt es nicht auf das Recht an, sondern auf den Sieg.«[6] Es war diese Art von Kriegslüge, die noch vielfach von anderen Invasoren nachgeahmt werden sollte. Neu musste für seine militärischen Zuhörer jedoch sein, dass er den Krieg gegen Polen auch ganz realpolitisch mit dem Gewinn von materiellen Ressourcen begründete: »Der Osten liefert uns Getreide, Vieh, Kohle, Blei, Zink.«[7]

›Lebensraum‹, das konnte für Hitler vor dem militärischen Einfall in Polen also ebenso eine objektlose Utopie sein wie auch konkret die Gewinnung von materiellen Ressourcen bedeuten. Man muss davon ausgehen, dass ihm tatsächlich selbst nicht so klar war, wohin die Reise gehen sollte, wenn er mit dem Begriff des ›Lebensraums‹ jonglierte. Die von ihm abhängigen hohen Militärs konnten sich mit Sicherheit nur auf seine realpolitisch zu verstehenden Vorstellungen einen Reim machen, nicht jedoch auf seine utopischen Zukunftsträume. Es ist aber anzunehmen, dass sie seinen Kriegsplänen wegen der konkreten Ziele gefolgt sind.

Der Überfall auf Polen

Hitler begann den Countdown für den Krieg gegen Polen auf dieselbe Weise, wie er in Österreich, in der Sudetenfrage und bei der Besetzung der ›Resttschechei‹ agiert hatte. Das war nicht sehr überraschend und konnte deshalb von der polnischen Regierung, aber auch von den Westmächten durchaus durchschaut werden. Hitler war sich dessen auch bewusst, wie seine Sorge beweist, dass ihm, wie im Herbst 1938, »im letzten Moment irgendein Schweinehund einen Vermittlungsvorschlag vorlegt«.[8]

Nicht anders als in den früheren Fällen schwankte er zunächst auch wiederum, wie er den Konflikt beginnen sollte. Dann stiftete er jedoch – ähnlich wie zuvor Habicht in Österreich und Henlein in der ČSR – den nationalsozialistischen Gauleiter Danzigs, Albert Forster, dazu an, die polnische Regierung zu provozieren. Er sollte sich zum Staatsoberhaupt des Freistaates ausrufen. Auch wenn Forster dem folgte, ergab sich daraus aufgrund der zurückhaltenden Reaktion der polnischen Regierung jedoch noch kein Vorwand für ein militärisches Eingreifen.

Schon seit dem Frühjahr 1939 stand Deutschland aber, von Hitler vorsichtig befürwortet, mit der Sowjetunion in Wirtschaftsverhandlungen, obwohl die Diktatur Stalins von ihm eigentlich als der ideologische Hauptfeind angesehen wurde, gegen den Hitler am 25. November 1936 mit Japan, seit 1937 gefolgt von Italien und weiteren Staaten, den Antikominternpakt geschlossen hatte. Aus diesen Wirtschaftsverhandlungen wurden im August politische Verhandlungen. Den Anstoß gab Stalin, nachdem seine mit Großbritannien und Frankreich geführten Verhandlungen über einen Dreierpakt stecken geblieben waren. Er beauftragte seinen Außenminister Molotow, Hitler über den deutschen Botschafter in Moskau, Graf von der Schulenburg, mitzuteilen, dass er an Verhandlungen interessiert sei. Stalins Gründe für diesen sensationellen Schritt sind bis heute nicht vollständig bekannt. Das Angebot des kommunistischen Erzfeindes wurde jedoch von Hitler ohne Zögern positiv aufgenommen. Ribbentrop erhielt von ihm unverzüglich die Vollmacht, mit Stalin geheimen Kontakt aufzunehmen. Der Außenminister führte am 23. August in Moskau, nach bemerkenswert kurzer vorheriger Verständigung, abschließende Verhandlungen über einen Nichtangriffs- und Konsultationspakt, der von ihm und dem sowjetischen Außenminister Molotow unterzeichnet wurde. Von besonderer Bedeutung war langfristig, dass darüber hinaus ein geheimes Zusatzabkommen getroffen wurde, das die Aufteilung Polens, der drei baltischen Staaten und Rumäniens in eine sowjetische und eine deutsche Interessensphäre vorsah. Nach dem hastig geschlossenen ersten Vertrag, vereinbarten die beiden Diktatoren am 28. August 1939 noch einen »Grenz- und Freundschaftsvertrag«, mit dem sie ihre Zusammenarbeit vertieften. Litauen, das im ersten Vertrag noch Deutschland zugeschlagen worden war, geriet jetzt auch in die sowjetische Einflusssphäre. Hitler konnte sich dafür zusätzliche wirtschaftliche Vorteile durch die paradoxe Allianz mit der Sowjetunion sichern.

Hitler war das Zusatzabkommen zum ersten Vertrag so wichtig, dass er auch Mussolini, mit dem er gerade den ›Stahlpakt‹ abgeschlossen hatte, nicht darüber informierte, obwohl er eigentlich zur Information verpflichtet gewesen wäre. Kurzfristig war für ihn der größte Vorteil des Paktes mit Stalin, dass er bei dem militärischen Überfall auf Polen kein sowjetisches Eingreifen riskieren würde. Darüber hinaus erkannte Hitler, dass er bei einem Nichtangriffsabkommen mit der Sowjetunion sicher sein konnte, in dem für ihn als unvermeidlich angesehenen Krieg gegen Frankreich keinen Zweifrontenkrieg riskieren zu müssen, sondern mit der wohlwollenden Neutralität der Sowjetunion rechnen zu können. Dass es bei seinem Achsenfreund Mussolini auf Unverständnis stoßen würde, sich ausgerechnet mit dem gemeinsamen ideologischen Gegner eingelassen zu haben, nahm er hin.

Dass Hitler der britischen Regierung in letzter Minute noch ein Kooperationsangebot machte und durch Vermittlung Görings über den schwedischen Unternehmer Birger Dahlerus sogar noch sofortige Bündnisverhandlungen anbot, war wohl nur teilweise mit seiner alten Fixierung auf das Vereinigte Königreich zu erklären. Er kann nicht im Ernst angenommen haben, dass die britische Regierung Polen noch in letzter Minute fallen lassen würde, nachdem sie schon dem Untergang der Tschechoslowakei tatenlos zugesehen hatte. Wenn nicht alles trügt, ließ sich Hitler vielmehr zwischen dem 26. August und dem 1. September mehrfach auf eine Verschiebung des Termins für den Angriff auf Polen ein, weil er in letzter Minute wieder davor zurückschreckte, wirklich Ernst zu machen. Gerade im Fall Polens sollte sich jedoch zeigen, dass er den Krieg, nachdem er diesen einmal ausgelöst hatte, besonders brutal führen ließ.

Polen wurde am frühen Morgen des 1. September um 4:45 Uhr ohne jede Kriegserklärung überfallen. Die Feindseligkeiten wurden als militärische

Antwort auf von der SS fingierte Grenzverletzungen ausgegeben.[9] Eine gigantische Streitmacht von 54 Divisionen mit insgesamt 1,5 Millionen Soldaten überschritt in zwei Heeresgruppen die Grenze. Gleichzeitig wurde das befestigte polnische Munitionsdepot auf der Westernplatte an der Danziger Hafenausfahrt durch den Panzerkreuzer Schleswig-Holstein beschossen. Das polnische Heer war den deutschen Invasoren hoffnungslos unterlegen, es stellte sich sogar mit regelrechten Kavalleriebrigaden den modernen Panzereinheiten der Wehrmacht entgegen, die zudem durch Sturzkampfflieger aus der Luft unterstützt wurden. Warschau, aber auch kleinere polnische Städte, wie schon am ersten Tag des Einfalls die grenznahe Kleinstadt Wielún, wurden durch die Luftwaffe unbarmherzig bombardiert, womit der Bombenkrieg gegen die Zivilbevölkerung im Zweiten Weltkrieg seinen Anfang nahm. Die polnische Regierung emigrierte schon am 17. September nach Rumänien und schließlich weiter nach London, am 6. Oktober kapitulierten die letzten Einheiten der polnischen Armee. Der ›Blitzkrieg‹, wie er von den Siegern beschönigend genannt wurde, war mit der totalen Niederlage Polens zu Ende.

Der Krieg wurde von deutscher Seite nicht wie ein normaler Krieg geführt, er bildete vielmehr in vielerlei Hinsicht schon den »Auftakt zum Vernichtungskrieg«, wie er seit Juni 1941 in der Sowjetunion geführt werden sollte.[10] Jeder der deutschen Invasionsarmeen wurde eine sogenannte Einsatzgruppe der SS unterstellt, die hinter den Frontlinien, aber durchaus in Abstimmung mit der Wehrmacht operierte. Die Einsatzgruppen bestanden nur teilweise aus »ganz normalen Männern«, wie man gemeint hat,[11] sondern großenteils aus Angehörigen der Sicherheitspolizei (Gestapo und Kripo) sowie dem SD, bei denen es sich überwiegend um besonders fanatische Parteigenossen handelte. Himmler und sein Stellvertreter Heydrich gaben ihnen den Befehl, die polnische Führungsschicht, die Geistlichkeit, den Adel, vor allem aber die Intelligenz und die jüdische Oberschicht zu liquidieren. Auf einen Schlag wurde so etwa ein großer Teil der Professorenschaft der Universität Krakau ermordet. Insgesamt sind wahrscheinlich zwischen September und Dezember 1939 mindestens 60 000 polnische Zivilisten, darunter etwa 7000 Juden, ermordet worden.[12]

Die Einsatzgruppen wurden bei ihren Mordaktionen von volksdeutschen Milizionären, aber häufig auch von Einheiten der Wehrmacht unterstützt. Bei höheren Offizieren gab es zwar noch Widerstände gegen die Vernichtungspolitik hinter der Front, jedoch mehr aus disziplinarischen als aus moralischen

Gründen. Als wohl Einziger legte der Generaloberst Johannes Blaskowitz, Oberbefehlshaber der in Polen nach dem Ende der Militärverwaltung stationierten Truppen, mehrere Denkschriften vor, in denen er seine Besorgnis über die Gräueltaten der Sicherheitspolizei äußerte und die Distanzierung der Wehrmacht von den Einsatzgruppen forderte.[13] Er wurde nach einem Wutanfall Hitlers an die Westfront versetzt. Die Wehrmacht verlor somit schon im Krieg gegen Polen weitgehend das Image einer völkerrechtlich ›sauberen Kriegführung‹.

Es besteht aber kein Zweifel, dass der Krieg gegen Polen Hitlers Krieg war. Er hatte ihn spätestens seit dem Frühjahr 1939 fest im Auge, wie besonders die erwähnte Rede vor den führenden Generälen der Wehrmacht am 23. Mai 1939 erkennen ließ, in der er einen Präventivkrieg gegen Polen ausdrücklich angekündigt hatte. Sachliche Einwände, die immerhin noch von Brauchitsch und dem Rüstungschef General Georg Thomas geäußert wurden, hatte er bei dieser Gelegenheit ebenso beiseitegeschoben wie später die Bedenken Görings, der ihn in letzter Minute vor dem Vabanquespiel eines Krieges in Polen warnte.[14] Entscheidend war aber zweifellos, dass er nach der Vereitelung seiner Kriegspläne gegenüber der Tschechoslowakei um jeden Preis einen Krieg führen wollte, nicht zuletzt auch, um die Kriegsbereitschaft der deutschen Bevölkerung zu verstärken.

Die operative Planung hatten im Polenkrieg die Militärs im Generalstab inne. Es war jedoch bezeichnend, dass Hitler stets nahe an den militärischen Entscheidungszentren war. Mit einem besonders gesicherten Sonderzug ließ er sich hinter der Front mit seiner Entourage kreuz und quer durch Polen fahren. Täglich besuchte er vom Zug aus Truppenteile der deutschen Invasionsarmeen. Er hatte so alle militärischen Entscheidungen unter Kontrolle, ohne sie jedoch selbst verantworten zu müssen. Von seinem Hoffotografen Hoffmann konnte er sich jedoch nach dem Ende des Krieges als erster Soldat des Reiches feiern lassen.[15] Das verhalf ihm unverdient zu dem militärischen Siegermythos, den er sich von dem Krieg erhofft hatte. Obwohl sich die Begeisterung der deutschen Bevölkerung über den Beginn des ersten Kriegs, den der ›Führer‹ nach allen zuvor friedlichen Eroberungen geführt hatte, in Grenzen hielt, nahm der ihn umgebende Massenmythos aufgrund des raschen Kriegsendes keinen Schaden.

Die rigorose ›völkische Neuordnung‹, der die Polen, kaum ruhten die Waffen, ausgesetzt wurden, trug vollkommen Hitlers Handschrift. Nachdem die Sowjetunion ihren vereinbarten Anteil des Landes am 17. September besetzt hatte, wurde das deutsche Besatzungsgebiet planmäßig zerstückelt und die von Hitler gewünschte Vernichtung Polens somit eingeleitet. Nahezu die Hälfte des polnischen Staatsgebiets wurde direkt annektiert. Die beiden Reichsgaue Ostpreußen und Oberschlesien wurden durch jeweils an sie anschließende polnische Gebiete vergrößert. Außerdem wurden mit ›Westpreußen‹ und ›Posen‹ aus polnischen Gebieten zwei neue deutsche Gaue geschaffen. Als ›Generalgouvernement‹ wurde der Rest Polens, der nicht annektiert worden war, auf Anordnung Hitlers einer staats- und völkerrechtlich bewusst unklaren Zivilverwaltung unterstellt, deren Chef Hitlers früherer Anwalt Hans Frank wurde. Das schuf die Möglichkeit, ohne rechtliche Bindungen eine Besatzungsherrschaft ausüben zu können, bei der die Bevölkerung in kolonialistischer Manier vollständig der Willkür der Unterdrücker ausgeliefert war. Den an der polnischen, darunter vor allem der jüdischen Zivilbevölkerung verübten Kriegsverbrechen wurde damit Tor und Tür geöffnet.

Die Annexionen in Polen ließen sich teilweise noch als territoriale Revisionen verlorener preußischer Gebiete ausgeben, obwohl diese, abgesehen von großen Städten wie Danzig, inzwischen überwiegend von Polen bewohnt waren. Es gehörte zur territorialen Zerstückelungspolitik, dass die autochthone oder zugewanderte polnische Bevölkerung in großem Stil vertrieben wurde. Hunderttausende von Polen mussten ihre Heimat zwangsweise verlassen. An ihre Stelle traten die sogenannten Volksdeutschen, d. h. die aus der Sowjetunion, aus verschiedenen Balkan-Ländern und aus den italienischen Provinzen Südtirol und Trentino als ›Deutsche‹ anerkannten Vertriebenen. Es handelte sich um einen erzwungenen Völkeraustausch, der freilich fast nur im annektierten Gebiet des ›Reichsgaus Wartheland‹ zu zahlreicheren landwirtschaftlichen Ansiedlungen führte. Die meisten ›Volksdeutschen‹ wurden als städtische Arbeitskräfte, als welche sie dringend benötigt wurden, verteilt.[16]

Zuständig für diese gewaltsame Umsiedlungs- und Germanisierungspolitik war Heinrich Himmler, der am 7. Oktober 1939 von Hitler zum »Reichskommissar für die Festigung des deutschen Volkstums« ernannt worden war. Er baute einen riesigen, aus Zivilbeamten, Polizeibeamten und Wissenschaftlern bestehenden bürokratischen Apparat auf, der mit dem Entwurf eines ›Generalplans Ost‹ ganz auf die Realisierung von Hitlers Utopie der Gewinnung deutschen ›Lebensraums‹ ausgerichtet war. Hitler überließ damit ein Herzstück seiner Politik seinem grausamen Adlatus, was aber nicht hieß, dass er sich nicht ihm wichtige Entscheidungen vorbehielt. Er konnte sich so bei der ›völkischen‹ Expansion Deutschlands in erster Linie auf die Planung und Ausführung der Vernichtungskriege konzentrieren. Mit der Beauftragung Himmlers hatte Hitler auch die Voraussetzung dafür geschaffen, dass die deutsche Besatzungsherrschaft in Polen und später in der Sowjetunion einen genozidalen Charakter annehmen konnte. Himmler sorgte mit seinem Polizeiapparat aus SS und SD für die Vernichtung großer Teile der als ›minderwertig‹ angesehenen polnischen, ukrainischen, russischen und vor allem jüdischen Bevölkerung. Nachdem die polnischen Juden zunächst gewaltsam in riesigen Gettos zusammengepfercht worden waren, wurden sie ab Anfang 1942 in die im Generalgouvernement eingerichteten Vernichtungslager verbracht und dort ermordet.[17]

Krieg gegen Frankreich und England

Da Großbritannien und Frankreich ihre Garantien gegenüber Polen eingehalten und Deutschland am 3. September 1939 den Krieg erklärt hatten, befand sich das Deutsche Reich nach dem Sieg über Polen weiterhin im Kriegszustand. Nachdem in Großbritannien inzwischen Winston Churchill als Premierminister das Ruder übernommen hatte, ist es sehr fraglich, ob Hitler sich mit ihm nach der Niederwerfung Polens über einen Frieden hätte einigen können. Hitler dachte jedoch wohl auch im Traum nicht mehr daran, sich mit den Westmächten diplomatisch zu verständigen. Seine scheinbaren Friedensangebote sollten nur der Propaganda im Innern dienen. Einmal kriegerisch erfolgreich, zog er es vor, weiter im Krieg zu bleiben. Schon wenige Tage nach dem Ende des Polenfeldzugs rief er das Führungspersonal der Wehrmacht zusammen, um ihm zu eröffnen, dass der Krieg weitergehe.

Erstmals stieß er mit diesem Plan jedoch auf Widerstand. Eine Reihe von Offizieren, wie der Oberstleutnant Helmuth Groscurth, der Generalmajor Hans Oster und der ehemalige Generalstabschef Ludwig Beck sowie Diplomaten wie Ulrich von Hassell und Erich Kordt, die schon 1938 in Opposition gegangen, aber durch das Münchner Friedensabkommen in ihrem Widerstand gestoppt worden waren, planten neuerlich, Hitler zu entmachten. Ihre freilich nur wenig konkreten Planungen scheiterten jedoch an dem auch für den späteren Widerstand gegen den Diktator zentralen Problem, dass sie keinen kommandierenden General fanden, der sich ihnen angeschlossen hätte. Sie wären daher nicht in der Lage gewesen, einen denkbaren Bürgerkrieg zu führen, weil niemand Einheiten der Wehrmacht dazu mit Erfolg hätte aufrufen können. Der Versuch von Walther von Brauchitsch, Hitlers Kriegspläne im Westen durch eine Denkschrift infrage zu stellen, in der alle militärischen Argumente, die gegen einen weiteren Krieg sprachen, zusammengefasst waren, wurde vom ›Führer‹ brüsk zurückgewiesen. Hitler bestätigte stattdessen den schon im Oktober 1939 für den 12. November als Fall Gelb festgesetzten Angriffstermin.

Er scheint jedoch aufgrund der Einwände der Militärs begriffen zu haben, dass der Stand der deutschen Kriegswirtschaft keinen längeren Krieg zuließ. Die Planungen wurden deshalb auf einen kurzen Krieg, einen ›Blitzkrieg‹ wie gegen Polen, umgestellt, was neue militärische Überlegungen erforderte.

Dabei spielte allerdings eine große Rolle, dass sich das Kriegsgeschehen vorübergehend auf die skandinavischen Länder verlagert hatte. Seit November 1939 führte die Sowjetunion gegen Finnland einen Angriffskrieg. Als Großbritannien erwog, an der Seite Finnlands einzugreifen, schien damit die deutsche Erzzufuhr, die aus dem schwedischen Kiruna über das Fjäll in den eisfreien norwegischen Hafen Narvik erfolgte, gefährdet zu werden. Obwohl offen war, ob diese Gefahr nach dem überraschenden Friedensschluss zwischen der Sowjetunion und Finnland im März 1940 wegen weiterhin bestehender britischer Eingriffsgefahr überhaupt noch bestand, beharrte Hitler darauf, sowohl in Norwegen als auch in Dänemark militärisch einzugreifen. Mit der am 9. April beginnenden Operation »Weserübung« wurde Dänemark nach nur einem Tag kampflos besetzt. Um Norwegen entbrannte jedoch, für Hitler unerwartet, ein äußerst heftiger und vor allem in der Bucht von Narvik besonders verlustreicher Krieg zwischen den deutschen Invasionstruppen und den dort gelandeten britischen und auch französischen Luft- und Marinetruppen. Norwegen fiel am Ende in die Hände NS-Deutschlands, band jedoch dort dauerhaft viele Besatzungstruppen und schwächte es somit mehr, als dass es ihm durch die Kollaboration mit der Splitterpartei des Nasjonal Samling von Vidkun Quisling Nutzen einbrachte.

Hitlers Krieg gegen Frankreich begann am 10. Mai 1940. Der ›Führer‹ hatte zuvor den Angriffstermin, den er ursprünglich auf den 12. November 1939 festgesetzt hatte, viermal verschoben. Als Ursache wurde jedes Mal schlechtes Wetter vorgeschoben. Die winterlichen Temperaturen spielten dabei zweifellos auch eine gewisse Rolle, wichtiger war jedoch, dass Hitler bei der militärischen Führung, aber auch bei Göring auf große Bedenken gestoßen war, den Krieg wegen unzureichender Rüstung überhaupt auszulösen. Man befürchtete, auch angesichts des inzwischen fertiggestellten französischen Bunkersystems der ›Maginot-Linie‹, einen ähnlich verlustreichen Stellungskrieg wie im Ersten Weltkrieg. Auch wenn er das selbstverständlich nicht erkennen ließ, beeindruckte Hitler das so stark, dass die Entscheidungsschwäche seinen entschiedenen Kriegswillen immer wieder überwog. Zu Goebbels sagte er am 16. Januar 1941: »Wenn man vor ganz schweren Entscheidungen steht, muss man mutig die Brücken hinter sich abbrechen. Nur wenn es kein Zurück mehr gibt, ist man ganz mutig und findet dann auch den Mut zu ganz großen Entschlüssen. Gibt es noch ein Zurück, dann wird man leicht feige in den Stunden großer Belastungen.«[18]

Anders als noch im Polenfeldzug ließ sich Hitler vor Beginn des Frankreichkrieges erstmals ein bombensicheres Führerhauptquartier bauen, das als »Felsennest« bezeichnet wurde. Es entstand bei Münstereifel am östlichen Rand der Eifel. Während des Frankreichkrieges verlegte er sein Hauptquartier zunächst nach Brûly-de-Pesche, einem kleinen Ort im südlichen Belgien. Von diesem, von ihm »Wolfsschlucht« genannten Platz, zog er am 27. Juni 1940 nochmals in ein neues Führerhauptquartier auf dem Kniebis im nördlichen Schwarzwald um, das er »Tannenberg« nannte. Außerdem entstanden im Laufe des Weltkrieges noch eine Reihe weiterer Führerhauptquartiere, die aber aus Sicherheitsgründen großenteils nicht oder nur vorübergehend von Hitler bezogen wurden.[19] Das bekannteste und noch heute nur halb zerstörte, seinerzeit geheim gebliebene Führerhauptquartier stellte nach dem Überfall auf die Sowjetunion die »Wolfsschanze« in der Nähe des ostpreußischen Rastenburgs dar. Hitler residierte hier vom 24. Juni 1941 bis zum 20. November 1944. Zwischendurch fuhr er nur mehrmals nach Berlin in die Reichskanzlei sowie nach München und nach Berchtesgaden auf seinen Berghof. Die längste Zeit von der ›Wolfsschanze‹ abwesend war er vom 16. Juli bis 1. November 1942 und vom 19. Februar bis 13. März 1943, als er in der Hoffnung auf eine Kriegswende in einem kurzfristig eingerichteten Führerhauptquartier im ukrainischen Winnizá residierte. Als sein Aufenthalt in der ›Wolfsschanze‹ aus Sicherheitsgründen nicht mehr haltbar war, zog er schließlich am 3. Dezember 1944 wieder nach Berlin um, zunächst in die Reichskanzlei und schließlich in den Führerbunker, der bis zu seinem makabren Tod am 30. April 1945 sein letztes Domizil bilden sollte.

Der häufige Wechsel seines für die deutsche Öffentlichkeit unbekannten Hauptquartiers verstärkte den Hitler als Person umgebenden Mythos. Öffentliche Auftritte gab es von ihm immer weniger, je länger der Krieg dauerte, zuletzt fast gar nicht mehr. Seine seltenen Radioansprachen, z.B. zum 65. Geburtstag der völkischen Schriftstellerin Agnes Miegel am 9. März 1944, schienen wie aus einer anderen Welt zu kommen. Das steigerte die Hoffnung, dass er tatsächlich noch die Geheimwaffen, die den ›Endsieg‹ herbeiführen könnten und welche er Goebbels immer wieder der Bevölkerung versprechen ließ, würde vorweisen können. Der verborgene Hitler in seinem unbekannten ›Führerhauptquartier‹ mutierte geradezu zur letzten Hoffnung der Deutschen, die bis zuletzt an einen ›Endsieg‹ glauben wollten.

Da er sich persönlich als Sieger im Krieg gegen Polen verstand, war es nicht überraschend, dass Hitler als Oberbefehlshaber der Wehrmacht über die operativen Planungen des Krieges gegen Frankreich glaubte bestimmen zu können. Er schob die ursprüngliche Angriffsplanung des Oberkommandos des Heeres unter Brauchitsch und Generalstabschef Halder, die an den Ersten Weltkrieg anknüpfte, selbstbewusst beiseite und übernahm den ungewöhnlichen Plan, den der Generalleutnant Erich von Manstein eigenmächtig vorgelegt hatte. Er sah einen überraschenden Panzerdurchbruch einer Heeresgruppe A in der Mitte der Front über die unwegsamen Ardennen vor. Eine Heeresgruppe B sollte gleichzeitig unter bewusster Verletzung ihrer Neutralität durch die Niederlande und Belgien, die nicht durch die Maginot-Linie geschützt waren, nach Frankreich vordringen. Dadurch sollte die Masse des französischen Heeres aus dem Rücken in einem »Sichelschnitt« zwischen den beiden deutschen Heeren eingekesselt und zerrieben werden. Dass dieses enorm riskante Manöver in nur zehn Tagen gelang, entschied im Grunde schon den ganzen Krieg, auch wenn Frankreich erst am 17. Juni kapitulierte.

Bis heute ist umstritten, weshalb Hitler die Verfolgung der britischen und auch einiger französischer Truppen durch die Wehrmacht vor der Hafenstadt Dünkirchen anhalten ließ, sodass sie in einer beispiellosen Aktion über den Kanal nach England gerettet werden konnten. Quellenbedingt ist dieses Problem nicht endgültig zu lösen. Inzwischen steht nur fest, dass Hitler die britischen und französischen Soldaten nicht entkommen ließ, weil er damit bei der britischen Regierung gut Wetter für eine künftige Verständigung machen wollte. Bei einem Premierminister Churchill hatte er mit einem solchen Geschäft nicht zu rechnen. Sicher ist auch, dass er nicht demonstrieren wollte, wer als Oberbefehlshaber das Sagen hatte. Von einer »Machtdemonstration gegenüber der Heeresführung« kann keine Rede sein.[20] Hitler hatte sich nämlich mit dem Befehlshaber der Heeresgruppe A, Gerd von Rundstedt, abgesprochen, dem er letzten Endes auch die Entscheidung darüber überließ, wie sich die Wehrmacht verhalten sollte.

Etwas einleuchtender ist deshalb die Erklärung, dass Hitler das Argument überzeugt hat, die Panzer könnten in dem sumpfigen Gelände um Dünkirchen stecken bleiben. Da solche topografischen Argumente Hitler allerdings sonst nur wenig überzeugt haben, bleibt auch bei diesem ein Rest von Unsicherheit. Am wahrscheinlichsten ist, dass er sich auf die Aussage Görings verlassen hat, er könne die Evakuierung des britischen Heeres ohne Weiteres mit der Luftwaffe verhindern. Es scheint aber zumindest, dass Hitler auch in diesem besonderen Fall wieder seine Entschlussschwierigkeit zu schaffen machte, weshalb er sich gerne auf die fragwürdige Aussage Görings verließ.

Hitler triumphierte nach dem raschen Sieg und demütigte den französischen Gegner schließlich damit, dass er dessen Kapitulation am 22. Juni 1940 in Compiègne nicht nur am selben Ort, sondern auch in demselben, eigens herbeigeschafften Eisenbahnwagen entgegennahm, in dem 1918 die kaiserliche Regierung Deutschlands kapituliert hatte. Da inzwischen der Kriegsheld des Ersten Weltkriegs, Marschall Philippe Pétain, die französische Regierung übernommen hatte, der bereit war, mit der deutschen Militärverwaltung zu kooperieren, fielen die Waffenstillstandsbedingungen vergleichsweise milde aus. Deutschland beanspruchte nur den Norden Frankreichs einschließlich Paris sowie die nach England gerichtete Kanal- und Atlantikküste als Besatzungsgebiet. Große Teile Zentral- und Südfrankreichs blieben frei von einer Besatzung. Hier konnte die Regierung Pétains in Vichy ihren Amtssitz einrichten. Die vagen Hoffnungen Hitlers, die Vichy-Regierung als Kriegspartner gewinnen zu können, erfüllten sich jedoch nicht. Im November 1942 wurde daher schließlich ganz Frankreich von deutschen und italienischen Truppen besetzt.

Der Sieg über Frankreich war für Hitler nur ein Zwischenergebnis. Als eigentlicher Gegner im Westen blieb für ihn Großbritannien übrig, nachdem die britische Regierung bisher alle seine dubiosen Friedensangebote abgelehnt hatte. Deutschland blieb daher auch nach dem Sieg über Frankreich weiterhin im Kriegsmodus. Am 2. Juli 1940 erteilte Hitler der Wehrmachtsführung unter dem Code »Seelöwe« den Befehl (Führerweisung 20), sich auf die Invasion Großbritanniens vorzubereiten.[21] Dem folgte 14 Tage später der

Befehl, mit der Landungsplanung zu beginnen. Tatsächlich ging es ihm jedoch nicht wirklich um eine Invasion Großbritanniens, sondern um den Aufbau einer Drohkulisse, mit der er Großbritannien zu einem Friedensschluss bringen wollte. Als diese nichts bewirkte, entschied er sich dafür, die britische Regierung durch einen massiven Bombenkrieg zur Kapitulation zu zwingen. Dieser ausdrücklich gegen die Zivilbevölkerung gerichtete Bombenterror begann Mitte August und richtete sich vor allem gegen London, aber auch gegen andere englische Städte. Gezielt wurde die Industriestadt Coventry bombardiert, deren mittelalterliche Kathedrale dabei völlig zerstört wurde.[22] Die deutsche Luftwaffe setzte damit die völkerrechtswidrige Kriegführung fort, die sie 1936 im Spanischen Bürgerkrieg begonnen und im Mai 1940 in Rotterdam fortgesetzt hatte. Der deutsche Bombenterror konnte Großbritannien jedoch ebenso wenig in die Knie zwingen wie im späteren Verlauf des Weltkriegs umgekehrt der Bombenkrieg, mit dem die Alliierten deutsche Städte überziehen sollten, die Deutschen.[23]

Der deutsche Bombenkrieg scheiterte allerdings auch daran, dass die Luftwaffe zwar anfangs mehr Flugzeuge hatte als die Royal Air Force, jedoch im Wesentlichen nicht die geeignetsten. Hitler schob dafür Göring die Schuld zu, was nicht ganz unberechtigt war. Jedoch hatte er die Fehlrüstung selbst zu verantworten, weil er bei der Produktion der Flugzeuge nur auf das Tempo gedrückt und nicht auf ihre Funktionsfähigkeit geachtet hatte. Die deutsche Bomberflotte hatte eine zu geringe Reichweite, und die Jagdflieger waren zwar als ›Stukas‹ für die Kombination mit einem Panzerkrieg konstruiert, aber nicht zum Flankenschutz der Bomber gedacht. Der Luftkrieg über England musste daher mit dem Wintereinbruch 1940 / 41 abgebrochen werden.

Schon während der Luftschlacht um England hatte Hitler führende Militärs mehrfach wissen lassen, dass dem Krieg gegen Großbritannien der gegen die Sowjetunion folgen müsse. Dabei war er aber immer von der Voraussetzung ausgegangen, dass Großbritannien zuvor besiegt wäre. Nach dem Scheitern des Luftkriegs über England ergab sich jedoch eine völlig neue Situation: Mit dem Krieg gegen die Sowjetunion drohte der Zweifrontenkrieg, den Hitler bis dahin dem kaiserlichen Deutschland für den Ersten Weltkrieg vorgeworfen hatte und den er um jeden Preis hatte vermeiden wollen. Es kam hinzu, dass er mit dem Kriegseintritt der Vereinigten Staaten rechnen musste, der die militärischen Kräfteverhältnisse global verschieben und den Krieg zum Weltkrieg machen musste.

Vernichtungskrieg gegen die Sowjetunion

Wie konnte Hitler zu der größenwahnsinnigen Entscheidung kommen, die Sowjetunion anzugreifen, ohne zuvor Großbritannien besiegt zu haben? Betrachtet man die zahlreichen Erklärungen, mit denen er seinen folgenreichen Schwenk rechtfertigte, so ergeben sich, wie für ihn charakteristisch, zwei Gründe, ein realpolitischer und ein ideologischer. Mit Unterstützung seines Außenministers Ribbentrop entfaltete er noch während des Luftkriegs gegen Großbritannien eine intensive diplomatische Tätigkeit mit dem Ziel, einen Block von Staaten zu schaffen, die, im Bündnis mit dem autoritären Japan, ein faschistisches Europa bilden sollten. Das Kernstück dieser Aktivitäten war der »Dreimächtepakt« zwischen Italien, Japan und Deutschland, der am 27. September 1940 in Berlin geschlossen wurde.[24] Die drei autoritären Staaten versprachen sich darin gegenseitige Unterstützung bei der Schaffung einer neuen politischen Ordnung in Europa und Ostasien. Im Kern handelte es sich um ein gegen die USA gerichtetes Bündnis, die von einem Kriegseintritt abgehalten werden sollten. Es gelang Hitler und Ribbentrop, nacheinander Ungarn, Rumänien, die Slowakei und Bulgarien sowie anfangs Jugoslawien und schließlich auch Finnland und Dänemark zum Paktbeitritt zu bewegen. Bei Franco in Spanien und in Vichy-Frankreich holte sich Hitler allerdings eine Abfuhr, obwohl er Ende Oktober 1940 auf einer langen Zugreise in der Nähe von Tours den französischen Ministerpräsidenten Pierre Laval und in Hendaye an der französisch-spanischen Grenze General Franco persönlich zum Beitritt zu überreden versucht hatte.

Eine wirkliche militärische Stärkung ergab sich aus dem Pakt für Hitler deshalb nicht. Umso mehr setzte er auf seinen faschistischen ›Freund‹ in Italien, seinen einzigen wirklichen Verbündeten, obwohl dieser ihn beim Überfall auf Polen im Stich gelassen und beim Frankreichfeldzug erst in letzter Minute in den Krieg eingetreten war. Mussolini sah sich jedoch nicht ohne Grund seinerseits von Hitler getäuscht und glaubte deshalb, ohne Hitler zu informieren separate »Parallelkriege« führen zu können.[25]

Im September 1940 begann er vom italienischen Kolonialgebiet Libyen aus einen Krieg gegen Ägypten, um die dortige Kolonialmacht Großbritannien über den Suezkanal zu drängen. Im Oktober 1940 fiel das faschistische Heer vom besetzten Albanien aus in Griechenland ein. Beide imperialistischen Invasionen gingen gründlich schief, sodass Mussolini Hitlers militärische Hilfsangebote, die er zuvor abgelehnt hatte, annehmen musste. Die Wehrmacht besiegte Griechenland in kürzester Zeit sowie das eigentlich unbeteiligte Jugoslawien gleich mit. Auch der Wüstenkrieg von Deutschen und Italienern gegen die Briten wurde unter General Erwin Rommel von der Wehrmacht zunächst gewonnen, um dann freilich an der britischen Übermacht bei El Alamein am 4. November 1942 zu scheitern. Es war dies das italienische ›Stalingrad‹, das die Wende am Mittelmeer brachte. Hitler hatte die militärische Leistungsfähigkeit des faschistischen Italiens ganz erheblich überschätzt, so wie er die der kommunistischen Sowjetunion gewaltig unterschätzen sollte.

Aus rassistischen Gründen hatte sich Hitler nur schwer zu einem Bündnis mit den ›gelben‹ Japanern entschließen können. Erst als sich die Japaner durch das Bombardement auf die amerikanische Flotte in Pearl Harbor von einer Skrupellosigkeit zeigten, die der seinen ähnlich war, hat er sich dazu durchgerungen, mit der einzigen starken Militärmacht Asiens zu kooperieren. Sein Versuch, Japan zu einer offensiven militärischen Ausrichtung gegen die Sowjetunion zu bewegen und in Europa eine Front gegen die Sowjets zu eröffnen, scheiterte jedoch. Japan blieb bei seinem Parallelimperialismus in Ostasien und ließ sich nicht in ein militärisches Engagement in Europa hineinziehen.

Hitlers durchaus realpolitisch begründete diplomatische Offensive mit dem Ziel, die Stellung des ›Dritten Reiches‹ global durch ein militärisches Netzwerk zu verbessern, hatte daher nur wenig Erfolg. Auch wenn er sich von dem Bündnissystem des ›Dreimächtepaktes‹ zumindest eine Verbesserung der Stellung des nationalsozialistischen Regimes in Europa erwartet hatte, wurde er enttäuscht. Seine europäischen Bündnispartner hatten ihm wenig zu bieten, weil sie sich eher Schutz von der faschistischen Führungsmacht erwarteten als ihrerseits zu deren Stärkung beizutragen. Hitler ist überdies sein politisches Misstrauen gegenüber den verbündeten Staaten nie losgeworden. Das galt selbst für Italien, da er Mussolinis faschistische Herrschaft seit seinem Besuch in Italien als gefährdet ansah.

In dieser für ihn verfahrenen Situation beschloss Hitler, eine völlige Wende in seiner bisherigen Kriegsstrategie zu vollziehen. Wenn er bisher Großbritannien hatte besiegen wollen, um damit den Rücken für den Endkrieg gegen die Sowjetunion freizuhaben, entschied er sich jetzt für das Gegenteil: Die Sowjetunion sollte besiegt werden, damit er danach freie Hand gegen Großbritannien hätte. Am 18. Dezember 1940 gab er mit der Führerweisung 21 den Befehl, unter dem Code-Namen »Fall Barbarossa« mit der Vorbereitung des Krieges gegen die Sowjetunion zu beginnen. Wie sicher er sich seiner Sache war, zeigte sich daran, dass die Wehrmacht bis zum Mai 1941 kriegsfähig sein sollte.

Es war dies die größte Fehlentscheidung, die Hitler als selbst ernannter oberster Feldherr getroffen hat. Sie beruhte nicht auf einem realistischen Kalkül, sondern entsprang dem ideologischen Kern seines politischen Denkens. Hitler verstand den Krieg gegen die Sowjetunion nicht als einen traditionellen Krieg, sondern stilisierte ihn zu »mehr als nur ein(em) Kampf der Waffen; er führt auch zur Auseinandersetzung zweier Weltanschauungen«.[26] Das war deshalb bemerkenswert, weil er damit die bolschewistische ›Weltanschauung‹ terminologisch mit der seinen auf eine Stufe zu stellen schien. Selbstverständlich war die bolschewistische ›Weltanschauung‹ jedoch für ihn nicht gleichwertig mit der nationalsozialistischen. Er bezeichnete ihre Träger vielmehr als minderwertig. Jedoch gab er dem Bolschewismus insofern ein Gewicht, als er ihn als »soziales Verbrechertum« bezeichnete und ihn für eine »ungeheure Gefahr für die Zukunft« hielt.[27] Deshalb kündigte er am 30. März 1941 vor einer Versammlung hoher Offiziere, über frühere Äußerungen hinausgehend, einen »Vernichtungskampf« gegen den kommunistischen Feind an, den er in der »kommunistischen Intelligenz« und in den »bolschewistischen Kommissaren« personifizierte. Diese beiden Personengruppen sollten beim Einmarsch in die Sowjetunion gezielt liquidiert werden. Sein antibolschewistisches Feindbild gegenüber der Roten Armee sollte er später gegenüber den sowjetischen Kriegsgefangenen auf die folgende Formal bringen: »Der Kommunist ist vorher kein Kamerad und nachher kein Kamerad.«[28]

Auch wenn Hitlers Lebensraumsideologie in der militärischen Führungselite weniger gut ankam, sind seine ideologischen Vorurteile gegenüber der Roten Armee auf keine nennenswerte Ablehnung gestoßen. Der ‚Führer' konnte vielmehr bei seiner Kriegsplanung gegen die Sowjetunion durchaus mit Zustimmung rechnen. Hitler trieb die Wehrmacht in den Krieg, aber er konnte bei der Generalität willige Helfer finden.

Was Hitler für den Kampf gegen den Bolschewismus vorgegeben hatte, wurde von Wilhelm Keitel, dem Oberkommandierenden des Heeres, sogar noch verschärft umgesetzt. In seinen am 19. Mai 1941 erlassenen »Richtlinien für das Verhalten der Truppe in Russland« ordnete Keitel ein »rücksichtsloses und energisches Durchgreifen gegen bolschewistische Hetzer, Freischärler,

Saboteure, Juden« sowie die »restlose Beseitigung jeden aktiven oder passiven Widerstandes« an.[29] Sein berüchtigter ›Kommissarbefehl‹ vom 6. Juni 1941 lenkte den Blick der Wehrmacht ausdrücklich auf die von Hitler zur systematischen Tötung freigegebenen politischen Kommissare der Roten Armee. Alle deutschen Soldaten, die an der Ostfront kämpften, wurden damit von Keitel zu potentiellen Komplizen des nationalsozialistischen Vernichtungskrieges gemacht, indem ihnen die völkerrechtswidrige Tötung von Zivilisten befohlen wurde.[30]

Die Wehrmachtsführer stimmten mit Hitler auch darin überein, dass sie von der militärischen Widerstandskraft der Sowjetunion nichts hielten. So wie in der Partei glaubte man, bestärkt durch die Niederlage der Sowjetunion im Winterkrieg gegen Finnland 1939 / 40, auch in der Wehrmacht, dass Stalin durch die großen personellen Säuberungen der Dreißigerjahre die Rote Armee dauerhaft ihrer Führungskader beraubt habe. Und damit nicht genug, war man der Ansicht, dass der stalinistische Kommunismus in der breiten Masse der sowjetischen Bevölkerung jedes soldatische Denken beseitigt und damit deren Widerstandskraft entscheidend geschwächt hätte. Bei den internen Planungen des Russlandkrieges war deshalb auch leichtfertig nur von einem neuerlichen ›Blitzkrieg‹ von drei oder vier Monaten die Rede. Goebbels vermerkte in seinem Tagebuch siegesgewiss, dass »der Bolschewismus wie ein Kartenhaus zusammenbrechen wird«.[31]

Um den Überfall geheim zu halten, wurde die deutsche Bevölkerung propagandistisch kaum auf einen Krieg gegen die Sowjetunion vorbereitet. Umso größer war der Schock, als Hitler diesen am 22. Juni 1941 entfesselte. Zwar fand die Wendung gegen den ›Bolschewismus‹ in der Bevölkerung durchaus Zustimmung – dass es sich erneut nur um einen ›Blitzkrieg‹ handeln würde, wurde jedoch kaum noch geglaubt. Viele autobiografische Quellen lassen erkennen, dass sich der unbedingte Glaube an die Weisheit des ›Führers‹ in der Bevölkerung zu vermindern begann.

Das gigantische »Unternehmen Barbarossa« begann am frühen Morgen des 22. Juni 1941 mit dem Einfall von über drei Millionen deutschen Soldaten, über 3000 Panzern, etwa 7000 Geschützen und fast 4000 Flugzeugen in die Sowjetunion. Das Invasionsheer war in sieben Armeen gegliedert, die wiederum in drei Heeresgruppen aufgeteilt waren.[32]

Obwohl die russischen Verteidiger eigentlich zahlenmäßig überlegen waren, waren sie auf den Einfall nicht gefasst, da Stalin, wie heute in der Forschung feststeht,[33] nicht an einen Bruch des deutsch-sowjetischen Vertrages geglaubt hatte. Die deutsche Invasionsarmee profitierte daher von einem Überraschungseffekt. Der Heeresgruppe Mitte gelang es, in wenigen Wochen weit in Richtung Moskau vorzustoßen und in der Ukraine mehrere Hunderttausend sowjetische Soldaten gefangen zu nehmen.

Diese wurden so grausam behandelt, wie sich Hitler das gewünscht und Keitel es angeordnet hatte. Nicht nur die politischen Kommissare, sondern auch normale Gefangene wurden massenhaft erschossen. In zahlreichen, notdürftig eingerichteten Lagern starben schon in den ersten Monaten nach Kriegsbeginn große Teile der Insassen an Kälte, Hunger oder Krankheiten. Und das war nur der Anfang. Wie schon seit den Siebzigerjahren bekannt ist, sind von etwa 5,7 Millionen Soldaten der Roten Armee in deutscher Gefangenschaft insgesamt etwa drei Millionen gestorben.[34] Die nach dem Krieg verbreitete Legende, nur die SS, die freilich daran stark beteiligt war, sei für dieses Massensterben verantwortlich gewesen, während die Wehrmacht ›sauber‹ geblieben sei, wird durch diesen ungeheuren, jeder völkerrechtlichen Bestimmung hohnsprechenden Massentod mehr als widerlegt. Die Schreckensherrschaft der Wehrmacht hatte im Übrigen für das Kriegsgeschehen auf deutscher Seite ungünstige Folgen: Während die deutschen Eindringlinge von Teilen der nicht russischen Bevölkerung etwa in der Ukraine anfangs durchaus freundlich begrüßt worden waren, bekannten sich diese aufgrund der deutschen Gräueltaten zunehmend zu Stalins »Großem Vaterländischen Krieg«.[35]

Der deutsche Vormarsch ging in den ersten Monaten nach dem Einfall in die Sowjetunion zügig vonstatten. Doch schon im Herbst muss Hitler aber klar geworden sein, dass sich die Sowjetunion nicht in einem ›Blitzkrieg‹ besiegen ließ. Obwohl im September Kiew und im November 1941 noch Rostow eingenommen werden konnten, kam der deutsche Vormarsch vor Moskau zum Stocken. Da sich der Kriegsbeginn gegen die Sowjetunion infolge der unvorhergesehenen Balkankriege gegen Griechenland und Jugoslawien erheblich verzögert hatte, waren die motorisierten deutschen Truppen inzwischen von einem durch den Herbstregen stark aufgeweichten Boden in die Glätte eines eisigen Winters geraten. Das wirkte sich auch deshalb verhängnisvoll aus, weil die Soldaten dafür nur unzureichend ausgerüstet und eingekleidet waren, vor allem aber die Logistik hinter den Linien und die Versorgung der Truppen in der russischen Weite unter diesen Bedingungen immer schwieriger wurde.

Als die Rote Armee am 7. Dezember 1941 zu einem großen Gegenangriff auf die Heeresgruppe Mitte der deutschen Invasionsarmee ansetzte, geriet die Wehrmacht erstmals in die Defensive. Sie musste von ihrem bisherigen Angriffs- in einen Verteidigungsmodus umschalten, aus dem sie im Prinzip nie mehr herauskam. Hitler geriet darüber in Auseinandersetzungen mit seinen Heerführern über die im Folgenden anzuwendende operative Taktik der Kriegführung. Am 16. Dezember erließ er in diesem Konflikt als Oberster Kriegsherr für die Ostfront einen der folgenreichsten Befehle, welcher die Befehlsgewalt der Truppenführer erheblich einschränken und damit die Beweglichkeit der Wehrmacht deutlich verringern sollte. Er befahl den kommandierenden Truppenführern, »die Truppe zum fanatischen Widerstand in ihren Stellungen zu zwingen, ohne Rücksicht auf durchgebrochenen Feind in Flanke und Rücken«.[36] Dieser Haltebefehl entsprach seinen persönlichen Erfahrungen im Stellungskrieg des Ersten Weltkriegs, behinderte die Wehrmacht jedoch im Bewegungskrieg des Zweiten Weltkriegs. Hitler trug damit nicht nur strategisch, sondern auch operativ zur Niederlage der Wehrmacht an der Ostfront bei.

Den Konflikt mit seinen Heerführern entschied er dadurch, dass er Walther von Brauchitsch, den Oberkommandierenden des Heeres, entließ und am 19. Dezember 1941 selbst den Oberbefehl übernahm.[37] Damit bestätigte er endgültig, dass der Krieg gegen die Sowjetunion sein Krieg war. Das führte in manchen Fällen zur Stabilisierung der Front, stellte aber die Frontkommandanten häufiger vor unlösbare Probleme, die im Konfliktfall immer wieder zu ihrer Ablösung führten. Es entsprach Hitlers Willkürherrschaft, seine Generale sofort zu entlassen, wenn sie nicht bedingungslos seinen Befehlen folgten, was aber nicht hieß, dass er sie nicht durchaus auch wieder einstellte. Als beispielsweise der hochdekorierte Panzergeneral Heinz Guderian sich im Dezember 1941 nicht an den Haltebefehl hielt, wurde er, obwohl erst zwei Monate zuvor mit dem Eichenlaub zum Ritterkreuz ausgezeichnet, zur Abschreckung entlassen und zu der sogenannten Führerreserve nach Berlin versetzt. 1943 reaktiviert, wurde er nach dem Attentat vom Juli 1944 zum Chef des Generalstabs des Heeres ernannt, was nicht bedeutete, dass er nach Konflikten mit Hitler im März 1945 nicht erneut entlassen werden konnte.[38]

Hitler griff mit dem Haltebefehl auch massiv in die Kompetenzen des Generalstabs ein. Er überließ diesem zwar zunächst weiterhin die operative Kleinarbeit hinter der Front. Das führte jedoch schon bald neuerlich zu großen Konflikten mit dem Chef des Generalstabs, Franz Halder, der auf seine professionelle Kompetenz pochte, als Hitler zum zweiten Mal mit einem folgenreichen Befehl in die deutsche Kriegführung eingriff. Halder glaubte, die Rote Armee zum Zusammenbruch bringen zu können, wenn die Heeresgruppe Mitte sie vor Moskau zu einer Entscheidungsschlacht zwänge. Hitler beschränkte sich dagegen nicht auf rein operative Überlegungen, sondern wollte seine ideologische Vorstellung eines Vernichtungskrieges durchsetzen. Leningrad sollte dafür ein Exempel abgeben. Die Stadt sollte absichtlich nicht erobert, sondern durch die Nordarmee der Wehrmacht so lange eingeschlossen werden, bis die Bevölkerung durch Hunger, Krankheiten und Kälte gestorben war. Da sich dieser Befehl gegen die Zivilbevölkerung Leningrads richtete, stellte seine Ausführung eines der größten Kriegsverbrechen dar, das sich die Wehrmacht zuschulden kommen ließ. Andererseits wollte Hitler die Industriegebiete im Donezbecken und die Ölgebiete im Kaukasus durch die Wehrmacht erobern lassen. Das ließ im Grunde erkennen, dass er nicht mehr an einen schnellen Kriegserfolg glaubte, sondern sich auf eine längere Kriegsdauer einstellte. Es war für die Wehrmacht im weiteren Kriegsverlauf verhängnisvoll, dass Hitler sich mit diesen Entscheidungen schließlich durchgesetzt hat. Das Verhältnis Halders zu seinem Dienstherrn blieb seitdem angespannt. Im August 1942 kam es schließlich zu einem besonders schweren Konflikt, der zu seiner Entlassung führte.

Der ›Führer‹ hatte seitdem kaum noch mit Widerspruch der Generalität zu rechnen. Er konnte es sich erlauben, seine Heerführer willkürlich zu entlassen und wieder einzustellen sowie sie durch seine Entscheidungen sogar in freiwilligen oder erzwungenen Selbstmord zu zwingen.[39] Seit 1942 hatte er die Kriegführung in der Sowjetunion damit aber allein zu verantworten. Aus dem ›größten Feldherrn aller Zeiten‹, als der er sich verherrlichen ließ, wurde dadurch der größte Verlierer aller Zeiten, der Millionen von Soldaten, letzten Endes aber ein ganzes Volk mit ins Verderben riss.

Niederlage von Stalingrad

Ein weiteres Mal hatte Hitler im Juli 1942 eine folgenschwere Fehlentscheidung gefällt, als er die Südarmee in die Heeresgruppen A und B aufteilte, um gleichzeitig die an der Wolga gelegene Industriestadt Stalingrad und die Ölfelder von Maikop in der Kaukasusregion einzunehmen. Es war eines der riskanten Manöver, mit denen Hitler glaubte, sich von den Planungen des Generalstabs absetzen zu können. Tatsächlich schwächte er die Südarmee, weil es jeder Heeresgruppe für sich genommen an der Schlagkraft fehlte, die sie gemeinsam gehabt hätten. Die Ölfelder konnten zwar erobert werden, die Sowjets hatten jedoch die Förderanlagen unbrauchbar gemacht, sodass sie von den Deutschen nicht genutzt werden konnten. Stalingrad konnte nach erbitterten Kämpfen von der 6. Armee der Heeresgruppe B zwar großenteils erobert werden, doch bahnte sich hier dann die größte Katastrophe an, welche die Wehrmacht in der Sowjetunion überhaupt erleben musste. Die Schlacht um Stalingrad wurde zum Wendepunkt im deutsch-sowjetischen Krieg.[40]

Auf Anordnung Stalins hatte Marschall Schukow eine gewaltige Gegenoffensive mit über einer Million Soldaten vorbereitet, durch welche die 6. Armee mit einigen weiteren Einheiten der Wehrmacht in Stalingrad eingeschlossen werden konnte. Die Bitte des deutschen Oberkommandierenden Friedrich Paulus, aus dem Kessel nach Südwesten ausbrechen zu dürfen, wurde von Hitler gemäß seiner Widerstandsideologie strikt abgelehnt. Wie schon einmal beim Westfeldzug vor Dünkirchen spielte dabei die großspurige Versicherung von Göring eine Rolle, dass er die Eingeschlossenen aus der Luft versorgen lassen könne. Diese Zusage konnte ebenso wenig eingehalten werden, wie es gelang, die Eingeschlossenen durch einen Entlastungsangriff von außen aus der Umklammerung zu befreien. Nach 72 Tagen erbitterten Kampfes in der zerstörten Stadt, bei dem die Wehrmacht den größeren Teil ihrer Kämpfer verlor, kapitulierte Paulus schließlich am 2. Februar 1943, Hitlers Aufgabeverbot missachtend. Über 100 000 überlebende Soldaten mussten in sowjetische Gefangenschaft gehen, nur ein paar Tausend von ihnen konnten später nach Deutschland zurückkehren. Mit einer von Beethovens 5. Symphonie umrahmten Sondermeldung wurde die Kapitulation zu einem Heldentod der Soldaten für Deutschland stilisiert. Die nach dem Krieg bekannt werdenden Fotos von langen Kolonnen Gefangener, die von Stalingrad aus ins Nirgendwo marschierten, wurden damals selbstverständlich noch nicht bekannt. Nach den ›Blitzsiegen‹, die im September 1939 in Polen begonnen hatten, und ständigen Siegesmeldungen beim Vordringen der Wehrmacht in der Sowjetunion setzte ›Stalingrad‹ die deutsche Bevölkerung aber auch ohne diese Bilder unter Schock. Erstmals bekam man trotz aller Beschönigungen durch die nationalsozialistische Propaganda eine Ahnung davon, dass der von Hitler angezettelte Krieg verloren gehen könnte.

Die Niederlage von Stalingrad muss zwar im Rückblick in militärischer Hinsicht als Anfang vom Ende der deutschen Invasion in die Sowjetunion angesehen werden, die Ostfront ist danach jedoch nicht sofort zusammengebrochen. Die Wehrmacht konnte die Front vielmehr vorübergehend stabilisieren und den Vormarsch der Roten Armee so verlangsamen, dass diese erst im Herbst 1944 die deutsche Ostgrenze erreichte. Dem Generalfeldmarschall Erich von Manstein ist es im März 1943 sogar gelungen, mit Teilen der Heeresgruppe Süd in der Ukraine vorzustoßen und die Stadt Charkow samt dem gesamten Donezbecken zurückzuerobern.

Dieser Erfolg motivierte Hitler dazu, einen Großangriff gegen den Eisenbahnknotenpunkt Kursk zu planen, dessen Umgebung, der sogenannte Kursker Bogen, von fünf sowjetischen Armeen gehalten wurde. In seinem Einsatzbefehl vom 15. April 1943 tönte Hitler selbstbewusst: »Diesem Angriff kommt daher ausschlaggebende Bedeutung zu. Er muss schnell und durchschlagend gelingen. Er muss uns die Initiative für dieses Frühjahr und Sommer in die Hand geben […]. Jeder Führer, jeder Mann muss von der entscheidenden Bedeutung dieses Angriffs durchdrungen sein. Der Sieg von Kursk muss für die Welt wie ein Fanal wirken.«[41] Der als »Unternehmen Zitadelle« ausgegebene Angriff wurde als große Panzerschlacht angelegt. Da die dafür nötigen Panzer z. T. erst produziert werden mussten, verzögerte sich der Schlachtanfang mehrfach. Als der deutsche Angriff Anfang Juli 1943 endlich mit über 3000 Panzern beginnen konnte, war die inzwischen auf das Vorhaben aufmerksam gewordene sowjetische Militärführung in der Lage, der deutschen Panzerarmee eine eigene entgegenzustellen. Daraus entwickelte sich eine gigantische Panzerschlacht, die größte des deutsch-sowjetischen Krieges. Auch wenn die Russen sehr viel mehr Panzer verloren als die Deutschen, musste die Wehrmacht die Schlacht nach wenigen Tagen abbrechen, weil die Rote Armee mit einer Großoffensive an anderer Stelle die Frontlinie der Wehrmacht zu durchbrechen drohte. Es war das letzte Mal, dass Hitler in großem Stil in die Offensive zu gehen versuchte. Nach Stalingrad und der verlorenen Panzerschlacht von Kursk befand sich die Wehrmacht in der Defensive. Während sie bis in das Jahr 1944 hinein noch allmählich zurückweichen konnte, wurde die Heeresgruppe Mitte am 22. Juni 1944 durch eine Großoffensive der Roten Armee nahezu aufgerieben. Das war der dritte große Schlag nach Stalingrad und Kursk, von dem sich die Wehrmacht nicht mehr erholen sollte. Erst an der ostpreußischen Grenze konnte sie die Rote Armee Ende August 1944 nochmals vorübergehend zum Anhalten zwingen, um der deutschen Zivilbevölkerung in den Ostprovinzen Zeit zur Flucht zu verschaffen.

Der bald nur noch verzweifelte Widerstand der Wehrmacht wurde mit ungeheuren Menschenverlusten erkauft, sodass sich die Frage stellt, weshalb diese in Kauf genommen wurden. Die Antwort darauf ist zweifellos, dass Hitler den bedingungslosen Abwehrkampf der Wehrmacht erzwungen hat. Seine rassistisch begründete Konzeption eines Vernichtungskrieges ließ einen rein militärisch zwingend erscheinenden Rückzug oder gar eine Kapitulation der Wehrmacht nicht zu. Als am Ende selbst Göring, Speer und Himmler an Friedensschritte dachten, erhielten sie dafür von Hitler, ohne dessen Zustimmung sie sich nicht zu handeln trauten, kein Plazet. Wie sich freilich bei den Friedensfühlern zeigte, die Himmler in letzter Minute doch noch auf eigene Gefahr ausstreckte, wäre eine (bedingungslose) Kapitulation ohne Hitler nicht möglich gewesen. Ihm ging es um alles oder nichts, um Sieg oder Untergang. Solange die Verluste der Roten Armee erheblich höher waren als die der Wehrmacht und zudem noch Millionen von gefangenen sowjetischen Soldaten grausam zu Tode gebracht werden konnten, rechtfertigte dies in seinen Augen die Verlängerung des Kriegs, weil er es als Sieg im Rassenkrieg ansah. Erst recht hielt Hitler unter allen Umständen am Krieg gegen die Sowjetunion fest, weil der Krieg im Osten es ihm ermöglichte, seinen antisemitischen Rassismus auszuleben und den Massenmord an den europäischen Juden umzusetzen.

Die Folgen von ›Stalingrad‹

Weder nach der Katastrophe von Stalingrad noch nach der darauffolgenden Niederlage bei Kursk ist Hitlers Diktatur innenpolitisch infrage gestellt worden. Hitler rief am 5. Februar, nur wenige Tage nach ›Stalingrad‹, sämtliche Gauleiter und Reichsleiter der NSDAP zu sich ins ›Führerhauptquartier‹, um von der Partei in Erinnerung an die Kampfzeit der NSDAP Entschlossenheit und Opferbereitschaft einzufordern. Dass er damit in der Partei einer Untergangsstimmung entgegenwirken wollte, zeigen seine sozialdarwinistischen Schlussbemerkungen: »Würde das deutsche Volk aber einmal schwach werden, so verdiente es nichts anderes, als von einem stärkeren Volke ausgelöscht zu werden; dann könnte man mit ihm auch kein Mitleid haben.«[42] Die Schuld an der verheerenden Niederlage in Stalingrad schob er den Einheiten der verbündeten Italiener, Rumänen und Ungarn zu, eine Sprachregelung, die in der Partei bereitwillig aufgenommen und weitergegeben wurde.

Anders als gegenüber der Partei, war Hitler zu feige, sich vor der deutschen Bevölkerung insgesamt zu Stalingrad zu äußern. Wie auch sonst häufig, war Goebbels, der freilich auch immer darauf drängte, sich als Propagandaminister hervorzutun, für die schlechten Nachrichten zuständig. Er ließ am 18. Februar den Berliner Sportpalast mit etwa 14 000 hundertprozentig linientreuen Parteigenossen füllen, vor denen er eine rhetorisch aufs Äußerste zugespitzte Rede hielt, die in zehn demagogischen Fragen gipfelte. In einer sich steigernden Lautstärke brüllte das aufgepeitschte Publikum auf jede dieser Fragen im Chor »Ja«. Bei der letzten Frage, »Wollt ihr den totalen Krieg? Wollt ihr ihn, wenn nötig totaler und radikaler, als wir ihn uns heute überhaupt erst vorstellen können?«, sprang die fanatisierte Masse auf und sang mit dem Hitlergruß die deutsche Nationalhymne samt angehängtem Horst-Wessel-Lied.[43] Wenn Goebbels geglaubt hatte, dass er auch den ›totalen Krieg‹ an der Heimatfront verantwortlich organisieren könne, so wurde er allerdings enttäuscht, auch wenn er viel später (am 25. Juli 1944) noch zum »Reichsbevollmächtigten für den totalen Kriegseinsatz« ernannt wurde. Entscheidend war vielmehr, dass Speer schon etwa ein Jahr zuvor von Hitler faktisch zum Rüstungsminister und Fritz Sauckel zum »Generalbevollmächtigten für den totalen Arbeitseinsatz« ernannt worden waren. Sie ermöglichten durch eine Reorganisation der Kriegswirtschaft bzw. die Rekrutierung von etwa zwölf Millionen ausländischen Zwangsarbeitern, die unter mörderischen Bedingungen eingesetzt wurden, dass der ›totale Krieg‹ zwei Jahre lang geführt werden konnte. Hitler sorgte allerdings dafür, dass sich an der Heimatfront für die Bevölkerung, allein schon wegen des Bombenkriegs, nicht allzu viel änderte. Es wurden zwar Lebensmittelkarten eingeführt, die Versorgung mit Nahrungsmitteln wurde jedoch, wenn auch auf einem niedrigeren Niveau, auf Kosten der besetzten Länder weitgehend aufrechterhalten. Die Frauen wurden nicht zur Arbeit gezwungen, sondern nur dazu ermuntert. Und die Unterhaltung durch Theater und Film sowie sogar bestimmte Volksfeste wurde nicht wesentlich eingeschränkt. Es wurde nur die politische Überwachung, die Heinrich Himmler seit seiner Ernennung zum Reichsinnenminister im August 1943 mit seinen Polizei- und Verwaltungsapparaten ausüben konnte, verschärft.

Seit Juni 1941 hatte Hitler seine ganze Konzentration auf den Krieg gegen die Sowjetunion gerichtet. Nachdem sich jedoch die verheerende Niederlage von Stalingrad noch nicht einmal teilweise durch die Kraftanstrengung der Panzerschlacht von Kursk revidieren ließ, wurde Hitler gezwungen, sich auch wieder anderen Fronten des von ihm entfesselten Weltkriegs zuzuwenden. Noch während er die Panzerschlacht von Kursk vorbereiten ließ, wurde er darüber informiert, dass die Truppen der ›Achse‹ an ihrem letzten afrikanischen Stützpunkt in Tunis gegenüber Engländern und Franzosen kapituliert hatten. Etwa 250 000 Soldaten, von denen mehr als die Hälfte Deutsche waren, also mehr als in Stalingrad, gerieten dadurch in Gefangenschaft. Hitler realisierte sofort, dass die Alliierten nun genügend Kräfte frei hatten, um in Italien zu landen und damit für das ›Dritte Reich‹ eine Südfront aufzumachen. Improvisiert entwickelte er zusammen mit General Albert Kesselring eher abwegige Szenarien für die Abwehr einer möglichen Landung alliierter Truppen. Als diese tatsächlich in der Nacht vom 9. auf den 10. Juli 1943 überraschend auf Sizilien landeten, gab er für diesen Schlag wie gewohnt den Verbündeten, nunmehr allein den Italienern, die Schuld daran, dass sie es den Alliierten leicht gemacht hätten. Auf die Sowjetunion fixiert, hatte er freilich Mussolinis Hilferufe vorher nicht beachtet.

Die alliierte Landung führte am 25. Juli 1943 zum Sturz Mussolinis und zum Zusammenbruch des faschistischen Regimes in Italien. Der von König Viktor Emanuel III. als Nachfolger eingesetzte, ehemalige faschistische und als solcher skrupellose General Pietro Badoglio kündigte das Bündnis mit dem nationalsozialistischen Deutschland zwar nicht auf. Er trat jedoch in Geheimverhandlungen mit den Alliierten ein, um eine Kapitulation, die aber, wie von Roosevelt und Churchill auf einer Konferenz in Casablanca im Januar 1943 für die Achsenmächte und Japan gefordert, nur »bedingungslos« zu erreichen war. Hitler musste daraufhin mehrere Divisionen der Wehrmacht für Italien abstellen, um eine schnelle Besetzung des Landes durch die Alliierten zu verhindern. Da die italienische Front von den tonangebenden Amerikanern, anders als von Churchill, nicht als vorrangig angesehen wurde, ist es der Wehrmacht gelungen, das besetzte Italien im langsamen Rückzug über den Apennin in mehreren Verteidigungslinien zu halten und erst am 3. Mai 1945 in Oberitalien zu kapitulieren. Für Hitler war am wichtigsten, dass er seinen ›Freund‹ Mussolini am 12. September 1943 aus der Gefangenschaft der königlichen Regierung entführen und zu einem von ihm vollständig abhängigen Regierungschef einer Repubblica Sociale Italiana (RSI) machen konnte.[44] Italien überließ er sonst seinen engeren Gefolgsleuten, die sich prompt auch wie nirgendwo sonst in polykratische Kompetenzkonflikte verbissen.[45]

Hitler selbst hatte seit Ende 1943 die Landung der Alliierten in Frankreich im Kopf. Wie Goebbels in seinem Tagebuch mehrfach berichtet, war er erstaunlich optimistisch, die alliierte Invasion verhindern zu können. Zu diesem Zweck ließ er entlang der französischen Atlantikküste massive Befestigungsanlagen bauen. Diesen Atlantikwall wollte er besonders durch Divisionen der Waffen-SS verteidigen lassen, die in seinen Augen die besten Truppen der Wehrmacht waren. Dass es problematisch sein könnte, gerade diese von der Ostfront abzuziehen, wischte er beiseite. Großes Gewicht legte er auch auf neue Waffensysteme, vor allem Panzer, die den Invasoren überlegen sein sollten. Und schließlich begann er von der Vernichtungsfähigkeit der V1-Raketen zu schwärmen, welche Großbritannien zerstören würden. Er sah es bei einer kommenden Invasion »als absolut sicher« an, dass die Westalliierten zurückgeschlagen würden.[46]

Es ist schwer zu beurteilen, ob Hitler tatsächlich noch glaubte, mit der Verhinderung der Invasion eine Kriegswende herbeiführen zu können. Aller Wahrscheinlichkeit nach hoffte er wohl immer noch, die Engländer in die Knie zwingen und die Wehrmacht danach mit geballter Kraft gegen die Rote Armee einsetzen zu können. Wie illusionär diese Hoffnungen waren, sollte sich in der Nacht vom 5. auf den 6. Juni 1944 zeigen, als Briten, Amerikaner und Kanadier in fünf Landeköpfen an der Flachküste der Normandie mit etwa 3000 Booten und kleineren Schiffen landeten und es trotz eines mörderischen deutschen Abwehrfeuers schafften, in nur einem Tag etwa 170 000 Mann an Land zu bringen und in Brückenköpfen zu sichern. Den deutschen Verteidigern gelang es zwar noch, die alliierten Invasoren in der Normandie aufzuhalten, Ende Juli brachen die Alliierten jedoch bei der Stadt Avranches durch und stießen in die Mitte Frankreichs vor. Am 25. August wurde von ihnen Paris befreit, nachdem Mitte August schon amerikanische Einheiten und französische Kolonialtruppen an der französischen Südküste gelandet waren, sodass General Charles de Gaulle auf den Champs-Élisées einen französischen Sieg mitfeiern konnte. Mitte September standen die alliierten Truppen an der Grenze zu Deutschland, als erste deutsche Stadt wurde am 21. Oktober Aachen von den Westalliierten erobert. Es sollte jedoch noch ein halbes Jahr dauern, ehe aufgrund eines von Hitler befohlenen, nur noch sinnlosen Widerstandes der Wehrmacht, amerikanische Truppen die Elbe erreichten und in Torgau am 25. April 1945 ein Treffen mit Soldaten der Roten Armee inszenierten, die den Osten Deutschlands erobert hatten. Das symbolische Treffen markierte die deutsche Niederlage im Zweiten Weltkrieg, auch wenn die bedingungslose Kapitulation erst am 8. Mai mit den Westmächten und am 9. Mai mit der Sowjetunion unterzeichnet wurde.

Wenn Hitler noch irgendein Gefühl der Verantwortung für die kämpfende Truppe, erst recht für die deutsche Bevölkerung insgesamt gehabt hätte, wäre die bedingungslose Kapitulation schon früher vollzogen worden. Für Hitler kam eine Kapitulation aber auch nicht infrage, als ihm eigentlich klar sein musste, dass der Krieg für ihn verloren war. Noch Ende 1944 hatte er die aberwitzige Idee, die letzten deutschen Reserven zu mobilisieren und sogar Einheiten von der Ostfront abzuziehen, um unter der Bezeichnung »Operation Herbstnebel« am 16. Dezember 1944 in den belgischen Ardennen mit 200 000 Mann eine letzte Offensive zu beginnen. Damit wollte er die von General George Patton befehligte US-Armee bis Antwerpen zurückdrängen und auf diese Weise vom Nachschub abschneiden. Die unsinnige Idee war, Zwietracht im Verhältnis der Alliierten zu säen und Friedensverhandlungen allein mit den Westmächten zu erzwingen, ohne zu kapitulieren.

Die Ardennenoffensive scheiterte innerhalb weniger Tage an der Luftüberlegenheit der Amerikaner, der eklatanten Unterlegenheit der Wehrmacht an Panzern und letzten Endes sogar an Spritmangel. Sie kostete etwa 80 000 deutsche Soldaten das Leben, schwächte die deutsche Abwehr an der Ostfront und zerstörte die letzten Reserven an schweren Waffen, die der Wehrmacht noch verblieben waren. Vor allem aber zerstörte das Scheitern der Offensive die letzten, wenn auch von vornherein imaginären Siegeshoffnungen Hitlers. Erstmals scheint er sich eingestanden zu haben, dass der Krieg nun nicht mehr zu gewinnen sei. Sein für die Luftwaffe zuständiger Adjutant zitiert ihn in seinen Memoiren folgendermaßen: »Ich weiß, der Krieg ist verloren. Die Übermacht ist zu groß. Ich bin verraten worden.« Hitler habe sogar davon gesprochen, sich eine Kugel in den Kopf zu schießen.[47] Daran stimmt mit Sicherheit, dass Hitler von Verrat gesprochen hat. Wie stets schob er alle Schuld an der Niederlage auf andere, jetzt auf seine Generale, auf die Luftwaffe. Und noch wichtiger ist, dass Hitler auch davon gesprochen haben soll, unterzugehen, aber »eine Welt« mitzunehmen. Es war dies genau die düstere Ankündigung, mit der er sein Weiterleben bis zu seinem Ende immer wieder rechtfertigen sollte: Wenn sein Untergang unvermeidlich war, dann wollte er noch so viele Menschen wie möglich mit sich in den Tod nehmen. Denn wenn das deutsche Volk nicht siegen konnte, hatte es seinen Untergang verdient. Alle Versuche seiner engsten Untergebenen, ihn in den letzten Monaten seiner Existenz zu Kapitulationsverhandlungen entweder mit den Westalliierten oder der Sowjetunion zu bewegen, stießen daher bei ihm auf taube Ohren.

Hitlers Imperium

Mit dem Sieg über Frankreich hatte Hitler nach Österreich, der Tschechoslowakei, Polen (zusammen mit Stalin), Dänemark, Norwegen, Holland, Belgien und Luxemburg das neunte europäische Land in seine Gewalt bekommen. Griechenland und Jugoslawien teilte er sich bei der Besatzung 1941 mit dem faschistischen Italien und mit Bulgarien. Nach dem Überfall auf die Sowjetunion brachte die Wehrmacht die westlichen Teile des riesigen Landes unter ihre Militärherrschaft, ehe der Vormarsch nach der Niederlage von Stalingrad stecken blieb. Im Sommer 1942 hatte Hitlers Imperium seine größte Ausdehnung erreicht und somit zwölf europäische Länder ganz oder teilweise unter seiner Herrschaft.[48]

Hitler hatte sich damit ein europäisches Imperium geschaffen, das in seinem Umfang auch das Napoleons zu Anfang des 19. Jahrhunderts übertraf. Anders als dieser hatte Hitler jedoch kein Interesse daran, sein Imperium organisatorisch unter eine einheitliche Verwaltung zu stellen und zentral auszubeuten. Es gab im ›Dritten Reich‹ nicht einmal eine zentrale Behörde, von der aus die besetzten Länder verwaltet wurden. Versuche, zu einer Vereinheitlichung der Besatzung zu kommen, wies Hitler mit der Begründung zurück, dass darüber erst nach dem ›Endsieg‹ entschieden werden könne. Das war jedoch nur vorgeschoben. Entscheidend war auch in diesem Fall, dass sich der ›Führer‹ auch bei der Besatzungspolitik nicht festlegen wollte, um freie Hand bei seinen Entscheidungen zu behalten.

Auf dem Höhepunkt seiner Ausdehnung 1942 hatten die vom Großdeutschen Reich Hitlers unterworfenen europäischen Länder daher eine widersprüchliche Besatzungsstruktur. Gemeinsam war ihr nur, dass sie nicht auf völkerrechtlich gesicherten Normen, sondern auf terroristischer Willkür aufgebaut war.

Nur grob lässt sich zwischen Ländern, die eine Zivilverwaltung, und Ländern, die eine Militärverwaltung hatten, unterscheiden. Eine Sonderregelung wurde in Frankreich getroffen, wo die Kollaborationsregierung des Marschalls Pétain bis zur alliierten Landung 1944 im nicht besetzten Südteil des Landes mit einer gewissen Autonomie regieren durfte.

Einer Zivilverwaltung wurden die Länder unterworfen, die künftig einem ›Großgermanischen Reich‹ angehören sollten. In den Niederlanden wurden mit der Nationaal-Socialistischen Bewegung von Adriaan Mussert und in Norwegen mit der Nasjonal Samling von Vidkun Quisling zeitweise faschistische Kollaborationsbewegungen an der Macht beteiligt. In Dänemark durfte die nationale Verwaltung teilweise weiter agieren. Noch wichtiger war, dass auch der König, ebenso wie im militärisch verwalteten Belgien, weiter amtieren durfte. In diesen Ländern wurden auch sogenannte Hilfswillige für Sondereinheiten der Waffen-SS rekrutiert und teilweise im Krieg in der Sowjetunion eingesetzt. Die vor allem in der besetzten Ukraine unter dem Kommando des ehemaligen sowjetischen Generals Wlassow aus Gefangenen, Deserteuren und ehemaligen sowjetischen Soldaten aufgestellte Armee kam dagegen nicht zum militärischen Einsatz, weil Hitler dies aus Misstrauen gegenüber den ›Fremdvölkischen‹ nicht zuließ.

Nach Hitlers Willen war sein Heimatland Österreich nicht nur das erste besetzte Land, sondern auch das erste, das annektiert und mit Deutschland zum »Großdeutschen Reich« vereinigt wurde. Völkerrechtlich verbindliche Annexionen ließ Hitler sonst nur im besetzten Polen, das nach seiner Vorstellung ganz von der Bildfläche verschwinden sollte, sowie im belgischen Eupen-Malmedy zu. Größere territoriale Verschiebungen sollten erst nach einem ›Endsieg‹ stattfinden. Jedoch sorgte Hitler dafür, dass für einige unmittelbar an das Deutsche Reich grenzende Besatzungsgebiete eine Sonderregelung getroffen wurde. Mit dieser kam er den machtgierigen nationalsozialistischen Gauleitern in den Grenzregionen entgegen, die auf Erweiterung ihrer Gaubezirke drängten. Hitler machte sie jeweils in einem angrenzenden Besatzungsgebiet zum »Chef der Zivilverwaltung«. Damit konnten sie das Territorium zwar nicht direkt in ihren Gau integrieren, sie erhielten aber eine zusätzliche politische Verwaltungshoheit. Hitler vermied damit einen direkten Anschluss dieser Gebiete an das Reich, gab den Gauleitern jedoch das Gefühl, ihr Herrschaftsgebiet erweitert zu haben.

Das galt für den ostpreußischen Gauleiter Erich Koch, dem das angrenzende polnische Gebiet Zichenau unterstellt wurde. Gustav Johannes Simon, Gauleiter im Gau Moselland zwischen Koblenz und Trier, erhielt Luxemburg als Verwaltungsgebiet, der pfälzische Gauleiter Josef Bürckel Lothringen und der badische Gauleiter Robert Wagner das Elsass. Im Süden wurde 1943 nach dem Ausscheiden Italiens dem Tiroler Gauleiter Franz Hofer die »Operationszone Voralpenland«, welche die italienischen Provinzen Bozen, Trient und Belluno umfasste, unterstellt. Der Kärtner Gauleiter Friedrich Rainer konnte 1943 in den italienischen Provinzen Friaul und Istrien die Verwaltung übernehmen. Der Gauleiter von Schleswig-Holstein, Heinrich Lohse, schließlich durfte zwar nicht im angrenzenden Dänemark tätig werden, dafür wurde er aber in den baltischen Staaten und Weißrussland Chef der Zivilverwaltung. Die Zivilverwaltung in den besetzten Grenzregionen lief somit auf eine Parteiverwaltung durch Hitler unmittelbar unterstellte Gauleiter hinaus, was ganz im Sinne des ›Führers‹ zu einer verschärften Unterdrückung der Bevölkerung führte. Es waren Bürckel und Wagner, die schon im Oktober 1940 als Erste mit rücksichtslosen Abschiebungen begannen und die Juden aus Lothringen bzw. aus Baden und der Pfalz in das Lager Gurs in Frankreich deportierten.

Überall in den besetzten Ländern formierte sich eine mehr oder weniger starke Partisanenbewegung, die zwar die deutsche Herrschaft nirgendwo infrage stellen konnte, die Besatzer aber zu einem brutalen Abwehrkampf gegen die als ›Banditen‹ diffamierten Widerstandskämpfer veranlasste. Dabei kam es zu regelrechten Massakern an der Zivilbevölkerung, die vor allem von Himmlers SS-Apparat, aber auch von Wehrmachtseinheiten begangen worden sind. Die blutigsten Mordaktionen fanden am 10. Juni 1942 im tschechischen Lidice, am gleichen Tag 1944 im französischen Oradour-sur-Glane und im griechischen Distomo sowie vom 29. September bis 1. Oktober 1944 im italienischen Marzabotto statt.[49] Hitler brauchte sich bei der Partisanenbekämpfung nur selten einzuschalten, die verantwortlichen Besatzungsbehörden handelten durchaus aus eigener Initiative.

Bemerkenswert ist, dass Hitler die meisten Hauptstädte der von ihm unterworfenen Länder besuchte, häufig sogar mehrfach. Selbstverständlich handelte es sich bei diesen Besuchen nicht um Staatsbesuche, sondern um die Auftritte eines Despoten, der zur Einschüchterung seine Macht demonstrierte. Dazu gehörte, dass er Paraden der Wehrmacht abnahm, deutsche Soldatenfriedhöfe in der Umgebung besuchte oder, wie in Prag, im Präsidentenpalast (dem Hradschin) übernachtete. Zur Inbesitznahme Polens war Hitler am 5. Oktober 1939 unter großen Sicherheitsvorkehrungen in Warschau[50] und zuvor vom 15. bis 17. März 1939 in gleicher Funktion in Prag.[51] Nach der Kapitulation Belgiens hat er zwischen dem 1. und 3. Juni 1940 Brüssel besucht.[52] In diesen Ländern machte er später noch weitere Besuche. In Jugoslawien hat er es sich allerdings erspart, die von der Luftwaffe erheblich zerstörte Hauptstadt Belgrad aufzusuchen, und war stattdessen am 26./27. April 1941 in der überwiegend von Deutschen bewohnten Stadt Marburg (Maribor).[53] Auffällig ist, dass er die Hauptstädte Dänemarks, Norwegens und der Niederlande nicht besucht hat. Wahrscheinlich hing das damit zusammen, dass er diese Länder in das Großdeutsche Reich eingliedern und daher nicht besonders demütigen wollte.

Einen besonderen Charakter hatte sein Auftritt in Wien wenige Tage nach dem ›Anschluss‹ Österreichs an Deutschland. Auf dem Umweg über seine Geburtsstadt Braunau und einen Aufenthalt in Linz feierte er, wie dargestellt, am 15. März 1938 auf dem Wiener Heldenplatz mit einer riesigen Menschenmenge den ›Anschluss‹.[54] Später war er noch weitere sechs Mal in dem annektierten Österreich, so oft wie in keinem anderen Land, letztmals vom 4. bis 6. April 1943 in Linz.[55]

Nicht bekannt wurde sein Besuch in Paris. Hitler ließ sich hier am 23. Juni 1940 zusammen mit seinen beiden Stararchitekten Albert Speer und Hermann Giesler sowie dem deutschtümelnden, von ihm besonders geschätzten Bildhauer Arno Breker am frühen Morgen zu einer Besichtigungstour durch die menschenleere Stadt fahren. Auch wenn dies aus Sicherheitsgründen unbemerkt bleiben musste, demonstrierte Hitler damit intern, dass er nach seinem bisher größten militärischen Sieg auch noch als Kunstliebhaber verstanden werden wollte.[56] Wenn er im Invalidendom vor dem Sarkophag Napoleons stehen blieb, zeigte er aber zugleich, in welch große Tradition er sich als Heerführer gestellt wissen wollte. Auch in Frankreich ist er danach noch viermal gewesen, das letzte Mal am 17./18. Juni 1944 beim Besuch der Somme, an der er im Ersten Weltkrieg gegen Frankreich gekämpft hatte.[57] Dies war über die persönliche Erinnerung hinaus auch als eine letzte Demütigung der Franzosen gedacht.

Einen anderen Charakter hatten lediglich Hitlers Reisen nach Italien, dem Land seines faschistischen Vorbilds Benito Mussolini. Seit dem 11. September 1943 war zwar auch Italien bis zum 3. Mai 1945 ein von der Wehrmacht besetztes Land, zu dem Hitler jedoch ein einzigartiges Verhältnis hatte. Das zeigte sich insbesondere an den dargestellten gegenseitigen Staatsbesuchen in den Jahren 1937/1938.[58] Insgesamt hat sich Hitler mit Mussolini nicht weniger als 17 Mal getroffen, davon 13 Mal während des Krieges. Von diesen Treffen fand jedoch nur das Treffen am 28. Oktober 1940 in Florenz noch in Italien statt. Dreimal traf man an der Grenze am Brenner zusammen, sonst zitierte Hitler den ›Duce‹ zu sich nach Schloss Kleßheim bei Salzburg, auf seinen Berghof oder sogar in die ›Wolfsschanze‹ bei Rastenburg. Er behandelte ihn zwar bis zuletzt als seinen ›Freund‹, aber doch ähnlich von oben herab wie die faschistoiden Potentaten Rumäniens, Ungarns, Kroatiens oder der Slowakei. Es war dies eine abgestufte Form von Hitlers imperialem Gestus.

Die Vernichtung der Juden Europas

Die sogenannte Judenfrage spielte im ›Dritten Reich‹ eine zentrale Rolle, sie hatte jedoch seit dem Überfall der Wehrmacht auf Polen und erst recht seit dem militärischen Einfall in die Sowjetunion eine andere, eine genozidale Bedeutung bekommen. Bis zum Herbst 1939 ging es in der Praxis ausschließlich um die Frage, wie das NS-Regime mit den deutschen Juden umgehen sollte, auch wenn bei Hitler bereits von europäischen Juden oder gar dem ›Weltjudentum‹ die Rede war. Nur die deutschen, österreichischen und tschechischen Juden konnten ja vor Kriegsbeginn durch das NS-Regime belangt werden. Sie wurden zunehmend aus der deutschen ›Volksgemeinschaft‹ ausgeschlossen, terrorisiert und in ihrer beruflichen und wirtschaftlichen Existenz gefährdet, sodass ein großer Teil von ihnen sich zur Emigration entschloss, sofern er die vom Regime zynisch auferlegte ›Reichsfluchtsteuer‹ bezahlen konnte. Auch wenn viele den Tod fanden oder in den Tod getrieben wurden, was grausam genug war, stand aber ihre kollektive Ermordung, nur weil sie Juden waren, noch nicht zur Diskussion.

Das änderte sich grundlegend, als NS-Deutschland im besetzten Polen 1939 etwa 1,7 Millionen Juden in die Hände fielen und sich nach dem Sieg über Frankreich in Westeuropa sowie nach der teilweisen Besetzung der Sowjetunion der Zugriff auf insgesamt etwa 5,8 Millionen Juden im deutschen Herrschaftsgebiet ergab. Wenn Hitler seitdem von ›den‹ Juden sprach, meinte er nicht mehr nur die deutschen, sondern die europäischen Juden insgesamt. Diese wurden verhängnisvollerweise durch seine imperialistischen Aggressionskriege zur menschlichen Kriegsbeute, die vor der physischen Vernichtung wie materielles Diebesgut ausgebeutet wurde. Der ›Führer‹ und seine politischen Komplizen entschlossen sich zur kollektiven Ermordung der Wehrlosen, nur weil sie Juden waren – eine bis dahin unvorstellbare Vernichtungsorgie, an die sie allein bei den deutschen Juden noch nicht denken konnten.

Der Startschuss zum Holocaust der europäischen Juden fiel, wie sich nachträglich zeigen sollte, mit der Ernennung Heinrich Himmlers zum »Reichskommissar für die Festigung des deutschen Volkstums« durch den schon erwähnten geheimen Führererlass Hitlers.[59] Der Titel verschleierte, dass Himmler mit seinem Reichssicherheitshauptamt damit auch unbeschränkte Vollmachten zur zwangsweisen Umsiedlung der polnischen Juden erhielt. Über 100 000 von ihnen wurden nach dem Ende der Militärverwaltung der Wehrmacht von der SS im Generalgouvernement in riesige Gettos eingewiesen, wo sie Zwangsarbeit leisten mussten, bei der sie einem hemmungslosen Terror ausgesetzt waren und zu vielen Tausenden dem Tod erlagen. Es war dies jedoch noch kein gezielter Schritt hin zu ihrer planmäßigen Ermordung. Hitler scheint vielmehr zunächst offenkundig geschwankt zu haben, was mit der enormen Menge an jüdischen Menschen geschehen solle, über deren Schicksal er mit einem Mal bestimmen konnte. Er dachte darüber nach, Juden als Arbeitskräfte zur Zwangsarbeit im Reich heranzuziehen. Das sollte natürlich nur für niedere Arbeiten erfolgen, da die als ›rassisch minderwertig‹ eingestuften jüdischen Menschen für ihn zu keiner anspruchsvolleren Tätigkeit fähig waren. Er scheint zunächst auch überlegt zu haben, an der Ostgrenze des von Deutschland annektierten Polens einen Judenstaat unter deutscher Verwaltung einzurichten, sowie daran, die polnischen Juden in das von der Sowjetunion besetzte Polen abzuschieben. Nach dem Sieg über Frankreich scheint er sich sogar mit dem Projekt eines Judenstaates auf der französischen Kolonialinsel Madagaskar beschäftigt zu haben.[60]

Man kann nicht genau sagen, wann Hitler seine Überlegungen zu einer territorialen ›Lösung der Judenfrage‹ beendet hat und zu dem Schluss gekommen ist, alle Juden, über die er verfügen konnte, physisch zu vernichten. Es gibt von ihm keinen schriftlichen Befehl für den Holocaust.[61] Es gibt auch kein genaues Datum, an dem die Mordaktion an den europäischen Juden begonnen hat. Vielmehr handelte es sich um einen allmählichen Beginn, bei dem verschiedene Akteure, allerdings wohl immer in der Überzeugung, in Übereinstimmung mit dem Willen Hitlers zu handeln, aktiv wurden. Davon konnten sie deshalb ausgehen, weil Hitler in verschiedenen Reden und in Gesprächen nach dem Überfall auf die Sowjetunion so unverblümt wie nie zuvor davon gesprochen hat, die Juden »auszurotten«, wobei er es nicht versäumte, an seine Prophezeiung vom 30. Januar 1939 zu erinnern.[62] Er bezeichnete die Juden pauschal als »Weltbrandstifter« und beschuldigte sie, die Welt zu vergiften.[63] Auch sprach er von einer »Verbrecherrasse«, welche »zwei Millionen Tote des Weltkriegs auf dem Gewissen« hätte. Und er folgerte daraus, dass es gut sei, »wenn uns der Schrecken vorangeht, dass wir das Judentum ausrotten«.[64] Zwischen Ende Oktober und Ende November 1941 scheint er sich zu einer gewaltsamen ›Endlösung der Judenfrage‹ entschlossen zu haben, ohne dass das jedoch genau nachzuweisen ist. Seinen Untergebenen in der Partei hat er seine »Grundsatzentscheidung« möglicherweise in einer Besprechung mit den Gau- und Reichsleitern in seiner Münchner Privatwohnung mitgeteilt, die am 12. Dezember 1941 stattfand.[65]

Wie gewohnt überließ Hitler auch in dieser für ihn zentralen Frage die praktische Ausführung seinen ebenso skrupellosen wie willigen Handlangern. Das hing damit zusammen, dass er es einerseits stets scheute, die schrecklichen Auswirkungen der von ihm ausgelösten Verbrechen persönlich in Augenschein zu nehmen, ihm aber andererseits daran lag, möglichst viele an diesen zu beteiligen. Man kann durchaus sagen, dass die nationalsozialistische ›Volksgemeinschaft‹ für ihn teilweise auch eine Gemeinschaft potenzieller Mittäter sein sollte. Ungeachtet seines verbalen Extremismus hat Hitler etwa, anders als Himmler, der sich mehrfach persönlich über den Fortgang der Mordaktionen an den Juden informiert hat, niemals eines der Vernichtungslager besucht, ja, er ist nicht einmal in einem der Konzentrationslager in Deutschland gewesen. Wenn man so will, kann man ihn als den schlimmsten aller Schreibtischtäter bezeichnen.

Es war Reinhard Heydrich, der in der Praxis am entschiedenste die Initiative zur Judenvernichtung ergriff. Schon am 26. März 1941 hatte er Göring Vorschläge zur »Lösung der Judenfrage« vorgelegt, die noch auf Massendeportationen hinausliefen.[66] Er war es auch, der am 29. November 1941, erneut mit einer Genehmigung Görings, fünfzehn Vertreter von staatlichen Behörden und parteilichen Dienststellen in eine Villa am Berliner Wannsee zu einer Konferenz über die »Endlösung der Judenfrage« einberief, die nach mehrfacher Verschiebung am 20. Januar 1942 stattfand.[67] Das von Adolf Eichmann bei der Wannseekonferenz geführte Protokoll kann sicherlich als ein »Schlüsseldokument zur Geschichte des Mordes an den europäischen Juden« bezeichnet werden,[68] obwohl dort nicht die schon angelaufene

Vernichtung der europäischen Juden beschlossen, sondern nur die Information und Koordination der an dieser Beteiligten abgesprochen wurde. Es beweist vor allem die bürokratische Kälte, mit der über die Ermordung von Millionen von Menschen verhandelt wurde. Hitler äußerte sich nur wenige Tage nach der Konferenz, wie schon zuvor, erneut hasserfüllt: »Man muss es schnell machen [...]. Der Jude muss aus Europa heraus. Wir kriegen sonst keine europäische Verständigung. Er hetzt am meisten überall [...]. Ich sage nur, er muss weg. Wenn er dabei kaputtgeht, da kann ich nicht helfen. Ich sehe nur eines: die absolute Ausrottung, wenn sie nicht freiwillig gehen. Warum soll ich einen Juden mit anderen Augen ansehen, als einen russischen Gefangenen.«[69]

Schon in Polen waren, wie dargestellt, für die ersten Massenmorde an Juden die Einsatzgruppen der SS verantwortlich.[70] Sie setzten in der Sowjetunion mit Massenerschießungen ihr grausames Werk fort. Das größte von den Einsatzgruppen verübte Massaker fand, wie schon erwähnt, in der Schlucht Babyn Jar in der Nähe von Kiew statt. Hier wurden am 29./30. September 1941 33771 Menschen, in der großen Mehrheit Juden, von der Einsatzgruppe C, aber mit logistischer Unterstützung durch Wehrmachtseinheiten, erschossen. Und das Morden ging dort in der folgenden Zeit weiter.

So unglaublich es ist, dass in etwa zehn Monaten 600000, also in jedem Monat etwa 60000 Juden erschossen worden sind, so klar war man sich im Reichssicherheitshauptamt bald darüber, dass die ›Endlösung der Judenfrage‹ angesichts von Millionen potenziellen Opfern auf diesem Wege nicht erreicht werden konnte. Es kam deshalb der Gedanke auf, ob es nicht andere Methoden gebe, um die gigantische Mordaktion zu beschleunigen. SS-Führer, die im besetzten Polen im Einsatz waren, hatten die Idee, nach dem Vorbild der sogenannten Euthanasie von Behinderten und psychisch Kranken für die Massentötung von Juden Gift zu verwenden.

Mit den als ›Euthanasie‹ beschönigten Zwangsmaßnahmen hatten die Nationalsozialisten schon mit dem »Gesetz zur Verhütung erbkranken Nachwuchses« vom 14.7.1933 begonnen.[71] Es ordnete die zwangsweise Sterilisierung an, wenn eigens geschaffene Erbgesundheitsgerichte eine genetisch bedingte und deshalb unheilbare Erbkrankheit feststellten. Die verbrecherische Maßnahme hatte zur zwangsweisen Sterilisierung von etwa 400000 Menschen geführt. Weitere, nunmehr durchweg tödliche Maßnahmen waren schließlich im Juli 1939 im Rahmen der Aktion T4 zur »Vernichtung unwerten Lebens« erfolgt, der bis 1941 etwa 100 000 Menschen zum Opfer fielen. Als es dagegen offenen Protest, besonders des katholischen Bischofs von Münster, Clemens August Graf von Galen, gab, wurde die Aktion im August 1941 auf Anordnung Hitlers offiziell eingestellt, da er bei Beginn des Russlandfeldzugs Unruhe an der Heimatfront befürchtete. Es war das einzige Mal, dass Hitler eine seiner diktatorischen Anordnungen zurückgenommen hat. Die Mordaktion wurde freilich dezentral bis fast zum Kriegsende weitergeführt.

Durch die offizielle Beendigung der zentralen T4-Mordaktion wurde aber Personal freigesetzt, das Erfahrungen mit solchen fürchterlichen Gasmorden hatte. Diese Mordspezialisten versorgten die Einsatzgruppen, die bisher die Ermordung von Juden durch Erschießungen betrieben hatten, mit Gaswagen, in denen Juden durch eingeleitetes Kohlenmonoxid umgebracht wurden. Der Judenmord wurde so von der Erschießung zur Vergasung übergeleitet, was zu seiner schrecklichen Beschleunigung führte. Die ›Euthanasie‹-Aktion wurde auf diese Weise mit dem nachfolgenden Holocaust auf grauenhafte Weise verzahnt. In gewissem Sinne kann man bei den T4-Morden von einem grausamen ›Vorspiel‹ für den Holocaust sprechen.

Die ersten Gasmorde in dafür gebauten Anlagen wurden auf Befehl Himmlers in dem improvisierten Vernichtungslager Chelmno (Kulmhof) durchgeführt. Das hing unmittelbar mit dem Attentat zusammen, dem am 27. Mai 1942 Reinhard Heydrich in Prag zum Opfer gefallen war. Sowohl Himmler als auch Hitler glaubten fälschlich, dass die beiden von der tschechischen Exilregierung beauftragten Attentäter Juden gewesen seien. Sie ließen deshalb nicht nur das tschechische Dorf Lidice dem Erdboden gleichmachen und dessen Bevölkerung ermorden, sondern intensivierten auch den Judenmord, angefangen bei den Prager Juden.[72] Himmler hatte dafür Anfang Juni mehrere Gespräche mit Hitler geführt, in denen dieser ihm aller Wahrscheinlichkeit nach den Auftrag gegeben hat, mit der vollständigen Judenvernichtung zu beginnen. Bezeichnenderweise wurde Himmler dazu jedoch nur mündlich beauftragt.

Auch über Gespräche Himmlers mit Hitler zwischen dem 11. und 14. Juli 1943, in denen es um die Ermordung der bis dahin gettoisierten Juden des Generalgouvernements ging, sind wir nicht schriftlich informiert.[73] Bei diesen spielte aber zweifellos eine entscheidende Rolle, dass sich die Juden im Warschauer Getto vom 19. April bis 16. Mai 1943 mit einem verzweifelten

Aufstand gegen ihr Schicksal zu wehren versucht hatten. Unter der Führung des SS-Gruppenführers Jürgen Stroop war der Aufstand von der SS mit schweren Waffen blutig niedergeschlagen worden. Hitler mutmaßte jedoch, dass die Auflehnung der Warschauer Juden mit der Partisanentätigkeit im Generalgouvernement zusammenhing, und ordnete deshalb eine Beschleunigung der Transporte in die Vernichtungslager an. Es war dies eine der Aktionen, mit der er sich persönlich in den von ihm initiierten Judenmord persönlich einschaltete.

Auch die Anordnung Hitlers, die Juden in den besetzten Gebieten der Sowjetunion zu ermorden, auf die sich Himmler am 28. Juli in einem Brief berief, ist uns nicht direkt überliefert.[74] Sie zeigt jedoch, dass Hitler sich nicht mehr, wie noch 1942 beim Beginn des Holocausts, ganz im Hintergrund hielt, sondern ausdrückliche, allerdings nur mündliche Befehle erteilte. Das große Morden begann also zwar ursprünglich ohne seinen ausdrücklichen Befehl, weil die Akteure sicher sein konnten, in seinem Sinn zu handeln. Als es jedoch um die umfassend angelegte und planmäßig organisierte Ermordung aller europäischen Juden ging, übernahm er das Kommando. Letzten Endes ist dies für das Verbrechen des Judenmords wichtiger als das viel diskutierte Fehlen eines Ursprungsbefehls Hitlers.

Auf Veranlassung Himmlers waren seit Anfang des Jahres im besetzten Polen eine Reihe von Lagern mit dem einzigen Zweck der Ermordung aller Insassen gebaut worden. Die todgeweihten Menschen wurden aus den großen Gettos in Polen sowie später aus einzelnen Ländern, zuletzt im Juli 1944 noch aus Ungarn, in Güterzügen zusammengepfercht herangebracht und nur so lange in Baracken verlegt, bis sie in den Gaskammern getötet wurden. Anschließend wurden ihre Leichen in riesigen Öfen verbrannt. Solche Krematorien gab es auch in Konzentrationslagern wie dem in Dachau für an Hunger oder Schwäche Gestorbene sowie vom Wachpersonal Getötete. Die Vernichtungslager wurden jedoch ausdrücklich für den Bau von Gaskammern angelegt. Nach Chelmno wurde in dem Vernichtungslager von Belzec im März 1942 mit der Vergasung von deportierten Juden begonnen, im Sommer desselben Jahres folgten die Lager von Sobibor und von Treblinka.

Der Lagerkomplex in Auschwitz, der heute als Symbol der Judenvernichtung gilt, war eine Besonderheit. Er bestand aus drei Lagern sowie 50 weiteren Außeneinrichtungen: dem Stammlager auf einem ehemaligen Kasernengelände, über dessen Eingang die zynische Aufschrift »Arbeit macht frei«

angebracht war, dem eigentlichen Zentrum des Massenmordes in Birkenau und einem Arbeitslager in Monowitz, in dem die Häftlinge Zwangsarbeit leisten mussten. Die in Güterzügen ankommenden Opfer wurden in Birkenau nach der Ankunft auf der Bahnrampe vom Wachpersonal ›selektiert‹. Noch Arbeitsfähige wurden zur Zwangsarbeit in Monowitz ausgesondert, wo sie meist auch keine lange Lebenszeit hatten. Alle Übrigen wurden nach dem Auskleiden zur angeblichen Desinfizierung sofort in die Gaskammern getrieben. Während in den erstgenannten Lagern vor allem polnische und sowjetische Juden umgebracht wurden, war Auschwitz-Birkenau das Vernichtungslager für Menschen aus dem übrigen Europa. In Auschwitz wurde vor allem das Schädlingsbekämpfungsmittel Zyklon B verwendet, das die Opfer in den Gaskammern besonders schnell, aber auch besonders qualvoll tötete. Insgesamt wurden in Auschwitz weit über eine Million Menschen ermordet, von denen 90 % Juden waren. Es wurden hier jedoch auch Polen, Roma, sowjetische Kriegsgefangene und nicht jüdische Europäer aus zahlreichen Ländern umgebracht.

Das Leiden in den Vernichtungslagern, aber auch in den Konzentrationslagern auf deutschem Boden war für die überlebenden Häftlinge erst zu Ende, wenn die Lager von alliierten Truppen, wie Auschwitz am 27. Januar 1944, befreit wurden. Die Befreier fanden überall Berge von ermordeten oder verhungerten Menschen vor, besonders grauenerregend im KZ Bergen-Belsen. Die erschöpften und ausgemergelten Häftlinge, welche die Lagerhaft überlebt hatten, waren vor der Ankunft der Alliierten zu Märschen gezwungen worden, die nur als Todesmärsche bezeichnet werden können. Wachkommandos der SS haben die Häftlinge bis in die letzten Kriegstage hinein mehr oder weniger ziellos, jedoch in aller Öffentlichkeit, durch die Straßen Deutschlands getrieben. Teils sollte damit, wie auch durch den Versuch, Spuren zu beseitigen, die Existenz der Vernichtungslager verborgen werden, teils sollten die unglücklichen Häftlinge einbehalten werden, um bei imaginären Friedensverhandlungen als Geiseln zu dienen. Diese Todesmärsche wurden mit ungeheurer Brutalität betrieben. Die Häftlinge wurden bewusst durch mangelnde Ernährung geschwächt. Wer nicht mehr weiterkonnte, wurde von den unbarmherzigen Begleitkommandos zusammengeschlagen oder erschossen. Man hat geschätzt, dass bei diesen Märschen 250 000 der etwa 700 000 Häftlinge, die am Kriegsende noch in Konzentrationslagern gefangen gehalten wurden, auf entsetzliche Weise umgekommen sind.[75]

Die Gesamtzahl aller durch den Holocaust ermordeten Juden lässt sich im Grunde nicht genau bestimmen. Es waren jedoch insgesamt mit Sicherheit über sechs Millionen Menschen, wenn man alle mitrechnet, die bei Erschießungen, in mobilen Gaswagen sowie vor allem in den Vernichtungslagern ermordet worden sind. Jedoch kommt es letzten Endes bei der historischen Beurteilung des Massenmords an den Juden Europas nicht auf genaue Zahlen an. Die Ungeheuerlichkeit dieses Genozids war ein Menschheitsverbrechen, das es bislang noch nie gegeben hatte. Die Welt hat seitdem zwar auch andere Völkermorde erlebt. Es handelte sich bei diesen jedoch meist um Mordanschläge auf die eigene Bevölkerung eines Landes, nicht auf Opfer aus vielen Ländern. Und nirgendwo sonst ist die technische und logistische Perfektion des Mordens vergleichbar gewesen. Hitler war für den Holocaust nicht allein verantwortlich, aber ohne seine Vernichtungsideologie hätte es diesen einzigartigen Völkermord nicht gegeben.

Umstritten ist, wie viel die deutsche Bevölkerung von dem Judenmord wusste.[76] Anders als über die Konzentrationslager im deutschen Reichsgebiet, über die in der Bevölkerung zur Abschreckung durchaus geredet werden durfte, gab es über die Vernichtungslager keinen öffentlichen Diskurs. Um ihre Existenz geheim zu halten, sind diese Lager nicht zufällig im besetzten Polen angelegt worden, wo die nationalsozialistischen Häscher freilich auch die überwältigende Mehrheit ihrer jüdischen Opfer ergreifen konnten. Weil es zahlreiche Mittäter gab, die direkt oder indirekt an dem Genozid beteiligt waren, konnte dessen Existenz letzten Endes nicht vollständig geheim gehalten werden. Es gab in der deutschen Bevölkerung allerdings wohl nur ein unterschwelliges, kein genaues Wissen über den Holocaust. Erst die Todesmärsche fanden in aller Öffentlichkeit statt, und so sind die Opfer der letzten Monate zweifellos vielen Menschen in Deutschland bekannt geworden. Zur Abwendung der Bevölkerung von Hitler hat es nicht geführt. Der anhaltende Bombenkrieg, der massenhafte Tod an der Front und schließlich die Flucht von Millionen Menschen aus den ostdeutschen Provinzen des Reiches haben unter den Deutschen eher zu der Einbildung geführt, selbst nur Opfer, nicht aber auch Täter zu sein. Und auch unter den Offizieren der Wehrmacht, die beim Einsatz in der Sowjetunion vom Mord an den Juden erfahren oder diesen sogar miterlebt hatten, gab es nur eine kleine Minderheit, die nach dem Erlebten in den Widerstand gegen das NS-Regime gegangen ist.

Der Widerstand gegen Hitler

Immer wieder ist die Frage gestellt worden, weshalb sich im ›Dritten Reich‹ keine größere Opposition gegen Hitler gebildet hat, warum der Diktator nicht sogar beseitigt worden ist. So verständlich diese Fragen sind, gehen sie doch an der historischen Realität der totalitär-faschistischen Diktatur vorbei. Nur Hitler zu beseitigen, hätte das NS-Regime mit Sicherheit nicht gestürzt. Hitler konnte, jedenfalls bis zum Kriegsbeginn von 1939, auch deshalb nicht ohne Weiteres von der Macht gedrängt werden, weil er aufgrund seiner geschilderten innen- und außenpolitischen Erfolge in hohem Maße mit der Zustimmung der Bevölkerung rechnen konnte. Im Krieg, aber auch schon vorher, wurde dieser Konsens dadurch erzwungen, dass vom Regime unter permanentem Druck patriotische Solidarität eingefordert wurde. Diese Kombination aus durch Charisma bewirkter Zustimmung und gewaltsam erzwungener Billigung seiner Diktatur durch die deutschen ›Volksgenossen‹ konnte Hitler nicht nur erhalten, sondern sogar ausbauen. Die von Himmler betriebene Zusammenfassung aller exekutiven Organe des Staates im Reichssicherheitshauptamt, mit der Gestapo und dem SD an der Spitze, machte Deutschland zu einem totalitären Polizeistaat. Hitler konnte sich auch auf die NSDAP stützen, deren riesiges Funktionärskorps der Ortsgruppenleiter und Blockwarte der ständigen politischen Überwachung der ›Volksgenossen‹ diente. Schließlich hatte Hitler, seitdem er sich 1937 zum Oberbefehlshaber der Wehrmacht hatte machen können, die bewaffnete Macht des Staates dadurch in der Hand, dass die Soldaten auf seine Person vereidigt wurden.

Ungeachtet dieses dichten Diktatursystems ließ sich Hitler zusätzlich noch persönlich schützen. Wie alle Diktatoren fürchtete er, durch ein Attentat getötet zu werden. Seine Angst vor Anschlägen wurde bei ihm aber noch dadurch verstärkt, dass er im Weltkrieg an der Front zweimal beinahe getötet worden und bei dem Putschversuch vom 9. November 1923 um Haaresbreite von einem Schuss tödlich getroffen worden wäre. Es kam hinzu, dass er seinen politischen Aufstieg seinen ständigen öffentlichen Auftritten als Redner in Massenversammlungen verdankte. Er musste sich daher gerade in Situationen als gefährdet ansehen, die für seinen politischen Auftritt zentral waren. Mit der Schaffung des »Stoßtrupps Hitler« hatte sich der ›Führer‹ schon früh eine Leibwache zugelegt, die 1925 nach dem Ende seiner Haft in Landsberg unter dem Namen »Stabswache« neu gegründet wurde.[77] Nach seinem

Machtantritt 1933 hätte er eigentlich den Staatschutz in Anspruch nehmen können, der allen Reichskanzlern zur Verfügung stand. Er bestand jedoch auf einem von seiner Bewegung gestellten »Führerschutzkommando«, das von Himmler aufgebaut wurde. Sobald er auf Reisen ging, und das war ja sehr häufig der Fall, wurde er von einem »SS-Begleitkommando« geschützt, das schließlich mit anderen Einheiten zum »Führer-Begleitkommando« zusammengeschlossen wurde. Zu Hitlers technischem Equipment gehörten im Übrigen mehrere kugelsichere Limousinen, ein Sonderzug der Reichsbahn und ein Flugzeug, das von Hans Baur, einem ›Alten Kämpfer‹ und hochrangigen SS-Mitglied, geflogen wurde.

Hitlers totalitär-faschistisches Regime muss deshalb ohne Frage als eine wehrfähige Diktatur bezeichnet werden, gegen die von innen heraus nur schwer Widerstand geleistet werden konnte. Jedoch wäre es verfehlt zu behaupten, dass es keine aktive Opposition gegen sie gegeben hätte. Diese wurde anfangs vor allem von sozialdemokratischen und besonders kommunistischen Gruppen geleistet, die freilich alle von der Gestapo zerschlagen wurden und nur noch aus dem Ausland arbeiten konnten. Als sich 1938 und erst recht 1939 abzeichnete, dass Hitler auf einen Krieg zusteuerte, bildeten sich um die Generalstabschefs Ludwig Beck und Franz Halder nacheinander oppositionelle Widerstandsgruppen, die den nationalkonservativen Funktionseliten entstammten, die Hitler wenige Jahre zuvor mit an die Macht gebracht hatten. Sie hofften anfangs, Hitler durch mündlichen Vortrag überzeugen und durch argumentative Denkschriften von seinem Kriegskurs abbringen zu können. Als sich das als unrealistisch erwies, gingen sie zu Umsturzplanungen über, ohne jedoch Hitler physisch beseitigen zu wollen. In diesem Widerstandskurs wurden sie jedoch durch das Münchner Abkommen und dann den Überfall auf Polen ausgebremst.

Parallel zu diesen Gruppen von geheimen Oppositionellen planten einige Einzelgänger, wie etwa die Studenten Helmut Hirsch und Maurice Bavaud, Attentate auf Hitler, wurden aber zuvor verhaftet und nach Scheinprozessen hingerichtet. Unter diesen Einzeltätern, die Hitler bereits vor Kriegsbeginn nach dem Leben trachteten, ragt aufgrund seiner Ausdauer und seiner zielstrebigen Planung, die am 8. November 1939 zu einem am Ende jedoch scheiternden Attentat führte, der schwäbische Schreinergeselle Georg Elser heraus.[78] Er handelte aufgrund eines proletarischen Bewusstseins, wonach sich die Lage der Arbeiterschaft im Nationalsozialismus stark verschlechtert hatte. Wie die anderen Einzeltäter glaubte auch er daran, dass sich alles bessern würde, wenn nur Hitler beseitigt würde. Womit er nicht rechnen konnte, war Hitlers frühzeitiger Aufbruch aus dem Münchner Löwenbräukeller, in dem Elser in wochenlanger Arbeit eine Bombe deponiert hatte. Als die Bombe zündete und zahlreiche der Anwesenden in den Tod riss, war Hitler mit seinen engsten Komplizen schon nicht mehr im Raum.

Elsers Attentat trug dazu bei, dass die Sicherheitsmaßnahmen für Hitler während des Krieges erheblich verschärft wurden. Der ›Führer‹ ließ sich immer seltener bei öffentlichen Auftritten sehen und verschanzte sich seit 1941 zunehmend in seinem ›Führerhauptquartier‹ in der ›Wolfsschanze‹. Gleichwohl entstand während des Krieges die »Rote Kapelle«, ein Netzwerk von oppositionellen Gruppen verschiedener Couleur, das von Harro Schulze Boysen und Arvid Harnack aufgebaut worden ist.[79] Es wurde von der Gestapo ebenso ausgehoben wie 1943 der heroische Versuch der studentischen Widerstandsgruppe um die Geschwister Hans und Sophie Scholl, die in München durch Graffiti und Flugblätter zum Sturz des NS-Regimes aufgerufen hatte. Die beiden wurde nach ihrer Entdeckung zusammen mit ihren Mitverschworenen durch eine »mörderische Schnelljustiz« zum Tode verurteilt und hingerichtet.[80]

Wie sich am Scheitern dieser beiden Gruppen zeigt, hätte überhaupt nur der Widerstand gegen Hitler eine Chance auf Erfolg gehabt, der von den politischen und militärischen Führungskreisen des NS-Regimes ausging. Erfolgreicher Widerstand konnte nur Elitenwiderstand, nicht Volkswiderstand sein. Nur wer Hitler in einer politisch oder militärisch funktionalen Position nahekommen konnte, hatte die Möglichkeit, ihn zu beseitigen. Und nur wer sich über ein politisches Programm nach Hitler Gedanken machte und nicht allein seine Beseitigung plante, bot eine Alternative zu Hitlers Regime. Die Verschwörung des 20. Juli 1944 war die einzige Widerstandsbewegung, in der sowohl die Beseitigung Hitlers als auch der Aufbau einer neuen Gesellschaftsordnung geplant worden ist. Auch wenn die Zukunftsvorstellungen des Widerstands vom 20. Juli eher rückwärtsgewandt waren, spricht das nicht gegen sie. Wollte man den totalitären Faschismus des Hitlerregimes beseitigen, ließ sich die Zustimmung der massiv indoktrinierten Bevölkerung nur gewinnen, wenn man keinen radikalen Schnitt plante. Auch dass einige der Verschwörer gewisse antisemitische Einstellungen hatten, wie sie vor 1933 in den deutschen Führungsschichten verbreitet waren, trübt die Wertschätzung nicht. Eher bedeutete es noch mehr, sich gegen den extremistischen Rassenantisemitismus Hitlers zu wenden, wenn man dabei von einem latenten Alltagsantisemitismus ausging. Auch wenn es insgesamt nur wenige waren, die sich im Widerstand des 20. Juli zusammenfanden, muss ihre Verschwörung gerade deshalb als umso bewunderungswürdiger angesehen werden.

Die Widerstandsbewegung vom 20. Juli formierte sich nach Hitlers Angriff auf die Sowjetunion, mit der Kriegswende vom Winter 1941/42 erhielt sie entscheidenden Auftrieb.[81] Es waren vor allem drei Gruppierungen, die sich nach Kriegsbeginn zum Widerstand zusammenfanden und im Laufe der folgenden Jahre zunehmend miteinander vernetzten. Zunächst ist hier der Kreisauer Kreis zu nennen, der sich schon zu Anfang des Krieges auf dem gleichnamigen schlesischen Gut von Helmuth James von Moltke zusammenfand. Ihm gehörten ausnahmslos zivile Gegner des Nationalsozialismus an: Gutsbesitzer, Sozialdemokraten, protestantische und katholische Theologen, Beamte sowie Diplomaten. Sie beschäftigten sich in drei Treffen weniger mit einem Umsturz des NS-Regimes als vielmehr mit einem Zukunftsprogramm für Deutschland. In Ablehnung des Weimarer Verfassungssystems hatten sie basisdemokratische Vorstellungen, vertraten einen dritten Weg zwischen Kapitalismus und Sozialismus und glaubten an ein pazifistisch geeintes Europa. Ein zweiter Kreis sammelte sich um den ehemaligen Leipziger Oberbürgermeister Carl Goerdeler. Er bestand vor allem aus erfahrenen Beamten und Diplomaten, die den obrigkeitsstaatlichen Traditionen des Deutschen Kaiserreiches verpflichtet waren. Sie glaubten daran, so unrealistisch das angesichts der Forderung der Alliierten nach einer ›bedingungslosen Kapitulation‹ auch sein mochte, nach einem Sturz Hitlers und der Bildung einer demokratisch legitimierten Regierung einen Sonderfrieden mit den Westmächten abschließen zu können.

Die eigentliche Avantgarde des Widerstands gegen Hitler wurde jedoch im Generalstab der Heeresgruppe Mitte an der Ostfront gebildet. Ihr Initiator und unbestrittenes Haupt war der Erste Generalstabsoffizier Henning von Tresckow. Er war schon vor dem Krieg davon überzeugt gewesen, dass Hitler getötet werden müsste, wenn das NS-Regime beseitigt werden sollte. Im Krieg gewann er eine Gruppe von zum Tyrannenmord entschlossenen Offizieren, wie den Reserveleutnant Fabian von Schlabrendorff und den Major Rudolf-Christoph Freiherr von Gersdorff für sich. Diese Offiziere waren meist durch die Morde der Einsatzgruppen, die sie mitansehen mussten oder über die sie informiert worden waren, zu entschiedenen Gegnern Hitlers geworden. Vor allem aber kam er in Kontakt mit Oberst Claus Graf Schenk von Stauffenberg, der am 1. Juli 1944 zum Stabschef beim Befehlshaber des Ersatzheeres, Fritz Fromm, ernannt worden war. Dieser sollte zum eigentlichen Spiritus Rector des versuchten Staatsstreichs vom 20. Juli 1944 werden.

Vom Kraftzentrum des militärischen Widerstandes im Generalstab der Heeresgruppe Mitte gingen mehrere konkrete Attentate auf Hitler aus, die jedoch alle scheiterten. Am 13. März 1943 schmuggelten drei Offiziere in der Nähe von Smolensk eine Bombe in das Flugzeug, das Hitler zurück in seine ›Wolfsschanze‹ bringen sollte. Da der Zünder aus unerklärlichen Gründen nicht funktionierte, kam Hitler jedoch sicher im Hauptquartier an. Nur gut eine Woche später stand der aus Anlass einer Ausstellung von erbeutetem sowjetischem Kriegsmaterial am Heldengedenktag extra nach Berlin geflogene Gersdorff bereit, um sich zusammen mit Hitler in die Luft zu sprengen. Der ›Führer‹ eilte jedoch so schnell durch die Ausstellung, dass Gersdorff keine Zeit zum Handeln blieb. Am 16. Dezember 1943 sollten im Führerhauptquartier ›Wolfsschanze‹ neue Wehrmachtsuniformen vorgeführt werden. Der dazu abkommandierte Hauptmann Axel Freiherr von dem Bussche-Striethorst wollte sich bei dieser Gelegenheit ebenfalls mit Hitler zusammen in die Luft sprengen. Die Vorführung musste jedoch ausfallen, weil der Eisenbahnwagen mit den Uniformen in Berlin von einer Bombe getroffen und vernichtet wurde. Schließlich kam auch der Hauptmann Eberhard von Breitenbuch, der Hitler bei einer Besprechung auf dem ›Berghof‹ mit einer Pistole erschießen wollte, nicht zum Zuge, weil er überraschend zu dieser nicht zugelassen wurde.

Dass alle diese Attentatsversuche scheiterten, muss in der Abfolge als ziemlich unerklärlich, für die Verschwörer als katastrophal angesehen werden. Sehr viel gravierender war noch, dass auch das von Stauffenberg am 20. Juli 1944 verübte, scheinbar gelungene Attentat Hitler nur leicht verletzte. Dazu trugen mehrere Umstände bei, von denen die Verlegung der Lagebesprechung in eine leicht gebaute Baracke, der zeitliche Druck auf Stauffenberg, der den Schwerbehinderten trotz Hilfe durch seinen Freund Gersdorff an der Bombe nur einen und nicht beide Zünder schärfen ließ, und die unglückliche Platzierung der Bombe die wichtigsten waren. Auch wenn das Attentat gelungen wäre, wovon Stauffenberg bei seiner Rückkehr nach Berlin zunächst ausging, hätte das nicht bedeutet, dass damit der Staatsstreich insgesamt schon gelungen wäre. Da in Berlin alles von Stauffenberg abhing, war es verhängnisvoll, dass nur er in der ›Wolfsschanze‹ als Attentäter infrage kam. In der bis zu seiner Rückkehr nach Berlin vergehenden Zeit hätten Himmler und Goebbels, die nicht in der ›Wolfsschanze‹ dabei waren, auch bei einem Tod Hitlers ohne Frage den Widerstand des Regimes organisieren können. Verhängnisvoll war auch, dass es sich bei den militärischen Verschwörern fast ausschließlich um Generalstabsoffiziere handelte, die keine direkte Befehlsgewalt über die Truppe hatten. Versuche der Verschwörer, mit Hans Günter Kluge den Oberbefehlshaber der Heeresgruppe Mitte und mit Fritz Fromm den Befehlshaber des Ersatzheeres zu gewinnen, waren gescheitert. Der von Hitler entlassene Generaloberst Erich Hoepner hatte ebenso wenig noch Befehlsgewalt wie der von Hitler ebenfalls entlassene General Erwin von Witzleben. Auch Friedrich Olbricht, der als einziger aktiver General eindeutig zur militärischen Fronde gehörte, konnte dem Ersatzheer keine Befehle erteilen, da er nur Stellvertreter Fromms war. So genial der von Tresckow und Stauffenberg gemeinsam entworfene Plan eigentlich war, den für das Ersatzheer im Fall von inneren Zwangsarbeiterunruhen geltenden Plan »Walküre« einfach umzudrehen und gegen das Regime zu wenden, konnte er nicht funktionieren, weil keiner der Verschwörer die militärische Befehlsgewalt dafür hatte. Da, wo diese Befehlsstruktur gegeben war, wie in Paris und auch in Wien, ist der Umsturz zunächst auch gelungen.

Hitler wurde dem äußeren Anschein nach von dem Attentat nur wenig getroffen, erst später zeigten sich größere Verletzungen an den Ohren und ein verstärktes Zittern an den Händen, das deutlicher als zuvor seine Parkinsonkrankheit anzeigte. Äußerlich hatte er sich sonst, so schien es, nur einige Schürfwunden und Prellungen zugezogen sowie einen Arm ausgekugelt. Deshalb musste er Mussolini, der ihn ausgerechnet am Tage des Attentats (zum letzten Mal) besuchen kam, mit einem Arm in der Schlinge empfangen. In größter Erregung stürzte er seinem ›Freund‹ mit dem Ausruf entgegen: »Duce, man hat eben eine Höllenmaschine auf mich losgelassen.«[82] Irgendwelche Verdächtigungen oder Beschimpfungen scheint er nicht ausgesprochen zu haben, zu tief saß offensichtlich der Schock über das soeben überlebte Attentat. Sieht man sich die Gesichter an, die von ihm und Mussolini auf den Fotos bei der Besichtigung der zerstörten Baracke zu erkennen sind, so kann er durchaus Untergangsahnungen gehabt haben.

Schon in der nach dem Attentat folgenden Nacht gab Hitler jedoch die Richtung dafür an, in welcher Form er auf das Attentat reagieren wollte. Gegenüber der Bevölkerung bezeichnete er es, um seine Bedeutung herunterzuspielen, in einer Rundfunkrede als das Komplott einer »ganz kleinen Clique ehrgeiziger, gewissenloser und zugleich verbrecherischer, dummer Offiziere«.[83] Je größer jedoch allmählich der Kreis der entdeckten Verschwörer wurde, desto mehr steigerte er sich in eine unkontrollierte Wut auf sie hinein und ließ sie unbarmherzig verfolgen. Vor dem sogenannten Volksgerichtshof wurden die Verschwörer, die nicht schon sofort ihr Leben hatten lassen müssen, von dem Chefankläger Roland Freisler reihenweise zum Tod verurteilt und im Gefängnis Plötzensee hingerichtet. Für die Familien wurde die willkürliche sogenannte Sippenhaft eingeführt, die Frauen und Kinder der Verurteilten bis zum Zusammenbruch des NS-Regimes ins Gefängnis brachte. Das Regime radikalisierte sich insgesamt nochmals, Goebbels sprach von der Einführung einer »inneren Kriegsdiktatur«.[84] Der faschistische Terrorstaat konnte dadurch stabilisiert werden, zumal das Attentat auf den immer noch geschätzten ›Führer‹ von der Bevölkerung, beeinflusst durch Goebbels' Propaganda, überwiegend abgelehnt worden zu sein scheint. Jedoch kann das Attentat vom 20. Juli durchaus auch als Anfang vom Ende des ›Dritten Reiches‹ bezeichnet werden. Es zeigte, dass das Regime entgegen seiner Selbstdarstellung nicht unverwundbar war. Angesichts des Vorrückens der alliierten Streitkräfte an allen Fronten und des andauernden Bombenkrieges konnte es der Bevölkerung auch nicht mehr verborgen bleiben, dass der Krieg verloren war.

Hitler dachte jedoch nicht daran, den Krieg in irgendeiner Form zu beenden, obwohl ihn selbst Goebbels mehrfach dazu aufforderte, im Westen wegen eines Waffenstillstands zu sondieren. In Hitlers sozialdarwinistischer ›Weltanschauung‹ waren es die Deutschen nicht wert zu überleben, wenn sie sich im Weltkrieg als die Schwächeren erwiesen hatten. Bis zuletzt hatte er die Wahnvorstellung, durch Wunderwaffen wie die V1 und die V2 oder sogar eine Atombombe doch noch den ›Endsieg‹ zu erringen, ohne den er sich nur einen ›heroischen Untergang‹ vorstellen wollte. Tatsächlich ist es jedoch trotz eines riesigen Materialaufwandes und des Einsatzes zahlreicher Zwangsarbeiter im ›Dritten Reich‹ nicht gelungen, eine waffenfähige Kernspaltung von Uran zu erreichen, die zur Herstellung einer Atombombe hätte führen können.[85] Ein ›Endsieg‹ wäre damit nicht mehr herbeizuführen gewesen, wohl aber furchtbare Zerstörungen durch Atomschläge der Amerikaner, die Hitler allerdings ohne Frage gleichgültig gewesen wären. Es war deshalb ein Glück, dass er den von ihm heraufbeschworenen Weltkrieg am Ende noch rechtzeitig verloren hat. Dass es dem Widerstand gegen Hitler nicht gelungen ist, ihn zu beseitigen und Deutschland vom Nationalsozialismus zu befreien, war zwar eine Niederlage, in moralischer Hinsicht jedoch waren es Taten, die in die Zukunft ausstrahlten.

Das trostlose Ende

Nach dem Scheitern der Ardennenoffensive verlegte Hitler sein Hauptquartier im Januar 1945 in seine Berliner Wohnung in der alten Reichskanzlei und nach deren Zerstörung am 3. Februar in den unter dem Garten der neuen Reichskanzlei liegenden, auf seine Anordnung eigens tiefergelegten Luftschutzbunker. Von wenigen Ausflügen abgesehen, sollte er diesen erbärmlichen Unterschlupf bis zu seinem Ende nicht mehr verlassen. Dieser sogenannte Führerbunker umfasste insgesamt achtzehn kleine Räume, in denen eine stickige, vom Geruch frischen Betons bestimmte Atmosphäre herrschte. Der sich schon länger abzeichnende gesundheitliche Verfall Hitlers beschleunigte sich hier. Er konnte auch nicht mehr von seinem dubiosen Leibarzt Theodor Morell aufgehalten werden, der jahrelang die psychosomatischen Beschwerden des Hypochonders mit ständig wechselnden Medikamenten bekämpft hatte. Doch scheint er geistig nicht wesentlich beeinträchtigt gewesen zu sein, auch wenn er sich in der Hauptsache nur noch in abwegigen Spekulationen über den Kriegsverlauf erging.

Die letzten Monate Hitlers im Berliner Luftschutzbunker haben schon immer ein besonderes wissenschaftliches, aber vor allem außerwissenschaftliches Interesse gefunden.[86] Das ist sicherlich der Befriedigung zuzuschreiben, welche der Tod von Tyrannen generell auslöst. Bei Hitler kam, abgesehen von seiner ungeheuerlichen politischen Verbrechensbilanz, jedoch hinzu, dass er sich in einem düsteren Bunker umbrachte, während die Rote Armee Stalins das zerstörte Berlin in Besitz nahm. Diese dramatische Zuspitzung seiner Biografie kann jedoch nicht darüber hinwegtäuschen, dass Hitler mit dem Selbstmord ein ganz banales Ende fand und die letzten Monate seines Lebens nur noch wenig über ihn aussagen.

Bei genauem Hinsehen hat er an seinem Lebensende kaum noch etwas bewirkt. Eigentliche Regierungsgeschäfte wurden von ihm im Bunker kaum noch geführt. Zwar hielt er noch routinemäßig militärische Lagebesprechungen ab, die operative Führung der Reste der Wehrmacht hatte er aber de facto an die einzelnen Truppenführer abgegeben, die militärischen Befehle, die er immer noch herausgab, gingen meist nur noch ins Leere. Am 19. März 1945 verkündete er allerdings noch einen barbarischen Führererlass, der, wenn er in seiner ursprünglichen Form ausgeführt worden wäre, den wirtschaftlichen Wiederaufstieg der Bundesrepublik, aber auch der DDR nach 1945 enorm behindert hätte. Nach diesem sogenannten Nero-Erlass hätten sämtliche »militärischen Verkehrs-, Nachrichten-, Industrie- und Versorgungsanlagen« im Reichsgebiet vor dem eindringenden Feind zerstört werden sollen.[87] Speer hat im Nürnberger Kriegsverbrecherprozess behauptet, dass es ihm gelungen sei, Hitlers Anordnung der ›verbrannten Erde‹ deutlich abzumildern. Wenn man seine Tätigkeit als Minister für Rüstung und Kriegsproduktion dagegen aufrechnet, war jedoch eher das Gegenteil der Fall: Wie Magnus Brechtken in seiner Biografie Speers nachgewiesen hat, bewirkte Speer durch seinen großen Einsatz in der letzten Kriegsphase, dass durch die dadurch verursachte Verlängerung des Krieges die Zerstörung der deutschen Städte besonders groß war.[88] Man kann daher davon ausgehen, dass ein großer Teil der kriegswichtigen Anlagen, die Hitler zerstören lassen wollte, ohnehin durch den in den letzten Monaten des NS-Regimes sich nochmals steigernden Bombenkrieg von den Alliierten dem Erdboden gleichgemacht worden sind.

Mit dem Rückzug in den Bunker ging auch ein deutlicher Machtverfall des Diktators einher. Wie sich an seinem 56. Geburtstag am 20. April zeigte, konnte er immerhin noch mit der Anwesenheit seiner engsten Gefolgsleute rechnen. Über den kleinen Berliner Flughafen Gatow fand sich der größte Teil von ihnen im Führerbunker ein, obwohl die sowjetischen Truppen schon mit der Eroberung der Stadt begonnen hatten. Sie demonstrierten damit selbst noch unter den Untergangsbedingungen des ›Dritten Reiches‹ ein letztes Mal ihre Unterwürfigkeit gegenüber dem ›Führer‹, dem sie ihre mehr oder weniger verbrecherischen politischen Karrieren zu verdanken hatten. Neben Göring, Goebbels, Himmler, Rosenberg, Ley, Bormann, Axmann, Kaltenbrunner, Ribbentrop und Speer waren auch die Militärs Keitel, Jodl und Dönitz erschienen. Wenn Hitler erwartet hatte, dass sie ihm alle in einen heroischen Tod folgten, so war allerdings nur Goebbels dazu bereit. Er holte seine Frau Magda und ihre gemeinsamen sechs Kinder in den Bunker und brachte sich zusammen mit diesen in einer schauerlichen Orgie um. In einem letzten Brief schrieb Magda Goebbels, dass »die Welt, die nach dem Führer und dem Nationalsozialismus« komme, es nicht wert sei, »darin zu leben«.[89]

Fast alle der gespenstigen Geburtstagsrunde brachen jedoch so schnell wie möglich wieder auf, um den sich nahenden sowjetischen Eroberern Berlins zuvorzukommen. Nur Speer kam drei Tage später noch einmal wieder, um sich allein von Hitler zu verabschieden, ein Beweis dafür, dass er Hitler mehr als alle anderen ganz persönlich verbunden war. Das Schicksal Bormanns, bis zuletzt der Majordomus des ›Führers‹, blieb jahrzehntelang unbekannt. Heute steht jedoch fest, dass er nach dem Tod Hitlers bei einem Ausbruchsversuch aus dem Bunker ums Leben gekommen ist. Die beiden mächtigsten Gefolgsleute Hitlers, Hermann Göring und Heinrich Himmler, setzten sich nach der Feier im Führerbunker von Hitler ab und begannen, selbstständig zu agieren. Göring schlug sich nach Bayern durch, von wo aus er Hitler in einem Telegramm mitteilte, dass er als sein Stellvertreter die »Gesamtführung des Reiches« übernehme, falls Hitler seine Handlungsfreiheit verloren habe.[90] Himmler ließ ihn wissen, dass er sich mit dem schwedischen Grafen Bernadotte getroffen habe, um über ihn den Entwurf einer Kapitulation an die Westalliierten zu übermitteln. Hitler reagierte auf diese Eigenwilligkeiten mit hilflosen Wutanfällen. In seinem »Politischen Testament« entband er die beiden ›Verräter‹ von allen ihren Ämtern. Himmlers Verhalten wurde von ihm als »schamlosester Verrat der deutschen Geschichte« bezeichnet.[91] Zweifellos hatte Hitler jedoch begriffen, dass sich die beiden so verhalten hatten wie die sprichwörtlichen Ratten, die das sinkende Schiff verlassen.

Deshalb ernannte er als letzten Akt seiner diktatorischen Macht keinen Parteiführer, sondern den Großadmiral der Marine Karl Dönitz zu seinem Nachfolger als Reichspräsident und Oberbefehlshaber der Wehrmacht, als welcher dieser tatsächlich über die bedingungslose Kapitulation Deutschlands hinaus noch bis zum 23. Mai 1945 in Flensburg residierte. Seine letzten Getreuen, Goebbels und Bormann, wurden von Hitler fiktiv zum Reichskanzler bzw. Parteiminister ernannt.

Hitlers schwindende Autorität bewirkte außerhalb des Bunkers in den noch nicht von den Alliierten eroberten Gebieten aber keine Verminderung des alltäglichen Terrors. Himmlers Polizeiapparat verschärfte in den letzten Monaten vielmehr seine Unterdrückungstätigkeit. Viele Aktivisten des Regimes, die wegen der von ihnen verübten Verbrechen Angst vor der Zukunft nach dem Ende des Krieges bekamen, erwiesen sich als besonders bösartig.

Betroffen waren alle, die das kommende Ende des Regimes offen begrüßten bzw. am ›Endsieg‹ zweifelten, die desertierten oder sich dem letzten Aufgebot des »Volkssturms« entzogen, aber auch solche, die den Parteibonzen einfach nicht mehr gehorchten. Tausende wurden in den letzten Monaten ›auf der Flucht erschossen‹ oder durch improvisierte Standgerichte zum Tode verurteilt.[92]

Hitler klammerte sich lange an die Vorstellung, von irgendwelchen der im letzten Kampf um Berlin stehenden Einheiten der Wehrmacht noch aus seinem Bunker gerettet zu werden, oder wenigstens gab er das vor. Wohin hätte er auch fliehen können? Als er schließlich erkannte, dass es für ihn keinen Ausweg mehr gab, bereitete er umsichtig seinen Selbstmord vor. Den letzten Anstoß dazu könnte die Nachricht am Abend des 27. April gegeben haben, dass Mussolini gemeinsam mit seiner Geliebten Clara Petacci von Widerstandskämpfern erschossen worden sei. Diesem Schicksal oder gar einer Gefangennahme durch die Rote Armee wollte er zweifellos zuvorkommen.

Am 28. April raffte er sich dazu auf, seinem Lebensende ins Auge zu sehen. Er ließ einen Standesbeamten kommen und heiratete unerwartet Eva Braun, wahrscheinlich um sie noch in letzter Minute dafür zu belohnen, dass sie unverrückt zu ihm gehalten hatte, auch nachdem ihn etliche seiner engsten Paladine verlassen hatten.[93] Goebbels und Bormann waren die Trauzeugen bei dieser gespenstischen Hochzeitszeremonie.

Noch vor der Trauung hatte Hitler seiner Sekretärin Traudl Junge sein politisches und sein privates Testament diktiert. Im ›Politischen Testament‹ behauptete der Schreckensmann erneut, dass ›der Jude‹ der »einzige Schuldige an diesem mörderischen Ringen«, also dem Weltkrieg, sei.[94] Er äußerte seine Genugtuung darüber, dass die Juden dafür mit ihrer Vernichtung gebüßt hätten. Die Deutschen forderte er zur »peinlichen Einhaltung der Rassegesetze« auf.[95] In seinem privaten Testament vermachte er sein durchaus beträchtliches Vermögen größtenteils der NSDAP, wenn sie nicht mehr existieren sollte jedoch dem Staat. Schließlich teilte er in pathetischem Ton mit: »Ich selbst und meine Gattin wählen, um der Schande des Absetzens und der Kapitulation zu entgehen, den Tod. Es ist unser Wille, sofort an der Stelle verbrannt zu werden, an der ich den größten Teil meiner täglichen Arbeit im Laufe eines zwölfjährigen Dienstes an meinem Volke geleistet habe.«[96] Keine Spur von Bedauern selbstverständlich, ein Schuldbewusstsein wegen der katastrophalen Ergebnisse des Krieges erst recht nicht. Sie waren auch nicht zu erwarten, nachdem der Diktator groteskerweise alle Schuld für den Krieg dem ›Judentum‹ zugeschoben hatte.

Der Selbstmord war kein spontaner Entschluss. Hitler hatte von seinem möglichen Tod und sogar von einem Selbstmord schon häufiger gesprochen. Ihm war längst klar, dass er den von ihm angezettelten Weltkrieg nicht überleben würde, falls dieser verloren ginge. Zu Goebbels hatte er schon am 15. Juni 1941 gesagt, dass in der Sowjetunion gesiegt werden müsse. »Wir haben sowieso so viel auf dem Kerbholz, dass wir siegen müssen, weil sonst unser ganzes Volk, wir an der Spitze mit allem, was uns lieb ist, ausradiert würde.«[97] Seine ständigen Beschwörungen eines ›Endsieges‹ hatten daher auch einen ganz persönlichen Aspekt. Besonders offen äußerte er sich einmal gegenüber Mussolini. Bei seinem vorletzten Treffen mit dem ›Duce‹ ermahnte er diesen am 22. April 1944 in Schloss Kleßheim, dass man »auch an das eigene Ende denken müsse«.[98] Der ›Duce‹ und er seien ja »die beiden bestgehassten Menschen der Welt«. Wenn die Feinde »des Duce habhaft werden könnten, würden sie ihn im Triumphgeschrei nach Washington schleifen«. Hitler legte damit zwar in der Hauptsache dem ›Duce‹ nahe, an seinen Tod zu denken, seine bemerkenswerte Äußerung lässt jedoch deutlich erkennen, dass er sich auch über sein eigenes Ende Gedanken machte.

Am 30. April 1945 begingen Hitler und seine Frau Eva gemeinsam Selbstmord, sie durch Gift, er mit einer Pistole. Der deutschen Öffentlichkeit wurde fälschlich mitgeteilt, dass er, gegen den Bolschewismus kämpfend, heldenhaft gefallen sei. Sein Leichnam und der seiner Frau wurden von Untergebenen verbrannt, die sterblichen Überreste im Garten der Reichskanzlei verscharrt. Die am 2. Mai in der Reichskanzlei eintreffenden sowjetischen Soldaten fanden nur noch einen Kieferknochen und eine Zahnbrücke, welche von dem für Hitlers Zahnarzt arbeitenden Zahntechniker aber mit Sicherheit Hitler zugeordnet werden konnten. Hitlers Tod stand damit eindeutig fest, obwohl die Sowjetregierungen jahrzehntelang keine eindeutige Auskunft darüber erteilten. Erst am 25. Oktober 1956 konnte das zuständige Amtsgericht Berchtesgaden Hitler für tot erklären.

5. Oktober 1939: Einzug und Parade der Wehrmacht vor Adolf Hitler in Warschau.

28. Juni 1940: Nur für wenige Stunden besucht Hitler das besetzte Paris; *vgl. S. 208.*

Lagebesprechung im Führerhauptquartier der Heeresgruppe Süd an der Ostfront mit (v. l. n. r.) General Heusinger, Gen. v. Sodenstern, Generaloberst Weichs, General Paulus, Generaloberst v. Mackensen u. Generalfeldmarschall F. v. Bock.

Mussolini besichtigt am 20. Juli 1944 zusammen mit Hitler die zerstörte Lagebaracke im Führerhauptquartier in der ›Wolfsschanze‹; vgl. S. 223.

Der Berliner Reichstag im April 1945.

Mai 1945: Zwei Rotarmisten im Ehrenhof der Neuen Reichskanzlei in der Berliner Voßstraße.

2. Mai 1945: Der Lyriker Jewgeni Aronowitsch Dolmatowski als sowjetischer Kriegsberichterstatter im eroberten Berlin mit dem Kopf einer Porträtbüste Adolf Hitlers. Foto von Jewgeni Chaldej.

Gedenktafel am ehemaligen Standort der Lagebaracke in der ›Wolfsschanze‹ Hitlers.

VI. Hitler heute

Nach seinem Tod schien Hitler in Deutschland zunächst einmal geradezu verdrängt zu werden. Anstelle einer von ihm erträumten globalen Weltmacht hatte er einen zerstörten Nationalstaat hinterlassen, der von den Siegermächten in vier Besatzungsgebiete aufgeteilt und 1949 in zwei begrenzt souveräne Staaten, die Bundesrepublik Deutschland und die Deutsche Demokratische Republik, überführt wurde. Der Bombenkrieg hatte die meisten größeren Städte weitgehend zerstört und zahllose Menschen obdachlos gemacht. Millionen Flüchtlinge und Vertriebene aus den ehemals preußischen Ostprovinzen waren in das geteilte Land geströmt und mussten integriert, rückkehrenden Kriegsgefangenen ein ziviler Neuanfang ermöglicht werden. Das führte dazu, dass sich die Deutschen überwiegend als Opfer des Krieges empfanden. Von Hitler war da erst einmal wenig die Rede, Wiederaufbau und ›Wirtschaftswunder‹ standen nicht nur im Westen im Vordergrund. Als dann in der Bundesrepublik die Suche nach den Verantwortlichen für die kollektive Misere begann, wurde jedoch rasch Hitler als Alleinschuldiger identifiziert. So, wie ihn die Deutschen als angeblichen ›Führer‹ der Volksgemeinschaft verehrt hatten, wurde ihm jetzt die Alleinschuld an allen Untaten des ›Dritten Reiches‹ zugeschoben. Die den Deutschen von den Alliierten begreiflicherweise zugedachte Täterrolle verkehrte sich in ein kollektives Opferbewusstsein. Daran änderte auch die von den Alliierten besonders im Rahmen der Entnazifizierung betriebene Aufklärung über die Verbrechen des ›Dritten Reiches‹ wenig – sie führte im Gegenteil, nicht nur bei ehemaligen Funktionsträgern des Nationalsozialismus, zu dem Empfinden, ungerecht behandelt und bestraft zu werden. Die durch den aufkommenden Kalten Krieg beflügelte wissenschaftliche Theorie, dass das NS-Regime Hitlers als totalitäres Regime mit der bolschewistischen Diktatur Stalins ›wesensgleich‹ gewesen sei, scheint das deutsche Selbstmitleid verstärkt zu haben, weil man damit nicht nur in Deutschland für ein politisches Vernichtungssystem verantwortlich gemacht wurde.

Erst in den Sechzigerjahren vollzog sich im Umgang der Westdeutschen mit Hitler und dem Nationalsozialismus ein Wandel. Ausgelöst wurde dieser

1961 durch die minutiöse Berichterstattung in den Medien über den Prozess gegen Adolf Eichmann in Jerusalem und dem ersten, am 20. Dezember 1963 beginnenden Frankfurter Auschwitzprozess, dem zwei weitere folgten. Dass die deutsche Justiz NS-Verbrecher vor Gericht brachte, war in hohem Maße dem Frankfurter Generalstaatsanwalt Fritz Bauer zu verdanken, der sich aber immer noch gegen heftige öffentliche Widerstände durchsetzen musste. Das Ergebnis der ersten Prozesswelle gegen nationalsozialistische Täter in der Bundesrepublik war eine neue Erinnerungskultur, welche allmählich zu einer gewissen Historisierung des Nationalsozialismus, d.h. zu seiner kritischen Einordnung in den Verlauf der neueren deutschen Geschichte, führte. Dazu gehörte auch die Diskussion über die Frage, ob Hitlers Erfolg darauf zurückzuführen sei, dass Deutschland mit seiner Nationalstaatsgründung verspätet zu einem demokratischen System gekommen ist. Heftig war auch der sogenannte Historikerstreit, in dem es darum ging, ob Hitlers Krieg gegen die Sowjetunion als ›Rassenkrieg‹ lediglich eine Antwort auf Stalins ›Klassenkrieg‹ gewesen sei. Die erste Kontroverse führte zu einer stärkeren Beachtung der Verantwortlichkeit der deutschen Führungsschichten in Politik, Wirtschaft und Gesellschaft an Hitlers Machtergreifung. Der ›Historikerstreit‹ führte zu einem verstärkten Interesse an Hitlers historischer Rolle, was auch zur Entstehung großer Biografien über den Diktator beitrug.

Ungeachtet der damit einhergehenden kritischen Aufklärung über den Werdegang Hitlers von einer verkorksten Jugend zu einem düsteren Vernichtungsdiktator, gibt es immer noch Unbelehrbare, die sich an seiner Figur berauschen. Das geschieht häufig in verdeckter Form, in der von ihm nur als H. oder 18 (dem ersten und dem achten Buchstaben des Alphabets) die Rede ist. Auch werden immer noch Fotografien, Zeichnungen, Münzen, Briefmarken oder Karikaturen, die Hitler darstellen, häufig sogar zu bemerkenswert hohen Preisen, international gehandelt.

Eine besondere Rolle bei der Erinnerung an Hitler spielt die Verbreitung des Werkes *Mein Kampf*. Nach dem 1945 durch den Alliierten Kontrollrat ausgesprochenen Verbot des nationalsozialistischen Eher-Verlages, der das Buch von Anfang an verlegt hatte, lag das Urheberrecht dafür zuletzt beim Bayerischen Staatsministerium der Finanzen. Dieses verfolgte unnachsichtig alle Versuche eines Nachdrucks. Da sich das Verbot im Wesentlichen jedoch nur in Deutschland durchsetzen ließ, wurde das Buch im englischsprachigen Ausland, aber z.B. auch in Dänemark mehrfach nachgedruckt. Der Besitz von und der Handel mit *Mein Kampf* waren ohnehin nicht verboten, sodass das Buch im Grunde jederzeit zu haben war. Nach dem Ende des Urheberrechts war seit dem 1. Januar 2016 aber auch der Nachdruck von *Mein Kampf* frei. Das löste international eine Welle von Neudrucken des Werkes aus, am meisten in der Türkei und in Italien. Auch wenn dahinter die Hoffnung gestanden hat, durch eine kritische Präsentation des Buches seine ursprüngliche Tendenz ins Gegenteil zu verkehren und vor Hitlers radikalem Antisemitismus zu warnen, so ist offen, ob dies gelungen ist.[1] Man darf sich aber fragen, warum es nach Hitler und dem von ihm ausgelösten Massenmord an den europäischen Juden überhaupt noch Antisemitismus gibt.

Wer sich näher mit Hitler befasst, muss sich am Ende auch fragen, ob dieser Diktator historisch *einzigartig* gewesen ist. Angesichts der von ihm zu verantwortenden Staatsverbrechen bis hin zur Entfesselung des Zweiten Weltkriegs und dem während diesem verursachten Massenmord an europäischen Juden, an sowjetischen Kriegsgefangenen und an polnischen Zivilisten wird man ihn kaum mit einem anderen Tyrannen in der Geschichte gleichsetzen können. Die Frage schließt jedoch auch die ein, ob sich Hitlers Vernichtungsdiktatur wiederholen kann. Dem steht selbstverständlich die historistische Vorstellung von der Einmaligkeit allen menschlichen Handelns entgegen. Aber auch wenn man von dieser absieht, wird man die Frage kaum eindeutig bejahen, aber auch nicht völlig verneinen können. Schon zur Zeit des ›Dritten Reiches‹ gab es in Europa zwar zahlreiche Diktaturen, eine faschistische außer in Deutschland aber nur in Italien, deren Erfinder Mussolini Hitlers großes Vorbild gewesen ist. Wie Mussolini konnte auch er mit einer politischen Doppelstrategie an die Macht gelangen, indem er eine rechtsextremistische Massenbewegung als Drohpotenzial dafür nutzte, um in Verhandlungen mit dem nationalkonservativen Establishment des Landes dem Anschein nach legal an die Macht zu kommen. Anders als Mussolini, dessen Ursprungsfaschismus monarchisch konditioniert blieb, konnte Hitler sein faschistisches Regime nach der Machtübernahme jedoch schrittweise ausbauen und total auf seine Person als ›Führer‹ ausrichten. Es war allerdings eine Illusion, dass er seinen totalitären Faschismus durch imperialistische Vernichtungskriege zu einem großeuropäischen Imperium würde ausbauen und auf Dauer festigen können. Er führte Deutschland vielmehr in eine vollständige militärische Niederlage und verursachte in Europa Zerstörungen bis dahin unbekannten Ausmaßes und mit vielen Millionen Toten. Sein totalitärer Faschismus ist seitdem vollständig diskreditiert. Seit 1945 gibt es in Europa keine faschistischen Massenbewegungen mehr und es ist erst recht kaum denkbar, dass nochmals ein faschistisches Regime entstehen wird.

Das bedeutet aber nicht, dass es keine politischen Diktaturen mit staatsterroristischem Vernichtungscharakter mehr geben könnte. Ihre Entstehung könnte aber verkannt werden, wenn jede autoritäre Entwicklung, jedes politisch extremistische Verhalten unreflektiert als ›faschistisch‹ bezeichnet wird, ohne dass der historische Charakter des Faschismus in irgendeiner Weise berücksichtigt wird. Die kritische Erinnerung an Hitler und sein Diktaturregime sollte deshalb auch dazu beitragen, extremistische Diktaturformen, die sich von seinem Regime unterscheiden, leichter zu erkennen, um ihnen gezielter entgegentreten zu können. Als faschistischer Diktator ist Hitler passé. Die Kenntnis seiner politischen Biografie sollte es jedoch ermöglichen, die postfaschistische Entstehung von Diktaturen dadurch besser einschätzen zu können, dass man nicht nur nach ihren Übereinstimmungen mit, sondern auch nach ihren Unterschieden von Hitlers totalitär-faschistischer Diktatur sucht.

Anmerkungen

Zur Einführung: Probleme einer Biografie Adolf Hitlers

1 Sehr zu danken habe ich Hans Medick, der auf der Grundlage seiner breiten Geschichtskenntnis im freundschaftlichen Gespräch immer wieder meine zeitgeschichtlichen Fragestellungen neu justiert hat. Christof Dipper war als Freund und Kollege gerne dazu bereit, das Manuskript des Buches auf Irrtümer und sachliche Fehler hin durchzusehen. Für diese selbstlose Arbeit habe ich ihm besonders zu danken. Durch Daniel Zimmermann vom Verlag Wissenschaftliche Buchgesellschaft habe ich erfahren, dass es auch heute noch ein wirkliches Lektorat gibt. Auch ihm gilt mein Dank. Ohne die nachdrückliche Ermutigung von Petra Terhoeven, der ich dafür zutiefst dankbar bin, hätte ich schließlich das Manuskript nicht zu Ende geschrieben.

2 Vgl. die Literaturberichte von Georg Schreiber, Hitler. Interpretationen 1923–1983, Darmstadt 1984, und Ian Kershaw, Der NS-Staat. Geschichtsinterpretationen und Kontroversen im Überblick, 2. Aufl. Reinbek 1994.

3 Alan Bullock, Hitler. A Study in Tyranny, London 1952 (deutsche Ausgabe: Alan Bullock, Hitler. Eine Studie über Tyrannei, Kronberg / Düsseldorf 1967); Joachim C. Fest, Hitler. Eine Biographie, Frankfurt / Berlin / Wien 1973.

4 Ian Kershaw, Hitler 1889–1936, Stuttgart 1998; ders., Hitler 1936–1945, Stuttgart 2000; Peter Longerich, Hitler. Biographie, München 2015; Wolfram Pyta, Hitler. Der Künstler als Politiker und Feldherr, München 2015; Volker Ullrich, Adolf Hitler. Biographie, Bd. I: Die Jahre des Aufstiegs 1889–1939, Frankfurt / M. 2013; ders., Bd. II: Die Jahre des Untergangs 1939–1945, Frankfurt / M. 2018.

5 Sebastian Haffner, Anmerkungen zu Hitler, München 1978; Thomas Sandkühler, Adolf H. Lebensweg eines Diktators, München 2015, und besonders Hans-Ulrich Thamer, Adolf Hitler. Biographie eines Diktators, München 2018. Vgl. auch Johann Chapoutot und Christian Ingrao, Hitler, Paris 2018.

6 Hermann Rauschning, Die Revolution des Nihilismus. Kulisse und Wirklichkeit im Dritten Reich, Zürich / New York 1938; Alan Bullock, Hitler. Eine Studie über Tyrannei, Kronberg / Düsseldorf 1967.

7 Gerhard L. Weinberg (Hg.), Hitlers Zweites Buch. Ein Dokument aus dem Jahre 1928, Stuttgart 1961; Eberhard Jäckel, Axel Kuhn (Hg.), Hitler. Sämtliche Aufzeichnungen 1905–1924, Stuttgart 1980; Institut für Zeitgeschichte (Hg.), Hitler. Reden, Schriften, Anordnungen Februar 1925 bis Januar 1933, 6 Bde., München

1992–1999. Nützlich auch immer noch die Dokumentation von Max Domarus (Hg.), Hitler Reden und Proklamationen 1932–1945, 2 Bde., Würzburg 1962/63.

8 Grundlegend Brigitte Hamann, Hitlers Wien. Lehrjahre eines Diktators, 5. Aufl. München 1997. Neuerdings Thomas Weber, Wie Adolf Hitler zum Nazi wurde. Vom unpolitischen Soldaten zum Autor von »Mein Kampf«, Berlin 2016; Othmar Plöckinger, Geschichte eines Buches: Adolf Hitlers »Mein Kampf« 1922–1945, 2. Aufl. München 2011; ders. (Hg.), Quellen und Dokumente zur Geschichte von »Mein Kampf« 1924–1945, Stuttgart 2016; Anton Joachimsthaler, Hitlers Weg begann in München, 1913–1923, München 2000; Peter Fleischmann (Hg.), Hitler als Häftling in Landsberg am Lech 1923/24. Edition des Gefangenen-Personalakts Hitler neben weiteren Quellen aus der Schutzhaft-, Untersuchungshaft- und Festungshaftanstalt Landsberg am Lech, München 2015.

9 Eberhard Jäckel, Hitlers Weltanschauung. Entwurf einer Herrschaft. 4. Aufl. Stuttgart 1991; Barbara Zehnpfennig, Hitlers »Mein Kampf«. Eine Interpretation, München 2000.

10 Jäckel, Hitlers Weltanschauung, S. 115.

11 Im Widerspruch dazu nahm Hitler in »Mein Kampf«, S. 226–235, indirekt für sich in Anspruch, ein »Programmatiker« zu sein, den er jedoch für jemanden hielt, der »in seinem Denken von der ewigen Wahrheit bestimmt« werde (S. 229). Das entsprach seinem Anspruch auf eine unbegrenzt gültige ›Weltanschauung‹, nicht auf ein kurzfristiges, ständig zu änderndes ›Programm‹. Vgl. Adolf Hitler, Mein Kampf, 70. Aufl. München 1933, S. 226–235.

12 Ebd., S. 409–415.

13 Ebd., S. 414–423.

14 Ebd., S. 422.

15 Ebd., S. 423.

16 Ebd., S. 409.

17 Vgl. Wolfgang Schieder, Adolf Hitler. Politischer Zauberlehrling Mussolinis, München 2017, S. 17–27.

18 Vgl. Wolfgang Schieder, Benito Mussolini, München 2014, S. 17 f.

19 Zur Definition des Faschismus vgl. Wolfgang Schieder, Faschistische Diktaturen. Studien zu Italien und Deutschland, Göttingen 2008, S. 317–340.

20 Der Begriff wurde von Hitler in »Mein Kampf« 40 Mal verwendet. Vgl. Christian Hartmann u. a. (Hg.), Hitler, Mein Kampf. Eine kritische Edition, München/Berlin 2016, S. 61.

21 Dazu bereits Detlev Peukert, Volksgenossen und Gemeinschaftsfremde. Anpassung, Ausmerze und Aufbegehren unter dem Nationalsozialismus, Köln 1982.

22 Vgl. dazu Karin Orth, Das System der nationalsozialistischen Konzentrationslager. Eine politische Organisationsgeschichte, Hamburg 1999.

23 Vollständiger Text von Hitlers Denkschrift bei Wilhelm Treue, Hitlers Denkschrift zum Vierjahresplan, in: Vierteljahrshefte für Zeitgeschichte 3 (1955),

S. 184–210. Dazu neuerdings Tim Schanetzky, »Kanonen statt Butter«. Wirtschaft und Konsum im Dritten Reich, München 2015.

24 Die durchaus suggestive These, dass es im ›Dritten Reich‹ darauf ankam, »zu versuchen, im Sinne des Führers ihm entgegenzuarbeiten«, wird von Kershaw, Hitler 1889–1936, S. 27 vertreten.

25 Vgl. Rüdiger Hachtmann, Vom Wilhelminismus zur Neuen Staatlichkeit des Nationalsozialismus, Göttingen 1922.

26 Hans Mommsen, Nationalsozialismus, in: Claus D. Kernig (Hg.), Sowjetsystem und demokratische Gesellschaft. Eine vergleichende Enzyklopädie, Bd. 4, Freiburg 1974, S. 702, vertrat die These, dass es sich bei Hitler um einen »entscheidungsunwilligen, häufig unsicheren, ausschließlich auf Wahrung seines Prestiges und seiner persönlichen Autorität bedachten, aufs stärkste von der jeweiligen Umgebung beeinflussten, in mancher Hinsicht schwachen Diktator« gehandelt habe. Dies ist fälschlicherweise oft so verstanden worden, dass Mommsen Hitler nur als »schwachen Diktator« gesehen habe.

27 Vgl. neuerdings das aufschlussreiche Buch von Heike G. Görtemaker, Hitlers Hofstaat. Der Innere Kreis im Dritten Reich und danach, München 2019.

28 Vgl. Gerd R. Ueberschär / Wolfram Wette, Der deutsche Überfall auf die Sowjetunion »Unternehmen Barbarossa«. Erweiterte Neuausgabe Frankfurt / M. 2011; Christian Hartmann, Unternehmen Barbarossa. Der deutsche Krieg im Osten 1941–1945, München 2011.

29 Vgl. Uwe Backes, Karl-Heinz Janßen, Eberhard Jesse, Henning Köhler, Hans Mommsen, Fritz Tobias, Reichstagsbrand – Aufklärung einer historischen Legende, München / Zürich 1986.

30 Vgl. unten S. 133.

31 Vgl. unten S. 137.

I. Unstete frühe Jahre 1889–1918

1 Zur Jugendzeit Hitlers neuerdings Hannes Leidinger und Christian Rapp, Hitlers prägende Jahre. Kindheit und Jugend 1889–1914, Salzburg 2020.

2 Vgl. Roman Sandgruber, Hitlers Vater, Wien 2021, der weltanschauliche Parallelen herausarbeitet.

3 Vgl. Hamann, Hitlers Wien, S. 34 f., S. 46–48, 53 f.

4 Hitler, Mein Kampf, S. 6.

5 Ebd., S. 6–8.

6 Ebd., S. 20.

7 Ullrich, Adolf Hitler, Bd. I, S. 35.

8 August Kubizek, Adolf Hitler, mein Jugendfreund, Graz 1995, S. 75–86.

9 So Ullrich, Adolf Hitler, Bd. I, S. 7.

10 Kubizek, Adolf Hitler, S. 227.

11 Vgl. Longerich, Hitler, S. 28.

12 Zit. von Kershaw, Hitler 1889–1936, S. 55.
13 Hitler, Mein Kampf, S. 19.
14 Ebd.
15 Ebd., S. 137.
16 Kubizek, Adolf Hitler, S. 53.
17 Vgl. Hamann, Hitlers Wien, S. 196.
18 Ebd., S. 211–215.
19 Ebd., S. 206–211. Hitler hat von Mussolini erfahren, dass dieser »in der gleichen Zeit« wie er auf dem Bau gearbeitet hat. Vgl. Werner Jochmann, Adolf Hitler. Monologe im Führerhauptquartier 1941–1944. Die Aufzeichnungen Heinrich Heims, Hamburg 1980, S. 246. Nach der Erkenntnis von Renzo De Felice, Mussolini il rivoluzionario, 1883–1920, Torino 1965, S. 28 f., arbeitete Mussolini 1902 als Emigrant in Lausanne auf dem Bau.
20 Hamann, Hitlers Wien, S. 225–228.
21 Zit. nach Hamann, Hitlers Wien, S. 193.
22 Ebd., S. 237, S. 285.
23 Ebd., S. 238.
24 Vgl. die etwas andere Liste bei Hamann, Hitlers Wien, S. 285–336.
25 Hitler, Mein Kampf, S. 132.
26 Ebd., S. 133.
27 Ebd., S. 134 f.
28 Vgl. dazu Kershaw, Hitler 1889–1936, S. 105.
29 Vgl. Ullrich, Adolf Hitler, Bd. I, S. 62 f.
30 Hitler, Mein Kampf, S. 179.
31 Vgl. das Foto bei Ullrich, Adolf Hitler, Bd. 1, S. 67.
32 Hitler, Mein Kampf, S. 218–225.
33 Kershaw, Hitler 1889–1936, S. 175.
34 Hitler, Mein Kampf, S. 223.

II. Einstieg in die Politik 1918–1924

1 Hitler, Mein Kampf, S. 225.
2 Vgl. dazu Othmar Plöckinger, Unter Soldaten und Agitatoren. Hitlers prägende Jahre im deutschen Militär 1918–1920, Paderborn 2013. S. 147–151.
3 Thomas Weber, Wie Adolf Hitler zum Nazi wurde. Vom unpolitischen Soldaten zum Autor von »Mein Kampf«, Berlin 2016, S. 210 f.
4 Kershaw, Hitler 1889–1936, S. 197 f.; Longerich, Hitler, S. 69 f.; Ullrich, Adolf Hitler, Bd. 1, S. 102.
5 Jäckel (Hg.), Hitler. Sämtliche Aufzeichnungen, S. 88.
6 Hitler, Mein Kampf, S. 236–244.

7 Vgl. Margarete Runte-Plewnia, Auf dem Weg zu Hitler. Der »völkische« Publizist Dietrich Eckart, Bremen 1970. Albrecht Tyrell, Gottfried Feder, Der gescheiterte Programmatiker, in: Die braune Elite. 22 biographische Skizzen, Darmstadt 1989, S. 28–40.

8 Joachimsthaler, Hitlers Weg, S. 187 f.

9 Hitler, Mein Kampf, S. 244.

10 Vgl. Ullrich, Adolf Hitler, Bd. I, S. 105 f.

11 Hitler, Mein Kampf, S. 390.

12 Vgl. dazu Weber, Adolf Hitler, S. 244–249.

13 Gottfried Feder, Manifest zur Brechung der Zinsherrschaft des Geldes, München 1919.

14 Vgl. Henry Picker (Hg.), Hitlers Tischgespräche im Führerhauptquartier, Wiesbaden 1983, S. 120; Sabine Behrenbeck, Der Kult um die toten Helden. Nationalsozialistische Mythen, Riten und Symbole 1923 bis 1945, Vierow 1996, S. 413.

15 Vgl. Michael Kater, Zur Soziographie der frühen NSDAP, in: Vierteljahrshefte für Zeitgeschichte 19 (1971), S. 124–159.

16 Hitler, Mein Kampf, S. 525.

17 Ebd., S. 369.

18 Gustave Le Bon, Psychologie der Massen, 3. Aufl. München 1919.

19 Vgl. dazu Josef Kopperschmidt (Hg.), Hitler der Redner, München 2003.

20 Vgl. dazu Jäckel, Hitler. Sämtliche Aufzeichnungen, passim.

21 So Ullrich, Adolf Hitler, Bd. I, S. 114.

22 Vgl. dazu Ernst Deuerlein (Hg.), Der Hitlerputsch. Bayerische Dokumente zum 8./9. November 1923, Stuttgart 1962.

23 Hitler, Mein Kampf, S. 403.

24 Ernst Hanfstaengl, Zwischen Weißem und Braunem Haus. Erinnerungen eines politischen Außenseiters, München 1970; Kurt Lüdecke, I knew Hitler. The Story of a Nazi who escaped the Blood Purge, London 1937.

25 Vgl. Ernst Nolte, Eine frühe Quelle zu Hitlers Antisemitismus, in: Historische Zeitschrift 192 (1961), S. 584–606.

26 Hitler, Mein Kampf, S. 781.

27 Vgl. Stephen North, Rudolph Heß. A political Biography, Saarbrücken 2010, S. 62–65.

28 Alfred Rosenberg, Der Mythus des 20. Jahrhunderts: eine Wertung der seelisch-geistigen Gestaltenkämpfe unserer Zeit, München 1930.

29 Konrad Heiden, Hitler. Das Zeitalter der Verantwortungslosigkeit. Eine Biographie, Zürich 1936, S. 303. Vgl. auch Ullrich, Adolf Hitler, Bd. I, S. 299–301.

30 Vgl. dazu Birgit Schwarz, Geniewahn. Hitler und die Kunst, Wien 2009.

31 Vgl. zur Frühgeschichte der NSDAP Wolfgang Horn, Führerideologie und Parteiorganisation in der NSDAP (1919–1933), Düsseldorf 1972; Jürgen W. Falter, Hitlers Wähler, München 1991; Michael Kater, The Nazi Party. A social profile of members and leaders 1919–1945, Harvard 1983.

32 Zu Raubal vgl. Ullrich, Adolf Hitler, Bd. I, S. 309–322.
33 Zu Eva Braun vgl. die erste wissenschaftliche Biografie von Heike B. Görtemaker, Eva Braun. Leben mit Hitler, München 2011.
34 Vgl. unten S. 227.
35 Jochmann (Hg.), Hitler. Monologe, S. 230 (25./26.1942).
36 Vgl. dazu Heike B. Görtemaker, Eva Braun.
37 Jäckel (Hg.), Hitler. Sämtliche Aufzeichnungen, S. 338.
38 Ebd., S. 447– 450.
39 Albrecht Tyrell, Vom ›Trommler‹ zum Führer. Der Wandel von Hitlers Selbstverständnis zwischen 1919 und 1924 und die Entwicklung der NSDAP, München 1975.
40 Vgl. Schieder, Adolf Hitler, S. 21.
41 Schieder, Benito Mussolini, S. 20.
42 Zit. nach Schieder, Adolf Hitler, S. 21.
43 Zit. nach Renzo De Felice, Mussolini e Hitler. I rapporti segreti 1922–1933, Firenze 1975, S. 60 f.
44 Peter Longerich, Geschichte der SA, München 2003, S. 23–32.
45 Jäckel (Hg.), Hitler. Sämtliche Aufzeichnungen, S. 902–905.
46 Vgl. z. B. ebd., S. 551 (23. Januar 1922), S. 796 (18. Januar 1923), S. 945 (6. Juli 1923).
47 Hitler, Mein Kampf, S. 616–618. Dazu Longerich, Geschichte der SA, S. 29.
48 Vgl. ebd., S. 30.
49 Vgl. Wolfgang Schieder, Der italienische Faschismus, München 2010, S. 28–32.
50 Vgl. dazu beispielhaft Dirk Schumann, Politische Gewalt in der Weimarer Republik 1918–1933. Kampf um die Straße und Furcht vor dem Bürgerkrieg, Essen 2001.
51 Ausführlich dazu Ullrich, Adolf Hitler, Bd. 1,? S. 164–168.
52 Zit. ebd., S. 170.
53 Ebd., S. 177.
54 Das gerichtliche Protokoll des Prozesses ist heute vollständig zugänglich. Vgl. Lothar Gruchmann, Reinhard Weber (Hg.), Hitler-Prozeß 1924. Wortlaut der Hauptverhandlung vor dem Volksgericht. Die gerichtlichen Protokolle, 4 Bde., München 1997–1999.
55 Ebd., S. 1581.
56 Vgl. dazu besonders Thamer, Adolf Hitler, S. 97–110.
57 Ebd., S. 99.
58 Hans Frank, Im Angesicht des Galgens. Deutung Hitlers und seiner Zeit auf Grund eigener Erlebnisse und Erkenntnisse, München 1953, S. 46 f.
59 Kubizek, Adolf Hitler, S. 227.
60 Christian Hartmann, Thomas Vordermayer, Othmar Plöckinger, Roman Töppel (Hg.), Hitler, Mein Kampf. Eine kritische Edition, 2 Bde., München / Berlin 2016, Bd. I, S 33.

61 Hitler, Mein Kampf, S. 137.
62 Ebd., S. 311–362.
63 Ebd., S. 235.
64 Ebd., S. 337.
65 Anfang der Zwanzigerjahre, und somit Hitler möglicherweise bekannt, erschienen diese antisemitischen Schriften: Houston Stewart Chamberlain, Die Grundlagen des neunzehnten Jahrhunderts, I. und II. Hälfte, München 1922; Henry Ford, Der internationale Jude. Ein Weltproblem, Leipzig 1921; Hans F.K. Günther, Rassenkunde des Deutschen Volkes, München 1922.
66 Hitler, Mein Kampf, S. 337.
67 Ebd., S. 357.
68 Vgl. dazu Othmar Plöckinger, Geschichte eines Buches: Adolf Hitlers »Mein Kampf« 1922–1945, München 2011. Vom selben Autor auch: Quellen und Dokumente zur Geschichte von »Mein Kampf« 1924–1945, Stuttgart 2016. Pointiert Sven Felix Kellerhoff, »Mein Kampf«. Die Karriere eines deutschen Buches, Stuttgart 2015.
69 Domarus, Hitler, Bd. II, S. 1197 (Protokoll von Oberstleutnant Schmundt vom 23. Mai 1939 über die Besprechung Hitlers in der Neuen Reichskanzlei mit der obersten militärischen Führung).

III. Weg an die politische Macht 1925–1933

1 Zur Geschichte der SS vgl. zuletzt das bahnbrechende Buch von Michael Wildt, Generation der Unbedingten. Das Führungskorps des Reichssicherheitshauptamtes, Hamburg 2003.
2 Vgl. unten S. 131 f.
3 Vgl. Markus März, Nationale Sozialisten in der NSDAP. Strukturen, Ideologie, Publizistik und Biographien des nationalsozialistischen Straßerkreises von der AG-Nordwest bis zum Kampf-Verlag 1925–1930, Graz 2010.
4 Joseph Goebbels, Die Tagebücher, hg. von Elke Fröhlich, 32 Bde., München 1993–2008, hier: T. I, Bd. I/II, S. 5 (15. Februar 1926).
5 Vgl. Kershaw, Hitler 1889–1936, S. 358 f.
6 Hitler, Reden, Schriften, Anordnungen, Bd. I, S. 428–465, hier S. 437.
7 Vgl. Hermann Hammer, Die deutschen Ausgaben von Hitlers »Mein Kampf«, in: Vierteljahrshefte für Zeitgeschichte 4 (1956), S. 171 f.
8 Völkischer Beobachter, 8. November 1922.
9 Vgl. Albrecht Tyrell (Hg.), Führer befiehl … Selbstzeugnisse aus der »Kampfzeit« der NSDAP, Düsseldorf 1969, S. 129.
10 Vgl. dazu grundlegend Behrenbeck, Kult um die toten Helden, S. 299–313.
11 Adolf-Viktor von Koerber, Adolf Hitler. Sein Leben und seine Reden, München 1923; Georg Schott, Das Volksbuch vom Hitler, München 1924.

12 Am bekanntesten waren Johann von Leers, Adolf Hitler, Leipzig 1932, und Erich Czech-Jochberg, Hitler. Eine deutsche Bewegung, Oldenburg 1930.
13 Vgl. z. B. Beate Linwart, Dem deutschen Volk. 180 Aussprüche des Führers zur Beherzigung und Erziehung, Olbernhau [1934].
14 Heinrich Hoffmann (Hg.), Hitler wie ihn keiner kennt, Berlin 1935; ders. (Hg.), Hitler in seinen Bergen, Berlin 1935.
15 Thamer, Adolf Hitler, S. 121.
16 Vgl. dazu das wichtige Buch von Rudolf Herz, Hoffmann und Hitler. Fotografie als Medium des Führer-Mythos, München 1994.
17 Vgl. das Foto bei Schieder, Adolf Hitler, S. 447. Vgl. auch unten S. 174.
18 Vgl. unten S. das Foto S. 176.
19 Heinrich Hoffmann (Hg.), Mussolini erlebt Deutschland, München [1937]; Heinrich Hoffmann (Hg.), Hitler in Italien, München [1938]. Vgl. zum Inszenierungscharakter von Hitlers Italienbesuch zuletzt das vorzügliche Buch des Kunsthistorikers Ralph-Miklas Dobler, Bilder der Achse. Hitlers Empfang in Italien 1938 und die mediale Inszenierung des Staats-Besuchs in Fotobüchern, München 2015.
20 Hitler, Reden, Schriften, Anordnungen, Bd. III, S. 443–445.
21 Vgl. oben S. 41–44.
22 Jäckel (Hg.), Hitler. Sämtliche Aufzeichnungen, S. 1083.
23 Vgl. Ullrich, Adolf Hitler, Bd. I, S. 885 f.
24 Zitat nach der deutschen Ausgabe von G. Ward Price, Führer und Duce wie ich sie kenne, Berlin 1939, S. 109.
25 Vgl. dazu Schieder, Mussolini, S. 39–46.
26 Hitler, Reden, Schriften, Anordnungen, Bd. III, S. 484.
27 Ebd., Bd. I, S. 57 (9.2.1925).
28 Joseph Goebbels, Was wollen wir im Reichstag, in: Der Angriff, 30.4.1928.
29 Vgl. dazu Hans Mommsen, Zur Geschichte Deutschlands im 20. Jahrhundert. Demokratie, Diktatur, Widerstand, München 2010.
30 Heinrich August Winkler, Weimar 1918–1933. Die Geschichte der ersten deutschen Demokratie, München 1993; Hans Mommsen, Die verspielte Freiheit. Der Weg der Republik von Weimar in den Untergang 1918 bis 1933, Frankfurt / Berlin 1990. Vorzüglicher Überblick über die historische Forschung von Eberhard Kolb, Dirk Schumann, Die Weimarer Republik, München 2013.
31 Die Zahlen nach Longerich, Geschichte der SA, S. 159.
32 Hitler, Reden, Schriften, Anordnungen, Bd. III,2, S. 322–326.
33 Es handelt sich um das 9. Kapitel des zweiten Bandes, das Hitler mit »Grundgedanken über Sinn und Organisation der SA« überschrieb. Vgl. Hitler, Mein Kampf, S. 579–620.
34 Hitler, Mein Kampf, S. 608.
35 Ebd.
36 Vgl. Winkler, Weimar, S. 433 f.

37 Vgl. zu Best die auch methodisch wegweisende Biografie von Ulrich Herbert, Best. Biographische Studien über Radikalismus, Weltanschauung und Vernunft, 1903–1989, Bonn 1996.
38 Vgl. dazu Jürgen W. Falter, Hitlers Wähler, München 1991, S. 30–34.
39 Theodor Geiger, Panik im Mittelstand, in: Die Arbeit 7 (1930), S. 637–654.
40 Vgl. dazu Martin Broszat, Die Machtergreifung. Der Aufstieg der NSDAP und die Zerstörung der Weimarer Republik, München 1984, S. 103–107.
41 Vgl. dazu zusammenfassend Michael H. Kater, Kultur unterm Hakenkreuz, Darmstadt 2021, S. 18 f.
42 Ullrich, Adolf Hitler, Bd. I, S. 247 f.
43 Winkler, Weimar 1918–1933, S. 377.
44 Vgl. dazu Wolfram Pyta, Hindenburg. Herrschaft zwischen Hohenzollern und Hitler, München 2007.
45 Karl Dietrich Bracher u. a. (Hg.), Quellen zur Geschichte des Parlamentarismus, Bd. IV / 1, Quellen zur Ära Brüning, T. I, Bonn 1980, S. 15. (Aufzeichnung Graf Westarps über eine Unterredung mit Hindenburg am 15. Januar 1930).
46 August Freiherr von der Heydte, Stiller Verfassungswandel und Verfassungsinterpretation, in: Archiv für Rechts- und Sozialphilosophie 39 (1950 / 51), S. 461–476.
47 So Gerhard Paul, Aufstand der Bilder. Die NS-Propaganda vor 1933, Bonn 1999, S. 91 f.
48 Überzeugend dazu Ullrich, Adolf Hitler, Bd. I, S. 259 f.
49 Vgl. Wolfgang Schieder, Faschismus im politischen Transfer. Giuseppe Renzetti als faschistischer Propagandist und Geheimagent in Berlin 1922–1941, in: ders., Faschistische Diktaturen, Studien zu Italien und Deutschland, Göttingen 2008, S. 240.
50 Falter, Hitlers Wähler, S. 30–34.
51 Vgl. Heinrich Brüning, Memoiren 1918–1934, Stuttgart 1970, S. 194.
52 Werner Conze, Die Krise des Parteienstaates, in: Historische Zeitschrift 178 (1954), S. 47–83.
53 Vgl. dazu überzeugend Henry A. Turner, Die Großunternehmer und der Aufstieg Hitlers, Berlin 1986.
54 Ebd., S. 261–265.
55 So Ullrich, Adolf Hitler, Bd. I, S. 324.
56 Vgl. die Zusammenfassung von Falter, Hitlers Wähler, S. 20–23.
57 Goebbels, Tagebücher, T. I, Bd. 2 / II, S. 205, S. 207 (28. Januar und 30. Januar 1932).
58 Der Kronprinz hatte das faschistische Beispiel Italiens vor Augen. Aus diesem Grunde war er nicht weniger als fünf Mal bei Mussolini in Audienz. Er wurde jedoch von Wilhelm II. aus dem holländischen Exil zurückgepfiffen. Vgl. den Brief des Kronprinzen an den ehemaligen Kaiser vom 7.5.1928, in: Sigurd von

Ilsemann, Der Kaiser in Holland. Aufzeichnungen des letzten Flügeladjutanten Kaiser Wilhelms II., Bd. II, München 1968, S. 95.

59 Vgl. Ullrich, Adolf Hitler, Bd. I, S. 271.

60 Der Text der Notverordnung im Reichsgesetzblatt 1932, Bd. I, S. 175.

61 Domarus, Hitler, Bd. I,1, S. 106.

62 Kershaw, Hitler, Bd. I, S. 459.

63 Winkler, Weimar, S. 472.

64 Ullrich, Adolf Hitler, Bd. I, S. 378.

65 Léon Schirmann, Altonaer Blutsonntag, 17. Juli 1932. Dichtungen und Wahrheit, Hamburg 1994.

66 Hans-Peter Ihni, Bollwerk Preußen? Preußen-Regierung, Reich-Länder-Problem und Sozialdemokratie, 1928–1932, Bonn 1975.

67 Goebbels, Tagebücher, T. I, Bd. 2 / II, S. 269 (27. April 1932).

68 Goebbels, Tagebücher, T. I, Bd. 2 / III, S. 332 (3. August 1932).

69 Longerich, Hitler, S. 267.

70 Ullrich, Adolf Hitler, Bd. I, S. 329: »Wie vor allen schweren Entscheidungen zögerte Hitler.«

71 Vgl. Schieder, Adolf Hitler, S. 27.

72 Zit. nach Thilo Vogelsang, Reichswehr, Staat und NSDAP, Stuttgart 1962, S. 479 f.

73 Ebd. Vgl. auch Pyta, Hindenburg, S. 719 f.

74 Zit. bei Vogelsang, S. 480.

75 Akten der Reichskanzlei. Weimarer Republik. Kabinett Papen, Bd. I, Boppard 1989, S. 392.

76 Goebbels, Tagebücher, T. I, Bd. 2 / II, S. 340 (14. August 1932).

77 Akten der Reichskanzlei, Weimarer Republik, Kabinett Papen, Bd. II, S. 576–583.

78 Vgl. Ullrich, Adolf Hitler, Bd. I, S. 367 f.

79 Vgl. dazu ausführlich Winkler, Weg in die Katastrophe, S. 765–773.

80 So aber Ullrich, Adolf Hitler, Bd. I, S. 369.

81 Hitler, Reden, Schriften, Anordnungen, Bd. V, S. 186 (6. November 1932).

82 Goebbels, Tagebücher, T. I, Bd. II / III, S. 62 f. (19. November 1932).

83 Akten der Reichskanzlei, Weimarer Republik, Kabinett Papen, Bd. II, S. 999, Meißner an Hitler, 24.11.1932.

84 So z. B. Thamer, Adolf Hitler, S. 159.

85 Die auf Joseph Goebbels, Vom Kaiserhof zur Reichskanzlei, München 1934, zurückgehende Behauptung wird von Longerich, Hitler, S. 279, einleuchtend widerlegt.

86 Peter D. Stachura, »Der Fall Strasser«: Gregor Strasser, Hitler and National Socialism, 1930–1932, in: ders. (Hg.): The Shaping of the Nazi State, London 1978, S. 113–115, Gregor Straßer an Adolf Hitler, 8.12.1932.

87 Goebbels, Tagebücher, T. I, Bd. 2 / III, S. 78 (9. Dezember 1932).

88 Bernd Hoppe, Von Schleicher zu Hitler. Dokumente zum Konflikt zwischen dem Reichslandbund und der Regierung Schleicher in den letzten Wochen der Weimarer Republik, in: Vierteljahrshefte für Zeitgeschichte 45 (1997), S. 632.
89 Vgl. unten S. 130.
90 Karl Dietrich Bracher, Die Auflösung der Weimarer Republik. Eine Studie zum Problem des Macht-Zerfalls in der Demokratie, 5. Aufl. Villingen 1960, S. 604.
91 Kershaw, Hitler 1889–1936, S. 520.
92 Schultheß' Europäischer Geschichtskalender 74 (1933), München 1934, S. 28.
93 Franz von Papen, Der Wahrheit eine Gasse, München 1952, S. 269 f.
94 Winkler, Weimarer Republik, S. 592.
95 Vgl. oben S. 93.
96 Zit. nach Henry A. Turner, Hitlers Weg zur Macht. Der Januar 1933, München 1996, S. 196.
97 Lutz Graf Schwerin von Krosigk, Es geschah in Deutschland. Menschenbilder unseres Jahrhunderts, Tübingen / Stuttgart 1951, S. 147.
98 Longerich, Hitler, S. 288.
99 Vgl. Pyta, Hindenburg, S. 791–803.
100 Goebbels, Tagebücher, T. II, Bd. 2 / II, S. 337 (11. August 1937).
101 Zitiert nach Pyta, Hindenburg, S. 717.
102 Goebbels, Tagebücher, T. I, Bd. 2 / III, S. 119: »Hitler in ganz großer Fahrt. Helldorf zitiert. Er trifft Maßnahmen mit Pol.Maj. Wecke.«
103 Vgl. dazu Schieder, Faschistische Diktaturen, S. 377–396.

IV. Durchsetzung der Diktaturherrschaft 1933–1939

1 Karl-Dietrich Bracher, Die deutsche Diktatur. Entstehung, Struktur, Folgen, 7. Aufl. Köln 1993.
2 Hitler, Reden, Schriften, Anordnungen, Bd. III, 3, S. 441.
3 Ullrich, Adolf Hitler, Bd. I, S. 638.
4 So Mommsen, Nationalsozialismus, S. 701.
5 Rüdiger Hachtmann, Vom Wilhelminismus zur Neuen Staatlichkeit des Nationalsozialismus. Das Reichsarbeitsministerium 1918–1945, Göttingen 2022.
6 Vgl. unten S. 194.
7 Vgl. Harald Sandner (Hg.), Hitler. Das Itinerar. Aufenthaltsorte und Reisen von 1889 bis 1945, Bd. IV 1940–1945, Berlin 2020, passim.
8 Ullrich, Adolf Hitler, Bd. I, S. 704.
9 Vgl. Görtemaker, Hitlers Hofstaat.
10 Vgl. Schieder, Faschistische Diktaturen, S. 235.
11 Domarus, Hitler, Bd. I, 1, S. 207. Im Oktober 1932 hatte er noch verkündet: »Wenn wir einmal die Macht bekommen, dann werden wir sie, so wahr uns Gott helfe, behalten.« (Ebd., S. 140).

12 Ebd., S. 208.
13 Vgl. Backes u. a., Reichstagsbrand, sowie Felix Kellerhoff, Der Reichstagsbrand. Die Karriere eines Kriminalfalls, Berlin 2008.
14 Vgl. Akten der Reichskanzlei, Regierung Hitler, T. I: 1933/34, Bd. I, Nr. 56 (28.2.1933), S. 195. Text der Verordnung im Reichsgesetzblatt 1933, Bd. I, S. 83. Dazu Thomas Raithel, Irene Strenge, Die Reichstagsbrandverordnung. Grundlegung der Diktatur mit den Instrumenten des Weimarer Ausnahmezustands, in: Vierteljahrshefte für Zeitgeschichte 48 (2000), S. 413–460.
15 Akten der Reichskanzlei, Regierung Hitler, T. I: 1933/34, Bd. I, S. 195 (11.3.1933).
16 Domarus, Hitler, Bd. I, 1, S. 228, Rede Hitlers am 21. März 1933. Vgl. das Foto S. 174.
17 Text des Ermächtigungsgesetzes im Reichsgesetzblatt 1933, Bd. I, S. 141–152. Die Verhandlungen im Reichskabinett, in: Akten der Reichskanzlei, Regierung Hitler, T. I: 1933/34, S. 239 f.
18 Reichsgesetzblatt 1933, Bd. I, S. 175–177.
19 Thamer, Adolf Hitler, S. 180.
20 Zahlen ebd.
21 Akten der Reichskanzlei, Regierung Hitler, T. I: 1933/34, Bd. I, S. 311 f. (7.4.1933). Text des Gesetzes im Reichsgesetzblatt 1933, Bd. I, S. 173.
22 Winkler, Weg in die Katastrophe, S. 921 f.
23 Zu dieser umfassend Rüdiger Hachtmann, Das Wirtschaftsimperium der Deutschen Arbeitsfront 1933–1945, Göttingen 2012. Vgl. unten S. 146 f.
24 Vgl. Julius H. Schoeps, Werner Treß (Hg.), Orte der Bücherverbrennung in Deutschland, Hildesheim 2008.
25 Akten der Reichskanzlei. Regierung Hitler, T. I: 1933/34, Bd. I, S. 661 f. (14.7.1933). Text des Gesetzes im Reichsgesetzblatt 1934, Bd. I, S. 488.
26 Zit. nach Winkler, Weg in die Katastrophe, S. 946.
27 Vgl. Reichsgesetzblatt 1934, Bd. I, S. 747.
28 Vgl. Pyta, Hindenburg, S. 842 f.
29 Ebd., S. 803.
30 Domarus, Hitler, Bd. I, S. 431, Schreiben Hitlers an Innenminister Frick vom 2.8.1934.
31 Ebd.
32 Vgl. Longerich, Hitler, S. 420.
33 Vgl. dazu Fabrice D'Almeida, Hakenkreuz und Kaviar. Das mondäne Leben im Nationalsozialismus, Eschbach 2008.
34 Text des Gesetzes im Reichsgesetzblatt 1933, Bd. I, S. 153 ff.
35 Thamer, Adolf Hitler, S. 167.
36 Vgl. die noch immer aktuelle Gesamtdarstellung von Klaus Scholder, Die Kirchen und das Dritte Reich, 2 Bde., Berlin 1977/1985.

37 Vgl. die Fallstudie von Manfred Gailus, Protestantismus und Nationalsozialismus. Studien zur nationalsozialistischen Durchdringung des protestantischen Sozialmilieus in Berlin, Köln / Weimar / Wien 2001.

38 Zit. nach James Bentley, Martin Niemöller. Eine Biographie, München 1985, S. 93.

39 Zit. nach Scholder, Kirchen und Drittes Reich, Bd. 2, S. 191.

40 Vgl. Longerich, Hitler, S. 506.

41 Goebbels, Tagebücher, T. I, Bd. 5, S. 39 (7. Dezember 1937).

42 Hitler, Mein Kampf, S. 286.

43 Thamer, Adolf Hitler, S. 182.

44 Zahlenangaben auch bei Mathilde Jamin, Zur Rolle der SA im nationalsozialistischen Herrschaftssystem, in: Gerhard Hirschfeld, Lothar Kettenacker (Hg.), Der »Führerstaat«. Mythos und Realität, Stuttgart 1981, S. 43–72.

45 Vgl. Hans-Peter Schwarz, Adenauer. Der Aufstieg: 1876–1952, Stuttgart 1986, S. 347–370.

46 Domarus, Hitler, Bd. I, 1 S. 286 f.

47 Vgl. dazu Ulrich Herbert, Karin Orth, Christoph Dieckmann (Hg.), Die Nationalsozialistischen Konzentrationslager. Entwicklung und Struktur, 2 Bde., Frankfurt / M. 2002. Neuerdings besonders auch Wolfgang Benz, Barbara Distel (Hg.), Der Ort des Terrors. Geschichte der nationalsozialistischen Konzentrationslager, 9 Bde., München 2005.

48 Vgl. Wildt, Generation der Unbedingten.

49 So Götz Aly, Hitlers Volksstaat. Raub, Rassenkrieg und nationaler Sozialismus, Frankfurt / M. 2005.

50 Auf einem Stimmzettel der Volksabstimmung von 1934 war etwa zu lesen: »Adolf Hitler ja, aber tausendmal nein für die braunen Bonzen«; in einem Stimmungsbericht hieß es 1936: »Warum duldet der Führer das.«, zit. von Ian Kershaw, Der Hitlermythos. Führerkult und Volksmeinung, 2. Aufl. Stuttgart 1987, S. 99, S. 91.

51 Vgl. ebd., S. 120.

52 Das Zitat aus den »Nationalsozialistischen Monatsheften« nach Longerich, Geschichte der SA, S. 180.

53 Aufzeichnung des Generalleutnants Carl Liebmann vom 3. Februar 1933, erstmals veröffentlicht von Thilo Vogelsang, Neue Dokumente zur Geschichte der Reichswehr 1930–1933, in: Vierteljahrshefte für Zeitgeschichte 2 (1954), S. 434 f.

54 Text der Erklärung Hitlers bei Klaus-Jürgen Müller, Armee und Drittes Reich 1933–1939. Darstellung und Dokumente, Paderborn 1987, S. 195.

55 Hermann Graml, Vorhut des konservativen Widerstands, in: ders. (Hg.), Widerstand im Dritten Reich. Probleme, Ereignisse, Gestalten, Frankfurt / M. 1984, S. 172–183.

56 Edgar Jung, Die Herrschaft der Minderwertigen. Ihr Zerfall und ihre Ablösung durch ein neues Reich, Berlin 1927.
57 Vgl. Goebbels, Tagebücher, T. I, Bd. 3 / I, S. 65 (18. Juni 1934).
58 Domarus, Hitler, Bd. I, S. 406.
59 Longerich, Hitler, S. 403.
60 Domarus, Hitler, Bd. I, S. 405 (1.7.1934).
61 Zit. Pyta, Hindenburg, S. 849.
62 Carl Schmitt, Der Führer schützt das Recht. Zur Reichstagsrede Adolf Hitlers am 13. Juli 1934, in: Deutsche Juristen-Zeitung 39 (1934), S. 945–950.
63 Zit. von Frei, Führerstaat, S. 38.
64 Zit. ebd., S. 30.
65 Als »größter Feldherr aller Zeiten« wurde Hitler möglicherweise erstmals am 17.6.1940 von General Keitel angeredet. Vgl. Sandner, Hitler, Itinerar, Bd. IV, S. 1829.
66 Zur Blomberg / Fritsch-Krise vgl. zuletzt Kirstin A. Schäfer, Werner von Blomberg. Hitlers erster Feldmarschall. Eine Biographie, Paderborn 2006.
67 Vgl. dazu und zum Folgenden grundlegend Saul Friedländer, Das Dritte Reich und die Juden, 2 Bde., München 1998 / 2006, hier Bd. I, S. 30–32. Eine einzigartige Quellengrundlage bietet neuerdings die große Edition von Ulrich Herbert, Michael Hollmann, Horst Möller, Dieter Pohl, Andreas Wirsching (Hg.), Die Verfolgung und Ermordung der europäischen Juden durch das nationalsozialistische Deutschland 1933–1945, 16 Bde., Berlin 2008–2021.
68 Ullrich, Adolf Hitler, Bd. I, S. 607.
69 Zu den ›Nürnberger Gesetzen‹ vgl. Cornelia Essner, Die »Nürnberger Gesetze« oder die Verwaltung des Rassenwahns 1933–1945, Paderborn 2002.
70 Vgl. Dietz Bering, Der Name als Stigma. Antisemitismus im deutschen Alltag 1812–1933, Stuttgart 1987.
71 Goebbels, Tagebücher, T. I, Bd. 3 / I, S. 301 (1. Oktober 1935).
72 Reichsgesetzblatt 1935, I. Bd., S. 1333.
73 Viktor Klemperer, Ich will Zeugnis ablegen bis zum letzten. Tagebücher 1933–1941, Bd. I, 7. Aufl. Berlin 1996, S. 219.
74 Reichsgesetzblatt 1938, Bd. I, S. 1580.
75 Neueste Darstellung des Novemberpogroms: Alan E. Steinweis, Kristallnacht 1938. Ein deutscher Pogrom, Stuttgart 2011.
76 Domarus, Hitler, Bd. 3, S. 1058.
77 Dass Hitler sich im Datum geirrt hat, da er seine Drohung am 30.1.1933, nicht am 1.9.1939 zum ersten Mal ausgestoßen hatte, hat zu allerlei Spekulationen Anlass gegeben. Eine besondere Absicht Hitlers bei der Veränderung des Datums konnte aber nicht nachgewiesen werden.
78 Vgl. dazu die klassischen Darstellungen von Hannah Arendt, The Origins of Totalitarism, New York 1951, sowie Carl Joachim Friedrich, Zbigniew Brzezinski, Totalitarian Dictatorship and Autocracy, Cambridge (Mass.) 1956. Überblick

bei Wolfgang Wippermann, Totalitarismustheorien. Die Entwicklung der Diskussion von den Anfängen bis heute, Darmstadt 1997.

79 Zu Goebbels vgl. Peter Longerich, Goebbels. Biographie, München 2010.

80 Vgl. zu Göring vor allem Alfred Kube, Pour le mérite und Hakenkreuz. Hermann Göring im Dritten Reich, München 1989.

81 Stefan Martens, Hermann Göring. »Erster Paladin des Führers« und »Zweiter Mann im Reich«, Paderborn 1983.

82 Longerich, Heinrich Himmler. Biographie.

83 Eugen Kogon, Der SS-Staat. Das System der deutschen Konzentrationslager, München 1946, 18. Aufl. 1988.

84 Vgl. Magnus Brechtken, Albert Speer. Eine deutsche Karriere, München 2017.

85 Vgl. Schieder, Mythos Mussolini, S. 64–195.

86 Carl Schmitt, Das Gespräch über Macht und den Zugang zum Machthaber, Stuttgart 2008.

87 Domarus, Hitler, Bd. I, 2, S. 532.

88 Ebd., Bd. I, 1, S. 450, Rede Hitlers auf dem Reichsparteitag am 5. September 1934.

89 Vgl. dazu schon Dörte Winkler, Frauenarbeit im »Dritten Reich«, Hamburg 1977.

90 Domarus, Hitler, Bd. I, 1, S. 267.

91 Zit. von Longerich, Hitler, S. 530.

92 Domarus, Hitler, Bd. I, 1, S. 193.

93 Deutschland-Berichte der Sozialdemokratischen Partei Deutschlands, Bd. 2 (1935), hg. von Klaus Behnken, Frankfurt / M. 1980, S. 1423.

94 Domarus, Hitler, Bd. I, 1, S. 300: Rede Hitlers zur Eröffnung der ersten Winterhilfsaktion am 13. September 1933.

95 Vgl. zum RAD die vergleichende Studie von Kiran Klaus Patel, Soldaten der Arbeit. Arbeitsdienste in Deutschland und den USA 1933–1945, Göttingen 2003.

96 Vgl. zur DAF Rüdiger Hachtmann, Das Wirtschaftsimperium der Deutschen Arbeitsfront 1933–1945, Göttingen 2012.

97 Vgl. Daniela Liebscher, Freude und Arbeit. Zur internationalen Freizeit- und Sozialpolitik des faschistischen Italien und des NS-Regimes, Köln 2009.

98 Peter Reichel, Der schöne Schein des Dritten Reiches. Faszination und Gewalt des Faschismus, München 1991.

99 Behrenbeck, Kult um die toten Helden, S. 299–312.

100 Vgl. zu den von der Forschung bisher zu wenig beachteten nationalsozialistischen ›Reichserntedankfesten‹ wegbereitend Bernhard Gelderblom, Die NS-Reichserntedankfeste auf dem Bückeberg 1933–1937, Holzminden 2018.

101 Vgl. Markus Urban, Die Konsensfabrik. Funktion und Wahrnehmung der NS-Reichsparteitage 1933–1941, Göttingen 2007.

102 Domarus, Hitler, Bd. I, 1, S. 193.

103 Vgl. neuerdings Detlef Humann, »Arbeits-Schlacht«. Arbeitsbeschaffung und Propaganda in der NS-Zeit 1933–1939, Göttingen 2011.

104 Darré hatte schon 1930 im *Völkischen Beobachter* von einer »Erzeugungsschlacht« gesprochen, wobei er sich auf die ›Weizenschlacht‹ (Battaglia del Grano) des italienischen Faschismus berief, ein Beispiel dafür, wie stark der Nationalsozialismus von diesem Vorbild beeinflusst war.

105 Frei, Führerstaat, S. 9.

106 Vgl. Schanetzky, »Kanonen statt Butter«.

107 Vgl. dazu besonders Adam Tooze, Ökonomie der Zerstörung. Die Geschichte der Wirtschaft im Nationalsozialismus, 2. Aufl. München 2007.

108 Text der ›Denkschrift‹ veröffentlicht von Wilhelm Treue, Hitlers Denkschrift zum Vierjahresplan, in: Vierteljahrshefte für Zeitgeschichte 3 (1955), S. 184–210.

109 Margarete Bosch, Gelenkte Marktwirtschaft. Die geschichtliche Notwendigkeit einer Gestaltung der Wirtschaft, Stuttgart / Berlin 1939.

110 Treue, Denkschrift, S. 210.

111 Ebd.

112 Aufzeichnung des Generalleutnants Curt Liebmann, publiziert von Thilo Vogelsang, Neue Dokumente zur Geschichte der Reichswehr 1930–1933, in: Vierteljahrshefte für Zeitgeschichte 2 (1954), S. 454 f.

113 Vgl. Schieder, Adolf Hitler, S. 64–73.

114 Goebbels, Tagebücher, T. I, Bd. 3 / I, S. 168 (16. Januar 1935).

115 Vgl. oben S. 48.

116 Vgl. Schieder, Adolf Hitler, S. 73–87.

117 Die Beteiligung Hitlers an dem Putsch ist in der Forschung umstritten. Aller Wahrscheinlichkeit nach wusste er zwar über die Planung eines Putsches Bescheid, der Mord an Dollfuß wurde von den österreichischen Nationalsozialisten jedoch eigenmächtig verübt. Vgl. zuletzt Kurt Bauer, Hitlers zweiter Putsch. Dollfuß, die Nazis und der 25. Juli 1934, St. Pölten 2014.

118 Dazu grundlegend Jens Petersen, Hitler – Mussolini. Die Entstehung der Achse Berlin – Rom 1933–1936, Tübingen 1973. Wichtig neuerdings Daniel Hedinger, Die Achse. Berlin – Rom – Tokio 1919–1946, München 2021.

119 Goebbels, Tagebücher, T. I, Bd. 3 / I, S. 250 (21. Juni 1935).

120 Vgl. Goebbels, Tagebücher, T. I, Bd. 3 / I, S. 383, (21. Februar 1936): »Soll er die Rheinlandzone remilitarisieren? Schwere Frage … Der Führer steht wieder auf dem Sprung. Er denkt und grübelt, und plötzlich handelt er dann.«

121 Paul Schmidt, Statist auf diplomatischer Bühne 1923–1945. Erlebnisse des Chefdolmetschers im Auswärtigen Amt mit den Staatsmännern Europas, Bonn 1950, S. 320.

122 Vgl. Wolfgang Schieder, Spanischer Bürgerkrieg und Vierjahresplan, in: ders., Christof Dipper (Hg.), Der Spanische Bürgerkrieg in der internationalen Politik (1936–1939), München 1976, S. 162–190.

123 Akten zur Deutschen Auswärtigen Politik 1918–1945, Serie C 1933–1937, Bd. V, 2, Göttingen 1977, S. 931, Aufzeichnung über die Audienz Hans Franks bei Mussolini am 23. September 1936.

124 Politisches Archiv des Auswärtigen Amtes, R 29966, Aktennotiz Botschafter Mackensens, 24.8.1937. Vgl. dazu Schieder, Adolf Hitler, S. 102.

125 Dobler, Bilder der Achse, S. 44.

126 Vgl. Behrenbeck, Kult um die toten Helden.

127 Zit. nach Fred A. Willis, Mussolini in Deutschland. Eine Völkerkundgebung für den Frieden in den Tagen vom 25. bis 29. September 1937, Berlin 1937, S. 7.

128 Domarus, Hitler, Bd. I, 2, S. 736, (28.9.1938).

129 Heinrich Hoffmann, Mussolini erlebt Deutschland. Ein Bildbuch. Mit einem Geleitwort von Dr. Otto Dietrich, München [1937]; Heinrich Hoffmann (Hg.), Hitler in Italien. Mit einem Geleitwort von Dr. Otto Dietrich, Reichspressechef, München [1938].

130 Beide Äußerungen Hitlers zit. nach Birgit Schwarz, Geniewahn. Hitler und die Kunst, Wien 2009, S. 16 f.

131 Dobler, Bilder der Achse, S. 375.

132 Akten zur Deutschen Auswärtigen Politik, Serie C, Bd. VI, 2, Göttingen 1981, S. 1155, Aufzeichnung von Botschafter Hassell (Rom 7.10.1937).

133 Benito Mussolini, Opera Omnia, T. XLII, Firenze 1948, S. 194 f.

134 Friedrich Hoßbach, Zwischen Wehrmacht und Hitler 1934–1938, Wolfenbüttel / Hannover 1949, S. 82.

135 Kurt von Schuschnigg, Im Kampf gegen Hitler. Die Überwindung der Anschlußidee, München / Wien 1969, S. 295. Im Gespräch mit dem Verfasser räumte Schuschnigg im Oktober 1978 ein, dass er die Wühlarbeit der Nationalsozialisten seinerzeit unterschätzt habe.

136 Goebbels, Tagebücher, T. I, Bd. V, S. 199 (10. März 1938).

137 Domarus, Hitler, Bd. I, 2, S. 812 (11. März 1938).

138 Ebd., S. 813, Schreiben Hitlers an Mussolini (13.8.1938)

139 Ebd., S. 824.

140 Goebbels, Tagebücher, T. I, Bd. V, S. 222 (20. März 1938).

141 Longerich, Hitler, S. 588.

142 Domarus, Hitler, Bd. I, 2, S. 870.

143 Brief Chamberlains an seine Schwester vom 19. September 1938. Zit. nach Ullrich, Adolf Hitler, Bd. I, S. 813.

144 Vgl. dazu Schieder, Adolf Hitler, S. 108 f.

145 Domarus, Hitler, Bd. I, 2, S. 974.

146 Erich Kordt, Nicht aus den Akten. Die Wilhelmstraße in Frieden und Krieg. Erlebnisse, Begegnungen und Eindrücke 1928–1945, Stuttgart 1950, S. 260.

147 S. o., S. 137 f.

148 Zit. nach Kershaw, Hitler, 1936–1945, S. 237.

V. Auslösung und Scheitern imperialistischer Vernichtungskriege

1 Vgl. Ullrich, Adolf Hitler, Bd. 2, S. 827.
2 Domarus, Hitler, Bd. II, 1, S. 1058.
3 Ebd., S. 1053.
4 Ebd., S. 1197.
5 Ebd., S. 1238.
6 Ebd.
7 Akten zur Deutschen Auswärtigen Politik, Serie D, Bd. 7, Nr. 192, S. 170 (22.8.1939).
8 Domarus, Bd. II, 1, S. 1237; dazu Winfried Baumgart, Zur Ansprache Hitlers vor den Führern der Wehrmacht am 22. August 1939. Eine quellenkritische Untersuchung, in: Vierteljahrshefte für Zeitgeschichte 19 (1971), S. 146.
9 In der Reichstagsrede, die Hitler am 1. September 1939 im eigens zusammengerufenen Reichstag gehalten hat, sprach er davon, dass »seit 5.45 Uhr« zurückgeschossen würde. Möglicherweise glaubte er, dass in Polen schon die osteuropäische Zeit gelte, wenn er sich nicht einfach geirrt hat, was allerding bei dieser wichtigen Uhrzeit sehr bemerkenswert wäre.
10 Joachim Böhler, Auftakt zum Vernichtungskrieg. Die Wehrmacht in Polen 1939, Frankfurt / M. 2006.
11 Christopher Browning, Ganz normale Männer. Das Reservepolizeibataillon 101 und die »Endlösung« in Polen, Reinbek bei Hamburg 1993.
12 Dieter Pohl, Verfolgung und Massenmord in der NS-Zeit 1933–1945, Darmstadt 2003, S. 49.
13 Vgl. Helmut Krausnick, Hitlers Einsatzgruppen. Die Truppen des Weltanschauungskrieges, Frankfurt / M. 1985, S. 84.
14 Darauf verweist Thamer, Adolf Hitler, S. 251.
15 Heinrich Hoffmann, Mit Hitler in Polen, München 1939.
16 Vgl. zum ganzen Komplex neuerdings die stupende Untersuchung von Alexa Stiller, Völkische Politik. Praktiken der Exklusion und Inklusion in polnischen, französischen und slowenischen Annexionsgebieten 1939–1945, 2 Bde., 1376 S., Göttingen 2022.
17 Vgl. unten S. 214 f.
18 Goebbels, Tagebücher, T. I, Bd. 7, S. 273 (16. Januar 1941).
19 Vgl. die Liste bei Peter Hoffmann, Hitler's Personal Security. Protecting the Führer, 1921–1945, o. O. 2000, S. 257. Allgemein Franz Seidler, Dieter Zeigert, Die Führerhauptquartiere. Anlagen und Planungen im Zweiten Weltkrieg, München 2000.
20 So Longerich, Hitler, S. 725.
21 Text der Weisung »Seelöwe« bei Walther Hubatsch (Hg.), Hitlers Weisungen für die Kriegführung, München 1960, S. 71–77.

22 Vgl. Frederick Taylor, Coventry. Der Luftangriff vom 14. November 1940: Wendepunkt im Zweiten Weltkrieg, München 2015.
23 Zum Bombenkrieg insgesamt vgl. Richard Overy, Der Bombenkrieg in Europa, Berlin 2014.
24 Text des Dreimächtepaktes bei Domarus, Hitler, Bd. II, 1, S. 1589.
25 Vgl. zu Mussolinis »Parallelkriegen« Schieder, Adolf Hitler, S. 145–148.
26 Percy Ernst Schramm (Hg.), Kriegstagebuch des Oberkommandos der Wehrmacht, Bd. I, Frankfurt/M. 1961, S. 341.
27 So die Überlieferung von Franz Halder, Kriegstagebuch. Tägliche Aufzeichnungen des Chefs des Generalstabs des Heeres 1939–1942, bearb. von Hans-Adolf Jakobsen, Bd. II, Stuttgart 1963, S. 336 (30.3.1941).
28 Christian Streit, Keine Kameraden. Die Wehrmacht und die sowjetischen Kriegsgefangenen 1941–1945, Stuttgart 1978.
29 Hans-Adolf Jacobsen, Kommissarbefehl und Massenexekution sowjetischer Kriegsgefangener, in: Hans Buchheim, Martin Broszat, Hans-Adolf Jacobsen, Helmut Krausnick (Hg.), Anatomie des SS-Staates, Bd. II, Olten/Freiburg 1965, S. 223.
30 Das Thema stand zwischen 1995 und 2004 im Mittelpunkt der beiden Wanderausstellungen des Hamburger Instituts für Sozialforschung, die unter dem Titel »Vernichtungskrieg. Verbrechen der Wehrmacht 1941 bis 1944« stattfand. Vgl. das kritische Fazit von Christian Hartmann, Johannes Hürter, Ulrike Jureit (Hg.), Verbrechen der Wehrmacht, München 2005.
31 Goebbels, Tagebücher, T. I, Bd. 9, S. 377 (16. Juni 1941).
32 Dazu zuletzt Christian Hartmann, Unternehmen Barbarossa. Der deutsche Krieg im Osten 1941–1945, München 2011.
33 Vgl. dazu Gerd R. Ueberschär, Lev A. Bezymenskij, Der deutsche Angriff auf die Sowjetunion 1941. Die Kontroverse um die Präventivkriegsthese, 2. Aufl. Darmstadt 2011.
34 Vgl. Streit, Keine Kameraden.
35 Josef Stalin, Über den großen vaterländischen Krieg der Sowjetunion, Moskau 1946.
36 Schramm (Hg.), Kriegstagebuch, Bd. I, S. 1084 f.
37 Vgl. Hitlers »Verlautbarung über den Kommandowechsel« vom 19.12.1941 bei Domarus, Hitler, Bd. II, 2, S. 1813–1815.
38 Vgl. Hürter, Hitlers Heerführer, S. 331 f.
39 Selbstmord begingen, mehr oder weniger gezwungen, die Generale Günter Kluge am 19.8.1944, Walter Model am 21.4.1945, Erwin Rommel am 14.10.1944 und Ernst Udet am 17.1.1941.
40 Aus der umfangreichen wissenschaftlichen Literatur vgl. zuletzt Wolfram Wette, Gerd R. Ueberschär (Hg.), Stalingrad. Mythos und Wirklichkeit einer Schlacht, Frankfurt/M. 2013.
41 Schramm (Hg.), Kriegstagebuch, Bd. 3, S. 1025.

42 So die Überlieferung von Goebbels, Tagebücher, T. II, Bd. 7, S. 296 (8. Februar 1943).

43 Text der Rede bei Iring Fetscher, Joseph Goebbels im Berliner Sportpalast 1943, Hamburg 1998, S. 63–98, hier S. 98.

44 Die fieberhafte Suche nach Mussolini, die am 12.9.1943 zu seiner gewagten Entführung vom Gran Sasso durch deutsche Fallschirmjäger führte, wird meist als »Befreiung« bezeichnet. In Wahrheit wurde Mussolini jedoch nicht befreit, sondern entführt. Er geriet in Hitlers Hand und musste unter seiner Aufsicht in der Repubblica Sociale Italiana mehr oder weniger nach Hitlers bzw. seines Aufpassers Rudolf Rahns Billigung regieren.

45 Vgl. dazu die überzeugende Darstellung von Lutz Klinkhammer, Zwischen Bündnis und Besatzung. Das nationalsozialistische Deutschland und die Republik von Salò 1943–1945, Tübingen 1993.

46 Goebbels, Tagebücher, T. II, Bd. 11, S. 400 (4. März 1944).

47 Nicolaus von Below, Als Hitlers Adjutant 1937–1945, Mainz 1980, S. 398.

48 Vgl. dazu umfassend Mark Mazower, Hitlers Imperium. Europa unter der Herrschaft des Nationalsozialismus, München 2009.

49 Vgl. Norbert Frei (Hg.), Transmediale Vergangenheitspolitik. Der Umgang mit deutschen Kriegsverbrechen in Europa nach dem Zweiten Weltkrieg, Göttingen 2006.

50 Sandner, Hitler. Das Itinerar, Bd. III, S. 1749–1752.

51 Ebd., S. 1656–1658.

52 Ebd., Bd. IV, S. 1817–1819.

53 Ebd., S. 1914 f.

54 Vgl. dazu Gerhard Botz, Nationalsozialismus in Wien. Machtübernahme, Herrschaftssicherung, Radikalisierung 1938/39, 2. Aufl. Wien 2008.

55 Sandner, Hitler. Das Itinerar, Bd. IV, S. 2070–2076.

56 Vgl. dazu Pyta, Hitler. Dazu auch das Foto S. 230.

57 Sandner, Hitler. Das Itinerar, Bd. IV, S. 2222–2224.

58 Vgl. oben S. 161–164.

59 Zur Geschichte des Holocaust bahnbrechend Raul Hilberg, Die Vernichtung der europäischen Juden. Die Geschichte des Holocaust, Berlin 1982. Dazu heute die große Edition Die Verfolgung und Ermordung der europäischen Juden durch das nationalsozialistische Deutschland 1933–1945, 16 Bde., Berlin 2008–2022.

60 Dass Hitler schwankte, was er mit den Millionen jüdischer Menschen machen sollte, ist mehrfach überliefert. Vgl. Goebbels, Tagebücher, T. II, Bd. 8, S. 238 (26. Juli 1940); ebd., S. 276 (17. August 1940).

61 Vgl. dazu Eberhard Jäckel, Jürgen Rohwer (Hg.), Der Mord an den Juden im Zweiten Weltkrieg, Stuttgart 1985, S. 14 f.; Hans Mommsen, Der Wendepunkt zur »Endlösung«: Die Eskalation der nationalsozialistischen Judenverfolgung, in: ders., Zur Geschichte Deutschlands im 20. Jahrhundert, S. 214–234.

62 Jochmann (Hg.), Hitler, Monologe, S. 106.
63 Domarus, Hitler, Bd. II, 2, S. 1771 f.
64 Jochmann (Hg.), Hitler. Monologe, S. 106.
65 So pointiert Christian Gerlach, Der Mord an den europäischen Juden. Tatsachen. Ereignisse, Dimensionen, München 2017, S. 88.
66 Götz Aly, »Endlösung«. Völkerverschiebung und der Mord an den europäischen Juden, Frankfurt / M. 1995, S. 270 f.
67 Vgl. u. a. Norbert Kampe, Peter Klein (Hg.), Die Wannsee-Konferenz am 20. Januar 1942. Dokumente, Forschungsstand, Kontroversen. Köln / Weimar / Wien 2013.
68 So Ullrich, Adolf Hitler, Bd. 2, S. 316.
69 Jochmann (Hg.), Hitler Monologe, S. 228 f. (25.1.1942 in der Wolfsschanze).
70 S. o., S. 182.
71 Reichsgesetzblatt 1933, Bd. I, S. 529. Zur nationalsozialistischen Euthanasiepolitik vgl. vor allem Gisela Bock, Zwangssterilisation im Nationalsozialismus. Studien zur Rassenpolitik und Frauenpolitik, Opladen 1986.
72 Alfred Gottwald, Diana Schulle, Die »Judendeportationen« aus dem Deutschen Reich 1941–1945. Eine kommentierte Chronologie, Wiesbaden 2005, S. 213.
73 Peter Longerich (Hg.), Die Ermordung der europäischen Juden. Eine umfassende Dokumentation 1933–1945, München / Zürich 1998, S. 201.
74 Vgl. Longerich, Hitler, S. 864.
75 Vgl. dazu neuerdings Daniel Blatman, Die Todesmärsche 1944 / 45. Das letzte Kapitel des nationalsozialistischen Judenmords, Reinbek 2011.
76 Vgl. dazu die Quellenedition von Otto Dov Kulka, Eberhard Jäckel (Hg.), Die Juden in den geheimen NS-Stimmungsberichten 1933–1945, Düsseldorf 2004.
77 Vgl. Hoffmann, Hitler's Personal Security, S. 15 f.
78 Zur Biografie von Elser vgl. Peter Steinbach, Johannes Tuchel, Georg Elser. Der Hitler-Attentäter, Berlin 2010.
79 Vgl. Hans Mommsen, Die ›Rote Kapelle‹ und der deutsche Widerstand gegen Hitler, Bochum 2012.
80 Ullrich, Adolf Hitler, Bd. 2, S. 381.
81 Grundlegend dazu immer noch Peter Hoffmann, Widerstand, Staatsstreich, Attentat. Der Kampf der Opposition gegen Hitler, 2. Aufl. Frankfurt / Berlin / Wien 1970.
82 Filippo Anfuso, Rom – Berlin in diplomatischem Spiegel, München 1951, S. 325. Vgl. auch das Foto S. 231.
83 Domarus, Hitler, Bd. II, 2, S. 2128.
84 Goebels, Tagebücher, T. II, Bd. I3, S. 137 (23.7.1944).
85 Vgl. Mark Walker, Die Uranmaschine. Mythos und Wirklichkeit der Atombombe, Berlin 1990.
86 Klassisch Hugh R. Trevor-Roper, Hitlers letzte Tage, Hamburg 1947; oberflächlich zuletzt der Film »Der Untergang« von 2004.

87 Text des Erlasses bei Martin Moll (Hg.), »Führer-Erlasse« 1939–1945. Edition sämtlicher, nicht im Reichsgesetzblatt abgedruckter, von Hitler während des Zweiten Weltkriegs schriftlich erteilter Direktiven, Stuttgart 1997, S. 487 (Erlass vom 19. März 1945).

88 Brechtken, Albert Speer, S. 276–280.

89 Brief von Magda Goebbels vom 28. April 1945 an ihren Sohn aus erster Ehe, zit. nach Ralph Georg Reuth, Goebbels, München 1990, S. 604.

90 Domarus, Hitler, Bd. II, 2, S. 2228 (23.4.1945).

91 Zit. nach Kershaw, Hitler 1936–1945, S. 1053.

92 Vgl. Ullrich, Adolf Hitler, Bd. II, S. 621.

93 Vgl. dazu schon Trevor-Roper, Hitlers letzte Tage, S. 186 f.

94 Domarus, Hitler, Bd. II, 2, S. 2237 (29.4.1945).

95 Ebd., S. 2239.

96 Ebd., S. 2240 f.

97 Goebbels, Tagebücher, T. I, Bd. 9, S. 379 (16. Juni 1941).

98 Zit. nach Deakin, Brutale Freundschaft, S. 779.

VI. Hitler heute

1 Nur die Edition von »Mein Kampf«, die im Auftrag des Instituts für Zeitgeschichte entstanden ist, kann als erfolgreich angesehen werden. Vgl. Christian Hartmann u. a. (Hg.), Hitler, Mein Kampf. Eine kritische Edition, 2 Bde., München 2016.

Quellen und Literatur

Genannt werden Quellen und Darstellungen, die in den Anmerkungen zitiert werden. Auf die Wiedergabe dort aufgeführter Aufsätze in Zeitschriften oder Sammelwerken wird verzichtet.

Akten der Reichskanzlei. Die Regierung Hitler 1933–1945, Teil I–II: 1933/34, Boppard 1983.

Akten der Reichskanzlei. Die Regierung Hitler 1933–1945, Teil III–VI: 1934/35–1939, München 1999–2012.

Akten der Reichskanzlei. Weimarer Republik, Das Kabinett Papen, 2 Bde. Boppard 1989.

Akten der Deutschen Auswärtigen Politik 1918–1945. Aus dem Archiv des Auswärtigen Amtes, Serie C: 1933–1937, Das Dritte Reich: Die ersten Jahre, Göttingen 1971–1981; Serie D 1937–1941, Bd. I–7, Baden-Baden 1950–1956, Bd. 8–10, Frankfurt 1961–1963, Bd. I1, Bonn 1964, Bd. I2–13, Göttingen 1969–1970; Serie E: 1941–1945, Göttingen 1950–81.

Aly, Götz: »Endlösung«. Völkerverschiebung und der Mord an den europäischen Juden, Frankfurt/M. 1995.

Aly, Götz: Hitlers Volksstaat. Raub, Rassenkrieg und nationaler Sozialismus, Frankfurt/M. 2005.

Anfuso, Filippo: Rom-Berlin in diplomatischem Spiegel, München 1951.

Arendt, Hannah: The Origins of Totalitarism, New York 1951.

Backes, Uwe u. a.: Reichstagsbrand. Aufklärung einer historischen Legende, München/Zürich 1986.

Bauer, Kurt: Hitlers zweiter Putsch. Dollfuß, die Nazis und der 25. Juli 1934, St. Pölten 2014.

Behrenbeck, Sabine: Der Kult um die toten Helden. Nationalsozialistische Mythen, Riten und Symbole, 1923 bis 1945, Vierow 1996.

Below, Nicolaus von: Als Hitlers Adjutant 1937–1945, Mainz 1980.

Bentley, James: Martin Niemöller. Eine Biographie, München 1985.

Benz, Wolfgang, Distel, Barbara (Hg.): Der Ort des Terrors. Geschichte der nationalsozialistischen Konzentrationslager, 9 Bde., München 2005.

Bering, Dietz: Der Name als Stigma. Antisemitismus im deutschen Alltag 1812–1933, Stuttgart 1987.

Blatmann, Daniel: Die Todesmärsche 1944/45. Das letzte Kapitel des nationalsozialistischen Judenmords, Reinbek 2011.
Bock, Gisela: Zwangssterilisation im Nationalsozialismus, Studien zur Rassenpolitik und Frauenpolitik, Opladen 1986.
Böhler, Joachim: Auftakt zum Vernichtungskrieg. Die Wehrmacht in Polen 1939, Frankfurt/M. 2006.
Botz, Gerhard: Nationalsozialismus in Wien. Machtübernahme, Herrschaftssicherung, Radikalisierung 1938/39, 2. Aufl. Wien 2008.
Bracher, Karl Dietrich: Die Auflösung der Weimarer Republik. Eine Studie zum Problem des Machtzerfalls in der Demokratie, 5. Aufl. Villingen 1960.
Bracher, Karl Dietrich: Die deutsche Diktatur. Entstehung, Struktur, Folgen, 7. Aufl. Köln 1993.
Bracher, Karl-Dietrich u. a. (Hg.): Quellen zur Geschichte des Parlamentarismus, Bd. IV, 1, Quellen zur Ära Brüning, T. I, Bonn 1980.
Brechtken, Magnus: Albert Speer. Eine deutsche Karriere, München 2017.
Broszat, Martin: Die Machtergreifung. Der Aufstieg der NSDAP und die Zerstörung der Weimarer Republik, München 1984.
Browning, Christopher: Ganz normale Männer. Das Reservepolizeibataillon 101 und die »Endlösung« in Polen, Reinbek 1993.
Brüning, Heinrich: Memoiren 1918–1934, Stuttgart 1970.
Buchheim, Hans u. a. (Hg.): Anatomie des SS-Staates, 2 Bde., Olten/Freiburg 1965.
Bullock, Alan: Hitler. Eine Studie über Tyrannei, Kronberg/Düsseldorf 1967.

Chamberlain, Houston Stewart: Die Grundlagen des 19. Jahrhunderts, I. und II. Hälfte, München 1922.
Chapoutot, Johann, Ingrao, Christian: Hitler, Paris 2019.
Czech-Jochberg, Erich: Hitler. Eine deutsche Bewegung, Oldenburg 1930.

D'Almeida, Fabrice: Hakenkreuz und Kaviar. Das mondäne Leben im Nationalsozialismus, Eschbach 2008.
De Felice, Renzo: Mussolini il rivoluzionario. 1883–1920, Torino 1965.
De Felice, Renzo (Hg.), Mussolini e Hitler. I rapporti secreti 1922–1933, Firenze 1975.
Deuerlein, Ernst (Hg.): Der Hitlerputsch. Bayerische Dokumente zum 8./9. November 1923, Stuttgart 1962.
Deutsches Reichsgesetzblatt 1932–1938, Berlin 1932–1938.
Dobler, Ralph-Miklas: Bilder der Achse. Hitlers Empfang in Italien 1938 und die mediale Inszenierung des Staatsbesuchs in Fotobüchern, Berlin/München 2015.
Domarus, Max (Hg.): Hitler. Reden und Proklamationen 1932–1945, 2 Bde., Würzburg 1962/63.

Essner, Cornelia: Die »Nürnberger Gesetze« oder die Verwaltung des Rassenwahns 1933–1945, Paderborn 2002.

Falter, Jürgen W.: Hitlers Wähler, München 1991.

Feder, Gottfried: Manifest zur Brechung der Zinsherrschaft des Geldes, München 1919.

Fest, Joachim: Hitler. Eine Biographie, Frankfurt / M. 1970.

Fleischmann, Peter (Hg.): Hitler als Häftling in Landsberg am Lech 1923 / 24. Edition des Gefangenen-Personalakts Hitler nebst weiteren Quellen aus der Schutzhaft-, Untersuchungshaft- und Festungshaft in Landsberg am Lech, Neustadt an der Aisch 2018.

Ford, Henry: Der internationale Jude. Ein Weltproblem, Leipzig 1921.

Frank, Hans: Im Angesicht des Galgens. Deutung Hitlers und seiner Zeit auf Grund eigener Erlebnisse und Erkenntnisse, München 1953.

Frei, Norbert: Der Führerstaat. Nationalsozialistische Herrschaft 1933 bis 1945, 6. Aufl. München 2001.

Frei, Norbert (Hg.): Transmediale Vergangenheitspolitik. Der Umgang mit deutschen Kriegsverbrechen in Europa nach dem Zweiten Weltkrieg, Göttingen 2006.

Friedländer, Saul: Das Dritte Reich und die Juden, 2 Bde., München 1998 / 2006.

Friedrich, Joachim, Brzezinski, Zbigniew: Totalitarian Dictatorship and Autocracy, Cambridge (Mass.) 1956.

Gailus, Manfred: Protestantismus und Nationalsozialismus. Studien zur nationalsozialistischen Durchdringung des protestantischen Sozialmilieus in Berlin, Köln / Weimar / Wien 2001.

Gelderblom, Bernhard: Die Reichserntedankfeste auf dem Bückeberg 1933–1937. Aufmarsch der Volksgemeinschaft und Massenpropaganda, Holzminden 2018.

Gerlach, Christian: Der Mord an den europäischen Juden. Ursachen, Ereignisse, Dimensionen, München 2017.

Goebbels, Joseph: Die Tagebücher, hg. von Elke Fröhlich, 2 Teile, 32 Bde., München 1993–2008.

Goebbels, Joseph: Vom Kaiserhof zur Reichskanzlei, München 1934.

Görtemaker, Heike G.: Eva Braun. Leben mit Hitler, Hamburg 1999.

Görtemaker, Heike G.: Hitlers Hofstaat. Der innere Kreis im Dritten Reich und danach, München 2019.

Graml, Hermann (Hg.): Widerstand im Dritten Reich. Probleme, Ereignisse, Gestalten, Frankfurt / M. 1984.

Große Kracht, Klaus: Die zankende Zunft. Historische Kontroversen, Berlin / New York 2003.

Gruchmann, Lothar, Weber, Reinhard (Hg.): Hitler-Prozeß 1924. Wortlaut der Hauptverhandlung vor dem Volksgericht. Die gerichtlichen Protokolle, 4 Bde., München 1997–1999.

Günther, Hans F. K.: Rassenkunde des deutschen Volkes, München 1922.

Hachtmann, Rüdiger: Das Wirtschaftsimperium der Deutschen Arbeitsfront 1933–1945, Göttingen 2012.

Hachtmann, Rüdiger: Vom Wilhelminismus zur Neuen Staatlichkeit des Nationalsozialismus. Das Reichsarbeitsministerium 1918–1945, Göttingen 2022.
Haffner, Sebastian: Anmerkungen zu Hitler, München 1978.
Halder, Franz: Kriegstagebuch. Tägliche Aufzeichnungen des Chefs des Generalstabs des Heeres 1939–1942, bearb. von Hans-Adolf Jakobsen, Bd. II, Stuttgart 1963.
Hamann, Brigitte: Hitlers Wien. Lehrjahre eines Diktators, 5. Aufl. München 1997.
Hanfstaengl, Ernst: Zwischen Weißem und Braunem Haus. Erinnerungen eines politischen Außenseiters, München 1970.
Hartmann, Christian u. a. (Hg.): Hitler, Mein Kampf. Eine kritische Edition, München / Berlin 2016.
Hartmann, Christian u. a. (Hg.): Verbrechen der Wehrmacht. Bilanz einer Debatte, München 2005.
Heiden, Konrad: Hitler. Das Zeitalter der Verantwortungslosigkeit. Eine Biographie, Zürich 1936.
Herbert, Ulrich: Best. Biographische Studien über Radikalismus, Weltanschauung und Vernunft 1903–1989, Bonn 1996.
Herbert, Ulrich u. a. (Hg.): Die Verfolgung und Ermordung der europäischen Juden durch das nationalsozialistische Deutschland 1933–1945, 16 Bde., Berlin 2008–2021.
Herz, Rudolf: Hoffmann und Hitler. Fotografie als Medium des Führermythos, München 1994.
Heß, Wolf Rüdiger (Hg.): Rudolf Heß. Briefe 1908–1933, München 1987.
Hirschfeld, Gerhard, Lothar Kettenacker (Hg.): Der »Führerstaat«. Mythos und Realität, Stuttgart 1981.
Hitler, Adolf: Mein Kampf, 70. Aufl. München 1933.
Hitler, Adolf: Mein Kampf. Eine kritische Edition, hg. von Christian Hartmann, Thomas Vordermayer, Othmar Plöckinger, Roman Köppel, 2 Bde., München / Berlin 2016.
Hitler, Adolf: Monologe im Führerhauptquartier 1941–1945. Die Aufzeichnungen Heinrich Heims, hg. von Werner Jochmann, Hamburg 1980.
Hitler, Adolf: Reden, Schriften, Anordnungen. Februar 1925 bis Januar 1933, hg. vom Institut für Zeitgeschichte, 13 Bde., München 1992–2003.
Hitler, Adolf: Sämtliche Aufzeichnungen 1905–1924, hg. von Eberhard Jäckel, zusammen mit Axel Kuhn, Stuttgart 1980.
Hitler, Adolf: Südtirol und das deutsche Bündnissystem, München 1926.
Hitler, Adolf: Tischgespräche im Führerhauptquartier, hg. von Henry Picker, 3. Aufl. Stuttgart 1976.
Hoffmann, Heinrich (Hg.): Hitler in Italien, München [1938].
Hoffmann, Heinrich (Hg.): Hitler in seinen Bergen, Berlin 1935.
Hoffmann, Heinrich (Hg.): Hitler wie ihn keiner kennt, Berlin 1935.
Hoffmann, Heinrich (Hg.): Mit Hitler in Polen, München 1939.
Hoffmann, Heinrich (Hg.): Mussolini erlebt Deutschland, München [1937].

Hoffmann, Peter: Hitler's Security. Protecting the Führer, 1921–1945, o. O. 2000.
Hoffmann, Peter: Widerstand, Staatsstreich, Attentat. Der Kampf der Opposition gegen Hitler, 2. Aufl. Frankfurt / Berlin / Wien 1970.
Horn, Wolfgang: Führerideologie und Parteiorganisation in der NSDAP (1919–1933), Düsseldorf 1972.
Hubatsch, Walther (Hg.): Hitlers Weisungen für die Kriegsführung, München 1960.
Hürter, Johannes: Hitlers Heerführer. Die deutschen Oberbefehlshaber im Krieg gegen die Sowjetunion 1941 / 42, München 2007.

Ihni, Hans-Peter: Bollwerk Preußen? Preußen-Regierung, Reich-Länder-Problem und Sozialdemokratie 1928–1932, Bonn 1975.
Ilsemann, Sigurd von (Hg.): Der Kaiser in Holland. Aufzeichnungen des letzten Flügeladjutanten Kaiser Wilhelm II., Bd. II, München 1968.

Jäckel, Eberhard: Hitlers Weltanschauung. Entwurf einer Herrschaft, 4. Aufl. Stuttgart 1991.
Jäckel, Eberhard, Rower, Jürgen: Der Mord an den Juden im Zweiten Weltkrieg, Stuttgart 1985.
Joachimsthaler, Anton: Hitlers Weg begann in München, 1913–1923, München 2000.

Kampe, Norbert, Klein, Peter (Hg.): Die Wannseekonferenz am 20. Januar 1942. Dokumente, Forschungsstand, Kontroversen, Köln / Weimar / Wien 2013.
Kater, Michael H.: Kultur unterm Hakenkreuz, Darmstadt 2021.
Kater, Michael H.: The Nazi Party. A social profile of members and leaders 1919–1945, Harvard 1983.
Kellerhoff, Sven Felix: Der Reichstagsbrand. Die Karriere eines Kriminalfalls, Berlin 2008.
Kellerhoff, Sven Felix: »Mein Kampf«. Die Karriere eines deutschen Buches, Stuttgart 2015.
Kershaw, Ian: Der Hitlermythos. Führerkult und Volksmeinung, 2. Aufl. Stuttgart 1987.
Kershaw, Ian: Der NS-Staat. Geschichtsinterpretationen und Kontroversen im Überblick, 2. Aufl. Reinbek 1994.
Kershaw, Ian: Hitler 1989–1936, Stuttgart 1998.
Kershaw, Ian: Hitler 1936–1945, Stuttgart 2000.
Klemperer, Viktor: Ich will Zeugnis ablegen bis zum letzten. Tagebücher 1933–1941, 7. Aufl. Berlin 1996.
Klinkhammer, Lutz: Zwischen Bündnis und Besatzung. Das nationalsozialistische Deutschland und die Republik von Salò 1943–1945, Tübingen 1993.
Koerber, Adolf-Viktor: Adolf Hitler. Sein Leben und seine Reden, München 1923.
Kogon, Eugen: Der SS-Staat. Das System der deutschen Konzentrationslager, 18. Aufl. München 1988.
Kolb, Eberhard, Schumann, Dirk: Die Weimarer Republik, München 2013.

Kopperschmidt, Josef (Hg.): Hitler der Redner, München 2003.
Kordt, Erich: Nicht aus den Akten ... Die Wilhelmstraße in Frieden und Krieg. Erlebnisse, Begegnungen und Eindrücke, Stuttgart 1950.
Krausnick, Helmut: Hitlers Einsatzgruppen. Die Truppen des Weltanschauungskrieges, Frankfurt / M. 1985.
Krosigk, Lutz Graf Schwerin von: Es geschah in Deutschland. Menschenbilder unseres Jahrhunderts, Tübingen / Stuttgart 1951.
Kube, Alfred: Pour le mérite und Hakenkreuz. Hermann Göring im Dritten Reich, München 1989.
Kubizek, August: Adolf Hitler, mein Jugendfreund, Graz 1995.
Kulka, Otto Dov, Jäckel, Eberhard (Hg.): Die Juden in den geheimen NS-Stimmungsberichten 1933–1945, Düsseldorf 2004.

Le Bon, Gustave: Psychologie der Massen, 3. Aufl. München 1919.
Leers, Johann von: Adolf Hitler, Leipzig 1932.
Liebscher, Daniela: Freude und Arbeit. Zur internationalen Freizeit- und Sozialpolitik des faschistischen Italien und des NS-Regimes, Köln 2009.
Linwart, Beate: Dem deutschen Volk. 180 Aussprüche des Führers zur Beherzigung und Erziehung, Olbernhau [1934].
Longerich, Peter: Geschichte der SA, München 2003.
Longerich, Peter: Goebbels. Biographie, München 2010.
Longerich, Peter: Heinrich Himmler. Biographie, München 2010.
Longerich, Peter: Hitler. Biographie, München 2015.
Ludecke, Kurt G. W.: I knew Hitler. The story of a nazi who escaped the blood purge, London 1936.

Martens, Stefan: Hermann Göring. »Erster Paladin des Führers« und »Zweiter Mann im Dritten Reich«, Paderborn 1983.
März, Markus: Nationale Sozialisten in der NSDAP. Strukturen, Ideologie, Publizistik und Biographien des nationalsozialistischen Straßerkreises von der AG Nordwest bis zum Kampf-Verlag 1925–1930, Graz 2010.
Mazower, Mark: Hitlers Imperium. Europa unter der Herrschaft des Nationalsozialismus, München 2009.
Moll, Martin (Hg.): »Führer-Erlasse« 1939–1945. Edition sämtlicher, nicht im Reichsgesetzblatt abgedruckter, von Hitler während des Zweiten Weltkriegs schriftlich erteilter Direktiven, Stuttgart 1997.
Mommsen, Hans: Die verspielte Freiheit. Der Weg der Republik von Weimar in den Untergang 1918 bis 1933, Frankfurt / Berlin 1990.
Mommsen, Hans: Zur Geschichte Deutschlands im 20. Jahrhundert. Demokratie, Diktatur, Widerstand, München 2010.
Müller, Klaus-Jürgen: Armee und Drittes Reich 1933–1938. Darstellung und Dokumente, Paderborn 1987.

Mussolini, Benito: Opera Omnia, Bd. 43, Florenz 1948.

Orth, Karin: Das System der nationalsozialistischen Konzentrationslager. Eine politische Organisationsgeschichte, Hamburg 1999.
Overy, Richard: Der Bombenkrieg in Europa 1939–1945, Berlin 2014.

Papen, Franz von: Der Wahrheit eine Gasse, München 1952.
Patel, Kiran Klaus: Soldaten der Arbeit. Arbeitsdienste in Deutschland und den USA 1933–1945, Göttingen 2003.
Paul, Gerhard: Aufstand der Bilder. Die NS-Propaganda vor 1933, Bonn 1999.
Petersen, Jens: Hitler – Mussolini. Die Entstehung der Achse Berlin-Rom 1933–1936, Tübingen 1973.
Peukert, Detlef: Volksgenossen und Gemeinschaftsfremde. Anpassung, Ausmerze und Aufbegehren unter dem Nationalsozialismus, Köln 1982.
Plöckinger, Othmar: Geschichte eines Buches. Adolf Hitlers »Mein Kampf« 1922–1945, 2. Aufl. München 2011.
Plöckinger, Othmar: Unter Soldaten und Agitatoren. Hitlers prägende Jahre im deutschen Militär 1918–1920, Paderborn 2013.
Plöckinger, Othmar (Hg.): Quellen und Dokumente zur Geschichte von »Mein Kampf« 1924–1945, Stuttgart 2016.
Price, G. Ward: Führer und Duce wie ich sie kenne, Berlin 1939.
Pyta, Wolfram: Hindenburg. Herrschaft zwischen Hohenzollern und Hitler, München 2007.
Pyta, Wolfram: Hitler. Der Künstler als Politiker und Feldherr, München 2015.

Rauschning, Hermann: Die Revolution des Nihilismus. Kulisse und Wirklichkeit im Dritten Reich, Zürich / New York 1938.
Reichel, Peter: Der schöne Schein des Dritten Reiches. Faszination und Gewalt des Faschismus, München 1991.
Reuth, Ralph Georg: Goebbels, München 1990.
Rosenberg, Alfred: Der Mythus des 20. Jahrhunderts: eine Wertung der seelisch-geistigen Gestaltenkämpfe unserer Zeit, München 1930.

Sandkühler, Thomas: Adolf H. Lebensweg eines Diktators, München 2015.
Sandner, Harald: Hitler. Das Itinerar. Aufenthaltsorte und Reisen von 1889 bis 1945, 4 Bde., Berlin 2020.
Schäfer, Kirstin A.: Werner von Blomberg. Hitlers erster Feldmarschall. Eine Biographie, Paderborn 2006.
Scharnetzky, Tim: »Kanonen statt Butter«. Wirtschaft und Konsum im Dritten Reich, München 2015.
Schieder, Wolfgang: Adolf Hitler. Zauberlehrling Mussolinis, München 2017.
Schieder, Wolfgang: Benito Mussolini, München 2014.

Schieder, Wolfgang: Faschistische Diktaturen. Studien zu Italien und Deutschland, Göttingen 2008.
Schieder, Wolfgang, Dipper, Christof (Hg.): Der Spanische Bürgerkrieg in der internationalen Politik (1936–1939), München 1976.
Schirmann, Léon: Altonaer Blutsonntag, 17. Juli 1932. Dichtungen und Wahrheit, Hamburg 1994.
Schmidt, Paul: Statist auf diplomatischer Bühne 1923–1945. Erlebnisse des Chefdolmetschers im Auswärtigen Amt mit den Staatsmännern Europas, Bonn 1950.
Schmitt, Carl: Das Gespräch über Macht und den Zugang zum Machthaber, Stuttgart 2008
Schoeps, Julius, Treß, Werner (Hg.): Orte der Bücherverbrennung in Deutschland, Hildesheim 2008.
Scholder, Klaus: Die Kirchen und das Dritte Reich, 2 Bde., Berlin 1977 / 1985.
Schott, Das Volksbuch vom Hitler, München 1924.
Schramm, Percy Ernst (Hg.): Kriegstagebuch des Oberkommandos der Wehrmacht, Bd. I–3, Frankfurt / M. 1961.
Schreiber, Georg: Hitler. Interpretationen 1923–1983, Darmstadt 1984.
Schumann, Dirk: Politische Gewalt in der Weimarer Republik 1918–1933. Kampf um die Straße und Furcht vor dem Bürgerkrieg, Essen 2001.
Schuschnigg, Kurt von: Im Kampf gegen Hitler. Die Überwindung der Anschlußidee, München / Wien 1969.
Schwarz, Birgit: Geniewahn. Hitler und die Kunst, Wien 2009.
Schwarz, Hans-Peter: Adenauer. Der Aufstieg 1876–1952, Stuttgart 1986.
Seidler, Franz: Die Führerhauptquartiere. Anlagen und Planungen im Zweiten Weltkrieg, München 2000.
Stachura, Peter D.: The Shaping of the Nazi State, London 1978.
Stalin, Josef: Über den großen vaterländischen Krieg, Moskau 1946.
Stargardt, Nicholas: Der deutsche Krieg 1939–1945, Frankfurt / M. 2015.
Steinbach, Peter, Tuchel, Johannes: Georg Elser. Der Hitler-Attentäter, Berlin 2010.
Steinbacher, Sybille: Auschwitz. Geschichte und Nachgeschichte, München 2004.
Steinweis, Alan E.: Kristallnacht 1938. Ein deutscher Pogrom, Stuttgart 2011.
Streit, Christian: Keine Kameraden. Die Wehrmacht und die sowjetischen Kriegsgefangenen 1941–1945, Stuttgart 1978.

Taylor, Frederick: Coventry. Der Luftangriff vom 14. November 1940: Wendepunkt im Zweiten Weltkrieg, München 2015.
Thamer, Hans-Ulrich: Adolf Hitler. Biographie eines Diktators, München 2018.
Tooze, Adam: Ökonomie der Zerstörung. Die Geschichte der Wirtschaft im Nationalsozialismus, 2. Aufl. München 2007.
Trevor-Roper, Hugh R.: Hitlers letzte Tage, Hamburg 1947.
Turner, Henry A.: Die Großunternehmer und der Aufstieg Hitlers, Berlin 1986.
Turner, Henry A.: Hitlers Weg zur Macht. Der Januar 1933, München 1996.

Tyrell, Albrecht: Vom »Trommler« zum »Führer«. Der Wandel von Hitlers Selbstverständnis zwischen 1919 und 1924 und die Entwicklung der NSDAP, München 1975.

Tyrell, Albrecht (Hg.): Führer befiehl ... Selbstzeugnisse aus der »Kampfzeit« der NSDAP. Dokumentation und Analyse, Düsseldorf 1969.

Ueberschär, Gerd R., Bezymenskij, Lev A.: Der deutsche Angriff auf die Sowjetunion 1941–1945, 2. Aufl. Darmstadt 2011.

Ullrich, Volker: Adolf Hitler. Biographie, Bd. I. Die Jahre des Aufstiegs 1889–1939, Frankfurt / M. 2013.

Ullrich, Volker: Adolf Hitler. Biographie, Bd. 2. Die Jahre des Untergangs 1939–1945, Frankfurt / M. 2018.

Urban, Markus: Die Konsensfabrik. Funktion und Wahrnehmung der NS-Reichsparteitage 1933–1941, Göttingen 2007.

Vogelsang, Thilo: Reichswehr, Staat und NSDAP, Stuttgart 1962.

Walker, Mark: Die Uranmaschine. Mythos und Wirklichkeit der Atombombe, Berlin 1990.

Weber, Thomas: Wie Adolf Hitler zum Nazi wurde. Vom unpolitischen Soldaten zum Autor von »Mein Kampf«, Berlin 2016.

Weinberg, Gerhard L.: Hitlers Zweites Buch. Ein Dokument aus dem Jahre 1928, Stuttgart 1961

Wette, Wolfram, Ueberschär, Gerd R. (Hg.): Stalingrad. Mythos und Wirklichkeit einer Schlacht, Frankfurt / M. 2013.

Wildt, Michael: Generation der Unbedingten. Das Führungskorps des Reichssicherheitshauptamtes, Hamburg 2003.

Willis, Fred C.: Mussolini in Deutschland. Eine Völkerkundgebung für den Frieden in den Tagen vom 25. bis 29. September 1937, Berlin 1937.

Winkler, Dörte: Frauenarbeit im Dritten Reich, Hamburg 1977.

Winkler, Heinrich August: Der Weg in die Katastrophe. Arbeiter und Arbeiterbewegung in der Weimarer Republik 1930 bis 1933, Berlin / Bonn 1987.

Winkler, Heinrich August: Weimar 1918–1933. Die Geschichte der ersten deutschen Demokratie, München 1993.

Wippermann, Wolfgang: Totalitarismustheorien. Die Entwicklung der Diskussion von den Anfängen bis heute, Darmstadt 1997.

Zehnpfennig, Barbara: Hitlers »Mein Kampf«. Eine Interpretation, München 2000.

Bildnachweis

S. 2: akg-images
S. 24 oben li. u. re.: akg-images / arkivi; unten: akg-images / World History Archive
S. 25 oben: bpk; unten: akg-images
S. 49: bpk / Heinrich Hoffmann
S. 50: bpk | Bayerische Staatsbibliothek | Heinrich Hoffmann
S. 51 oben: Collection Joinville / akg-images; unten: akg-images
S. 52 oben: akg-images / Historisches Auge; unten: akg-images
S. 53 oben: akg-images / Sammlung Berliner Verlag / Archiv; unten re.: Heritage-Images / The Print Collector / akg-images; unten li.: akg-images
S. 100 li. u. re.: akg-images
S. 101 li.: akg-images; re: bpk / Heinrich Hoffmann
S. 102 oben: bpk | Bayerische Staatsbibliothek | Heinrich Hoffmann; unten: akg-images / TT News Agency / SVT
S. 103 oben: akg-images; unten: bpk
S. 174 oben: akg-images; unten: akg-images / TT News Agency
S. 175 oben: akg-images; unten: akg-images / Sammlung Berliner Verlag / Archiv
S. 176: akg-images
S. 177 oben: akg / FAF Toscana - Fondazione Alinari per la Fotografia; unten: akg-images
S. 229: akg-images
S. 230: akg-images
S. 231 oben: Henning Langenheim / akg-images; unten: akg-images / Voller Ernst / Chaldej
S. 232 oben: akg-images / Voller Ernst; unten: akg-images / Voller Ernst / Chaldej
S. 233 oben: akg-images / Voller Ernst / Chaldej; unten: Henning Langenheim / akg-images

Personenverzeichnis